KB211063

문 앞에 이른 예수

JESUS AT THE DOOR

문 앞에 이른 예수

이문식 지음

21세기!

인류 멸망을 예고하는 무서운 재난들이 세계 도처에서 일어나고 있다. 예수 그리스도는 세상의 종말 때 일어날 거대한 재난들과 자신의 재림을 명백히 예언하였다. 진실로 예수의 예언이 위대한 이유는 그가 인류의 멸망에 대해 역사적으로, 과학적으로 그리고 가장 윤리적으로 증거하며 구원의 길을 제시했기 때문이다. 우리가 지금 예수그리스도의 경고에 주목해야 하는 이유가 바로 여기에 있다.

좋은땅

| 차 례 |

머리말 ··· 8

1부
예수 그리스도의 종말 예언에 대한 근원적 물음

2부
예수 그리스도의 10대 종말 예언

제1장 인류 역사의 종말에 관한 예수의 예언 ··· 24

　I. 예수의 역사적 종말 예언의 핵심은 무엇인가? ··· 25

　II. 이스라엘은 왜 인류의 구원과 멸망의 때를 예고하는 역사 시계인가? ··· 39

　III. 예수의 이스라엘 회생 예언은
　　어떻게 현대 시오니즘 운동으로 성취되고 있는가? ··· 57

　IV. 예수의 역사적 종말 예언의 성취가
　　21세기 인류와 그리스도인에게 주는 메시지 ··· 83

제2장 지구 환경의 종말에 관한 예수 그리스도의 예언 ··· 92

　I. '세상 끝'에 나타날 지구 환경의 격변에 관한 예수의 예언 ··· 94

　II. 지구 환경의 종말에 관한 예수 그리스도의 예언이
　　21세기에 현실화되고 있다는 구체적인 증거들 ··· 98

Ⅲ. 인간의 악과 환경 대재앙 ··· 105

Ⅳ. 예수 그리스도의 환경적 종말 예언이 인류에게 주는 메시지 ··· 112

제3장 경제적 종말에 대한 예수 그리스도의 예언 ··· 120

Ⅰ. 1971년! 인류는 돌이킬 수 없는 경제적 파멸의 길로 들어섰다 ··· 123

Ⅱ. 이후가 없는 대공황 그리고 그 비극적 결말 ··· 137

Ⅲ. 돈과 물질의 노예가 된 세상의 최후에 대한 예수의 증언 ··· 149

제4장 인류의 종말을 불러오는 사회상에 대한
예수 그리스도의 예언 ··· 156

Ⅰ. 지금은 예수 그리스도가 예고한 '인자의 때'인가? ··· 157

Ⅱ. 멸망의 화를 부르는 미친 세상 증후군 ··· 170

제5장 정치적 종말에 관한 예수 그리스도의 예언 ··· 182

Ⅰ. 종말제국의 실체를 규명하기 위한 신약성서
'요한계시록'·구약성서 '다니엘'·'시온의 의정서' 연계 해석 ··· 184

Ⅱ. 초강대제국 출현을 목표로 암약하는 '세계정부' ··· 198

Ⅲ. 다니엘이 예고한 '열 뿔'을 가진 '네째 짐승'에 제압당하는
세 제국의 정체는? ··· 212

Ⅴ. '사자'와 '곰'과 '표범'으로 상징되는 세 제국은
어떻게 '세계정부'에 의해 제압당하고 있는가? ··· 218

Ⅵ. "적그리스도" 통치 이념으로 세계를 공략하는 종말제국의 '세계정부' ··· 225

Ⅶ. 적그리스도 독재자의 출현과 최후 ··· 237

제6장 종교의 종말 ··· 254

Ⅰ. 세상의 종말을 예고하는 또 하나의 전조-'큰 음녀'와 종교 통합 운동 ··· 255

Ⅱ. 종말제국을 위한 '큰 음녀'의 활약과 파멸 ··· 271

Ⅲ. '적그리스도' 교황의 출현과 그 최후 ··· 279

제7장 복음 전파의 종료와 예수 그리스도의 재림 ··· 302

   Ⅰ. 예수가 전한 복음 ··· 303

   Ⅱ. 복음 전파의 종료를 알리는 역사적 신호 ··· 310

   Ⅲ. 예수 복음의 시작(초림 사건)에서 끝(재림 사건)에 이르는

      역사적 일정표가 숨겨진 이스라엘 7절기 ··· 317

   Ⅳ. 예수 그리스도의 가장 특별한 예언–재림 사건 ··· 326

제8장 중동 지역의 지정학적 갈등과

종말 세계대전에 관한 예수의 예언 ··· 356

   Ⅰ. 지정학적 갈등으로 인한 세계대전의 발원지–중동 지역 ··· 357

   Ⅱ. '큰 환란'의 시작–'곡' 전쟁 ··· 373

   Ⅲ. '아마겟돈' 종말전쟁에 대한 예수 그리스도의 계시 ··· 399

제9장 21세기, 인류 멸망을 예고하는 가장 확실한 증거물–핵폭탄 ··· 416

   Ⅰ. 인류를 파멸시킬 핵 대전이 다가오고 있다 ··· 447

   Ⅱ. 예수와 사도와 선지자들을 통해 예언된 '불'에 의한 멸망이

      왜 세계 핵 대전을 의미하는가? ··· 428

   Ⅲ. 예수 그리스도의 종말전쟁 예언에 담긴 심판과 구원의 메시지 ··· 450

제10장 우주의 종말에 관한 예수 그리스도의 예언 ··· 464

   Ⅰ. 인간이 속한 우주의 최후에 관한 증언 ··· 465

   Ⅱ. 현 우주의 종말이후 일어날 대사건에 대한 예수 그리스도의 예언 ··· 474

   Ⅲ. 우주의 종말 이후 다가올 천국과 지옥의 존재를 어떻게 알 수 있는가? ··· 481

맺음말 ··· 492

참고문헌 ··· 494

문 앞에 이른 예수

머리말

지금 '지구는 종말로 향하고 있다.'는 말은 지구 환경 과학자들에 의해 속속 제기되고 있는 경고문이다. 과학자들의 우려대로 이 지구가 조만간 인간이 살 수 없는 환경으로 변한다면 그것은 곧 인류의 종말을 의미한다. 그래서 '세상 끝'에 관한 예수의 예언은 이 시대에 참으로 중대한 의미를 지닌다. 세상의 멸망과 구원에 관한 예수의 말씀은 사람들의 상상력을 고도로 자극하면서 마침내 이해와 믿음에 이르게 하는 구체성과 인과성과 진실성을 가지고 있다. 그래서 예수의 말씀은 인간의 양심을 깨어나게 하며 지성의 동의를 이끌어 내며 인류가 처한 불편한 진실과 두려운 사건에 눈을 뜨게 한다. 실로 그의 계시는 윤리적이며, 과학적이다. 그리고 무엇보다 역사적 예언의 성취를 이루기 때문에 믿음을 준다. 하지만 안타깝게도 기독교회에서 선포하는 '세상의 종말'에 대한 대중의 인식은 대체로 부정적이다. 그 주된 이유는 사이비 종말론자들의 잘못된 예언과 비행으로 인해 "종말"이란 단어에 대해 많은 사람들이 혐오감을 가지고 있기 때문이다. 사람들이 거부감을 나타내는 또 다른 이유는 세상의 멸망에 관한 성서의 말씀들이 삶에 대한 의욕을 결정적으로 좌절시킨다고 생각하기 때문이다. 하지만 결코 외면할 수 없는 사실은 지금 온 지구상에 종말의 전조들이 분명하게 나타나고 있다는 점이다. 이 결정적인 시기에 무엇보다 우리가 주목하여야 사실은 예수 그리스도가 '세상 끝'에 일어날 대사건들을 예고하고 있을 뿐만 아니라 다가오는 멸망으로부터 사람들이 어떻게 구원을 얻을 것인가에 대해 말씀하고 있다는 사실이다. 실로 예수의 말씀은 사람들이 용기를 가지고 임박한 대파멸과 마주 보는 지혜가 필요함을 역설하고 있다. 그리고 구원으로 가는 기회의 창을 열고 있다. 한마디로 예수 그리스도의 종말 예언은 선한 종말론이다. 무엇보다 '세상 끝'에 이루어질 예수의 재림은 부패하고 타락한 인류에 대한 심판과 연계되어 있다. 아울러 예수의 재림은 믿는 사람들에 대한 구원과 관련이 있다.

저자가 이 책을 쓴 동기는 세상의 종말과 더불어 이루어질 재림에 관한 예수 그리스도의 다양한 예언들이 이 시대에 동시다발적으로 성취되고 있다는 점을 증명하기 위해서이다. 이 책은 성경에 기록된 예수의 예언들을 이 시대의 상황과 연계하여 인문, 자연과학적 관점에서 이야기 형식을 빌려 검증하고 해석한 것이다. 따라서 본서의 내용은 특정 교단, 교파의 교리나 사상을 대변한 것이 아님을 밝힌다. 아무쪼록 독자 여러분이 이 책을 통해 전 지구적 멸망의 징후들을 확인하고 '두렵고 떨림'으로 자신의 앞날을 진지하게 생각하길 원한다. 그리고 예수께서 이루신 구원의 복음을 듣는 은혜가 있기를 소망한다.

악한 종말론과 선한 종말론

악한 종말론은 사람들에게 세상의 멸망에 대한 극도의 공포감을 심어 주고 잘못된 구원을 보장하는 조건으로 몸과 재산을 특정한 교주나 집단을 하여 헌납하도록 강요한다.

선한 종말론은 인류애적 동기를 가지고 멸망에 직면한 이웃들에게 아무런 대가 없이 올바른 구원의 복음을 전하게 한다.

악한 종말론은 사람들로 하여금 종말에 대한 강박관념에 사로잡히게 하며 종말의 날짜와 시간까지 알아내려는 광적인 집착으로 거짓 계시에 빠지게 한다.

선한 종말론은 마지막 때가 가까웠음을 알리는 전조적 사건들을 주목하고 이웃과 가족의 구원을 위하여 하나님께서 기회를 좀 더 주실 것을 기도하게 한다.

악한 종말론은 자기를 제외한 다른 것들의 불사름과 파멸을 은근히 즐기는 악마적 심성을 갖게 한다.

선한 종말론은 세상의 멸망이 만물을 새롭게 하시려는 하나님의 선하신 목적을 이루는 과정임을 이해하고 이웃에게 새로운 희망의 복음을 전하려는 마음을 갖게 한다.

악한 종말론자는 마지막 심판 때에 오직 자신들이 소속된 특정 교파와 집단의 신자들에게만 구원이 주어질 것이라는 편협한 시각을 가지고 있다. 이것은 하나님의 판단을 배제하는 행위이며 인간적인 독선과 오만에서 나온 이 기적 판단에 불과하다.

선한 종말론자는 예수께서 마지막 날 지상의 모든 거듭난 성도들을 차별 없이 구원하시리라는 소망을 품고 있다.

악한 종말론자는 특정한 날 주님이 오실 것이란 자의적 맹신 속에 일체의 삶을 포기하지만 선한 종말론자는 오늘 혹은 내일 주님이 언제 오실지 모른다는 각성에 따라 마지막 남은 시간 동안 이웃의 구원을 위해 최선을 다하여 모범적인 삶을 산다.

악한 종말론자는 선민의식과 집단주의에 사로잡혀 사회와의 관계단절을 통한 적대관계를 형성함으로써 올바른 복음을 전하는 데 결정적으로 실패하고 만다.
선한 종말론자는 예수 재림과 세상의 종말을 전할 때에 자신의 행동과 몸가짐을 단정히 하고 성실한 생활과 선행으로 정상적인 사회의 일원임을 알림으로써 마침내 복음 전파에 성공한다.

악한 종말론자의 입술은 세상의 멸망을 더 높이 외치면서도 마음은 여전히 세상에 밀착되어 재물을 탐하고 부귀영화를 꿈꾼다.
선한 종말론자는 자신의 눈과 마음이 모두 다시 오실 그리스도의 '그날'을 바라보며 검약한 삶을 추구한다.

악한 종말론자는 사람들의 영혼과 재물을 약탈하려고 호시탐탐 노리는 도적의 삶을 살지만 선한 종말론자들은 타인의 생명을 파멸에서 건지고 지키기 위해 정의의 군사로 헌신한다.

악한 종말론자는 마지막 날을 기다리지만
선한 종말론자는 새로운 시작의 날을 기다린다.

※ 성서는 원문을 그대로 인용함.

1부
예수 그리스도의
종말 예언에 대한 근원적 물음

세상의 종말과 재림에 관한 예수의 예언은 주로 복음서와 요한계시록을 중심으로 신약성서 곳곳에 기록되어 있다. 예수의 예언이 진실이라면 결코 예사로운 일이 아니다. 그것은 지금 인류가 멸망의 위기에 처해 있다는 움직일 수 없는 증거들이 나타나고 있기 때문이다. 이와 관련하여 이 책 2부에서는 예수의 종말 예언이 이 시대에 성취되고 있다는 광범위한 증거들을 10가지 분야(역사적, 환경적, 경제적, 사회적, 정치적, 종교적, 복음적, 지정학적, 군사적, 우주적 종말)로 나누어 제시하였다. 먼저 1부에서는 2부에 서술될 예수의 10대 종말 예언에 대한 이해를 돕기 위해서 다음과 같은 네 가지 물음에 간략히 답하고자 한다.

- 예수의 종말 예언을 신뢰할 수 있는 근거는 무엇인가?
- 예수 그리스도가 예언한 '세상 끝'의 전조들이 21세기에 나타나고 있는가?
- 정말 예수가 다시 이 세상에 오시는가? 그 이유는 무엇인가?
- 예수 재림의 시점을 예측하는 것은 타당한 것인가?

1. 예수의 종말 예언을 신뢰할 수 있는 근거는 무엇인가?

• 예수의 종말 예언은 논리적이며 과학적이다

예수의 예언은 사람들이 흔히 생각하는 종교적 계시에 의한 난해한 선언이 아니다. 성서에 기록된 예수그리스도의 종말 예언은 작고 사소한 멸망의 징후로부터 크고 중대한 사건을 예고하는 방식으로 전개되고 있다는 점에서 지극히 논리적이다. 또한 그 예언들은 지구상에 일어나는 대사건들을 사람들이 보고 듣고 체험하면서 종말 현상의 원인과 결과를 판단할 수 있다는 점에서 구체적이며 과학적이다. 실제로 '세상의 끝'에 관한 예수의 예언이 오늘날 전 지구적 재난에 휩싸인 상황을 정확하게 설명하고 있다는 수많은 증거들이 나타나고 있다.

• 예수의 종말 예언은 전지적 통찰력으로 인간의 악과 멸망의 상관성을 증거하고 있다

예수의 종말 예언은 이 시대 과학자들의 경고 이상의 가치를 지니고 있다. 그것은 '세상 끝'에 발생할 대재앙과 인간 내면에서 나오는 악의 상관성을 규명하고 있기 때문이다. 실제로 예수 그리스도는 인간 내면의 악이 그 작동을 멈추지 않는 한 인류의 자기 파멸적 전쟁과 인간이 스스로 초래할 환경적 재앙을 피할 수 없음을 다음과 같이 경고하고 있다.

사람들의 마음에서 나오는 것은 악한 생각 곧 음란과 도둑질과 살인과 간음과 탐욕과 악독과 속임과 음탕과 흘기는 눈과 훼방과 교만과 광패니 이 모든 악한 것이 다 속에서 나와서 사람을 더럽게 하느니라(마가복음 7:21-23)

민족이 민족을, 나라가 나라를 대적하여 일어나겠고 곳곳에 기근과 지진이 있으리니 이 모든 것은 재난의 시작이라(마태복음 24:7-8)

예수의 예언대로 오늘날 인간의 내면에 도사린 악의 의지는 지구촌 곳곳에서 다양한 폭력으로 나타나고 있다. 인간이 스스로 세상을 구원할 수 있다는 낭만적인 주장들은 지구촌 곳곳에서 매일같이 일어나고 있는 온갖 살육의 참상 앞에서 결정적으로 힘을 잃고 있다. 그야말로 인간의 악행은 선한 양심을 압도하고 있다. 유사 이래 이 괴물과 같은 사악한 정신이 인간에게서 떠난 적이 없었다는 것은 인류의 역사가 피비린내 나는 전쟁으로 얼룩져 있다는 사실에서 증명된다. 아니다 다를까 21세기 인류는 또다시 완전한 파멸을 초래할 핵전쟁을 준비하고 있다. 지금 이 세상은 완전한 파멸을 향해 나아가고 있다. 이 두려운 결말은 예수께서 증언한 바와 같이 인간 내면의 악에서 출발한 것이다. 실로 예수의 예언은 인간의 악과 인류 멸망의 상관성을 예리하게 규명하고 있다. 원인을 알면 해결책을 찾을 수 있다. 이것이 예수의 예언을 신뢰할 수 있는 이유 중 하나이다.

• 예수의 종말 예언은 인류를 구원하려는 간절함으로 멸망의 화에서 벗어날 길을 제시하고 있다

예수가 인류에게 주신 종말 예언의 목적은 단지 사람들에게 공포심을 불러일으키는 데 있지 않다. 예수의 예언에는 인간을 완전한 파멸로부터 구원해 내려는 뜨거운 인류애가 있다. 그래서 말씀을 읽고 신뢰하는 사람들에게 다가오는 재앙을 피할 방법을 제공하고 있다. 그것은 예수 그리스도가 인류 멸망의 원인을 알고 해법을 제시한 메시아

이기 때문이다.

　예수께서 십자가를 지고 골고다 형장으로 끌려가는 모습을 보고 눈물을 흘리는 사람들을 향해 "나를 위하여 울지 말고 너희와 너희 자녀를 위하여 울라"(눅 23:28)는 말씀은 예루살렘 멸망과 이스라엘 민족의 세계 이산에 따른 역사적 고난을 예견한 말씀이지만 전 지구적인 파멸의 징조가 나타나고 있는 이 시대의 사람들에게도 적용될 수 있는 마지막 호소라고 할 수 있다. 이처럼 세상의 멸망에 관한 예수 그리스도의 모든 예언들은 본질적으로 의롭고 선한 말씀이다. 다가오는 멸망에서 인간을 구출하려는 간절함이 배어 있기 때문이다. 참으로 예수의 종말 예언은 다가올 위험을 경고하여 사람들을 이 거대한 파멸의 덫에서 구해 내려는 인류애에서 나온 것이다. 이런 점에서 예수의 종말 예언은 과학적임과 동시에 윤리적이다. 이것이야말로 사람들이 예수의 종말 예언을 신뢰할 수 있는 불변의 근거가 된다.

2. 예수 그리스도가 예언한 '세상 끝'의 전조들이 21세기에 나타나고 있는가?

　'지구는 종말로 향하고 있다.'

　놀랍게도 이 말은 사이비 종교 교주의 입에서 나온 것이 아니라 오늘날 지구 환경의 위기와 핵전쟁으로 인한 인류 문명의 파멸을 우려하는 과학자들의 입에서 나오고 있다.

　이처럼 지구와 인류의 파멸을 경고하는 과학자들의 우려를 결코 가볍게 흘려들을 수 없는 것은 지난 세기에 이어 21세기를 사는 지구촌 사람들이 이미 인류의 종말을 예고는 불길한 사건들과 재난들을 겪고 있기 때문이다. 그리고 향후 더욱 심각한 일들이 벌어질 것이 명백하게 예견되기 때문이다. 이제 누구라도 조금만 관심을 가지고 지금 인류가 처한 상황을 똑바로 본다면 이 세계가 얼마나 비참하고, 파괴적이며, 비정상적인 사건들로 가득 차 있는지 알게 될 것이다. 사람들이 그토록 인정하고 싶지 않은 종말 현상이 지금 온 지구상에 너무나도 뚜렷이 나타나고 있는 것이다. 이는 예수의 '세상 끝'에 관한 다양한 예언들이 21세기에 적중되고 있다는 주장에 대해 반론을 제기할 근거가 사라지고 있음을 의미한다. 그래서 누구라도 예수께서 예고한 종말 현상이 21세기, 이 시대에 동시다발적으로 나타나고 있다는 사실을 확인하게 된다면 예수의 재림 예언 또한 얼마나 신뢰할 만한 것인지 깨닫게 될 것이다.

3. 정말 예수가 다시 이 세상에 오시는가? 그 이유는 무엇인가?

성경의 말씀을 깊이 연구하지 않은 세상 사람들의 입장에선 예수의 재림예언 즉, 다시 세상에 온다는 약속은 그의 부활 사건 만큼이나 받아들이기가 힘들다. 그래서 예수 재림에 대한 사람들의 의문을 풀기 위해서는 다음과 같은 질문에 대한 답이 필요하다.

그가 다시 온다는 예언을 믿을 수 있는 증거가 무엇인가?
성서의 말씀은 예수의 재림이 어떤 추상적인 해석도 용납되지 않는 역사적인 실제 사건임을 증거하고 있다. 성서는 예수 그리스도의 다시 오심에 대하여 '누가 언제, 어디서, 무엇을, 어떻게, 왜'라는 육하원칙에 따라 구체적으로 증거하고 있다. 그래서 저자는 이 책의 본론에 해당하는 2부에서 예수 그리스도의 10대 예언을 중심으로 예수 재림의 진실성을 다양하게 규명하였다.

　그가 이 세상에 다시 오는 이유는 무엇인가?

　예수 재림의 이유를 안다는 것은 예수 재림이 언제 이루어질 것인가에 대한 물음보다 더 중요한 것이다. 예수가 이 세상에 다시 오는 이유는 부패하고 타락한 인류사회가 도덕적 회복력을 상실하고 돌이킬 수 없는 파멸의 길로 치닫고 있기 때문이다. 예수는 인간의 완전한 파멸을 저지하고 "지구를 망하게 하는 자들"에 대한 심판과 그리스도의 복음을 받아들인 자들에 대한 구원을 위해서 오시는 것이다.(계 11:18) 이런 이유로 종말 현상이 뚜렷이 나타나고 있는 이 시대에 예수 재림 예언은 귀담아 들어야 할 가장 긴급한 뉴스이다.

4. 예수 재림의 시점을 예측하는 것은 타당한 것인가?

　성서의 여러 곳에 기록되어 있는 예수 재림 예언을 두고 많은 학자와 호사가들은 어느 시점에 예수의 재림이 이루어질 것인가에 대해 무척 궁금해 하며 연구를 거듭하고 있다. 특히 사이비 종말론자들은 자신들만이 종말의 날과 시간을 계시 받았다고 강변하면서 추종자들을 미혹하고 있다. 그러나 성부 하나님 외에 어느 누구도 그 날짜나 시간은 알 수 없다는 것을 이미 예수께서 증언하셨다.

　그러나 그날과 그때는 아무도 모르나니 하늘의 천사들도, 아들도 모르고 오직 아버지만 아시느니라(마태복음 24:36)

이 말씀은 오로지 재림의 날짜와 시간을 알아맞히려는 욕망에 사로 잡힌 자들에 대한 경고의 말씀이라 할 수 있다. 따라서 어떤 사람이든 '자신이 계시를 받아 종말의 날과 시를 알게 되었다.'고 주장한다면 그것은 성서의 말씀을 정면으로 위배하는 것이 된다. 특히 어느 개인이나 집단의 종교적 이익을 위한 '종말일 산정'은 예측이 실패로 끝날 경우 신자의 믿음을 파괴시킬 수 있다.

그렇다면 종말의 날과 시간을 알 수 없는데도 왜 그리스도인들은 종말의 징조에 주목하고 이에 대한 정보를 놓치지 않으려고 애쓰는 것일까? 그 이유 역시 예수의 또 다른 말씀에 근거를 두고 있다. 제자들이 예수께 '주의 임하심(재림)과 세상 끝에는 무슨 징조가 있사오리까'(마 24:3)라고 질문하였을 때 세상 끝의 전조가 될 사건들을 목격함으로써 재림의 때가 임박했음을 알 수 있다고 응답했다.

> 너희도 이 모든 일(사건)을 보거든 인자가 가까이 곧 문 앞에 이른 줄 알라(마태복음 24:33)

그래서 세상 끝에 있을 재림 사건에 관한 예수와 제자들 간의 문답을 다시 정리해 보면,

> 주의 임하심(재림)과 세상 끝에는 무슨 징조가 있을 것입니까 (마태복음 24:3)
> … 이와 같이 너희도 이 모든 일(사건)을 보거든 인자가 가까이 곧 문 앞에 이른 줄 알라(마태복음 24:33)
> 그러나 그 날과 그때는 아무도 모르나니 하늘의 천사들도, 아들도 모르고 오직 아버지만 아시느니라(마태복음 24:36)

문 앞에 이른 예수

그러므로 깨어 있으라 어느 날에 너희 주가 임할는지 너희가 알
지 못하니라(마태복음 24:42-43)

제자들의 물음에 대한 예수의 답변을 연결해서 해석하면 '그 날과 그
때' 즉, 재림의 날과 시를 정확히 알 수 없지만 종말을 예고하는 사건
들을 통해서 예수의 재림이 임박했음을 알 수 있다는 의미이다. 다시
설명하자면 종말을 예고하는 구체적인 사건들이 거대한 파장을 일으
키고 있는 기간(아마도 수십 년의 기간) 중 어느 '날과 시간'에 급작스
럽게 재림이 이루어진다는 것이다. 결론적으로 말하면 사람들이 재림
의 결정적인 날짜와 시간은 알 수 없지만 종말을 알리는 전조적 사건
들을 통하여 예수 재림이 임박한 시대에 살고 있음을 분명히 깨달을
수 있다는 것이다. 그래서 세상의 종말을 알리는 전조적 사건들을 목
격한 그리스도인들은 예수 재림이 임박했음을 깨닫고 더욱 경각심을
가지면서 살아야 한다는 것이다. 이것이 거듭난 그리스도인들에게 주
시는 하나님의 은혜로운 약속이다.

그렇다면 사람들이 재림의 정확한 '날과 시'를 알 수 없는 이유는 무
엇인가? 그 이유는 멸망에 처한 이웃에게 구원의 복음을 전할 시간을
좀 더 허락해 달라는 그리스도인들의 간절한 기도가 있기 때문이다.
하나님은 무조건적으로 심판의 날을 정하시는 것이 아니다. 하나님은
의로운 청원을 들으시는 소통의 하나님이시다. 이는 구약성서에서 아
브라함이 타락한 소돔과 고모라성에 대한 심판을 잠시 보류해 주셔서
그곳 사람들에 대한 구원의 기회를 좀 더 주실 것을 하나님의 사자에
게 간청한 사건에서 잘 나타나 있다.(창 18:22-33) 또 다른 예로서
사도 바울이 피를 토하는 심정으로 자신의 민족의 구원의 기회를 주실
것을 간구한 성서의 기록에서도 입증이 된다.(롬 9:1-5) 성서의 증

언대로 "의인의 간구는 역사하는 힘"(약 5:16)이 크기 때문에 하나님은 믿지 않는 가족이나 이웃에게 복음을 전할 시간을 좀 더 허용해 주실 것을 바라는 그리스도인들의 간절한 기도를 들으시고 종말의 때를 잠시 늦추실 수도 있다. 따라서 그리스도인들은 기도를 통해 미래를 만들어 갈 수 있으며 어느 날 과거가 될 미래를 창조해 갈 수 있다. 이것이 예수께서 말씀하신 '그 시와 날은 알 수 없다.'는 진정한 이유이다. 하지만 성도들의 간절한 기도에도 불구하고 이 세상이 수습 불가능할 정도로 부패하고 타락하여 생명의 말씀이 더 이상 사람들의 마음에 놓일 자리가 없어지는 상황에 이르면 예수 재림과 세상에 대한 심판은 곧바로 진행될 것이다.

• 어떻게 예수 재림을 대비할 것인가?

어떤 특정 종교 집단의 리더가 잘못된 계시를 받아 독선적으로 세상의 멸망의 날과 시를 공표하며 사사로운 이익을 편취하려는 행위가 옳지 못하듯이 반대로 종말의 날짜와 시간을 알지 못한다는 말씀을 잘못 이해하여 세상의 일에만 집착한 나머지 다가오는 재앙을 외면하는 것 또한 비극적인 것이다. 이미 종말을 향한 전조들이 지구상에 속속 나타나고 있는 지금 '예수 재림에 대해 관심을 가질 필요가 없다.'라는 주장은 결코 성서적이지도 은혜롭지도 않다. 그 '날'과 '시간'을 모른다는 예수의 말씀 속에는 세상의 멸망을 예고하는 전조적 사건들을 목격한 자들로 하여금 갑자기 이루어질 재림 사건을 긴장감 속에서 대비케 하려는 역설적인 의미가 담겨 있다. 아래의 말씀이 이를 증거하고 있다.

너희는 스스로 조심하라 그렇지 않으면 방탕함과 술 취함과 생활의 염려로 마음이 둔하여지고 뜻밖에 그 날이 덫과 같이 너희에게 임하리라 이 날은 온 지구상에 거하는 모든 사람에게 임하리라 이러므로 너희는 장차 올 이 모든 일을 능히 피하고 인자 앞에 서도록 항상 기도하며 깨어 있으라 하시니라(누가복음 21:34-36)

단언컨대 '깨어 있으라'는 예수 그리스도의 경고는 바로 이 시대를 향하고 있다. 21세기 들어서면서 세상의 종말과 예수의 재림을 예고하는 중대한 사건들이 동시다발적으로 나타나고 있기 때문이다. 지금 이 세상은 분명히 '인자가 곧 문 앞에 이른' 시기에 진입했다. 만약 누구든지 이러한 전조들을 무시한다면 예수의 초림(처음 이 땅에 오신 사건)의 신호를 깨닫지 못해 심판받은 자와 같은 처지에 놓일 것이다. 예수의 예언이 과연 이 시대에 성취되고 있는지 눈을 부릅뜨고 살펴보아야 할 결정적인 이유가 여기에 있다.

이 예언의 말씀을 읽는 자, 듣는 자, 지키는 자들이 복이 있나니
때가 가까움이라(요한계시록 1:3)

이제 이어지는 2부에서 세상의 종말과 예수 재림에 관한 예언이 어떻게 이 시대에 광범위하게 성취되고 있는 지 10가지 분야(역사적, 환경적, 경제적, 사회적, 정치적, 종교적, 복음적, 지정학적, 군사적, 우주적 분야)로 나누어 증명하고자 한다.

2부

예수 그리스도의 10대 종말 예언

너희가 천기는 분별할 줄 알면서 시대의 표적은 분별할 수 없느냐
(마태복음 16:3)

성서는 민족과 나라와 인류의 장래에 대한 예언의 책이라 해도 과
언이 아니다. 성서에서 거의 오분의 일이 예언서이며, 구약성서만 놓
고 볼 때 그 비율은 거의 삼분의 일에 이른다. 신약성서 요한계시록의
경우 전체가 예수의 계시 예언으로 되어 있다. 성서의 많은 예언들 중
가장 중요한 예언은 예수의 재림에 관한 예언이다. 그 이유는 예수 재
림이 세상의 마지막 때와 관련이 있기 때문이다. 신약성서는 예수 재
림에 관한 증언들로 가득 차 있다. 신약성서 216장에 걸쳐 예수의 재
림에 대해 318번 기록되어 있으므로 평균 30절마다 한 번씩은 이 재
림에 대해 언급하고 있는 셈이다. 그러므로 이렇게 방대하게 다뤄진
주제를 교리적으로 중요치 않다는 명분하에 묻어 둘 수는 없는 일이
다. 앞서 1부에서 언급했듯이 신약성서의 마태복음에는 의미심장한
문답이 있다. '주의 임하심(재림)과 세상 끝에는 무슨 징조가 있사오리
까'(마 24:3)라고 묻는 제자들의 질문에 대하여 예수 그리스도는 '세
상 끝'의 전조적 사건을 다양하게 제시하며 '너희도 이 모든 일(사건)

을 보거든 인자가 가까이 곧 문 앞에 이른 줄 알라'(마 24:33)라고 답하였다. '세상 끝'에 일어날 대사건에 관한 예수의 예언은 무려 10가지 분야로 나누어 설명해야 할 만큼 다양하며 구체적이다. 그래서 저자는 본 2부에서 세상의 종말과 재림에 대한 예수의 예언을 역사적, 환경적, 경제적, 사회적, 정치적, 종교적, 복음적, 군사적, 지정학적, 우주적 분야로 나누어 해석하고자 한다.

이제 독자들 여러분은 예수 그리스도의 위대한 예언 앞에 서 있다. 그것은 생사의 갈림길에 서 있음을 의미하는 것이다. '세상 끝'에 관한 예수의 예언이 다가오는 멸망을 경고하고 있으며 동시에 이로부터 구출될 길을 제시하고 있기 때문이다.

제1장 인류 역사의 종말에 관한 예수의 예언

 * 지금 인류는 역사의 거대한 칠판에 세상의 종말을 예고하는 글자
를 쓰고 있는 유대 민족의 유령 같은 '손가락'을 목격하고 있다.

성서의 예언들은 역사적 사실과 사건들에 기초한다. '세상 끝'에 관한 예수의 예언 역시 역사적 사건에 기초를 두고 있다. 만약 예수의 예언이 역사적 사건에 기초하지 하지 않고 지극히 추상적이고 난해한 상징어로만 되어 있다면 사람들의 불건전한 호기심만 증폭시킬 뿐 아무런 유익이 없었을 것이다.

그렇다면 예수께서 예언한 인류 역사의 종말을 알리는 역사적 대사건은 무엇인가?

그것은 세계로 흩어진 유대(이스라엘) 민족의 기적 같은 회생에 관한 것이다. 예수 그리스도는 세상의 마지막 때에 있을 이스라엘 회생이 자신의 재림과 밀접한 관련이 있음을 분명하게 증언하였다. 그래서 예수의 예언이 어떻게 이 시대에 성취되고 있는가를 알기 위해서는 먼저 다음과 같은 네 가지 물음에 대해 답하여야 한다.

 – 예수의 역사적 종말 예언의 핵심은 무엇인가?
 – 이스라엘은 왜 인류의 구원과 멸망의 때를 예고하는 역사 시계인가?
 – 예수의 이스라엘 회생 예언은 어떻게 현대 시오니즘 운동으로 성취되고 있는가?
 – 이스라엘 회생 예언의 성취가 세상과 교회에 주는 메시지

I. 예수의 역사적 종말 예언의 핵심은 무엇인가?

10가지 분야로 나눌 수 있는 예수의 종말 예언 중 가장 핵심적인 것은 인류 역사 속에서 나타날 유대 민족의 거대한 움직임에 관한 예언이다. 그 주요 내용은 예루살렘 멸망과 유대 민족의 세계이산 그리고 세상의 마지막 때에 이루진다고 예고된 이스라엘의 회생과 예루살렘 복귀에 관한 것이다.

서기 70년 예루살렘성은 당대 최강의 로마 군대에 의해 함락되고 유대 백성은 온 세계로 흩어져야 하는 비운을 맞이하였다. 그런데 놀랍게도 20세기 중반에 유대인들이 팔레스타인 땅에 이스라엘 국가를 세우고 꿈에 그리던 예루살렘에 진입하는 역사적 사건이 발생했다. 만일 이 대사건이 예수의 예언이 성취되고 있는 움직일 수 없는 증거라면 참으로 심각한 일이다. 예수께서 공언한 대로 '세상 끝'이 다가오고 있기 때문이다. 이 긴박한 상황을 예수 그리스도는 자신이 '문 앞'에 이르렀다고 표현하고 있다. 실제로 지금 이 지구상에는 이스라엘 민족의 고토 복귀와 더불어 문명의 종말을 예고하는 사건들이 잇달아 일어나고 있다. 그래서 이스라엘 민족의 세계 이산과 회생에 관한 예언의 올바른 해석은 대단히 중요하다. 세상의 종말과 예수 재림의 때를 가늠할 수 있는 중요한 근거가 되기 때문이다.

1. 이스라엘 민족의 세계 이산과 회생에 관한 예수의 대예언

예수 그리스도는 자신의 십자가의 처형을 앞두고 예루살렘 성전 앞에서 이스라엘 민족과 인류의 앞날에 대한 중대한 예언을 하였다. 그리스도는 먼저 예루살렘의 멸망과 이스라엘 민족의 세계이산을 예고하였다. 그리고 세상의 마지막 때에 세계로 흩어진 유대인들이 조상이 살던 고토로 다시 돌아올 것을 예언하였다. 그리스도의 예언은 이스라엘 민족이 일으키는 거대한 역사적 파장이 인류의 최후와 연결되어 있음을 강력히 경고한 것이다. 이와 관련된 예수의 위대한 예언은 다음과 같다.

〈예루살렘 멸망에 대한 예수의 예언〉

예루살렘아 예루살렘아… 보라 너희 집이 황폐하여 버린바 되리라(마태복음 23:38)

예수께서 성전에서 나와 가실 때에 제자들이 성전 건물을 가리켜 보이려고 나아오니 대답하여 말씀하시되 너희가 이 모든 것을 보지 못하느냐 내가 진실로 너희에게 이르노니 돌 하나도 돌 위에 남지 않고 다 무너뜨리우리라(마태복음 24:1-2)

〈예루살렘 멸망의 이유에 대한 예수의 증언〉

예루살렘아 예루살렘아 선지자들을 죽이고 네게 파송된 자를 돌로 치는 자여 암탉이 그 새끼를 날개 아래 모음같이 내가 네 자녀들을 모으려 한 일이 몇 번이냐 그러나 너희가 원치 아니하였도다 보라 너희 집이 황폐하여 버린바 되리라(마태복음 23:37-38)

〈이스라엘 민족의 세계 이산과 예루살렘 복귀 시점에 관한 예수의 예언〉

저희가 칼날에 죽임을 당하고 모든 이방에 사로잡혀 가겠고 예

루살렘은 이방인의 때가 차기까지 이방인들에게 짓밟히리라(누가복음 21:24)

〈이스라엘 회생과 예수 재림에 관한 예언〉

예수께서 감람산 위에 앉으셨을 때에 제자들이 조용히 와서 묻되… 주의 임하심과 세상 끝에는 무슨 징조가 있겠습니까(마태복음 24:3)

무화과나무의 비유를 배우라 그 가지가 연하여지고 잎사귀를 내면 여름이 가까운 줄을 아나니 이와같이 너희도 이 모든 일을 보거든 인자가 가까이 곧 문 앞에 이른 줄 알라(마태복음 24:32-33)

상기한 대로 예수의 예언은 세계로 흩어진 이스라엘 민족이 예루살렘을 회복할 때 '이방인의 때'(이방 세계에 복음이 전파되는 은혜의 시기)가 끝나고 세상의 종말과 예수 재림 약속이 성취될 것이라는 내용을 담고 있다. 이 중대한 예언에 주목하지 않을 수 없는 이유는 우리가 사는 바로 이 시대에 이 예언이 성취되고 있기 때문이다.

• **이스라엘 회생이 20-21세기에 성취되고 있다**

지난 1세기 동안 온 세상 사람들은 이스라엘 민족이 세계로 흩어져 떠돌다 근 1900년 만에 자기 조상의 땅을 되찾아 가는 대사건의 목격자가 되었다.

1948년 5월! 이스라엘 민족은 암흑의 "무덤"(겔 37:12)에서 나와 국가를 세우고 세계 역사 전면에 다시 등장하였다. 그리고 1967년 6월 이른바 "6일 전쟁"이라 불리는 제3차 중동전쟁에서의 승리로 꿈에 그리던 예루살렘에 입성하였다. "통곡의 벽"(서기 70년 예루살렘 멸망 당시 로마군에 의해 성전이 완전히 파괴된 후 잔해가 된 성전의 서쪽 벽) 앞에서 뜨거운 눈물의 기도를 올리는 이스라엘 참전 군인들의 모습은 세계의 이목을 집중시켰다. "1948년 건국 후 860만 이스라엘 사람들은 4억 2,000만 아랍인과 다섯 차례의 전쟁에서 계속 승전보를 남겼다." 그리하여 지난 1세기 동안 온 세상 사람들은 이스라엘 민족이 세계로 흩어져 떠돌다 근 1,900년 만에 자기 조상의 땅을 되찾아 가는 대사건의 목격자가 되었다. 21세기에 들어선 지금도 이스라엘의 고토 회복 운동은 지속되고 있으며 세계의 여론을 들끓게 하는 크고 작은 사건들을 일으키고 있다.

• 이스라엘의 회생과 예루살렘 복귀 사건의 중심에는 예수의 예언의 말씀이 역사하고 있다

거듭 말하지만 오늘날 유대 민족의 나라가 존재한다는 사실은 기적에 가까운 일이다. 인류 역사상 나라를 잃은 지 2,500년 땅마저 잃은 지 1,800년 후에 자기 나라를 부활시킬 수 있었던 국가는 없었다. 이 불가사의한 민족을 연구하는 학자들은 이스라엘의 생존에 관한 이유에 대해 다양한 의견을 제시한다. 예컨대 유대인의 뛰어난 지능과 교육 방법 그리고 독특한 종교적 신념과 돈을 버는 천부적 능력을 거론한다. 하지만 그 어떤 이유를 제시하여도 유대인이 그토록 오랜 세월 동안 민족의 정체성을 지켜내고 마침내 조상의 땅에 돌아와 나라를 건국하고 예루살렘을 되찾는 미스터리를 온전히 다 설명할 수 없다. 그야말로 오늘날 온 세상 사람들은 이스라엘 민족의 회생으로 야기된 중동 지역에서의 온갖 종교적, 정치적, 군사적 갈등과 사건들을 목격하며 강렬한 물음표와 느낌표를 마음에 품고 있다.

'도대체 이 민족은 왜 끈질기게 살아남아 조상의 땅으로 돌아가고 있는가?', '이 지구상 어느 나라에서도 그 유례를 찾아볼 수 없는 이 엄청난 사건을 어떻게 이해해야 하는가?'

이러한 사람들의 의문은 오직 예수 그리스도의 예언을 읽을 때 온전히 풀릴 수 있다. 앞서 제시한 바와 같이 예수는 이스라엘 민족의 패망과 세계 이산의 원인을 규명하였고 이 민족이 다시 자기 고토로 돌아오는 시기와 조건을 제시하였다. 참으로 예수의 예언이 놀라운 것은 그 예언이 장구한 세월을 지나 이 시대에 적중되고 있다는 사실이다. 실제로 지난 세기 이스라엘 건국이 일으킨 거대한 파장은 21세기에 더욱 커지고 있다. 참으로 근대 이스라엘 건국 미스터리의 중심에는 예수 그리스도의 예언의 말씀이 역사하고 있다.

• 20-21세기에 걸쳐 이루지고 있는 이스라엘의 회생이 예수의 역사적 종말 예언의 성취라고 단정 지을 수 있는 근거는 무엇인가?

위의 물음에 대한 답은 오늘날 이스라엘 회생과 더불어 종말의 전조로 예언된 또 다른 사건들이 동시에 일어나고 있기 때문이다. 아래에 열거된 사건들은 지금 인류가 돌이킬 수 없는 파멸의 위기에 처해 있음을 보여 주는 중대한 신호들이다.

- 예수 그리스도는 모든 민족에게 복음이 전파되면 세상의 끝이 온다고 하였는데 복음의 진리를 담고 있는 성서는 이미 오대양 육대주 모든 나라와 민족의 언어로 번역되어 전해졌다.
- 예수 그리스도가 종말의 징조로 예고한 전 지구적 규모의 대재앙 (대기근, 대지진, 온역, 바다의 이상 현상 등)이 20-21세기에 집중적으로 일어나고 있다.

- 인류를 완전히 파멸시킬 핵무기의 등장으로 인해 예수 그리스도
  가 예언한 모든 육체가 살아남기 힘든 전무후무할 세계대전('대환
  란')이 임박해 있다.

이처럼 오늘날 예수의 종말 예언이 성취되고 있다는 확고한 증거는
이스라엘의 회생과 더불어 종말을 알리는 전조적 사건들에 대한 또 다
른 예언들이 동시에 성취되고 있기 때문이다. 그래서 저자는 이 시대
에 동시다발적으로 성취되고 있는 예수의 대예언들을 10가지 분야로
나누어(역사적, 환경적, 경제적, 사회적, 정치적, 종교적, 복음적,
지정학적, 군사적, 우주적 종말) 설명하고 있는데 이 책을 읽고 누구
라도 예수의 예언이 결코 '농담'이 아니라 진실이라는 것을 알게 된다
면 멸망에서 벗어날 길을 제시한 예수 그리스도의 복음에도 귀를 기울
이게 될 것이다.

2. 이스라엘 회생과 세상의 종말에 대한 예수 예언의 심층 분석

• **예수의 <u>무화과나무</u> 비유 말씀은 이스라엘의 회생과 세상의 종말을 예
고한 것이다**

이에 비유로 이르시되 <u>무화과나무</u>와 모든 나무를 보라 싹이 나
면 너희가 보고 여름이 가까운 줄을 아나니 이와 같이 너희가 <u>이</u>
<u>런 일이 일어나는 것을 보거든 하나님의 나라가 가까이 온 줄을</u>
알라(누가복음 21:29-32)
<u>무화과나무</u>의 비유를 배우라 그 가지가 연하여지고 잎사귀를

내면 여름이 가까운 줄을 아노니 이와 같이 너희가 이 모든 일을 보거든 인자가 가까이 곧 문 앞에 이른 줄 알라(마태복음 24:32- 33)

예수 그리스도는 '주의 임하심(재림)과 세상 끝에는 무슨 징조가 있 사오리까'(마 24:3)라는 제자들의 질문에 무화과나무 비유를 통해 세 상의 종말을 예고하였다. 이는 예루살렘 멸망과 유대인의 세계 이산 이후 장래 역사 속에서 무화과나무의 소생 즉, 이스라엘 국가의 회생 이 이루진다면 그것은 곧 세상의 끝을 알리는 결정적 전조가 된다는 의미이다.

그렇다면 '무화과나무'가 문자적으로 이스라엘을 의미한다는 근거는 무엇인가?

예수가 언급한 '무화과나무'의 비유가 이스라엘의 회생에 관한 것이 라고 말할 수 있는 근거는 성서의 여러 곳에서 찾을 수 있다. 즉, 신약 및 구약 성서에 언급된 '무화과나무'는 예외 없이 이스라엘 나라 혹은 유대 백성과 그 지도자들을 상징하는 것으로 쓰이고 있다. 신약성서 복음서에 기록된 무화과나무에 관한 예수의 세 차례의 언급도 예외 없 이 유대 백성이나 백성의 지도자를 일컫는 것이다.

예수께서 성전에 들어가사… 저희에게 이르시되 내 집은 기도 하는 집이라 일컬음을 받으리라 하였거늘 너희는 강도의 굴혈 을 만드는도다… 이른 아침에 성으로 들어오실 때에… 길가에 서 한 무화과나무를 보시고 그리로 가사 잎사귀 외에 아무것도 얻지 못하시고 나무에게 이르시되 이제부터 영원토록 네게 열 매가 맺지 못하리라 하시니 무화과나무가 곧 마른 지라(마태복

음 21:12-13, 18-19)

위의 말씀에서 열매를 맺지 못하고 제 기능을 상실한 무화과나무는 예수님 당시 참된 신앙을 상실한 유대 지도자와 백성들을 지칭한 것이며 무화과에 대한 저주는 당시 물질적 탐욕으로 타락한 유대 종교 지도자들에 대한 심판을 예고한 것이다. 이것은 예수의 또 다른 언급에서도 잘 나타나 있다.

> 너희도 만일 회개치 아니하면 다 이와 같이 망하리라… 이에 비유로 말씀하시되… 내가 삼년을 와서 이 무화과나무에서 실과를 구하되 얻지 못하니 찍어버리라 어찌 땅만 버리느냐(누가복음 13:5-7)

신실한 유대인이었던 나다니엘을 만나 예수께서 하신 말씀 역시 무화과와 관련된 발언이다.

> 예수께서 나다나엘이 자기에게 오는 것을 보시고 그를 가리켜 가라사대 보라 이는 참 이스라엘 사람이라 그 속에 간사한 것이 없도다 나다나엘이 가로되 어떻게 나를 아시나이까 예수께서 대답하여 가라사대 빌립이 너를 부르기 전에 네가 무화과나무 아래 있을 때에 보았노라(요한복음 1:47-48)

나다니엘을 목격한 예수께서 언급한 '무화과나무'는 이스라엘의 정체성을 지키는 자, 즉 하나님을 올바르게 섬기는 자와 동일시한 것이다. 결국 예수 그리스도가 언급한 '무화과나무'의 비유는 예외 없이 이스라엘 민족이나 지도자 그리고 백성을 의미하는 것으로 사용되었음을 확인할 수 있다. 그러므로 예수 그리스도는 예루살렘 멸망과 세계로의 흩어짐 이후에 일어날 이스라엘 회생 사건 역시 무화과나무의 회생으로 비유하였음을 알 수 있다. 무화과나무가 이스라엘 백성을 지칭한다고 볼 수 있는 또 다른 증거는 구약성서 '예레미아'에서 찾을 수 있다. B.C. 627-586년경에 기록된 '예레미아'에는 이스라엘 민족의 하나님에 대한 불신앙과 도덕적 타락의 결과에 대해 기록하고 있다. 특히 대선지자 예레미아는 이스라엘 민족이 심판과 재앙을 겪은 이후에 고토로 복귀하여 회생의 길을 밟을 것이라는 예언을 하였는데 이 예언에서 예레미아는 이스라엘 민족을 무화과나무에 비유하였다.

> 여호와께서 내게 이르시되 예레미아야 네가 무엇을 보느냐 내가 대답하되 무화과 이온데 그 좋은 무화과는 극히 좋고 그 악한 것은 극히 악하여 먹을 수 없게 악하나이다… 이스라엘 하나님 여호와가 이같이 말하노라 내가… 유다 포로를 이 좋은 무화과 같이 좋게 할 것이라 내가 그들을 돌아보아 좋게 하여 다시 이 땅으로 인도하고… 심고 뽑지 아니하겠고(예레미아 24:3-6)
> 나 여호와가 이같이 말하노라… 예루살렘의 남은 자로서 이 땅에 남아 있는 자… 악한 무화과같이 버리되 세상 모든 나라 중에 흩어서 그들로 환난을 당하게 할 것이며 또 그들로 쫓아 보낼 모든 곳에서 치욕을 당하게 하며 말거리가 되게 하며 조롱과 저주를 받게 할 것이며(예레미아 24:8-9)

구약성서 시대 대선지자 이사야 역시 이스라엘 민족의 회생을 나무의 생장에 비유하고 있다.

후일에는 야곱의 뿌리가 박히며 이스라엘의 움이 돋고 꽃이 필 것이라 그들이 그 결실로 지면에 채우리라(이사야 27:6)

위에 제시된 말씀에서 보듯이 신약과 구약 성서에 비유로 적힌 무화과는 일관되게 이스라엘 백성이나 나라를 지칭하고 있다. 따라서 예수의 '무화과나무' 회생의 비유는 세계에 흩어진 유대 민족의 부흥과 예루살렘 복귀를 의미한다는 해석에는 의문의 여지가 없다. 결론적으로 예수 그리스도의 무화과나무 비유 말씀은 세계로 흩어져 고난 받는 이스라엘 민족의 회생을 의미하는 것으로 이는 곧 세상의 멸망과 예수 재림이 임박함을 알리는 역사적 시그널임을 예언한 것이다

무화과나무의 비유를 배우라 그 가지가 연하여지고 잎사귀를 내면 여름이 가까운 줄을 아노니 이와 같이 너희가 이 모든 일을 보거든 인자가 가까이 곧 문 앞에 이른 줄 알라(마태복음 24:32-33)

그리스도의 예언대로 20-21세기 이스라엘의 시오니즘 운동으로 인한 고토 복귀와 이스라엘 건국 및 예루살렘 귀환 사건은 이제 실제로 일어난 역사적 사건이 되었다. 세상에 많은 예언가가 있고 종교 경전이 있지만 성서에 기록된 말씀들이 창조주 하나님이 인류에게 주는 메시지라고 믿을 수 있는 결정적인 근거는 예수의 예언이 인류 역사 속에서 살아 움직이고 성취되고 있다는 점이다. 지난 100년간에 이루지고 있는 이스라엘 건국과 예루살렘 고토 회복이라는 기적 같은 대사건이 이를 입증하고 있다.

- 이스라엘 민족의 예루살렘 복귀에 관한 예수의 예언이 과연 지리적으로 현존하는 예루살렘과 문자 그대로의 이스라엘 민족을 의미하는가?

성서의 말씀에는 영적으로 해석해야 할 부분이 있고 문자 그대로 받아들여야 부분이 있다는 사실에 유념해야 한다. 아래에 예시된 예수 그리스도의 예언은 분명히 지리적으로 중동에 위치한 예루살렘을 지칭하며 문자 그대로 이스라엘 민족에 대해 증언한 것이다.

> (예수께서) 가까이 오사 (예루살렘)성을 보시고 우시며, 가라사대 너도 오늘날 평화에 관한 일을 알았더면 좋을 뻔 하였거니와 지금 네 눈에 숨기웠도다. 날이 이를지라 네 원수들이 토성을 쌓고 너를 둘러 사면으로 가두고… 돌 하나도 돌 위에 남기지 아니하리니 이는 권고 받는 날을 네가 알지 못함을 인함이니라 하시니라(누가복음 19:41-44)
> 저희가(문자적 유대 백성을 지칭) 칼날에 죽임을 당하며 모든 이방에 사로잡혀 가겠고 예루살렘(문자 그대로 지리적 장소를 지칭함)은 이방인의 때가 차기까지 이방인들에게 밟히리라(누가복음 21:24)
> 내가 너희에게 이르노니 이제부터 너희는(문자적 유대 백성을 지칭) 찬송하리로다 주의 이름으로 오시는 이여 할 때까지 나를 보지 못하리라 하시니라(마태복음 23:39)

위의 말씀은 역사적으로 이미 이루어졌거나 장차 이루어질 사건에 대한 것이다. 예수의 예언은 '이방인의 때', 즉 이방 모든 나라와 민족에게 복음이 전파되어 이방인이 누리는 은혜의 때가 종료될 무렵 이스라엘 민족이 비로소 중동 지역에 소재하는 예루살렘으로 복귀할 것임을 예언한 것이다. 그러므로 장차 예수의 재림과 관련된 이스라엘 민족과 예루살렘에 관한 성서의 예언은 문자 그대로 해석되어야 마땅하다. 그 근거로 구약 성서는 시종일관 이스라엘이 실제 역사 속에서 미래를 가지고 있다고 증언하고 있다. 구약성서뿐만 아니라 신약성서에도 실존하는 이스라엘 민족의 회복에 대한 동일한 진리가 계시되고 있다.

• 이방 세계 복음 전파의 주춧돌을 놓은 사도 바울의 예언 역시 실존하는 이스라엘 민족의 회복을 뒷받침하고 있다

신약성서 로마서 11장에서 사도 바울은 자신의 혈육인 이스라엘 민족이 다시 회복되어 참된 신앙으로 돌아오게 될 것을 명확하게 예언하고 있다.

> 형제들아 너희가 스스로 지혜 있다 함을 면키 위하여 이 비밀을 너희가 모르기를 내가 원치 아니하노니 이 비밀은 이방인의 충만한 수가 들어오기까지 이스라엘의 더러는 완악하게 된 것이라 그리하여 온 이스라엘이 구원을 얻으리라 기록된바 구원자가 시온에서 오사 야곱에게서 경건치 않은 것을 돌이키시겠고 (로마서 11:25-26)

유대인인 사도 바울은 이방 세계에 전해진 복음으로 인해 구원을 얻는 자의 '충만한 수'가 이루어지면 공의로운 하나님의 은혜가 이방 세계에서 다시 자신의 혈육인 이스라엘로 돌이키게 될 것이란 비밀을 분명하게 풀어서 설명하였다. 이때 '이방인'이란 이스라엘이 아닌 모든 나라의 사람들이며 그들 중 복음을 듣고 믿어 구원을 얻은 자가 '이방인의 충만한 수'에 포함된다. 따라서 사도 바울이 언급한 '이스라엘'은 아브라함의 피를 물려받은 육체적 이스라엘 사람들임이 분명해진다. 다음과 같은 사도 바울의 또 다른 증언도 이를 입증하고 있다.

> 그러므로 내가 말하노니 저희(이스라엘)가 넘어지기까지 실족 하였느뇨 그럴 수 없느니라 저희의 넘어짐으로 구원이 이방인 에게 이르러 이스라엘로 시기나게 함이니라… 이는 내 골육(문 자 그대로의 이스라엘 민족)을 아무쪼록 시기케 하여 저희 중에 얼마를 구원하려 함이라(로마서 11:11, 14)

사도 바울의 증언은 하나님께서 이스라엘을 향해 갖고 계신 역사적 약속과 계획이 아직 끝나지 않았음을 확정한 것이다. 사도 바울의 증 언은 '이방인의 때가 차기까지' 이스라엘 민족의 예루살렘으로의 복귀 가 이루어지지 않을 것이란 예수 그리스도의 예언과도 일치한다. 따 라서 일부 신학자와 이방 교회들이 주장하듯이 이스라엘 민족은 영원 히 하나님으로부터 버림을 받았으므로 이스라엘은 오직 이방 교회를 상징하며 이스라엘에 관한 모든 예언의 말씀들은 영적 해석으로 풀어 야 한다는 주장은 잘못된 것이다. 만약 성서에 언급된 '이스라엘'에 대 해 오로지 영적인 의미에서 이방 세계의 그리스도인이나 교회를 지칭 하는 것으로만 해석한다면 진작 문자 그대로의 이스라엘 민족의 역사 적 움직임에 대해서 무지하게 되거나 혹은 무시하는 우를 범하게 된 다. 그것은 예수 그리스도와 사도 바울의 증언과는 완전히 어긋나는 것이다. 거듭 말하지만 하나님의 구원 역사 전체에 놓여 있는 축복은 이스라엘 민족과 이방 민족을 모두 포함한다. 하지만 교회의 역사와 별도로 역사 속에 실재하는 이스라엘 민족은 과거와 현재 그리고 미래를 관통하는 하나님의 경륜에 있어서 특별한 역할을 한다. 따라서 이스라엘은 열국들 가운데서 이방교회와 구별되는 하나님의 역사적 경륜을 이루기 위한 선민으로 세상 끝날까지 존속할 것이다.(창 12:1-3 참조) 그러므로 역사 속에 실재하는 이스라엘 민족은 과거와 현재 그리고 미래를 관통하는 하나님의 경륜에 있어서 특별한 역할을 한다. 이스라엘은 열국들 가운데서 교회와 구별되는 하나의 민족으로 세상 끝날까지 계속 존속할 것이다. 이것을 강조하는 이유는 오늘날 이스라엘 회생이 초래하고 있는 세계사적인 파장이 이미 이방 세계의 교회에도 미치고 있기 때문이며, 문자적 예루살렘과 이스라엘에 대한 인식이 명확해야 역사의 종말에 관한 예수의 예언을 바르게 이해할 수 있기 때문이다. 이제 20-21세기 이스라엘의 회생에 관련하여 풀어야 할 두 번 째 문제로 나아가고자 한다.

II. 이스라엘은 왜 인류의 구원과 멸망의 때를 예고하는 역사 시계인가?

- 예수의 역사적 종말 예언의 핵심은 무엇인가?
- **이스라엘은 왜 인류의 구원과 멸망의 때를 예고하는 역사 시계인가?**
- 예수의 이스라엘 회생 예언은 어떻게 현대 시오니즘 운동으로 성취되고 있는가?
- 예수의 역사적 종말 예언의 성취가 21세기 인류와 그리스도인에게 주는 메시지

이스라엘 민족의 고토 귀환은 곧 부패하고 타락한 세상이 자기 파멸의 길을 가고 있다는 강력한 시그널이며 동시에 예수 재림 사건이 다가오고 있다는 움직일 수 없는 증거가 된다. 그래서 우리는 이스라엘이라는 참으로 독특한 민족에 대해서 깊이 연구할 필요가 있다. 그것은 예수 그리스도가 이스라엘 민족을 통하여 세상에 왔으며 구원의 복음을 선포하였고 나아가 이 민족의 장래와 인류 종말에 일어날 사건들을 연계하여 예언하였기 때문이다. 실로 이스라엘 민족의 움직임에는 인류를 향한 하나님의 뜻이 담겨 있다. 이 말은 성서를 통하여 진리를 찾는 모든 이들에게 참으로 중요한 전제이다. 그리고 하나님의 존재를 부인하는 자들에게는 큰 도전이 된다. 그래서 예수 그리스도가 증거한 이스라엘과 인류 흥망의 연관성을 규명하기 전에 먼저 이스라엘의 역사적 미스터리에 대해 많은 사람들이 궁금해 하는 다음과 같은 두 가지 중요한 물음에 답하기로 한다.

하나님이 이스라엘 민족을 선택한 이유는 무엇인가?

이스라엘 민족의 움직임이 어떻게 인류의 구원과 멸망의 때를 예고

하는 역사 시계로 작동하는가?

1. 하나님이 이스라엘 민족을 선택한 이유는 무엇인가?

하나님은 왜 이스라엘 민족을 특별히 선택하셨는가? 불공평하지 않은가? 하나님은 그 많은 민족들 중 하필 이스라엘 민족을 통해 인류의 흥망을 예고토록 하시는가?

• 하나님은 지리적으로 지구상 모든 곳으로 통하는 중심지역에 거하는 민족을 선택하셨다

이스라엘이 인류 역사의 종말 시계 역할을 하는 민족이 되려면 모든 지구촌 사람들이 이스라엘 민족의 동향을 쉽게 파악할 수 있는 중심지에 위치해 있어야 한다. 따라서 이스라엘의 위치가 이러한 조건을 갖추고 있는지 검증해 보아야 한다. 아래의 보고서는 이스라엘이 지구상의 지리적 중심지임을 실증적으로 증거하고 있다.

인류 전체의 어떤 조직 활동 등을 위한 세계의 중심이 있어야 한다면, 그러한 시스템을 위한 가장 효율적인 위치는 세상의 거주 지역의 지리적 중심 근처가 되는 것이 논리적이다. 기본적으로 문제는 지구의 지표면 상의 다른 모든 점에서 그곳에 이르는 평균 거리가 최소가 되는 지표면 상의 점을 구하는 것이다. 이 점을 지구의 지리적 중심이라고 정의한다면 예루살렘을 비롯하여 성서에 기록된 주요 사건들이 일어난 곳이 바로 지구의 중심지가 된다. 실제로 예루살렘이 위치한 중동 지역은 지구상 동서남북으로 가는 길목이 되어 각 극단 지

　　　　　　　　　　　　　　　문 앞에 이른 예수

역에 이르는 최단 거리를 유지하고 있다. 예나 오늘이나 이스라엘 속해 있는 중동 지역은 아프리카, 아시아, 유럽의 교차로에 위치해 있어서 지구촌의 지정학적 중심지이다. 이 지역은 고대 인류 문명의 발상지이며, 인류 문명이 세계로 퍼져 나가는 길목으로써 역사적으로 대제국의 첨예한 갈등이 일어났던 곳이다. 세계의 패권을 쥐려는 강대국과 거대 종교 집단의 갈등이 끊임없이 일어나는 이 지역을 모든 나라와 국민들이 주목할 수밖에 없다. 이스라엘이 세계의 지리적 중심에 위치한다는 사실은 구약성서 시대(B.C. 6세기 경) 유대 선지자 에스겔의 증언에도 명백히 나타나는데 에스겔은 '곡'에 의한 마지막 전쟁을 예언하는 대목에서 이 지역이 세상의 중앙에 있는 곳임을 강조하고 있다.

> 여러 나라 중에서 모여서 짐승과 재물을 얻고 <u>세상 중앙에 거주하는 백성</u>을 치고자 할 때에(에스겔 38:12)

에스겔이 활동하던 기원전 6세기경에 이스라엘과 중동 지역이 세계의 중앙이라고 파악할 만한 어떠한 지리적 정보도 없었던 때이다. 따라서 선지자 에스겔이 이스라엘을 두고 지정학적으로 세상 중앙에 있는 땅임을 증거하였다는 것은 하나님으로부터 받은 계시가 아니면 불가능한 것이라고 할 수 있다. 이처럼 역사적으로 이스라엘 조상들이 대대로 거주하던 중동의 가나안 땅과 예루살렘은 모든 나라와 민족이 주목할 수 있는 세계사적 사건들이 끊이지 않고 발생하는 곳으로 하나님의 뜻과 권능을 나타낼 수 있는 최적의 지역이다. 이는 하나님의 계획에 의한 것이라는 강한 증거가 된다. 하나님은 모든 민족들이 가장 주목할 만한 중심지인 예루살렘을 선택하셨다. 따라서 하나님이 세계의 이목이 집중되는 곳에서 인류의 구원과 심판의 때를 예고하시는 것은 타당한 것이다. 실제로 성서에서는 역사의 종말까지 이스라엘 민족이 대대로 거하는 가나안 땅이 하나님의 모든 예언이 성취되는 중심적인 장소가 됨을 명백히 증언하고 있다.

> 여호와께서 그 이름을 두시려고 택하신 곳에서(신명기 16:2)
> 네 하나님 여호와께서 권고하시는 땅이라 세초부터 세말까지
> 네 하나님 여호와의 눈이 항상 그 위에 있느니라(신명기 11:12)

• **하나님은 세상의 중심지역에 있는 미약한 이스라엘 민족을 통해 인류에게 전능한 하나님의 존재와 뜻을 알리셨다**

성서는 하나님이 이스라엘 민족을 선택한 이유를 이렇게 밝히고 있다.

> 하나님께서… 너희를 택하심은 너희가 다른 민족보다 수효가 많은 연고가 아니라 너희는 모든 민족 중에 가장 적으니라(신명기 7:7)

이스라엘이 선민이 된 것은 타민족보다 능력이 뛰어나거나 도덕적으로 완전하거나 혹은 하나님이 이스라엘 민족을 타민족들보다 편애하심으로 선택된 것이 아니다. 이스라엘이 선택된 것은 역설적으로 대제국의 틈바구니에서 내일의 생존을 장담할 수 없는 적고 힘없는 무리이기 때문이다. 하나님이 대제국을 제쳐두고 약소민족을 선택하신 이유는 약하고 보잘것없는 이스라엘 민족의 흩어짐과 불가사의한 복귀를 통하여 하나님의 전능하심과 공의로움을 모든 민족이 깨닫도록 하신 것이다. 실제로 '이스라엘은 기원전 한 작은 나라였지만 이 나라

의 역사는 세계에 중대한 영향을 미쳤다.' 오늘날에도 이천만 명이 채 되지 않는 이 민족이 수십억 인류에게 엄청난 영향력을 끼치고 있으며 중대한 메시지를 던지고 있다. 만약 하나님의 약속과 계획이 없었더라면 이 민족은 이미 오래전에 이 세상에서 흔적도 없이 사라졌을 것이다.

2. 이스라엘은 왜 인류의 구원과 멸망의 때를 예고하는 역사 시계인가?

성서가 하나님의 계시를 기록한 책이라는 이유 중 하나는 이스라엘 민족의 움직임과 연계하여 인류의 흥망을 예고하고 그 예언들이 역사적으로 성취되는 놀랄 만한 증거를 가지고 있기 때문이다. 성서는 이 사실을 명백히 증언하고 있다.

> 이스라엘의 구속자인 만군의 여호와가 말하노라… 내가 옛날 백성을 세운 이후로 나처럼 외치며 고하여 진술할 자가 누구뇨 있거든 될 일과 장차 올 일을 고할 지어다(이사야 44:6-7)

그렇다면 수천 년 인류 역사 속에서 '이스라엘 민족에게 일어난 어떤 일들이 인류의 구원과 멸망의 징표가 되고 있는가? 그 구체적인 증거는 무엇인가?' 이러한 물음에 답하기 위해서 먼저 구약성서 창세기에 기록된 두 인물에게 주목해야 할 필요가 있다. 한사람은 이스라엘의 시조 아브라함이며 또 한 사람은 모세이다. 모세는 기원전 15세기경 고대 이집트에서 중노동에 시달리며 고통 받던 이스라엘 민족을 이끌고 '젖과 꿀이 흐르는' 가나안 땅으로 탈출시킨 민족의 영웅이다. 하나님은 이 두 사람에게 장차 이스라엘 민족과 인류에게 미칠 축복과 재앙에 대해 말씀하셨다. 그래서 하나님의 언약이 수천 년이 지난 오늘날까지 실제로 어떻게 성취되어 왔는가를 검증하고 확인하게 된다면 아직 성취되지 않은 성서의 예언들에 대한 기대와 신뢰를 갖게 될 것이다. 거듭 말하지만 성서에 기록된 하나님의 언약이 과거 인류 역사 속에서 정확히 이루어졌는지 검증하는 이유는 현재 시점에서 아직 성취되지 않고 있는 예언의 말씀들을 믿을 수 있는 근거가 되기 때문이다. 두렵게도 이미 세상의 종말과 예수 재림을 예고하는 강력한 전조들이 온 지구상에서 동시다발적으로 나타나고 있다. 그래서 먼저 아브라함과 모세를 통하여 이스라엘과 인류에게 주신 하나님의 언약이 무엇이며 수천 년 역사 속에서 어떻게 성취되어 왔는지 살펴보기로 한다.

• 이스라엘 시조 아브라함에게 주신 하나님의 언약과 역사적 성취

하나님이 아브라함을 통하여 인류에게 주신 핵심적인 언약은 아브라함의 씨를 통하여 인류에게 전해질 영생의 복음에 관한 것이다.

> 내가 네게 큰 복을 주고 네 씨로 크게 성하여… 네 씨가 그 대적
> 의 문을 얻으리라 또 네 씨로 말미암아 천하 만민이 복을 얻으리
> 니(창세기 22:17-18)

위의 말씀이 무엇을 의미하는지 신약성서에 그 해답이 기록되어 있는데 아브라함의 후손으로 장차 이스라엘 땅으로 오실 메시아에 관한 것임을 다음과 같이 밝히고 있다.

아브라함과 다윗의 자손 예수 그리스도의 세계라(마태복음 1:1)
그리스도께서 우리를 위하여 저주를 받은 바 되사 율법의 저주
에서 우리를 속량(죄의 값을 대신 치르고 구원)하셨으니… 이
는 그리스도 예수 안에서 아브라함의 복이 이방인에게 미치게
하고… 이 약속들은 아브라함과 그 자손들에게 말씀하신 것인
데 여럿을 가리켜 그 자손들이라 하지 아니하시고 오직 하나를
가리켜 내 자손이라 하셨으니 곧 그리스도 예수라(갈라디아서
3:13-16)

성서의 증언대로 예수 그리스도가 육신으로는 아브라함의 적통 후
손으로 이 세상에 오셨으며 예수로 인한 영생의 축복이 '천하 만민'에
게 주어졌다. 사도 바울은 예수 그리스도의 십자가 희생으로 인한 구
원의 언약이 유대인뿐만 아니라 이방인에게도 차별 없이 주어짐을 증
언하고 있다.

하나님은 홀로 유대인의 하나님뿐이시뇨 또 이방인의 하나님은
아니시뇨 진실로 이방인의 하나님도 되시느니라(로마서 3:29)
네가 만일 네 입으로 예수를 주로 시인하며 또 하나님께서 그
를 죽은 자 가운데서 살리신 것을 마음에 믿으면 구원을 얻으리
니… 유대인이나 헬라인(이방인)이나 차별이 없음이라(로마서
10:9, 12)

실제로 지난 2천 년간 예수 그리스도의 복음은 온 세계에 전파되어
인류 역사에 심대한 파장을 일으켰다. 아브라함에게 주신 하나님의
언약이 수천 년의 시공간을 꿰뚫으며 성취된 것이다.

- **하나님은 이스라엘 민족의 영웅 모세를 통하여 이스라엘과 인류의 흥망에 관련된 언약을 주셨다**

전술한 바와 같이 하나님이 아브라함을 통하여 언약하신 예수 그리스도의 복음은 온 세계에 전파되어 역사적으로 성취되었다.

아브라함 다음으로 주목해야 할 인물은 바로 모세이다.

하나님은 이스라엘 민족을 이끌고 애굽에서 탈출한 모세에게 장차 이스라엘 민족이 이방 세계로의 흩어질 것과 훗날 다시 조상의 땅으로의 복귀할 것이라는 독특한 언약을 하셨다. 그리고 이스라엘의 세계 이산과 복귀 사건은 이스라엘뿐만 아니라 인류의 흥망과 관련이 있음을 밝히셨다. 그 구체적인 내용이 담긴 책이 구약성서 '신명기'이다. '신명기'는 고대 이집트 제국에서 핍박과 중노동에 시달리던 이스라엘 백성을 '젖과 꿀이 흐르는' 가나안 땅으로 탈출시킨 모세에게 하나님이 주신 계시를 기록한 책이다. '신명기'에는 이스라엘 백성이 대대로 지켜야 할 십계명을 비롯한 형사법과 민사법 그리고 선민으로서 이행해야 할 각종 제사법 및 절기와 관련된 의식법이 기록되어 있다. '신명기'에는 이러한 '율법'과 '규례'의 준수 여부에 따라 이스라엘 민족에 대한 축복 혹은 저주가 따라 올 것을 예고하는 말씀이 담겨 있다. 특히 "신명기" 28-30장에서는 이스라엘 민족의 하나님에 대한 불순종과 타락의 결과로 나타날 독특한 역사적 행로를 예고하고 있는데 4단계로 나눌 수 있다.

- **하나님이 모세를 통하여 계시하신 이스라엘의 4단계 흥망 역사**

1단계 ▶ 하나님에 대한 불순종으로 인한 이스라엘 민족의 세계 이산과 고난을 예고

보라 내가 오늘날 생명과 복과 사망과 화를 네 앞에 두었나니…
다른 신들에게 절하고 그를 섬기면 반드시 망할 것이라(신명기
30:15, 17-18)

네가 만일 네 하나님 여호와의 말씀을 순종하지 아니하여… 그
모든 명령과 규례를 지켜 행하지 아니하면 이 모든 저주가 네게
임하고 네게 미칠 것이니… 세계 만국 중에 흩음을 당하고(신명
기 28:15, 25)

그 열국 중에서 네가 평안함을 얻지 못하며 네 발바닥을 쉴 곳도
얻지 못하고(신명기 28:65)

2단계 ▶ 흩어진 이스라엘 민족의 각성과 회개에 따른 예루살렘(시
온) 복귀운동 예고

쫓겨 간 모든 나라 가운데서 이 일이 마음에서 기억이 나거든…
여호와께로 돌아와… 여호와의 말씀을 순종하면… 여호와께서
긍휼히 여기사 네 포로를 돌리시되… 너를 흩으신 그 모든 백성
중에서 너를 모으시리니 너의 쫓겨 간 자들이 하늘가에 있을지
라도… 거기서 너를 모으실 것이며 거기서부터 너를 이끄실 것
이라(신명기 30:1-4)

3단계 ▶ 고토로의 복귀하는 이스라엘 민족의 대약진과 부흥 예고

네가 네 하나님 여호와의 말씀을 삼가 듣고 내가 오늘날 네게 명
하는 그 모든 명령을 지켜 행하면 여호와 하나님께서 너를(이스
라엘 민족)을 세계 모든 민족 위에 뛰어나게 하실 것이라… 네가

많은 민족에게 꾸어 줄지라도 너는 꾸지 아니할 것이요 여호와
께서 너로 머리가 되고 꼬리가 되지 않게 하시며 위에만 있고 아
래에 있지 않게 하시리니(신명기 28:1, 12-13)

4단계 ▶ 세계로 흩어진 유대인에 대해 반인륜적 범죄를 저지른 이
　　　　　 방 세계에 대한 징벌과 부패하고 타락한 세상에 대한 심판
　　　　　 예고

네 하나님 여호와께서 네 대적과 너를 미워하고 핍박하던 자에
게 이 모든 저주로 임하게 하시리니(신명기 30:7)

위에 제시된 신명기의 말씀에서 볼 수 있듯이 만일 이스라엘 민족이
하나님이 명하신 '율법'과 '규례'를 지키지 않고 다른 이방 신을 섬기며
타락할 경우 저주의 재앙이 내려지고 이방 세계에 끌려가 갖은 고초를
겪을 것이라는 경고이다. 그리고 온 이방 세계에 흩어진 이스라엘 민
족이 진심으로 회개하며 하나님께 구원을 요청할 때에 다시 예루살렘
이 있는 본토로 돌아오게 하실 것이며, 이때 이스라엘 민족의 약진과
큰 부흥의 축복이 있을 것임을 언약 받았다. 아울러 그동안 이스라엘
민족을 반인륜적으로 탄압하고 학대한 나라와 민족은 멸망의 화를 입
을 것이란 말씀도 함께 제시되었다. 모세를 통하여 이스라엘 민족에
게 선포된 4가지 역사 패턴은 하나님의 공의로운 판단이 선민 이스라
엘과 이방 세계에 똑같이 공평하게 적용됨을 의미한다.

• **이스라엘의 세계 이산과 고토 복귀에 담긴 하나님의 메시지**

이제 하나님의 언약이 지난 수천 년의 역사 속에서 어떻게 성취되었

는지 그리고 그 이유를 좀 더 구체적으로 파악한다면 '이스라엘은 왜 인류의 구원과 멸망의 때를 예고하는 역사 시계인가?'라는 의문에 대한 명확한 해답을 얻게 될 것이다. 그래서 이스라엘의 세계 이산과 복귀에 관련된 세 가지 중요한 물음에 답하고자 한다.

문 1 ▶ 이스라엘 민족은 지난 수천 년의 역사 속에서 실제로 이방 세계로의 이산과 가나안 땅으로의 복귀 사건을 겪었는가?

하나님이 모세를 통하여 계시하신 이스라엘 역사의 4단계 흥망 패턴은 실제 역사 속에서 정확하게 성취되었다. 역사적으로 이스라엘은 수천 년의 세월 동안 무려 3차례에 걸쳐 이방 세계로 흩어져 고난을 당하였고 자신을 학대하던 나라에서 대탈출을 시도하여 고토 귀환의 영광을 얻었다.

1차 대탈출 사건은, B.C. 15세기경 당시 대제국 이집트의 노예 생활에서 벗어나 하나님이 약속하신 젖과 꿀이 흐르는 가나안 땅으로의 탈출이었다. 성서에서는 이 대사건을 "출애굽"(EXODUS)이라 부른다. 출애굽 사건은 하나님이 시조 아브라함을 통해 예고하셨고(창 15:13-18) 출애굽 당시 모세에게 다시 계시되어(출 6:1-8) 마침내 모세는 동족을 이끌고 대제국 탈출을 감행하는 민족의 영웅이 되었다.

2차 대탈출 사건은 B.C. 598년경 바벨론 제국으로 끌려간 유대 민족이 고난의 세월을 보낸 후 민족적 회개운동과 더불어 예루살렘 성전이 있는 고토로 복귀하는 사건(B.C. 537-444)이다.

3차 대탈출 사건은 현대판 출애굽 사건으로 서기 70년 로마 제국에 의해 예루살렘 성이 초토화 되는 멸망의 화를 입고 세계 각지로 흩어진 유대인들이 20세기 초에 조상들이 살던 중동 지역의 팔레스타인 땅에 돌아가 나라를 세운 후 마침내 예루살렘을 회복하는 대사건이다. 이른바 현대 시오니즘 운동이 20-21세기에 걸쳐 진행되고 있다.

이처럼 유대인들은 수천 년의 인류 역사 속에서 세 차례나 이방 세계에 흩어졌다가 자기 고토로 돌아와 이스라엘 나라를 회복하는 기적과 같은 사건의 주역이 되었다. 인류 역사상 자기 나라의 패망 이후 이방으로 흩어졌다가 수십 년, 수백 년, 수천 년의 시간이 흐른 후 기어이 자기 조상이 살던 고토로 돌아가 나라를 다시 회복하는 예는 이스라엘 민족 외에는 찾을 수 없다. 세 차례나 기적 같은 회생을 이루어 낸 이스라엘 민족의 믿기지 않는 역사적 행보는 오직 전능하신 하나님의 언약의 말씀이 이 민족을 붙들고 있기 때문에 가능한 일이다. 이 사실이야말로 성서의 말씀이 얼마나 위대하며 진실된 것인가를 입증하는 것이다. 파란만장한 이스라엘 민족의 역사적 행로는 하나님의 언약의 말씀이 살아서 움직이는 불변의 증거이다.

문 2 ▶ 이방 세계에 흩어진 이스라엘 민족이 자기 조상들이 살던 본토로 반드시 돌아오는 이유는 무엇인가?

이스라엘 민족은 왜 자기 고토로 돌아가야만 하는가?
이스라엘 민족의 고토 복귀 사건은 예수 그리스도의 초림(이 땅에 처음 오심)과 재림(이 땅에 다시 오심)과 깊은 연관성이 있다. 하나님은 이스라엘 땅으로 오실 예수 그리스도를 예고하시고 인류를 구원하는 복음 선포의 장엄한 역사를 이루기 위해서 이방 세계에 흩어져 있던 이스라엘을 다시 불러 모으신 것이다. 1차, 2차, 3차 복귀 사건은 다음과 같이 예수 그리스도와 불가분의 관련이 있다.

문 앞에 이른 예수

• 이스라엘 민족의 1차 대탈출 사건인 출애굽과 예수 그리스도

B.C. 15세기경 모세는 애굽에서 노예와 같은 생활을 하며 고난을 겪고 있는 민족을 이끌고 가나안 땅으로 대탈출을 감행하였다. 이때 하나님이 모세를 통하여 이스라엘 민족이 대대로 지키도록 명하신 특별한 기념 절기가 있는데 그것은 다름 아닌 '7절기'(유월절, 무교절, 초실절, 오순절, 나팔절, 속죄절, 장막절) 이다. '7절기'에는 그리스도의 초림(이 세상에 처음 오심)과 재림(이 세상에 다시 오심)사건을 예고하는 비밀이 담겨져 있다. 이스라엘의 '7절기'는 한마디로 인류 역사 속에서 이루어질 예수 그리스도의 '구원'과 '심판'의 때에 관한 청사진이다. 즉, '7절기'는 예수의 복음이 역사 속에서 어떻게 성취되고 마감될 것인가를 예고하는 복음 달력이라 할 수 있다. 예컨대 '7절기'를 시작하는 첫 번째 절기는 '유월절'인데 이스라엘 민족의 출애굽 당시 어린양의 피를 문설주에 뿌려 애굽을 휩쓸던 재앙으로부터 구출된 사건을 기념하는 절기이다.(출 12:13) 바로 이 '유월절'은 예수 그리스도의 십자가 희생 사건으로 그 비밀이 풀려졌다. 신약성서에서는 유월절의 비밀을 이렇게 밝히고 있다.

> 우리의 유월절 양 곧 그리스도께서 희생이 되셨느니라(고린도
> 전서 5:7)

성서의 증언대로 '유월절'은 '세상 죄를 지고 가는 하나님의 어린양' 인 예수의 십자가상 희생의 피가 인간의 죄를 영원히 사하는 구원을 예표하는 절기이다. 결국 이스라엘 민족을 이끌고 가나안 땅으로 향하는 모세에게 대대로 지키도록 명해진 '유월절'에서 '초막절'에 이르는 '7절기'에는 예수의 초림과 재림이란 웅대한 스케줄이 담겨 있으며 이

를 역사적 사건으로 풀어내는 역할을 이스라엘 민족이 담당하고 있는 것이다.

　＊ 예수 초림과 재림의 비밀을 담고 있는 이스라엘 7절기가 인류 역
　　사 속에서 어떻게 성취되고 있는지에 대해서는 〈7장 복음의 세계
　　전파와 종말〉 편에서 보다 자세히 다루기로 한다.

우리는 여기서 다시 한 번 이스라엘의 역사적 행로를 예고하고 이를 기어이 성취하시는 하나님의 말씀을 되새길 필요가 있다.

　　이스라엘의 구속자인 만군의 여호와가 말하노라… 내가 옛날
　　백성을 세운 이후로 나처럼 외치며 고하여 진술할 자가 누구뇨
　　있거든 될 일과 장차 올 일을 고할 지어다(이사야 44:6-7)

• 이스라엘의 2차 대탈출 사건인 바벨론에서의 복귀와 예수 그리스도

2차 대탈출 사건은 B.C. 598년경 바벨론 제국으로 끌려간 유대 민족이 고토로 복귀하는 사건(B.C. 537-444)이다. 이때 민족의 지도자 '느헤미아'에게 하나님이 내리신 소명은 파괴된 예루살렘 성전의 복원이었다. 성전의 재건 운동은 민족의 정체성을 확립하는 것이었고 동시에 하나님이 구약 시대 선지자들을 통하여 예고하신 대로 예수 그리스도가 "자기 땅"에 오시는 터를 예비하는 과정이었다. 이스라엘 민족에게 특히 성전이 절대적으로 중요한 이유는 바로 이 성전에서 출애굽 당시 하나님이 모세에게 명하신 유월절 희생양을 바치는 제사를 지내며 애굽에서 죽음을 면하고 구원을 얻은 날을 영원히 기념하기 때문이다. 구약성서 시대 수천 년 동안 이스라엘 민족이 성전의 성소에서

유월절 희생양을 바쳤던 것은 다름 아닌 유월절기에 십자가에 달려 희생의 피를 흘리실 예수 그리스도를 예비하는 의식이었다. 여기서 간략하나마 예루살렘 성전의 역사에 대해 알아보는 것이 필요하다

고대 이스라엘 왕국의 제3대 왕인 솔로몬(B.C. 971-931)이 세웠던 제1성전은 유대 민족의 불순종과 우상숭배의 죄로 인해 B.C. 586년경 바벨론 제국의 침략을 받아 파괴되었다. 그 후 제2차 성전 시대는 B.C. 538년, 바벨론의 포로생활로부터 돌아온 백성들이 '스룹바벨'의 지휘 아래 재건축의 기초를 세웠고, 장기간 중단되는 과정을 거쳐 B.C. 515년에 완성되었으며, 헤롯왕의 시대인 B.C. 20년부터 대규모로 재건축되었다. 예수 그리스도는 바로 이 예루살렘 성전을 보고 장차 성전이 완전히 파괴될 것과 유대 백성은 세계 각지 흩어질 것을 예언하였다. 그리고 먼 훗날 세상의 끝, '이방인의 때'가 다하면 다시 성전이 있는 예루살렘을 되찾을 것을 증언하였다. 예수의 예언대로 예루살렘 성전은 A.D. 70년 티투스(Titus) 장군이 이끄는 로마군에 의해 또다시 완전히 파괴되었고 A.D. 691년에 이르러 예루살렘 성전 자리에 일명 '황금 사원'으로 부르는 모스코 이슬람「Dome of Rock」사원이 완성되어 지금까지 이르고 있다. 그래서 만약 유대 민족의 소원대로 예루살렘의 '성전산'에 파괴된 성전이 재건된다면 이 성전은 제3성전이 된다. 따라서 이스라엘의 2차 대탈출 사건인 바벨론에서의 복귀와 제2차 성전 시대의 개막은 예수 그리스도가 이 땅에 처음 오시는 사건을 예비하는 역사적 시그널이 되었고 마침내 예수 그리스도는 '자기 땅'에 오셔서 영원한 멸망에 처한 사람들의 구원을 위한 장엄한 역사를 성취하였다. 이로써 '7절기' 중 예수 그리스도의 희생과 죽음과 부활 그리고 성령 활동의 시작을 예표하는 유월절-무교절-초실절-오순절은 역사적으로 성취되었다.

• 이스라엘 민족의 3차 대탈출(현대 시오니즘 운동)과 예수 그리스도

지난 2천 년간 세계로 흩어져 유랑하던 유대인들이 예루살렘이 있는 자기 조상의 땅으로 복귀하고 있는 이른바 '현대 시오니즘 운동'은 20세기에 이어 21세기인 지금까지 진행되고 있다. 이스라엘 건국과 예루살렘 회복이란 이 기적과 같은 사건은 예수 재림을 예고하는 강력한 역사적 신호이다. 지금 인류는 모세가 공표한 이스라엘 '7절기' 중 예수 재림을 예고하는 나팔절–속죄절–초막절의 청사진이 실제 역사 속에서 성취되기 시작한 놀라운 대사건들의 목격자이다.

> **문 3 ▶** 세계 만국 중에 흩어진 이스라엘 민족이 자기 땅으로 돌이킬 때 이방 세계에는 어떤 일이 일어나는가?

역사적으로 이방 세계에서 반인륜적인 학대로 고통 받던 유대 민족의 대탈출 사건이 일어날 때마다 타락하고 부패한 나라에 대한 심판이 이루어졌다. 성서에 기록된 역사적 실례는 다음과 같다.

• 애굽에 대한 하나님의 심판

기원전 15세기경 모세가 동족을 이끌고 고대 이집트에서 탈출할 때 수많은 우상을 만들고 숭배하던 이집트 왕국에 대한 10가지 파멸적 재앙이 내려졌다.

> 여호와께서 모세에게 이르시되… 내가 애굽 사람의 무거운 짐 밑에서 너희를 빼어내며 그 고역에서 너희를 건지며 큰 재앙으로 (애굽을 징벌함으로) 너희를 구원하여…(출애굽기 6:1, 6)

• 가나안 6 부족에 대한 심판

이스라엘의 시조인 아브라함의 손자 야곱이 당시 중동 지역을 휩쓸던 대기근을 이기지 못해 가족들을 이끌고 '가나안' 땅을 떠나 애굽에 발을 들여놓은 후 그 후손들은 400년의 세월을 애굽에서 이민족으로 학대받으며 중노동에 시달리며 보내야 했다. 이때 민족의 영웅 모세는 고통 받는 동족을 이끌고 하나님의 명에 따라 애굽을 탈출하여 '젖과 꿀이 흐르는' 가나안을 땅을 향하였다. 하지만 이스라엘 백성은 그들의 기대와는 달리 거칠고 험한 광야에서 또 다시 40년의 세월을 보내야만 하였다.

이스라엘 백성들은 왜 440년 동안이나 그들의 조상 아브라함과 이삭과 야곱이 터를 잡아 살았던 가나안 땅으로 돌아가는 것이 지연되었는가?

그 이유 중 하나는 그동안 가나안 지역을 차지하여 살고 있던 6부족이 멸망의 화를 입을 만큼 타락하지 않았기 때문이라는 것이 성서의 증언이다. 이는 가나안에 살던 '아모리'족의 타락이 극에 달할 즈음 비로소 이들에 대한 하나님의 심판이 비로소 내려지고 마침내 이스라엘은 가나안 땅으로 들어갈 수 있었음을 의미한다. 아래의 말씀이 이를 뒷받침하고 있다.

여호와께서 아브람에게 이르시되… 네 자손은 사대 만에 이 땅으로 돌아오리니(창세기 15:13, 16)

• 바벨론 제국에 대한 심판

이스라엘 민족의 두 번째 고토 복귀운동인 바벨론 포로에서 예루살렘으로 돌아가는 운동 역시 대제국 바벨론이 저지른 죄악이 극에 달하여 패망한 즈음(B.C. 539) 이었다. 하나님은 선지자 예레미아를 통해 이 사실을 증언하고 있다.

> 이 온 땅(이스라엘)이 황폐하여 놀램이 될 것이며… 칠십 년 동
> 안 바벨론 왕을 섬기리라 나 여호와가 말하노라 칠십 년이 마치
> 면 내가 바벨론 왕과 그 나라와 갈대아인의 땅을 그 죄악으로 인
> 하여 벌하여 영영히 황무케 하되 내가 그 땅에 대하여 선고한바
> 곧 예레미아가 열방에 대하여 예언하고 이 책에 기록한 나의 모
> 든 말을 그 땅에 임하게 하리니… 내가 그들의 행위와 그들의 손
> 의 행한 대로 보응하리라 하시니라(예레미야 25:11-14)

전술한 바와 같이 애굽 왕국과 가나안 6부족 그리고 바벨론 제국의
죄악이 극에 달했을 때 비로소 하나님은 이방 제국에서 고통받고 있
던 유대 민족으로 하여금 질곡에서 벗어나 조상의 땅으로 복귀하도록
하셨음을 알 수 있다. 그리고 어김없이 부패하고 타락한 나라와 민족
에 대한 심판이 내려졌다. 이처럼 하나님은 유대인이든 이방 민족이
든 공의롭게 판단하시고 심판하심을 알 수 있다. 그렇다면 하나님이
지금 이 시대에 세계로 흩어져 있던 유대인들을 사방에서 이끌어 내어
예루살렘이 있는 고토로 돌아가게 하시는 중대한 이유 역시 오늘날 타
락의 극을 치달으며 스스로 멸망의 화를 자초하고 있는 만국에 대한
하나님의 심판을 예고하는 것이라 할 수 있다. 이 사실이야 말로 '이스
라엘은 왜 인류의 구원과 멸망의 때를 예고하는 역사 시계인가?'라는
의문을 풀어 주는 것이라 할 수 있다.

이어지는 장에서는 20-21에 진행되고 있는 현대 시오니즘 운동이
과연 예수 그리스도의 재림과 세상의 종말에 관한 예언의 성취를 의미
하는지 면밀히 검증해 보기로 한다.

문 앞에 이른 예수

III. 예수의 이스라엘 회생 예언은 어떻게 현대 시오니즘 운동으로 성취되고 있는가?

- 예수의 역사적 종말 예언의 핵심은 무엇인가?
- 이스라엘은 왜 인류의 구원과 멸망의 때를 예고하는 역사 시계인가?
- **예수의 이스라엘 회생 예언은 어떻게 현대 시오니즘 운동으로 성취되고 있는가?**
- 예수의 역사적 종말 예언의 성취가 21세기 인류와 그리스도인에게 주는 메시지

이른바 현대 시오니즘 운동은 A.D. 70년경 예루살렘 멸망으로 온 세계에 흩어진 유대인들이 다시 예루살렘을 향해 돌아가는 대장정을 의미한다. 지금 이 시대의 지구촌 사람들은 지난 2,000년 동안 전 세계를 떠돌며 모진 핍박 속에 살아왔던 유대 민족이 세계 각 처에서 빠져나와 자신들의 조상이 살던 땅으로 돌아가 나라를 세우고 예루살렘을 되찾는 극적인 광경을 목격하고 있다. 그러므로 지금이야말로 예수 그리스도의 예언에 비상한 관심을 가져야 할 때이다. 예수께서 이스라엘 민족의 예루살렘 복귀가 세상 끝을 알리는 신호가 될 것임을 예언하였기 때문이다. 두렵게도 그것은 곧 부패하고 타락한 세상에 대한 하나님의 공의로운 심판이 임박했음을 의미한다.

우리가 이스라엘의 회생과 '세상의 끝'에 관한 예수의 예언을 믿을 수 있는 것은 그 예언이 모세의 예언(이스라엘 역사의 4단계 흥망 패턴)과 일치할 뿐만 아니라 예수 그리스도가 예고한 갖가지 파멸적 재난들이 실제로 지금 온 지구상에 일어나고 있기 때문이다. 실로 인류의 역사를 꿰뚫고 이루어지는 예수의 예언은 전능자의 통찰력이 아니

면 불가능한 것이라 할 수 있다. 이제 예수 그리스도의 예언이 이 시대에 성취되고 있음을 보다 구체적으로 입증하기 위해 아래와 같은 순서로 증명하고자 한다.

1. 예루살렘 멸망과 유대인 세계 이산 및 수난에 대한 예수 예언의 성취
2 세계에 흩어진 유대인 예루살렘 복귀 운동과 예수 예언의 성취
3 현대 이스라엘 민족의 약진과 부흥의 이유
4 '세상의 끝'을 알리는 역사적 전조-현대 시오니즘 운동

1. 예루살렘 멸망과 유대인 세계 이산 및 수난에 대한 예수 예언의 성취

이스라엘 민족의 세계 이산과 고난에 대한 예수의 예언은 역사적으로 성취되었다. 예수의 이 예언은 모세가 예고한 이스라엘 민족의 4단계 흥망 패턴 중 1단계 예언과 일치한다.

〈예수의 예언〉
예루살렘아 예루살렘아 선지자들을 죽이고 네게 파송된 자들을 돌로 치는 자여 암탉이 그 새끼를 날개 아래 모음 같이 내가 네 자녀를 모으려 한 일이 몇 번이냐 그러나 너희가 원치 아니 하였도다 보라 너희 집이 황폐하여 버린바 되리라(마태복음 23:37-38)

너희가 예루살렘이 군대들에게 에워싸이는 것을 보거든 그 멸

망이 가까운 줄을 알라⋯ 저희가 칼날에 죽임을 당하며 <u>모든 이</u>
<u>방에 사로잡혀 가겠고</u>(누가복음 21:20, 24)

〈모세의 예언〉

네가 만일 네 하나님 여호와의 말씀을 순종하지 아니하여⋯ 그
모든 명령과 규례를 지켜 행하지 아니하면 <u>이 모든 저주가 네게</u>
<u>임하고 네게 미칠 것이니</u>⋯ <u>세계 만국 중에 흩음을 당하고</u>⋯ 항
상 압제와 학대를 받을 뿐이니⋯ <u>모든 민족 중에서 놀램과 속담</u>
<u>과 비방거리가 될 것이라</u>⋯ 이 모든 저주가 네게 임하고⋯ 너와
네 자손에게 표적과 감계가 되리라⋯ <u>여호와께서 너를 땅 이 끝</u>
<u>에서 저 끝까지 만민 중에 흩으시리니</u>(신명기 28:15-64)

예수 그리스도는 십자가를 지고 골고다 형장으로 가는 길에서 그의
고난과 형벌을 슬퍼하며 뒤따르는 이스라엘 백성을 향하여 "나를 위
하여 울지 말고 너희와 너희 자녀를 위하여 울라"(눅 23:28)라는 말
씀을 남겼다. 이 말씀은 메시아로 오신 예수를 끝내 죽음으로 몰고 간
이스라엘 민족이 겪어야 할 기나긴 고통을 예고한 것이었다. 예수의
예언대로 "서기 70년 9월 예루살렘 성은 로마제국의 티투스 장군이
이끄는 로마 정예군에 의해 서쪽 벽채 일부만 남은 채 완전히 파괴되
었다." 기록에 의하면 당시 이스라엘 백성 중 100만 명이 죽임을 당
하고 10만 명이 포로로 잡혀갔다. 그리하여 유대인은 자신의 땅을 잃
어버리고 흩어져 로마 제국의 전역으로 퍼져 나가게 되는 디아스포라
('흩뿌리거나 퍼트리는 것'을 뜻하는 그리스어 $\delta\iota\alpha\sigma\pi\rho\acute{\alpha}$에서 유래한
말이다.)가 본격적으로 시작되었다. 이스라엘 민족의 이산 기간, 즉
세계로 흩어져 떠돌아다닌 기간은 무려 1,800년 이상의 장구한 세월

이다. 이스라엘 민족이 이전에 겪었던 2차례의 수난(애굽의 노예시대와 바벨론 포로시대) 기간이 각각 430년과 70년 내외라는 점을 감안할 때 유대 민족의 세 번째 세계 이산과 수난은 무려 1,900년에 달하는 것으로 시간적으로나 고난의 질적인 면에서 상상을 초월하는 고통과 저주의 세월이었다.

예수 그리스도가 밝힌 이스라엘 민족의 패망과 세계 이산의 원인은 예수님 당시 이스라엘 백성 특히 종교 지도자들의 부패와 타락에 그 원인이 있다. 이들 종교 지도자들은 돈을 매개로 하여 강력한 정치적, 종교적 권력을 구축하고 진정한 신앙을 상실한 채 스스로 멸망의 화를 스스로 초래하고 있었다. 그래서 예수 그리스도는 심각한 부패의 늪에 빠진 지도자들과 이에 굴종하는 백성들이 하나님의 말씀을 저버리는 것을 통렬하게 비판하였다. 예수의 예언은 하나님에 대한 순수한 신앙을 저버린 이스라엘 민족에 대한 최후의 경고였다.(눅 16:14, 요 3:13-17, 눅 19:45-47) 하지만 그 결과는 예수를 십자가에 처형하는 것으로 나타났다. 예수의 경고대로 이스라엘 민족의 심장이라 할 수 있는 예루살렘 성은 마침내 서기 70년 로마제국의 군대에 의해 철저히 파괴되고 말았다. 그리고 이스라엘 민족에게는 무려 1,800년을 훌쩍 넘는 끔찍한 고통의 시간들이 기다리고 있었다. 이 기막힌 고난의 세월 동안 유대인들은 온 세계를 유랑하며 이방 민족들로부터 온갖 조롱과 학대를 감수하여야 했다. 놀라운 사실은 이 민족에게 내려질 비극적 수난에 대한 예언이 1차적으로는 모세에 의해 최종적으로 예수 그리스도를 통해 거듭 선포되고 있었다는 사실이다. 모세는 원론적인 신앙관으로 이스라엘의 수난과 회생의 역사적 패턴을 예고하였고 예수 그리스도는 구체적 사건으로 정밀하게 이스라엘의 세계 이산과 마지막 때 이스라엘의 극적인 회생을 예언하였다. 이러한 위대한 예언은 그 모진 고난 속에서도 이스라엘 민족이 함부로 유대인임을 포기하지 못하게 하는 권능의 말씀으로 작용하고 있었음이 분명하다. 이방 세계에 흩어진 유대인들은 자신들이 당하는 고통의 이유를 알고 있었다. 그리고 예루살렘으로 돌아갈 희망을 결코 포기할 수 없었다. 하나님의 언약이 있었기에 유대 민족은 소멸되지 않고 끝내 살아남을 수 있었다. 그렇지 않으면 이 민족이 어떻게 그 기나긴 세월 동안 민족적, 종교적 정체성을 잃지 않고 버티어 낸 것인지 도저히 설명할 수 없다.

참으로 예수 그리스도와 모세의 예언은 이스라엘 민족의 고난의 역사 속에서 살아 움직이며 그 말씀의 능력을 입증하고 있었다. 그 증거가 바로 지난 2,000년간의 유대인 수난사이다.

• 수난과 저주의 대명사가 된 세계 이산 유대인

"저희가 칼날에 죽임을 당하며 모든 이방에 사로잡혀 가겠고"(눅 21:21)라는 예수의 예언은 서기 70년경 실제 사건으로 성취되었다. 세계로 흩어진 유대인들이 겪어야 했던 수난의 역사에는 정형화된 박해 유형이 있다. 처음에는 유대인이 거주하는 이방 나라의 권력자들이 대중의 불만을 유대인으로 돌리는 대대적 선동을 자행한다. 즉, 특정한 사건(대화재 사건, 대기근 사건, 흑사병 등의 전염병으로 인한 집단 사망사건 등)에 연루되었다는 풍문으로 인해 반유대주의 혐오감이 증폭되고 대중의 적개심은 어느 시점 폭발하게 된다. 유대들은 공공의 적이 되어 피땀 흘려 모은 재산을 박탈당하고 국외로 추방되든가 남아 있는 자들은 집단살육의 비운을 맞는다. 이처럼 각 나라의 권력자들은 자신들의 실정에 대한 민중의 분노를 회피하기 위하여 유대인들을 희생양으로 삼는 데 주저하지 않았다. 이리하여 모세의 경고,

즉 하나님을 떠나 부패하고 타락한 이스라엘 백성이 '세계 만국 중에 흩음을 당하고… 항상 압제와 학대를 받을 뿐이니… 모든 민족 중에서 놀램과 속담과 비방거리가 될 것이라.'는 예언은 실현된 것이다. 세계로 흩어진 유대 민족이 이방인들로부터 겪은 수많은 핍박의 역사 중 몇 가지 큰 사건들을 추려서 약술하면 다음과 같다.

- 유럽 인구 대부분의 목숨을 앗아간 1348년의 '검은 죽음(흑사병)'은 유태인들이 우물에 독약을 섞은 것으로 몰아갔다. 대부분의 유태인들은 모진 고문을 견디지 못하고 이 죄를 억지로 인정했다. 같은 시기에 영국의 켄터베리 주교는 모든 유대인들에게 영국을 떠날 것을 명령하고 그들의 재산을 영국 정부에 귀속시킬 것을 강요했다.

- 1차 세계대전 이후에 세워진 바이마르 공화국은 그들의 약점을 무마하기 위해 유대인들을 속죄양으로 이용했다. 그리고 2차 세계대전을 일으킨 히틀러와 나치당은 유대인을 독일에서 모두 제거하는데 혈안이 되었다. 유대인 인구를 제한하기 위한 인종차별법을 히틀러가 1933년 봄에 정권을 인수하면서부터 바로 실행하였다. 유대인들의 시민권이 박탈되고 독일인의 유대인과의 결혼이 금지되는 법이 시행되자 20만이 넘는 유대인들이 독일을 떠나게 되었다. 그러나 독일을 떠나지 못했던 유대인들은 더욱 엄청난 비극을 맞이하였다. 현재 이스라엘 인구의 두 배가 넘는 6백만의 유대인들이 무자비하게 살해되었다. 4백만의 유대인들만이 전 유럽에 걸쳐서 남아 있었을 뿐이었다.

- 1917년 러시아 혁명으로 인하여 레닌이 정권을 잡았다. 그는 유대인들이 중요한 계약, 즉 국가가 없으므로 그들은 민족이 아니

문 앞에 이른 예수

라 계급이라고 결론지었다. 그리고 공산주의의 최종 목표는 계급
을 없애는 것이다. 그리고 1930년대 중반에 스탈린이 전제주의
통치자로 등장하였다. 스탈린은 모든 유대계 문화유산, 학교 그
리고 출판사를 없애 버리라고 명령하였다. 유대인 들은 그들이
유대주의를 따른다는 이유만으로 체포되었다. 이스라엘과 유대
문화에 관심을 표명하는 사람들은 수용소에서 25년 이상을 살아
야만 했다.

2. 현대 시오니즘 운동(유대인 예루살렘 복귀 운동)과 예수 예언의 성취

- 예루살렘 멸망과 유대인 세계 이산 및 수난에 대한 예수 예언의
  성취
- **현대 시오니즘 운동(유대인 예루살렘 복귀 운동)과 예수 예언의
  성취**
- 현대 이스라엘 민족의 대약진과 부흥의 이유
- '세상의 끝'을 알리는 역사적 전조-현대 시오니즘 운동

1,800년이 넘는 세월 동안 세계 각지로 떠돌아다니며 나라 없는 백
성으로 인고의 날들을 보내며 마치 죽은 자 같았던 이스라엘 민족이
마침내 "무덤을 열고" 나와 20세기에 그 모습을 드러내기 시작하였
다. 1948년 이스라엘 국가의 등장은 예수의 위대한 예언이 성취되는
대사건이며 일찍이 모세가 예언한 이스라엘 흥망 역사의 패턴 4단계
중 2단계의 예언과 일치한다.

〈이스라엘 회생에 관한 예수의 예언〉

저희가 모였을 때 예수께 질문하기를 주께서 이스라엘 나라를
회복하심이 이 때니이까(사도행전 1:6)
예루살렘은 이방인의 때가 차기까지 이방인들에게 밟히리라(누
가복음 21:24)

〈해설〉

위의 예언은 "이방인의 때" 즉, 이방인에게 복음이 전파되는 은
혜의 기간이 종료될 때면 세계로 흩어진 유대인들은 반드시 고
토로 돌아와 이스라엘 나라와 예루살렘을 완전히 되찾을 것이
라는 예언이다.

〈이스라엘의 회생에 관한 모세의 예언〉

내가 네게 진술한… 저주가 네게 임하므로… 쫓겨간 모든 나
라 가운데서 이 일이 마음에서 기억이 나거든… 여호와께 돌아
와… 여호와의 말씀을 순종하면… 여호와께서 긍휼히 여기사
네 포로를 돌리시되… 너를 흩어신 그 모든 백성 중에서 너를
모으시리니 너의 쫓겨 간 자들이 하늘가에 있을지라도… 거기
서 너를 모으실 것이며 거기서부터 너를 이끄실 것이라(신명기
30:1-4)

• 현대판 출애굽이 시작되다

서기 70년 예루살렘 성전의 함락 이후 예루살렘을 떠나 온 지구상에
정처 없이 떠돌아다니던 유대 민족은 하나님이 버린 자들로 취급받으
며 '모든 민족 중에서 놀램과 속담과 비방거리'가 되었다. 그런데 20세

기에 들어서면서 불가능한 것처럼 여겨졌던 일이 일어나고야 말았다. 세계에 흩어진 유대인들이 꿈에 그리던 조상의 땅으로 돌아가고 있다는 소식이 여기저기서 들려오기 시작한 것이다. 참으로 놀랍게도 고대 유대 민족이 대제국 이집트에서 탈출하여 약속의 땅으로 돌아가던 엑소더스의 역사가 또 다시 20세기에 재현되는 기이한 일이 벌어진 것이다. 그야말로 완전히 죽은 줄로 알았던 이스라엘이란 무화과나무에 움이 돋아난 것이다. 그리고 이 움은 속속 자라나 '가지가 연하여지고 잎을 내며' 21세기에 들어선 오늘날 꽃을 피우려 하고 있다.

20-21세기에 걸쳐 유대인들이 자기 옛 조상의 땅으로 돌아가는 이른바 현대 시오니즘 운동의 발단은 이러하다.

하나님이 아브라함에게 주신 약속의 땅을 되찾기 위해 이스라엘로 돌아가는 것은 오랜 유대인들의 소망이었다. 그런데 마침내 19세기 말엽에 모세와 같은 민족의 영웅이 나타나 이스라엘 민족이 되살아나는 길을 열었다. 1897년 유대인 테오도르 헤르쯜(Theodor Herzl, 1860-1904)의 주창으로 고토로 돌아가 나라를 세우자는 시오니즘 운동이 시작된 것이다. 헤르쯜은 헝가리 출신의 유대인 저널리스트로 1891년 빈의『노이에 프라이에프레세』(자유신문)의 파리 특파원이 되었다. 그곳에서 헤르쯜은 충격적인 사건을 목격하게 된다. 당시 프랑스 여론을 들끓게 했던 유대인 장교 드레퓌스에 대한 심판사건은 헤르쯜의 마음속에 숨어 있던 민족혼을 불러일으켰다. 헤르쯜은 프랑스의 장교 신분이었던 유대인 드레퓌스에 내려진 간첩죄라는 부당한 판결(1894년)에 엄청난 분노를 느꼈다. 그는 '드레퓌스' 사건을 접하게 됨으로써 유대인에게 내려진 가혹한 삶의 환경이 얼마나 심각한 것인지 깨닫게 된 것이다. 그래서 반유대주의에 대항하여 독립된 유대국가 건설을 부르짖으며 전 세계 유대인의 민족혼을 일깨운 주역이 되었다. 헤르쯜은 1896년에 간행된『유대인 국가(Der Judenstaat)』에서, 유대인 문제의 해결은 유대인이 독자적인 민족으로서 독립 국가를 창설함으로써만 해결할 수 있다고 주장했다. 이리하여 현대 시오니즘 운동(예루살렘이 있는 팔레스타인에 유대인 독립국가 수립을 목표로 하는 유대 민족주의 운동)이 공식적으로 시작되었다. 이 사건은 '출애굽' 당시 모세가 애굽인들의 멸시와 학대를 받는 히브리인들의 수난을 직접 목격하고 동포를 향해 연민의 정을 느꼈던 것과 똑같은 상황이 재현된 것이라 할 수 있다. 참으로 현대 시오니즘 운동은 모세의 출애굽처럼 하나님의 개입이 아니면 불가능한 사건이라 할 수 있다. 이는 모세의 마음을 사로잡은 하나님의 말씀이 수천 년의 세월이 흐른 뒤에도 변함없이 '테오도르 헤르쯜'의 마음에 역사하고 있었음을 의미한다.

• 너무나 흡사한 '밸포어 선언'과 '고레스 칙령' 사건

19세기 말 '테오도르 헤르쯜'에 의해 주도된 시오니즘 운동은 1917년에 이르러 중대한 전환점을 맞는다. 유대 민족이 자신들의 조상이 살던 팔레스타인 땅으로 돌아가 나라를 세우는 것을 허용하는 선언이 온 세계에 공포된 것이다. 이른바 "밸포어 선언"은 1917년 11월 2일 당시 영국 외무장관이었던 '아서 밸포어'가 제1차 세계대전 당시 막대한 재력을 지닌 유대인들의 지원과 도움이 절실한 상황에서 팔레스타인에 유대인을 위한 민족국가를 수립하는 데 동의한다고 발표한 선언이다. 이 선언은 놀랍게도 그 옛날 바벨론 제국으로 끌려갔던 유대 민족에게 예루살렘으로의 복귀를 허용했던 페르시아 왕 '고레스'(B.C. 538년)의 선포와 닮아 있다. 구약성서에 기록된 "고레스 칙령"의 내용은 이러하다.

바사왕 고레스 원년(B.C. 538년)에 여호와께서 예레미아의 입으로 하신 말씀을 응하게 하시려고 바사왕 고레스의 마음을 감동시키시매 저가 온 나라에 조서를 내려 가로되 바사왕 고레스는 말하노니 하늘의 신 여호와께서 세상만국으로 내게 주셨고 나를 명하사 유다 예루살렘에 전을 건축하라 하셨으니 이스라엘 하나님은 참신이라 너희 중에 무릇 그 백성 된 자는 다 유다 예루살렘으로 올라가서 거기 있는 여호와의 전을 건축하라 너희 하나님께서 함께 하시기를 원하노라…(에스라 1:1-3)

"고레스 칙령"의 선포 후 2455년이라는 장구한 세월이 지난 후 또다시 세계에 흩어져 있던 유대 민족에게 고토로의 복귀를 허용한 대영제국의 "벨푸어 선언"은 하나님의 약속의 말씀이 이 민족을 결코 떠나지 않았음을 깨닫게 해 준다. 이 선언은 세계 각지에 살던 유대인의 팔레스타인 땅으로의 귀환이 본격적으로 시작되는 촉발점이 되었다. 1917년 귀환 유대인은 25,000명에 불과하였으나 이후 1922년 83,000명, 1932년 180,000명, 1935년 300,000명, 1937년 430,000명, 1947년 500,000명으로 불어났다. 구약성서 시대 에스겔 선지자의 예언대로 죽어 있던 이스라엘 민족에게 "뼈들의 연합과 생기"(겔37)가 불어넣어진 것이다.

• 1948년 5월! 이스라엘 독립국가의 역사적 등장

유대인들은 세계 각 처에서 조상들이 살던 고토 팔레스타인 땅에 돌아와 1948년 5월 14일 이스라엘 독립을 공표하였다. 이스라엘 공화국은 유대인이라면 누구나 간단한 심사를 거쳐 시민권을 발급해 주었다. 이를 '귀환법'이라 한다. 건국 당시 인구는 80만 6천 명이었다. 이리하여 유엔(UN)안을 바탕으로 1948년 5월 14일 금요일 고대에 사라졌던 이스라엘이 다시 건국되었다. 이스라엘 초대 총리 벤구리온(David Ben-Gurion, 1886-1973)은 텔아비브 박물관에서 역사적인 독립선언문을 낭독했다. 구약성서의 말씀이 벤 구리온에 의해 낭독되는 가운데 마침내 이스라엘이 역사의 전면에 등장하게 된 것이다.

> 그날에 내가 다윗의 무너진 천막을 일으키고 그 틈을 막으며 퇴락한 것을 일으켜서 옛적과 같이 세우고… 내가 저희를 그 본토에 심으리니 저희가 나의 준 땅에서 다시는 뽑히지 아니하리라. 이는 네 하나님 여호와의 말씀이니라(아모스 9:11, 15)

역사학자들은 이스라엘 건국을 20세기 역사에서 가장 경이적인 사건 중 하나로 꼽는다. 1,800년이 넘는 장구한 세월을 나라 없이 떠돌던 민족이 어떻게 자기 조상들이 살던 고토로 돌아와 나라를 다시 세우고 역사의 전면에 등장할 수 있었는지 그 어떤 수식어로도 감탄과 충격을 설명할 수 없기 때문이다. 유대 민족은 100년도 아니고 1,000년도 아니고 무려 2,000년에 근접하는 세월이 지난 뒤에 '젖과 꿀이 흐르는' 땅 '가나안'에 돌아와 독립 국가를 세웠다. 세계 역사상 수천 년의 세월 동안 세 차례에 걸쳐 이방 세계로 끌려가 모진 핍박을 당하다가 자기 나라로 돌아온 사건을 발생시킨 민족은 이스라엘이 유일하다. 실로 20세기 이스라엘의 독립은 성서에 예고된 말씀이 얼마나 정밀하게 그리고 장엄하게 성취되고 있는가를 온 세계에 보여주고 있다.

• 1967년 6월, 예루살렘을 다시 차지한 유대인

이스라엘은 1967년 아랍연합국과의 "6일 전쟁"(제3차 중동 전쟁)에 승리함으로써 꿈에 그리던 예루살렘을 점령하였다. 19세기 말부터 시작된 시오니즘 운동은 1967년 예루살렘을 지리적으로 확보함으로써 결실을 보게 된 것이다.

예루살렘은 유대인에게 어떤 곳인가?

예루살렘은 유대 민족의 본질적 특성을 극명하게 드러내는 곳이다. 이곳은 이스라엘의 시조 아브라함이 모리아산에서 믿음으로 이삭을 하나님께 바치려 했던 역사적 장소이기도 하다.(창 22:1-18) 훗날 솔로몬 왕은 예루살렘의 모리아산 언덕에 성전을 건축하였다.(역하 3:1, 제1차 성전은 솔로몬 왕에 의해 B.C. 967년부터 B.C. 960년까지 7년간에 걸쳐 완성되었다.) 당시 유대 민족은 성전에서 하나님의 메시지를 받아 희생 제사를 올렸다. 이처럼 예루살렘은 유대인의 마음의 고향이며 신앙의 출발점이다. 예루살렘이 빠진 이스라엘은 온전한 나라가 될 수 없다는 것이 유대인들의 한결같은 생각이다. 그래서 유대인에겐 예루살렘 복귀와 성전의 재건이야말로 이스라엘 민족의 정체성을 되찾은 것을 의미한다.

• 이스라엘 민족의 영웅이 된 두 명의 모세

이스라엘 역사에는 출애굽의 영웅 모세와 1967년 아랍 연합군과의 6일 전쟁의 영웅 모세 다얀(Moshe Dayan) 장군이 있다. 모세는 기원전 15세기경 노예 상태로 고통 받는 유대 민족을 이끌고 대제국 이집트에서 탈출하였다. 이때 유대 백성들을 맹렬히 추격하던 애굽 군대는 홍해 바닷속에 수장되고 말았다. 이러한 모세의 극적인 승전의 스토리는 근 3,500년이 흐른 1967년 이스라엘-아랍 연합국 간 전쟁에서 재현되었다. 공교롭게도 이 두 전쟁을 이끈 자는 이름이 같은 모세였다. 출애굽의 모세는 전적으로 여호와 하나님의 명을 따랐고 (출 7:5-6) 6일 전쟁의 지휘자 모세 다얀 또한 같은 하나님께 기도했다. "모세 다얀은 6일 이내 전쟁을 끝내고 7일째 이스라엘 병사들에게 안식을 달라고 하나님께 간구하였다. 이스라엘 모든 군인이 〈아모스 9:13-15절〉 말씀 쪽지를 주머니에 넣고 '7일에는 안식을 주소서.' 기도했다." 그들의 기도는 거짓말처럼 이루어졌다. 이스라엘은 6일 전쟁의 기적 같은 승리로 예루살렘을 점령하게 되었다. 고토 예루살렘 점령은 세계에 흩어진 모든 유대인들에게 이천년의 한 맺힌 설움을 환희와 감격으로 뒤바꾼 역사적 사건이었다.

모세와 모세 다얀!

그들이 하나님의 명을 따라 움직였다는 사실은 수천 년의 세월이 지나도 여전히 하나님은 이스라엘 민족과 땅을 주목하시며 인류에게 구원과 심판의 메시지를 보내고 있다는 것을 입증하는 것이다. '이스라엘을 지키시는 자는 졸지도 아니하고 주무시지도 아니하시리로다'(시편 121:4)는 말씀이 두 역사적 사건에 응하고 있는 것이다.

> 너희를 고토에 거하게 하리니 나 여호와가 이 일을 말하고 이룬 줄을 너희가 알리라 여호와의 말이니라(에스겔 37:14)

• 이스라엘 회생에 관한 예수의 예언이 성취되고 있다!

이스라엘 민족이 꿈에 그리던 예루살렘에 입성한 사건에는 온 세계에게 던지는 심각한 메시지가 담겨 있다. 두렵게도 그것은 인류가 역사의 마지막 장에 들어섰음을 의미한다. 여기서 우리는 다시 예수와 제자들의 역사적인 문답을 상기할 필요가 있다.

"주의 임하심(재림)과 세상 끝에는 무슨 징조가 있사오리까"(마 24:3)라는 제자들의 질문에 예수 그리스도는 무화과나무 비유를 통해 세상의 종말을 예고하였다.

> <u>무화과나무의 비유를 배우라</u> 그 가지가 연하여지고 잎사귀를 내면 여름이 가까운 줄을 아노니 이와 같이 <u>너희가 이 모든 일을 보거든 인자가 가까이 곧 문 앞에 이른 줄 알라</u>(마태복음 24:32-33)

위의 말씀은 예루살렘 멸망과 유대인의 세계 이산 이후 장래 역사 속에서 무화과나무의 소생 즉, 이스라엘 국가의 회생이 이루진다면 그것은 곧 세상의 끝을 알리는 결정적 신호가 된다는 의미이다. 거듭 말하지만 오늘날 이스라엘의 회생이 예수 그리스도의 '세상 끝'에 관한 예언의 성취라고 말할 수 있는 근거는 예수께서 예고한 또 다른 종말 현상들과 함께 진행되고 있기 때문이다. 지금 인류가 이스라엘의 기적 같은 회생을 특별히 주목해야 할 이유가 바로 여기에 있다.

3. 현대 이스라엘 민족의 대약진과 부흥의 이유

- 예루살렘 멸망과 유대인 세계 이산 및 수난에 대한 예수 예언의 성취
- 현대 시오니즘 운동(유대인 예루살렘 복귀 운동)과 예수 예언의 성취
- **현대 이스라엘 민족의 대약진과 부흥의 이유**

– '세상의 끝'을 알리는 역사적 전조-현대 시오니즘 운동

21세기 지구촌의 지배자는 누구인가? 유대인이 이 세상을 돈의 힘으로 지배하고 있다는 사실은 수많은 저서와 정보를 통해 밝혀지고 있다. 세계 모든 나라에 거주하는 유대인 수는 다 합쳐도 불과 약 1,400만 명에 불과하다. 이 소수 민족이 왜 이 세상의 부와 권력을 장악하고 있는지 알려면 이 민족의 고토 복귀에 관련된 예수의 예언에 주목해야 한다. 이스라엘의 회생과 부흥에 관한 예수의 예언은 모세가 예고한 이스라엘 흥망 역사 4단계 중 3단계의 성취를 의미한다.

〈예수의 예언〉
무화과나무의 비유를 배우라 그 가지가 연하여지고 잎사귀를 내면 여름이 가까운 줄을 아나니 이와 같이 너희도 이 모든 일을 보거든 인자가 곧 문 앞에 이른 줄 알라(마태복음 24:32-33)

〈모세와 구약성서 시대 선지자의 예언〉
네가 네 하나님 여호와의 말씀을 삼가 듣고 내가 오늘날 네게 명하는 그 모든 명령을 지켜 행하면 여호와 하나님께서 너를(유대 민족)을 세계 모든 민족 위에 뛰어나게 하실 것이라… 네가 많은 민족에게 꾸어 줄지라도 너는 꾸지 아니할 것이요 여호와께서 너로 머리가 되고 꼬리가 되지 않게 하시며 위에만 있고 아래에 있지 않게 하시리니(신명기 28:1, 12-13)

너희 사로잡힘을 돌이킬 때에 너희로 천하만민 중에서 명성과 칭찬을 얻게 하리라 나 여호와의 말이니라(스바냐 3:20)-스바

냐, B.C. 640-622.

역사적으로 유대인들이 고토로 돌아오는 사건이 일어날 때마다 부와 명성을 되찾고 민족적 부흥이 일어났다. 이 점에서 모세의 이스라엘 역사 흥망 패턴 3단계 예언과 '무화과나무'(이스라엘)의 회생과 성장에 관한 예수의 예언은 완전히 일치한다. 실제로 현대 시오니즘 운동이 진행되고 있는 지난 수 세기 동안 유대인들은 세계가 경탄할 만한 부와 명성을 얻고 있다.

• 유대 민족의 대약진

21세기에 접어든 지금 사람들이 조금만 주의하여 국제정세를 살핀다면 유대인들이 일으키는 엄청난 역사적 파장을 목격할 수 있다. 성서의 증언대로 유대인들은 오늘날 세상의 재물과 권력을 장악하고 온 세계의 절대강자로 등극하였다. 이들은 조롱의 대상에서 부러움의 대상으로, 경멸의 대상에서 두려움의 대상으로 바뀌었다. 그야말로 지난 수 세기 동안 정치 경제 사회 과학 예술 등 모든 분야에서 유대인들의 눈부신 상승과 약진은 더 이상 설명이 필요 없을 정도이다. 이제 유대인들이 세계의 운명을 걸머쥔 역사의 주역이 되어 있음을 누구도 부인할 수 없게 되었다. 예컨대 18-19세기 유럽에서 "로스차일드" 가문이 일으킨 거대한 금융왕국뿐만 아니라 현대의 학문과 사상계를 지배할 정도로 유대인들은 막강한 엘리트 파워를 자랑하고 있는데 칼 마르크스, 지그문트 프로이트, 아인슈타인 등 사상적으로나 학문적으로 커다란 영향을 준 인물들이 즐비하다. 오늘날 유대인 수는 134개국에 약 1천 4백만으로 추산된다. 전 세계 인구의 0.2%에 불과하지만 정치, 경제, 사회, 문화 등 모든 분야에서 이들의 영향력은 막강하다. 예컨대 역대 노벨상 수상자 중 유대인의 비율은 무려 약 22% 정도에 이른다. 텔아비브 시내에는 노벨상 수상자들의 업적을 기리는 '노벨상 거리'까지 있다. 하지만 유대인이 각 분야에서 본격적으로 두각을 나타내기 시작한 건 불과 백년 안팎임을 감안한다면 이들의 세계적인 도약을 단지 유전적 요인이나 전통문화만으로 설명할 수는 없다. 그렇다면 '이스라엘 민족은 왜 갑자기 현대 역사의 전면에 등장하여 세계사적 흐름을 주도하고 있는가?' 이 물음에 대한 확실한 답은 성서에서 찾을 수 있다. 그것은 온 세계로 흩어진 유대인들이 자신들의 불신앙을 뉘우칠 때에 부와 영광을 얻어서 고토로 돌아올 것을 약속한 하나님의 말씀이 있기 때문이다. 20-21세기 이스라엘 민족의 회생과 부흥이야말로 "너희 사로잡힘을 돌이킬 때에 너희로 천하만민 중에서 명성과 칭찬을 얻게 하리라"(스바냐 3:20)는 하나님의 언약의 말씀이 무서울 정도로 정확히 실현되고 있음을 모든 세계에 웅변적으로 증거하고 있다.

• 유대인의 부와 권력의 근원

오늘날 돈은 권력이다. 그 돈을 누가 많이 장악하느냐에 따라 권력의 서열이 매겨진다. 이는 개인뿐만 아니라 국가 간에도 마찬가지이다. 그런데 이 세계에서 누구도 따라잡을 수 없을 만큼 많은 돈을 쥐고 있는 자들이 유대인들이라는 사실은 이제 더 이상 비밀이 아니다. 유대인들이 세상의 돈을 장악하고 있다는 것은 이 세계의 정치적 권력 또한 그들이 쥐고 있다는 것을 의미한다. 오늘날 유대인이 쌓아 올린 거대한 자금은 그들이 직접 또는 간접적으로 간여하고 있는 국제 금융기구들(FRB, IMF, IBRD, 세계은행 등)을 통하여 운용되고 있다. 그래서 모든 나라와 기업체의 자금줄이 되고 있다. 이러한 상황

문 앞에 이른 예수

은 "네가 많은 민족에게 꾸어 줄지라도 너는 꾸지 아니할 것이요"(신 28:12)란 하나님의 언약이 어김없이 성취되고 있음을 반증하는 것이다. 유대인이 얼마나 엄청난 부를 성취하였는지는 아래와 같은 몇 가지 정보로도 충분히 짐작할 수 있다.

미국 월 스트리트는 유대인이 장악했고, 세계 각국에서 경제 위기를 일으킨 조지 소로스의 퀀텀펀드와 같은 세계 유수 헤지펀드의 50%가 유대인 자본이다. 금융 산업 외에 세계 주요 산업들 역시 막강한 자금력을 지닌 유대인 지배하에 놓여 있다. 세계 50대 기업 중 20개 이상을 유대인이 경영권을 쥐고 있다. 미국의 경우 유대인이 약 580만 명으로 총인구의 3%이지만, 100대 기업의 40%가 유대인 기업이다. 대표적인 유대인 재벌인 로스차일드와 이 가문과 관련을 맺고 있는 것으로 알려진 록펠러 가문은 굴지의 은행, 석유, 항공사 등을 가지고 있다 또한 유대인은 미국에서 가장 강력한 로비단체인 미국. 이스라엘공공정책위원회(AIPAC)를 조직하여 미국의 정계에 막강한 영향력을 행사하고 있다. 이러한 내용만으로도 유대인의 가공할 금권을 능히 가늠할 수 있을 것이다. 현재 유대인이 가지고 있는 비공개 자금력과 정치적 파워는 세계 대공황을 임의로 일으킬 수 있을 정도로 막강하다는 것이 통론이다. 참으로 이 세계는 성서의 예언대로 유대인의 유대인에 의한 유대인을 위한 세상으로 진입한 것이다. 아래의 말씀이 이를 명확히 입증하고 있다.

네 하나님 여호와를 기억하라 그가 네게(유대 민족 지칭) 재물 얻을 능을 주셨음이라(신명기 8:18)
여호와께서 너를 세계 모든 민족 위에 뛰어나게 하실 것이라…
너로 머리가 되고 꼬리가 되지 않게 하시며 위에만 있고 아래에

있지 않게 하시리니(신명기 28:1, 13)

• 하나님은 왜 유대인에게 재물과 권력을 허락하셨는가?

세계 인구의 0.2%에 불과한 유대인들이 어떻게 세계를 움직일 수 있는 돈을 장악하고 있는가? 하나님은 왜 이 시대에 유대인에게 지나친 축복을 주시는가? 이러한 질투 섞인 질문에 대한 답은 이스라엘 민족의 고토 복귀를 촉진하기 위해서라고 말할 수 있다. 오늘날 유대인들이 예루살렘으로 돌아가는 사건이 일어날 수 있는 배경엔 막대한 유대인의 부가 뒷받침되고 있다. 모든 세계가 유대인을 속박하고 학대하고 그들의 움직임을 감시하고 경계하는 상황에서 막강한 경제력과 이를 바탕으로 이루어지는 고도의 정치력이 발휘되지 않으면 결코 이방인의 손아귀에서 결코 벗어날 길이 없기 때문이다. 그래서 하나님은 이스라엘 민족이 그 정체성을 유지하며 고토로 복귀하는데 필수적인 요건인 "재물을 얻을 능력"을 주신 것이다. 앞서 언급하였듯이 하나님은 이스라엘의 회생을 통해 인류 멸망의 때와 예수 그리스도의 재림을 예고하신다. 그러므로 오늘날 유대인들이 누리는 황금의 축복은 단지 그들이 오랜 세월 동안 고난과 역경 속에서 살아남기 위해 터득한 상술 때문이라는 시각보다 훨씬 깊은 하나님의 뜻이 있음을 간과해서는 안 된다. 실로 이 민족의 움직임에는 하나님 말씀의 권능이 강력하게 작용하고 있다.

너희 사로잡힘을 돌이킬 때에 너희로 천하 만민 중에서 명성과 칭찬을 얻게 하리라 나 여호와의 말이니라(스바냐 3:14, 20)-스바냐, B.C. 640-622.

4. '세상의 끝'을 알리는 역사적 전조-현대 시오니즘 운동

- 예루살렘 멸망과 유대인 세계 이산 및 수난에 대한 예수 예언의
  성취
- 세계에 흩어진 유대인 예루살렘 복귀 운동과 예수 예언의 성취
- 현대 이스라엘 민족의 약진과 부흥의 이유
- **'세상의 끝'을 알리는 역사적 전조-현대 시오니즘 운동**

• **예수의 엄중한 예언이 극악무도한 이 시대를 향하고 있다**

인류는 지난 1세기 동안 1차, 2차 세계대전을 치렀다. 2차 세계대전은 약 5천만 명으로 추산되는 생명을 앗아 갔다. 인류 역사상 가장 참혹한 유대인 대학살 사건 또한 바로 지난 세기 2차 대전 중에 일어났다. 극한의 학대와 학살을 당하던 유대인들이 자기 조상들이 살던 곳으로 돌아가고 있다는 것은 극악무도한 인류사회가 멸망에 직면해 있음을 알려 주는 강력한 경고음이다. 이제 인류는 스스로 파멸의 길로 치달아 대재난과 대환란의 소용돌이에 휘말리고 있다. 이와 관련된 예수의 예언은 모세가 예고한 이스라엘과 인류 흥망 역사 4단계 중 마지막 네 번째 패턴과 일치한다.

〈예수의 예언〉

제자들이 묻기를… 주의 임하심과 세상 끝에는 무슨 징조가 있습니까(마태복음 24:3)
무화과나무의 비유를 배우라 그 가지가 연하여지고 잎사귀를 내면 여름이 가까운 줄을 아나니 이와 같이 너희도 이 모든 일을 보거든 인자가 곧 문 앞에 이른 줄 알라(마태복음 24:32-33)

민족들이⋯ 혼란 중에 곤고하리라 사람들이 세상에 임할 일을
생각하고 무서워하므로⋯(누가복음 21:25-26)
그 때에 환난이 있겠음이라 창세로부터 지금까지 이런 환난이
없었고 후에도 없으리라(마태복음 24:21)

〈모세와 구약성서 시대 선지자의 예언〉
네 하나님 여호와께서 네 대적과 너를 미워하고 핍박하던 자에
게 이 모든 저주로 임하게 하시리니(신명기 30:7)
내가 뜻을 정하고⋯ 나의 모든 진노를 쏟으려고 나라들을 소집
하며 열국을 모으리라(스바냐 3:8)

위의 말씀에서 알 수 있듯이 누구라도 예수 그리스도와 모세의 예언
이 기록된 성서를 읽고 이해하지 않으면 2천 년이 다 되도록 온 지구상
을 떠돌며 고난을 겪던 민족이 마침내 예루살렘이 있는 자기 조상의 땅
으로 향하고 있는 기이한 사건이 무엇을 의미하는지 알 길이 없다. 역
사적으로 각 나라에서 자행되었던 유대인에 대한 수많은 유형의 학대
와 극으로 치닫는 반인륜적 범죄는 왜 오늘날 하나님이 유대인들을 온
세계에서 불러내어 자기 조상의 땅으로 되돌아오게 하고 열국에 대한
심판을 예고하시는지 충분히 이해 할 수 있게 한다. 이제 타락한 인류
가 어떠한 극악무도한 참상을 연출하고 있는지 2차 대전 당시 유대인
에게 가해진 반인륜적 학살 행위의 살아 있는 예를 살펴보기로 한다.

• 인류 역사상 가장 잔인한 집단학살의 대상이 된 유대인
세계 제2차 대전 중 유럽 일원에서 자행된 끔찍한 살인 행위 중 가
장 두드러진 예는 독일의 히틀러 군대에 의해 저질러진 학살 사건이

다. 이른바 '홀로코스트'라 부르는 대학살은 2차 세계대전의 진행 중에 일어난 가장 비극적 사건이다. 그 대학살의 주요 표적은 유대인이었다. 희생된 유대인은 약 6백 만 명으로 추정되며, 이 숫자는 당시 유럽에 거주하던 9백만 명의 유대인 중 약 2/3에 해당된다. 독일의 나치당을 이끌고 세계 제2차 대전을 일으킨 독재자 히틀러의 잔혹한 인종청소 사건을 통하여 우리는 인간이 지닌 악마성의 본질을 이해할 수 있다. 희대의 독재자가 가진 사악한 망상과 광기어린 행위는 사실상 인간의 내면에 잠재된 죄성을 극명하게 표출한 것이다.

• 최악의 인간 도살장이 된 '아우슈비츠'

'아우슈비츠' 강제 수용소는 나치 독일이 유대인을 학살하기 위하여 만들었던 강제 수용소로, 폴란드의 오시비엥침(독일어: 아우슈비츠)에 있는 옛 수용소이다. 뉴스위크지 1995년 1월 18일자의 기사에 의하면, 아우슈비츠에서 죽은 사람은 유대인을 포함하여 110만~150만 명으로 추산하고 있다. 학살 피해자들의 시체는 소각로에서 대량으로 불태워졌는데 하루에 약 1,500구에서 2,000구까지의 시체가 소각되었다. 이처럼 '아우슈비츠'는 인류 역사상 최악의 인종청소가 자행된 곳이다. 이 소름끼치는 '아우슈비츠' 대학살 사건은 인류에게 무엇을 말하고 있는가?

첫째, '아우슈비츠' 강제 수용소! 정녕 이곳은 지옥의 모델하우스이다. 살인을 산업화한 이곳에서 자행된 광란의 살육 행위는 인간이 스스로 멸망의 화를 자초하고 있음을 보여 주고 있다.

둘째, '아우슈비츠'는 인간이 동물적 차원으로 전락하여 내면에 잠재된 악마성을 극명하게 표출한 상징적인 장소이다.

셋째, '아우슈비츠' 사건은 유물론과 우생학(우수한 인종만이 살 가

치가 있다는 이론)에 심취한 인간들의 미친 마음이 어떤 결과를 낳는
지 역사와 인류에게 적나라하게 보여 줌으로써 '하나님이 없다.' 하는
사상이 얼마나 사악한 것인지를 고발하고 있다.

넷째, '아우슈비츠'의 치욕과 수치는 인류 전체의 몫이다. 아우슈비
츠야 말로 "만일 우리가 죄 없다하면 스스로 속이고 또 진리가 우리 속
에 있지 아니한 것이요"(요일 1:8)라는 말씀이 우리 각자의 마음속에
고백되어져야 하는 이유를 분명하게 증거하고 있다.

• '아우슈비츠'에서 울려 퍼진 유대인의 절규가 하나님에게 들려졌다

'아우슈비츠'에서 울려 퍼진 유대인의 비명은 고대 이집트에서 노예
와 같은 삶으로 인해 고통 받던 유대인들의 부르짖음이 20세기에 다
시 재현된 것이다. 이것은 고대 이집트 제국에서 학대당하던 이스라
엘 민족의 부르짖음을 들으신 하나님이 마침내 이 민족을 애굽에서 탈
출하도록 하여 가나안 땅으로 돌아가게 한 사건을 떠올리게 한다.

> 이스라엘 자손은 고역으로 인하여 탄식하며 부르짖으니 그 고
> 역으로 인하여 부르짖는 소리가 하나님께 상달한지라… 이스라
> 엘 자손의 부르짖음이 내게 달하고 애굽 사람이 그들을 괴롭게
> 하는 학대도 내가 보았으니 이제 내가 너(모세)를 바로(애굽왕)
> 에게 보내어 내 백성 이스라엘 자손을 애굽에서 인도하여 내리
> 라(출애굽기 2:23, 3:9-10)

이방 세계에서의 유대인들의 처절한 "부르짖음"은 출애굽 사건 이
후 3,000년이 넘는 장구한 세월이 흐른 뒤 또다시 제2차 세계대전
의 참화 속에서 하나님께 들려졌다. 출애굽 당시 '이스라엘 자손의 부

르짖음이 내게 달하고… 그들을 괴롭게 하는 학대도 내가 보았으니'라는 말씀이 다시 지난 20세기에 응한 것이다. 하나님의 응답은 마침내 1948년 이스라엘 건국으로 나타났다. 온 세계에 흩어져 반인륜적 학대와 학살의 고통 속에서 울부짖는 이스라엘 민족을 불러 모아 다시 자기 조상의 땅으로 돌아가 독립된 나라를 세우도록 하신 것이다. 그러므로 오늘날 유대인이 고난의 질곡 속에서 건짐을 받아 회생하고 있다는 사실은 역설적으로 인류가 스스로 자멸할 만큼 극도로 부패하고 사악해지고 있다는 사실을 반증하는 것이다.

• 이스라엘의 회생은 부패하고 타락한 세상에 대한 하나님의 심판을 예고하고 있다

> 내 백성아 거기서 나와 그 죄에 참예하지 말고 그의 받을 재앙들을 받지 말라 그 죄는 하늘에 사무쳤으며 하나님은 그 불의한 일을 기억하신지라… 그러므로 하루 동안에 그 재앙들이 이르리니(요한계시록 18:4-5, 8)

위의 말씀은 예수께서 수제자 사도 요한 통하여 알리신 계시 예언이다. 이 예언은 마지막 때를 사는 그리스도인들과 인류에게 주어진 최후의 경고이다.

거듭 말하지만 대학살의 도가니에서 살아남은 유대인들이 기어이 자기 고토로 돌아가고 있다는 것은 반인륜적인 범죄를 저지른 세상의 멸망을 예고하는 것이다. 앞서 밝힌 바와 같이 역사적으로 이방 세계에서 학대받던 이스라엘 민족의 대탈출이 이루어질 때마다 부패하고 타락한 나라와 민족들에 대한 재앙과 심판이 이루어졌다. 때마침 핵

전쟁의 먹구름이 온 세계에 드리워지고 있다. 부패하고 타락한 인류
가 스스로 자멸의 길을 가고 있는 것이다. 참으로 두려운 멸망의 서곡
이 온 지구상에 울려퍼지고 있다!

IV. 예수의 역사적 종말 예언의 성취가 21세기 인류와 그리스도인에게 주는 메시지

- 예수의 역사적 종말 예언의 핵심은 무엇인가?
- 이스라엘은 왜 인류의 구원과 멸망의 때를 예고하는 역사 시계인가?
- 예수의 이스라엘 회생 예언은 어떻게 현대 시오니즘 운동으로 성취되고 있는가?
- **예수의 역사적 종말 예언의 성취가 21세기 인류와 그리스도인에게 주는 메시지**

1. 인류 역사의 종말시계는 이미 작동하고 있다

19세기 말 유대 민족의 '시오니즘' 운동으로 작동하기 시작한 세상의 종말 시계는 20세기를 지나고 21세기에 들어서면서 마지막을 향해 치닫고 있다. 지금 이 세상의 총체적 타락과 부패는 종말 시계의 시침을 작동시키고 있으며 전 지구적 재앙의 다양한 전조들은 종말시계의 분침을 움직이고 있다. '왜 하필 지금 우리가 살고 있는 이 시대에 종말 시계가 작동하고 있는가?'라고 묻는다면 세상의 종말은 인류가 더 이상 악해질 수 없을 만큼 타락할 때 빠르게 다가오며 이스라엘의 움직임은 이러한 세상의 끝을 예고하는 역사적 신호가 된다는 것을 성서가 증거하고 있기 때문이다. 하나님은 종말의 특정 시점을 예정하신 것이 아니라 인간이 저지르는 온갖 죄악의 참상이 세상에 가득 찰 때까지 참고 기다리시며 한 사람이라도 더 회개하고 구원받기를 원하신다. 하지만 인류가 스스로 생존을 도모할 수 없을 정도로 도덕적 자정능력을 상실할 때 예수 그리스도의 재림을 향한 이스라엘 종말시계도 급속히 돌아갈 것이다. 21세기 인류가 직면한 불편한 진실은 세상의 종말을 알리는 무서운 사건들이 돌이킬 수 없는 속도로 빠르게 움직이고 있다는 사실이다.

2. 20-21세기 역사의 벽에 '이스라엘'이란 유령 같은 "손가락"이 갑자기 나타나 무엇을 쓰고 있다

온 세계 사람들은 지난 세기에 이어서 21세기에 이른 지금까지 역사의 거대한 '분벽'(회칠한 흰 벽)에 '이스라엘'이라는 유령 같은 '손가락'이 갑자기 나타나 어떤 "글자"를 쓰고 있는 경악할 만한 광경을 목격하고 있다. '분벽', '손가락', '글자'란 용어는 구약성서 다니엘 5장에 있다. B.C. 6세기 바벨론 제국의 멸망을 예고하는 기이한 사건의 내용은 다음과 같다.

> 벨사살 왕(바벨론의 마지막 왕족)이 그 귀인 일천 명을 위하여 큰 잔치를 배설하고… 술을 마시니라… 그 때에 사람의 손가락이 나타나서 왕궁 촛대 맞은 편 분벽에 글자를 쓰는데 왕이 그 글자 쓰는 손가락을 본지라 이에 왕의 즐기던 (얼굴)빛이 변하고 그 생각이 번민하여 넓적다리 마디가 녹는 듯하고 그 무릎이 부딪힌지라… 다니엘이 부름을 입어 왕의 앞에 나오매 왕이 다니엘에게 말하되… 네 안에는 신의 영이 있으므로 네가 명철과 총명과 비상한 지혜가 있다 하도다… 너는 해석을 잘하고 의문을

파한다 하도다 그런즉 이제 네가 이 글을 읽고 그 해석을 내게 알게 하면… 다니엘이 왕에게 대답하여 말하되… 벨사살 왕은 스스로를 높여서 하늘의 주재를 거역하고… 술을 마시며… 왕의 호흡(생명)을 주관하시고 왕의 모든 길을 작정하시는 하나님께 영광을 돌리지 아니한지라… 이러므로 그의 앞에 손가락이 나타나서 이 글을 기록하였나이다 기록한 글자는 이것이니 곧 메네 메네 데겔 우바르신이라 그 뜻을 해석하건데 메네는 하나님이 이미 왕의 나라의 시대를… 끝나게 하셨다 함이요 데겔은 왕이 저울에 달려서 부족함이 뵈었다 함이요 베레스(우르바신)은 왕의 나라가 나뉘어서 메대와 바사(페르시아) 사람에게 (내어)준 바 되었다 함이니이다. 그 날 밤에 갈대아 왕 벨사살이 죽임을 당하고 메대 사람 다리오가 나라를 얻었는데 때에 다리오는 육십이 세였더라(다니엘 5장)

왕궁 "분벽"에 유령처럼 나타난 '손가락'이 바벨론 제국의 멸망을 기록한 것처럼 오늘날 이스라엘이란 '손가락'은 역사의 전면에 갑자기 등장하여 '세상의 끝'을 예고하는 글씨를 역사의 벽에 쓰고 있다. 누구나 이 사실을 깨닫게 된다면 '즐기던 (얼굴)빛이 변하고 그 생각이 번민하여 넓적다리 마디가 녹는 듯하고 무릎이 부딪'힐 정도로 놀랄 것이다. 그 옛날 멸망이 코앞에 다가온 줄도 모르고 향락에 빠진 바벨론 왕궁의 사람들이 그랬던 것처럼!

3. 고토로 복귀하는 이스라엘 민족이 이방 세계 교회에게 보내는 메시지

A.D. 1세기, 예수 그리스도의 약속에 따라 성령이 이 세상에 오셨고 이방인에게도 구원의 문이 열렸다. 그리하여 이방 세계에서 교회의 역사가 시작되었다. 신약성서 사도행전의 기록에 따르면 그 당시 하나님의 유일한 선민으로 자부해 왔던 유대인들은 이방인에게도 구원의 문이 열렸다는 충격적인 소식에 접하면서 처음엔 거부감을 보였다. 이방인들을 거룩하지 못한 자들로 여기던 어떤 유대인들은 하나님의 은혜가 이방인에게도 주어진다는 소식을 듣고 분노하였다. 그럼에도 불구하고 복음은 2천 년의 세월 동안 이방 세계에 널리 퍼졌다. 그런데 21세기인 지금 상황은 역전되고 있다. 그리스도의 복음이 다시 이스라엘을 향하고 있다는 소식이 끊이지 않고 있다. 초대 교회시대 유대인들이 이방인에게 하나님의 은혜가 옮겨 가는 것을 완강히 거부했듯이 이제는 반대로 다수의 이방 세계의 교회들이 하나님의 은혜가 이방세계에서 다시 이스라엘을 향하는 것에 심한 거부감을 드러내고 있다. 이는 2천 년 전 유대인들의 잘못된 행동을 거꾸로 이방 교회들이 그대로 되풀이하고 있다는 점에서 역사적 아이러니가 아닐 수 없다.

오늘날 일부 제도교회에서 유대 민족의 회복에 대한 성서적 의미를 애써 부인하려는 이유는 무엇인가?

그것은 오랜 세월이 지나면서 이방 교회들은 하나님이 유대인을 영원히 버리셨다고 믿게 되었기 때문이다. 그 내막은 이러하다.

서기 70년 예루살렘 멸망으로 세계로 흩어지게 된 유대인들은 조만간 자신들을 구해 줄 메시아를 애타게 기다리고 있었다. 하지만 유대인들의 간절한 기대와는 달리 자신들을 절망의 늪에서 구원할 정치적, 종교적 메시아는 100년이 지나도 1,000년이 지나도 2,000년이 다 되어 가도록 나타나지 않았다. 실로 유대 민족이 옛 고토를 회복하고 예루살렘에 복귀한다는 것은 도저히 불가능한 것으로 여길 만큼 오랜 세월이 흐른 것이다. 이 장구한 세월은 사람들로 하여금 성서에 기록된 출애굽과 같은 사건은 결코 다시 일어날 수 없다고 확신을 줄 만큼 너무나 긴 시간이었다. 그래서 이방 세계의 교회와 그리스도인들은 세상에 아무렇게나 버려진 듯 보이는 유대인들을 보며 이제 하나님은 더 이상 그들의 기도를 듣지 않으시는 것이 분명한데 무슨 방법으로 예루살렘이 있는 조국으로 돌아갈 수 있겠느냐는 생각을 하게 되었다. 그래서 이방 세계의 많은 교회들은 원래 이스라엘 민족에게 주어진 하나님의 모든 축복의 언약들이 완전히 이방의 교회에 넘겨졌음을 선포하기 시작했다. 그 결과 이방 세계의 그리스도인들은 스스로 영적 이스라엘 민족임을 자부하면서 자신들이야말로 하나님의 은혜를 온전하게 누릴 수 있는 유일한 대상이라고 믿게 되었다. 실제로 역사상 많은 신학자들이 이러한 견해에 동조하였다. 그러나 20세기에 들어서면서 상황은 급변하기 시작했다. 19세기 말엽에 시작된 이스라엘의 현대 시오니즘 운동은 21세기인 오늘날까지 이어지고 있다. 유대인 파워는 정치, 경제, 종교, 학문, 예술 등 모든 분야에서 그 위세를 떨치고 있다. 그래서 구약성서 시대 문자적으로, 지리적으로 존재했던 이스라엘은 결코 회생할 수 없다고 믿어왔던 이방 교회와 그리스도인들에게 오늘날 중동 지역에서의 이스라엘 국가의 등장은 큰 의문을 일으키고 있다. 그야말로 이스라엘의 회생은 이방 세계에 거대한 충격파를 안겨다 주고 있다. 그럼에도 불구하고 여전히 많은 이방 교회와 그리스도인들은 이스라엘 민족의 고토로의 복귀 운동이 성서에 언약 된 말씀과는 아무런 연관성이 없다는 입장을 취하고 있다. 그 결과 오늘날 이스라엘의 기적 같은 회생이 무엇을 의미하는지 모르거나 혹은 의도적으로 외면하고 있는 실정이다. 하지만 이 시대에 진행되고 있는 유대 민족 발흥의 역사적 의미를 파악하고 경각심을 갖지 않는다는 것은 지극히 비성서적인 것이다. 이제 이방 세계의 그리스도들은 자신들만이 참된 영적 이스라엘이며 유일한 축복의 대상이라는 망상에서 속히 벗어나야 한다. 성서가 일관되게 증거하는 것은 예수 그리스도의 복음이 유대인에게나 이방인에게나 차별이 없다는 사실이다. 특히 이방 세계의 많은 교회들이 세속화와 물질숭배로 순수한 복음 신앙을 상실한 채 타락해 가고 있는 추세적 현상들을 직시하여야 한다. 그리고 바울이 증언한 다음과 같은 경고에 귀를 기울일 필요가 있다.

> 그러므로 내가 말하노니 하나님이 자기 백성(이스라엘)을 버렸느뇨 그럴 수 없느니라. 나(사도 바울)도 이스라엘인이요 아브라함의 씨에서 난 자요… 하나님이 (이방 세계의 사람들보다) 미리 아신 자기 백성을 버리지 아니하셨나니… 그러므로 내가 말하노니 저희가 넘어지기까지 실족하였느뇨 그럴 수 없느니라… 돌감람나무(이방인)인 네가 그들(유대인) 중에 접붙임이 되어 참감람나무(이스라엘)의 뿌리의 진액을 함께 받은 자 되었은즉 그 가지들을 향하여 자긍하지 말라… 하나님이 원가지들(유대인)도 아끼지 아니하셨은즉 너(이방인)도 아끼지 아니하시리라 (로마서 11:1-18, 21)

사도 바울의 증언과 더불어 예루살렘에서 예수를 향하여 제자들이 직접 질문한 내용 역시 문자 그대로 이스라엘이 독립된 나라를 세우는 시기에 대해 분명히 묻고 있다.

저희가 모였을 때 예수께 질문하기를 주께서 이스라엘 나라를 회복하심이 이때니이까? 때와 기한은 아버지께서 자기의 권한에 두셨으니…(사도행전 1:6)

이처럼 이스라엘 나라의 회복과 예루살렘으로의 복귀 문제는 예수 그리스도와 사도 바울을 통해 분명하게, 반복적으로 증언되고 있다. 따라서 '성서의 모든 사건과 예언들은 상징적 비유이며 오직 영적으로 해석해야만 한다.'는 주장은 이스라엘 민족의 역사적 움직임을 예언하시고 성취하시는 하나님의 권능을 정면으로 부정하는 것이다. 거듭 말하지만 예수의 이스라엘 회생 예언의 성취는 인류의 자기파멸적 타락이 극에 달했음을 알려 주는 강력한 신호이다. 이를 통해 살아 계신 하나님의 구원과 심판의 때를 알게 된다는 것은 참으로 은혜로운 일이다. 지금이야말로 이스라엘의 회생이 '이방인의 때'(이방인이 구원을 얻을 수 있는 은혜의 기간)의 종료와 맞물려 있다는 예수 그리스도의 예언에 귀를 기울여야 할 때이다.

4. 예수의 역사적 종말 예언을 뒷받침하는 또 다른 증거들

현대 시오니즘 운동(유대인 예루살렘 복귀 운동)이 구체적으로 진행되어 온 지난 2-3세기 동안 과연 인류가 얼마나 사악한 사상을 잉태하고 재앙의 열매를 맺었는지 되돌아볼 필요가 있다. 이스라엘 민족이 자기 고토로 돌아가고 있는 이 비상한 시대에 그야말로 지금 이 세상은 폭력과 살상과 음란한 풍조가 넘쳐나고 있다. 오늘날 전 세계적으로 퍼지고 있는 성적 타락과 도덕성의 상실, 환경파괴와 기후위기,

핵전쟁의 암운 등 전 지구적 재앙의 전조들이 인류의 멸망을 초래할 만큼 악한 것임을 증거하고 있다.(이와 관련된 내용은 이어지는 각 장에서 보다 상세히 다룰 것이다.) 그러므로 20-21세기에 진행되고 있는 이스라엘 건국과 예루살렘 회복은 세상의 멸망과 예수 재림 사건을 예고하는 긴박한 사건임이 분명하다. 하지만 이 사실을 어떤 이유로든 믿지 않으려는 사람들은 여전히 반론을 제기할 수 있을 것이다. '성경의 말씀을 억지로 해석한 것이 아닌가?'그런데 예수의 제자들도 세상의 종말과 재림에 관한 예수의 예언을 믿을 수 있는 또 다른 증거들이 무엇인지 재차 질문하였다.

> 제자들이 묻기를…주의 임하심과 세상 끝에는 <u>무슨 징조가 있습니까</u>(마태복음 24:3)

제자들의 물음을 21세기를 사는 사람들의 물음으로 바꾸면 다음과 같다.

'20-21세기, 이스라엘 국가의 출현과 예루살렘 회복으로 이어지는 일련의 사건들이 과연 예수 그리스도가 예언한 세상의 종말과 예수 재림을 알리는 역사적 신호인가? 그렇다면 이스라엘의 회생과 세상의 종말의 연관성을 믿을 수 있는 또 다른 전조적 사건들이 있는가?'

이러한 도전적인 질문에 대해 예수의 답변은 역시 막힘이 없다. 세상의 끝에 이스라엘 나라의 회복과 더불어 일어날 또 다른 대사건들을 다양하게 예언하였기 때문이다. 실제로 오늘날 이스라엘의 기적 같은 회생 사건은 부패하고 타락한 세상의 종말을 경고하는 많은 사건들과 함께 일어나고 있다. 예수의 예언들은 사람들의 입을 다물게 하고 할 말을 잃게 할 정도로 정교하게 이루어지고 있다. 그래서 저자는 예수 그리스도의 예언들을 10가지 분야로 나누어 본 2부의 1장에서 10장까지 서술하였다. 지금까지 서술한 역사의 종말에 관한 예언을 뒷받침 하는 다른 예언들의 주제는 아래와 같다.

1장 역사의 종말

2장 지구 환경의 종말

3장 경제적 종말

4장 사회적 종말

5장 정치적 종말

6장 종교적 종말

7장 복음의 종말

8장 지정학적 종말

9장 군사적 종말

10장 우주적 종말

너희가 이런 일이 되기를 시작하거든 일어나 머리를 들라 너희 구속이 가까웠느니라(누가복음 21:28)

제2장 지구 환경의 종말에 관한 예수 그리스도의 예언

* 지금 지구는 인간이 살 수 없는 환경으로 급변하고 있다. 슬프게 도 그 원인은 지구 자원의 남용과 오용 행위를 저지르고 있는 인 간에게 있다. 인간은 스스로 자멸의 길을 가고 있는 것이다.

• 인간의 탐욕이 불러온 멸망의 그림자

인류 역사상 가장 찬란한 과학기술 시대로 일컬어지는 20-21세기에 이르러 지구의 생태계가 급격히 붕괴되고 수많은 생명체의 종들이 사멸의 길을 걷고 있다는 것은 인간이 만들어낸 비극의 결정판이다. 거듭 말하지만 인간이 저지른 환경 범죄에 대한 수많은 증언과 과학적 연구 결과가 매일같이 매스컴을 통해 쏟아져 나오고 있다. 21세기의 인류가 직면한 환경 대재앙이 인간의 탐욕적 활동의 결과란 사실은 수많은 환경 보고서에서 입증이 된다. 최근 과학자들의 경고는 일반인들이 상식적으로 생각하고 있는 것보다 훨씬 두려운 내용을 담고 있다. 인류가 지구환경을 되살릴 수 있는 골든타임을 이미 놓치고 말았다는 충격적인 소식이 전해지고 있기 때문이다. 안타깝게도 인류가 생존할 수 있는 시간은 빠른 속도로 줄어들고 있다.

21세기에 들어서면서 지구 환경에 관한 수많은 보고서들이 일제히 금세기 인류가 겪을 환경 대재앙을 우려하며 지금 당장 인류가 협력하지 않으면 지구는 의심의 여지없이 종말을 향해 치닫게 될 것이라고 경고하고 있다. 안토니우 구테흐스 유엔 사무총장은(2020, 12) '우리가 사는 지구 행성은 부서졌다. 인류가 자연과의 자살전쟁을 벌이고 있다.'고 개탄한 바 있다. 그는 '현 추세가 바뀌지 않으면 21세기에 3도 이상의 기온 상승 재앙을 맞이할 수 있다.'고 하면서 각국 정상에게 비상사태를 선포하라고 촉구했다. 한편 블랙홀과 관련된 우주론으로 명성을 날린 영국의 이론 물리학자 고 스티븐 호킹은 지구 환경 재앙이 다가오기 전 길게는 100년 짧게는 30년 안에 인간은 지구를 떠나야 한다는 섬뜩한 경고를 유언처럼 남긴 바 있다. 실제로 지구환경 관련 과학자들은 불과 수십 년 내에 지구는 기후 위기와 해수면의 상승 등 급격한 환경변화로 인해 최악의 상황에 직면할 것이라고 예측하고 있다. 과학자들의 예측은 모호한 종교적 계시나 사이비 종말론자들의 예측과는 달리 수많은 과학적 데이터에 근거한 합리적 추론이기에 설득력을 지니고 있다. 실제로 2020년대에 들어선 지금 인류가 생명체의 멸종을 막을 수 있는 환경 개선의 골든타임을 이미 놓쳐 버린 게 아닌가 하는 강력한 의구심이 지구촌 사람들을 공포로 몰아넣고 있다. 오늘날 쉴 새 없이 터져 나오는 과학자들의 '부르짖음'은 의심할 여지없이 인간이 살 수 있는 지구 환경의 종말이 눈앞에 다가오고 있음을 의미한다. 그런데 바로 이 시점에서 우리가 주목해야 할 것은 예수 그리스도가 '세상의 끝'에 일어날 지구 환경상의 대재앙을 명백히 예고하였다는 사실이다. 참으로 환경의 종말에 관한 그리스도의 예언을 이 시대의 과학자들이 증명하고 있다면 우리는 당장 예수의 말씀에 귀를 기울이지 않을 수 없다. 인류의 멸망이 빠른 속도로 다가오고 있기 때문이다.

I. '세상 끝'에 나타날 지구 환경의 격변에 관한 예수의 예언

예수의 10가지 분야의 종말 예언(역사, 환경, 사회, 경제, 정치, 종교, 복음, 지정학, 군사, 우주 분야의 예언) 중 지구 환경의 종말에 관한 예언은 마지막 때에 인간의 생존을 근본적으로 위협하는 환경 대재앙에 대한 것이다. 아래에 예시된 예수의 말씀은 제자들의 물음에 대해 세상 끝에 일어날 우주와 지구 환경의 격변을 예언한 것이다.

> 예수께서 감람산 위에 앉으셨을 때에 제자들이 조용히 와서 가로되 우리에게 이르소서… 주의 임하심과 세상 끝에는 무슨 징조가 있사오리까(마태복음 24:3)
> 처처에 큰 지진과 기근과 온역이 있겠고 또 무서운 일과 하늘로서 큰 징조들이 있으리라(누가복음 21:11)
> 일월성신에는 징조가 있겠고 땅에서는 민족들이 바다와 파도의 우는 소리를 인하여 혼란 중에 곤고하리라 사람들이 세상에 임할 일을 생각하고 무서워하므로 기절하리니 이는 하늘의 권능들이 흔들리겠음이라(누가복음 21:25-26)
> 뜻밖에 그 날이 덫과 같이 너희에게 임하리라 이 날은 온 지구상에 거하는 모든 사람에게 임하리라 이러므로 너희는 장차 올 이 모든 일을 능히 피하고 인자 앞에 서도록 항상 기도하며 깨어 있으라 하시니라(누가복음 21:34-36)

상기한 예수의 예언이 이 시대에 비상한 관심을 끄는 이유는 '온 지구상에 거하는 모든 사람'이 겪게 될 환경 대재앙이 눈앞에 다가와 있기 때문이다. 예수의 환경적 종말 예언을 신뢰할 수 있는 것은 아래와 같은 이유 때문이다.

• 지구 환경의 종말에 관한 예수의 예언은 21세기 지구 환경상의 대재난과 생물의 멸종을 예측하는 과학자들의 경고와 일치한다

세상 끝에 일어날 재앙에 대한 예수 그리스도의 증언은 대지진과 대기근, 전염병의 창궐, 바다의 이상 현상 등으로 인한 민족 간의 격렬한 생존 투쟁이 주요 내용이다. 실제로 21세기에 들어서면서 이 지구상에는 전대미문의 대지진과 대기근, 전 지구촌을 휩쓸고 있는 전염병의 재앙이 일어나고 있다. 저자가 이 책을 쓰기 시작할 무렵은 2015년 12월이었다. 그때 이미 지구 생태계가 정상이 아님을 보여주는 심각한 뉴스가 전해지고 있었다. 미국 워싱턴에서 한겨울에 벚꽃이 피고 독일과 일본에서는 스키장에 눈이 다 녹아 영업을 할 수 없다는 소식이 들렸고 세계 곳곳에서는 때 아닌 홍수 난리를 겪고 있다는 속보들이 전해졌다. 그런데 저자가 이 책의 집필을 마치려는 지금 (2024년) 지구촌 환경재앙이 돌이킬 수 없을 정도로 악화되고 있음을 알리는 우울한 뉴스들이 전해지고 있다. 초대형 지진과 극심한 기근, 지구 온난화로 인한 해수면 상승 그리고 거대한 해일과 초대형 화재 등 갖가지 참화가 지구촌 곳곳에 나타나고 있으며 코로나 19 전염병은 3년 이상 지속되며 많은 사람들의 목숨을 앗아 갔다. 안타깝게도 지구 환경의 종말에 관한 예수의 예언이 이 시대에 적중되고 있음을 깨닫게 하는 심상치 않은 뉴스가 속속 전해지고 있다. 과연 '지금 이 시대가 예수께서 언급한 마지막 때인가?'라는 물음에 대해 '정말 그렇다.'고 말할 수 있다. 지구 환경의 종말에 관한 예수의 예언은 오늘날 과학자들의 증언과 완전히 일치하고 있기 때문이다.

- **지구 환경의 종말에 관한 예수의 예언은 역사의 종말 예언과 동시에 성취되고 있다는 점에서 그 신뢰성을 확보하고 있다**

20-21세기 지구 환경상의 대재앙이 이스라엘의 시오니즘 운동과 함께 나타나고 있다는 데 주목해야 한다. 유대 민족의 예루살렘 복귀와 재림에 대한 예수의 예언이 그리스도인들에게 주신 특수계시라면 지구 환경의 종말에 관한 예언은 멸망의 전조들을 모든 사람에게 보여주는 일반계시이다. 그래서 이스라엘 고토 복귀와 지구 환경 재앙에 관한 예수의 예언이 동시에 성취되고 있다는 것은 타락하고 부패한 세상의 멸망이 가까워졌음을 알리는 역사적, 환경적 증거이다. 참으로 예수의 위대한 예언은 21세기 인류가 마지막 국면에 진입해 있음을 일깨워주고 있다.

- **예수의 예언은 지구 환경의 종말의 원인을 규명하고 구원의 길을 제시하고 있다**

지구 환경의 종말에 관한 그리스도 예수의 예언은 단지 지구 환경의 종말을 알리는 데 그 목적이 있는 것이 아니다. 예수의 예언은 위기를 미리 알리고 구원의 길을 제시하는 데 그 목적이 있다. 예수 그리스도는 지구 생태계의 파멸의 원인이 인간의 탐욕과 끝없는 분쟁에 있음을 밝혔다. 그리고 인간이 저지른 죄악에서 벗어날 길을 제시하고 있다. 진실로 예수의 종말 예언은 위대할 뿐만 아니라 선한 의도를 지니고 있다. 그러므로 누구든지 겸손한 마음으로 예수의 경고에 귀를 기울인다면 파멸에서 벗어날 길을 찾게 된다.

예수가 인류에게 제시한 구원은 죄 사함으로 말미암는 구원이다. 그리고 이 구원의 복음은 성서에 너무나 자세히 기록되어 있다. 그러나 시간은 얼마 남지 않았다. 구원의 기회가 빠르게 사라지고 있음을 알리는 수많은 멸망의 전조들이 나타나고 있기 때문이다. 지금 인류가 처한 급박한 상황이야말로 모든 사람에게 보내는 최후의 경고임으로 구원의 복음에 귀 기울여야 할 중대한 이유가 된다. 누구든지 예수 그리스도의 말씀을 진지하게 연구한다면 그 예언들이 얼마나 위대한 통찰력에 나온 것인지 확인할 수 있다.

II. 지구 환경의 종말에 관한 예수 그리스도의 예언이 21 세기에 현실화되고 있다는 구체적인 증거들

지구환경의 종말을 예고한 예수의 위대한 통찰력은 인류가 스스로 초래한 환경 파멸의 양상과 일치하고 있다는 점에서 과학적이다. 예수의 증언은 '세상 끝'에 이르러 바다의 격변과 대지진 그리고 대기근과 온역 등이 지구상 모든 사람에게 전대미문의 고통을 안겨다 줄 것을 예고하고 있다. 이제 예수의 예언이 이 시대에 얼마나 구체적이고 정밀하게 성취되고 있는지 과학적 보고서와 보도들을 통하여 검증하고자 한다.

1. 예수 그리스도가 예언한 바다의 대격변 현상이 일어나고 있다

> 땅에서는 민족들이 바다와 파도의 우는 소리를 인하여 혼란 중에 곤고하리라 사람들이 세상에 임할 일을 생각하고 무서워하므로 기절하리니(누가복음 21:25-26)

예수 그리스도는 마지막 때를 알리는 전조로써 특별히 바다에서의 격변 상황이 가져올 대재앙을 예고하였다. 예수의 예언은 모든 사람들을 혼란에 빠뜨릴 바다의 재앙을 예견하였다는 점에서 놀라운 것이다. 오늘날 환경 과학자들이 지구온난화의 결과로 나타나고 있는 거대한 해일과 해수면 상승이 인류의 문명을 끝장낼지도 모른다는 수많은 보고서를 내고 있다는 점에서 전율을 느끼게 한다.

• 지구 온난화의 위기! 인류의 멸망을 예고하고 있다

　인류의 장래를 걱정하는 과학자들은 이구동성으로 지금 인류가 겪고 있는 지구 환경의 붕괴 현상은 주로 '지구 온난화'에 의한 것임을 증언하고 있다. '지구 온난화'는 19세기 후반부터 시작된 바다와 지표 부근 공기의 기온 상승을 의미한다. 전세계 평균기온은 산업혁명(1850-1900년) 이후 지금까지(2016년 현재) 평균 0.6~0.9도 상승했다. 이는 지난 1만 4천 년 동안 증가한 기온 상승 수준을 한꺼번에 뛰어넘은 것이다. 온난화의 원인에 대해서 대부분의 과학자들은 90% 이상의 온실 기체 농도의 증가와 화석 연료의 사용과 같은 인간의 활동에 의해 발생한 것으로 이러한 연구 결과는 모든 주요 산업 국가의 과학 연구 센터에서 인정받고 있다.

　참으로 화석문명을 탐욕적으로 일으킨 인간이 받을 재앙은 참혹하다. 지구 평균 기온이 1.5도 상승할 경우 지구 온난화로 인한 대재앙을 인간의 노력으로 막아 낼 수 없는 시점인 이른바 티핑 포인트(tipping point-어떤 현상이 서서히 진행되다가 폭발적 변화를 일으키는 시기)로 보고 있다. 지구상의 유기체들은 좁은 영역의 온화한 기후환경에서 번창할 수 있도록 되어 있다. 대다수의 동물과 식물들은 섭씨 50도가 넘으면 생존할 수 없다는 사실은 온난화가 미칠 치명적인 상황을 경고한 것이다. 학계에선 지구 평균온도가 1.5도-2도 상승할 경우 초대형 화재, 상상을 초월하는 폭풍과 폭염 그리고 급격한 해수면 상승 등으로 전대미문의 재앙에 직면할 것으로 예측하고 있다. 2020년대에 들어서면서 실제로 해수면 상승과 해일, 극심함 가뭄, 대홍수 등 온난화의 저주는 이미 지구촌 곳곳에 나타나고 있으며 해를 더할수록 그 빈도와 강도가 높아지고 있다. 지구 환경을 연구하는 일부 학자들은 이미 이 지구 온도가 학자들의 예측을 뛰어넘어 돌이킬 수 없는 상황에 직면해 있다는 암울한 보고서를 내어 놓고 있다. 이처럼 인간이 자초한 지구 온난화의 재앙으로 인해 각 나라와 민족들이 겪고 있는 대혼란은 예수 그리스도의 지구환경의 종말에 관한 예언과 일치한다. 그야말로 지금 인류는 절체절명의 위기에 놓여 있는 것이다.

• 북극과 남극에서 들려오는 경보음과 바다의 이상 신호

바다로부터의 대재앙을 예언한 예수 그리스도의 예언을 입증하는 또 다른 사례는 남북극 얼음의 급격한 소멸로 인한 해수면 상승이 있다. 이미 십여 년 혹은 수년 전부터 극 지방 환경을 연구하는 과학자들은 남,북극 빙하의 기록적인 소멸을 경고해 오고 있다. 2024년 현재 북극과 남극의 빙하가 급격히 소실되고 있고 이로 인해 해수면의 상승이 인류에게 대재난을 가져올 것이라는 과학자들의 경고는 이미 현실화되고 있다. 지금 인류는 예수 그리스도가 예언한 바다의 이상 현상, 즉 '민족들이 바다와 파도의 우는 소리를 인하여 혼란 중에 곤고'한 상태에 진입하였음을 증거하는 수많은 보도들을 두려운 마음으로 접하고 있다. 연일 매스컴에서 쏟아지는 경고성 보고들 중 몇 가지만 인용하더라도 인류가 처한 전대미문의 위기를 충분히 감지할 수 있다. 이 사실은 의문의 여지없이 예수 그리스도가 예언한 세상 끝의 환경적 대재앙이 현재 진행형임을 말해 주는 것이다.

2. 예수가 예언한 환경적 종말의 또 다른 전조-대지진

처처에 큰 지진과 기근과 온역이 있겠고 또 무서운 일과 하늘로서 큰 징조들이 있으리라(누가복음 21:11)

문 앞에 이른 예수

예수 그리스도는 세상의 종말의 주요한 전조로써 대지진을 언급하고 있는데 실제로 21세기 들어서서 20세기에 이어 공포의 대지진이 빈도와 강도를 더해가고 있다. 대지진의 심상찮은 조짐들은 이미 지난 세기부터 뚜렷하게 나나나고 있다. 지난 50년간의 지진의 횟수는 과거 4,000년 동안에 일어난 지진의 횟수보다 훨씬 많다. 매년 전 세계적으로 1,000만 번 이상의 크고 작은 지진들이 일어나고 있다. 특히 20세기에 들어서면서 지진의 횟수뿐만 아니라 강도가 급격히 높아지고 있다. 세계 지진 연표에 의하면, 1만 명 이상의 사람이 죽은 대지진은 1300년대에 1건, 1500년대에 1건, 1600년대에 1건, 1700년대에 6건, 1800년대에 4건, 1900년대에 16건으로 증가되고 있다. 급기야 2000년대에 접어들면서 진도 5 이상의 대지진이 나라와 지역을 가리지 않고 폭발적으로 일어나고 있다. 지진의 빈도와 강도의 급증으로 인한 전 세계인들이 겪는 고통과 공포심은 해를 더할수록 커지고 있다. 21세기 들어서면서 예수가 경고한 대지진이 빈도와 강도를 더해 가고 있다는 사실은 세상의 종말이 눈앞에 다가와 있다는 또 하나의 증거가 된다. 하지만 지금 지구상 곳곳에서 일어나고 있는 대지진은 향후 사람들이 기절할 정도로 무서운 초거대 지진의 예고편일 뿐이라는 점에서 그 심각성이 있다. 지금 인류가 겪고 있는 대지진과 같은 재난은 향후 더 크고 끔찍한 초 거대 지진을 불러오는 시작점이라는 것이 예수 그리스도 경고이다.

처처에⋯ 지진이 있으리니 이 모든 것이 재난의 시작이니라(마태복음 24:7-8)

예수의 수제자 사도 요한이 예수의 계시를 받아 기록한 신약성서 '요한계시록'에는 지구 환경이 괴멸되는 마지막 국면에서 '섬'과 '산악'이 사라지는 수퍼 대지진이 발생할 것을 예언하고 있다.

여섯째 인을 떼실 때에 큰 지진이 나며(요한계시록 6:12)
산과 섬이 제 자리에서 옮기우매(요한계시록 6:14)
또 큰 지진이 있어 어찌 큰 지 사람이 땅에 있어 옴으로 이같이
큰 지진이 없었더라… 만국의 성들도 무너지니… 각 섬도 없어
지고 산악도 간 데 없더라(요한계시록 16:18-20)

오늘날 과학자들은 지구 자전의 이상 현상, 지구의 극이동 또는 지자기 역전이 발생할 경우 실제로 산과 바다를 뒤집는 가공할 대지진이 일어날 수 있다고 예측하고 있다. 실제로 노늘날 지진을 연구하는 일부 과학자들은 일본 열도의 침몰까지 경고하고 있는 실정이다. '세상 끝'에 일어날 거대 지진에 관한 예수 그리스도의 예언이 21세기에 현싱화 되고 있는 것이다.

3. 전 지구적 대기근의 재앙에 대한 예수 그리스도의 예언

처처에… 기근이 있으리니 이는 대재난의 시작이라(마가복음 13:8)

21세기 현재 지구의 5대양은 예상보다 훨씬 빠른 속도로 뜨거워지고 있으며 6대륙은 메말라 가고 있다는 것이 지구 환경을 연구하는 과학자들과 연구소들의 공통된 증언이다. 실제로 수십 년째 가뭄으로 나일강, 콩고강과 같은 거대한 강들이 메마르고 있으며 아마존 열대

우림과 같은 지구의 허파 역할을 하는 밀림들이 인간의 무분별한 남벌과 대규모 화재로 인해 빠르게 사라지고 있다는 우울한 소식이 각종 뉴스 매체를 타고 속속 전해지고 있다. 이른바 지구 사막화가 급속하게 진행되고 있는 것이다. 지구 사막화 현상은 이미 지난 세기부터 과학자들에 의해 꾸준히 제기되고 있는데 세계의 모든 건조, 반건조지역 및 반습윤지역은 정도의 차는 있으나 모두 사막화가 진행되고 있든지 또는 그 위험이 있다는 것이다. 한편 UNEP(유엔환경계획)의 보고 및 환경관련 보고들은 지구온난화로 인한 지구 사막화와 이로 인해 야기될 대기근이 인류의 식량 생산에 치명적인 타격을 가하고 있음을 경고하고 있다.

예수 그리스도가 이 세상의 종말을 알리는 전조로 언급한 전 지구적 대기근이 오늘날 현실화되고 있다는 것은 인간이 먹고 살 수 있는 식량 생산이 점점 더 불가능해진다는 것을 의미하며 그것은 곧 지구촌 곳곳에서 대량 아사자의 속출이라는 비극을 예고하는 것이다.

4. 새로운 유형의 전염병이 전 세계인을 공포로 몰아넣고 있다

처처에… 온역(전염병의 재앙)이 있겠고…(누가복음 21:11)

예수 그리스도의 환경적 종말 예언의 키워드 중 하나는 대규모 전염병의 창궐이다. 전염병은 종종 역사적으로 인류의 생존에 지대한 위협을 가해 왔다. 실제로 유럽에서는 1340년대 흑사병으로 약 2천 5백만 명이 희생되었다. 이는 당시 유럽의 인구의 약 30%에 달하는 숫자이다. 그리고 지난 1918~1919년 사이에 발생한 스페인 독감은 전 세계에서 무려 2,500만~5,000만 명의 목숨을 앗아간 바 있다. 문제는 21세기에 들어서면서 공포의 신종 전염병이 숨 돌릴 틈이 없이 매년 나타나고 있다는 점이다. 의학적 예방과 치료제로 막을 수 없는 다양한 변종들이 인류의 생존을 위협하고 있는 상황이다. 예컨대 2012년 중동호흡기증후군(메르스), 2013년 중국 조류인플루엔자, 2014년 서아프리카 에볼라, 2015년 지카바이러스증후군, 2016~2017년 서아프리카와 브라질 황열. 신종바이러스가 세계를 휩쓸고 있다. 급기야 2021년부터 시작된 코로나 바이러스에 의한 전염병 창궐은 불과 2년 만에 백만 명 이상의 목숨을 앗아 갔다. 가공할 전염병이 이 시대에 나타나고 있는 것은 기후 변화와 인구의 폭발적인 증가, 무차별적 야생동물의 포획과 생식 그리고 의약품의 오남용으로 인한 변종 세균이나 바이러스의 출현 때문이다. 특히 오늘날 교통수단의 비약적인 발달은 역설적으로 전염병이 창궐하는 중요한 요인이 되고 있다. 역사상 유래를 찾아볼 수 없을 만큼 사람들의 집단적 왕래가 빠르고 많다는 것이 전염병의 광범위한 확산을 가져오고 있다.

전술한 바와 같이 '세상 끝'에 일어날 재난에 대한 예수 그리스도의 예언의 강조점은 두 가지이다. 하나는 대지진과 대기근과 전염병의 재난이 '온 지구상'에 한꺼번에 밀어닥친다는 것이며 다른 하나는 이 모든 지구 환경의 재난이 끝이 아니라 보다 더 큰 재앙을 알리는 시작일 뿐이라는 점이다. 실제로 21세기 들어서면서 지구온난화로 인한 해수면의 상승, 대지진, 대기근, 전염병이 온 지구상에 동시다발적으로 일어나고 있다. 이러한 사태는 인류의 멸망이 눈앞에 다가오고 있음을 알리는 강력한 전조들이다. 세상 끝에 일어날 환경적 대재난에 관한 예수의 예언이 이 시대에 응하고 있음은 의문의 여지가 없다.

문 앞에 이른 예수

III. 인간의 악과 환경 대재앙

땅이 슬퍼하고 쇠잔하며 세계가 쇠약하고 쇠잔하며… 땅이 또한 그 거민 아래서 더럽게 되었으니(이사야 24:4-5)

21세기에 들어선 지금 인류가 일으킨 화석 연료 문명이 도리어 저주가 되어 환경적 재앙으로 다가오고 있다. 지난 2세기 동안의 급격한 산업화에 의한 막대한 온실가스 배출은 급기야 지구 온난화의 위기를 초래하였으며 갖가지 환경적 재난을 초래하고 있다. 이제 세계는 점점 인간이 살 수 없는 환경으로 급속하게 변하고 있다. 대기는 스모그로 가득차고, 강들은 썩어 악취를 풍기고 토양은 유독성 화학물질로 오염되고, 바다에는 거대한 플라스틱 쓰레기 섬이 떠다니고 있다. 이 모든 상황은 의심할 여지없이 그칠 줄 모르는 인간의 탐욕이 만들어낸 것이며 점점 고갈 되어 가는 자원을 두고 벌어지는 나라와 나라 민족과 민족 간의 갈등과 투쟁은 지구촌 환경을 파멸의 장으로 몰아가고 있다.

1. 21세기 환경 대재앙의 원인이 인간에게 있다는 구체적인 증거들

이 시대의 환경 대재앙을 불러온 것은 다름 아닌 인간이다. 지금 인류가 겪고 있는 환경 대재앙의 원인은 분명히 인간에게 있음을 증명하는 수많은 연구 결과가 속속 발표되고 있다. 인간이 탐욕적으로 자원을 개발하고 남용함으로써 지구 생태계를 무차별적으로 파괴해 왔다는 증거는 헤아릴 수 없이 많다. 따라서 어떤 사람이 이 지구상의 환경 대란의 원인을 대자연의 우연한 교란 현상으로 파악한다면 그것은 환경재앙의 책임이 인간에게 있다는 사실을 애써 외면하는 것이 된다. 양심 있는 많은 과학자들은 지구온난화의 저주와 6차 대멸종의 징후들이 인간에 의해서 야기되었음을 명백히 증언하고 있다.

• 인간이 만든 새 지질시대–'인류세'의 종말

'인류세(Anthropocene)'는 인류가 지구환경에 큰 영향을 미친 시점부터를 별개의 세로 분리한 지질시대 개념이다. '인류세'의 개념은 노벨 화학상을 받은 대기화학자 파울 크뤼천(Paul Jojef Crutzen, 1933-2021)이 대중화시켰다. 대기의 변화를 기준으로 할 경우 화석연료 남용으로 이산화탄소가 급격히 배출된 산업혁명이 그 기준이다. 또 다른 과학자 그룹은 '인류세'를 첫 번째 핵실험이 실시된 1945년을 인류세의 시작점으로 본다. '인류세'를 대표하는 물질들로는 방사능 물질, 대기 중의 이산화탄소, 플라스틱, 콘크리트 등을 꼽는다. 심지어는 한 해 600억 마리가 소비되는 닭고기의 닭뼈를 '인류세'의 최대 지질학적 특징으로 꼽기도 한다. 실제로 지난 1세기 동안 인간이 지구상에서 벌인 산업 생산 활동은 가히 폭발적이다. 문제는 인간의 끝없는 소비욕이며 이것이 지구에 엄청난 스트레스를 가했다. 지구 자원의 남용과 오용으로 인해 기후 위기가 초래되고 오염된 대기 환경 속에서 생물 다양성은 이미 붕괴하고 있다. 무수한 생물의 종들이 사라지고 있다는 뉴스는 사람들을 두려움에 떨게 하고 있다. 실제로 현재 종의 멸종은 과거보다 100~1,000 배나 빨리 일어나고 있다. 이처럼 '인류세'를 연구하는 과학자들은 인간의 탐욕이 현재 지구상에서 진행되고 있는 대멸종의 원인이며 인류세의 멸종 범위는 공룡

멸종 사건에 능가할 것이라고 경고하고 있다. 결국 21세기의 지구촌은 스스로 멸망의 길을 재촉하고 있는 '인류세'의 마지막 국면이라 할 수 있다.

• 인간이 지구에 무슨 짓을 한 걸까

과학자들은 지구의 역사를 45억년으로 추정한다. 이 45억 년을 24시간으로 볼 때 인간의 역사 수천 년은 불과 몇 분에 지나지 않는다. 하지만 인간은 이 짧은 기간 동안 문명의 이름으로 너무나 많은 해악을 지구에 끼쳐 왔다. 특히 산업화가 급격히 이루어진 지난 200년간 인간이 지구 생태계에 끼친 해악은 치명적이다. 오늘날 인류가 만들어 낸 문명의 이기들이 거대한 저주의 도구들로 변하고 있다는 것은 의심의 여지가 없다. 인간의 생존과 쾌락을 위해 만든 모든 구조물의 총 무게는 30조톤에 이르며 이는 대자연을 급속도로 변형시키고 있다. 또한 각종 건축물과 자동차, 전자기기, 화학제품 등 생활용품과 대량 살상무기 등의 제조 활동으로 온 지구는 폭증하는 쓰레기 더미로 신음하고 있다. 인간의 산업 활동은 해마다 21억톤으로 추산 되는 쓰레기를 토해내고 있으며 납과 카드뮴, 비소, 수은 등 치명적인 유독성이 묻어 있는 컴퓨터 주변 기기들의 폐기물들은 이를 만들어낸 인간의 생명을 위협하고 있다. 실제로 태평양에는 거대한 플라스틱 쓰레기 섬이 떠다니고 있다.

지구 대기 환경 또한 급격히 악화되고 있다. 18세기 산업혁명 이래 인간의 왕성한 제조 활동으로 이산화탄소, 메탄, 대류권 오존 프레온 기체, 아산화질소 등의 기체 발생량이 폭증하게 되었다. 특히 20세기의 지난 30년 동안 이산화탄소 배출량은 폭발적으로 증가하고 있다. 이산화탄소와 메탄 기체는 1750년 이후 각각 36%와 148%나 증가했다. 이러한 수준이 지난 80만 년 동안의 증가보다 높다는 연구 결과는 가히 충격적이다. 또한, 최근 수십 년간 화석 연료(석탄, 석유, 천연가스)로 인한 이산화탄소 발생량은 이산화탄소 총 발생량의 4분의 3을 차지한다. 나머지 상승분은 지표면의 변화, 특히 육축과 농사를 위한 무차별적인 벌목으로 인한 것이다. 결국 인류가 자랑하는 현대 문명은 화석연료와 자원의 무차별적 남용으로 지탱되고 있는 셈이다. 그래서 인간의 산업 문명이 만들어낸 지구온난화는 종의 대멸종이라는 무서운 재앙으로 나타나고 있다. 안타깝게도 지금 인류는 자멸의 길에 들어서고 있다!

• 육축의 산업화가 야기한 재앙

오늘날 사람들의 탐욕적인 육식문화로 지구상에는 약 13억여 마리의 소가 사육되고 있는데 그 무게는 세계 전체 인구의 몸무게를 능가한다. 소의 사육 면적은 전 세계 토지의 24%를 차지하고 있으며 이 소들은 수억 명의 사람들을 넉넉히 먹여 살릴만한 곡식을 먹어치우고 있다. 그 결과 지구의 곳곳에서 소가 배불리 먹는 동안 수억 명의 사람들은 굶주림에 허덕이고 있다. 빈곤한 나라에서 태어난 수많은 어린이들이 영양실조로 죽어가고 있는 동안 부유한 나라들의 많은 사람들은 육축의 과다 섭취로 '풍요의 질병'인 암, 당뇨병, 심장발작 등으로 죽어 가고 있다. 그럼에도 불구하고 소의 수는 갈수록 증가하는 추세이며 이는 지구 생태계의 혼란을 가져오고 6대륙의 거주지들을 황폐화 시키고 있다. 육축을 위한 환경파괴는 지금 이 순간에도 광범위하게 자행되고 있다. 초지 조성을 위한 삼림파괴 행위로 아프리카 밀림과 지구의 허파 역할을 하고 있는 아마존 원시 밀림이 빠르게 사라지고 있다. 무엇보다 탐욕적인 육축 산업이 지구환경에 미치는 치명적인 폐해는 바다와 대기의 격변을 초래하는 지구 온난화를 야기한다는 데 있다. 지구 온난화는 탐욕적인 육식 수요를 충족시키기 위해 대규모로 사육되는 가축들의 메탄가스 방출이 주된 원인으로 지목되고 있다. 오늘날 가축(소의 트림과 방귀 등)이 배출하는 메탄가스는 전세계 자동차 배기가스의 배출량을 능가하여 지구 온난화의 재앙을 가속화 시키고 있는 실정이다. 이것이 인간의 탐욕적인 육축 산업이 가져온 환경적 종말의 참상이다.

2. 환경재앙과 국가 간 분쟁의 파멸적 악순환

21세기에 들어서면서 전 지구적인 환경 재앙으로 인한 나라와 나라 간의 갈등과 분쟁은 날이 갈수록 악화되고 있다. 예수 그리스도는 '세상 끝'에 있을 환경적 재앙과 국가 간 분쟁의 상호 인과성에 대해 다음과 같이 밝히고 있다.

> 민족이 민족을, 나라가 나라를 대적하여 일어나겠고 처처에 기근과 지진이 있으리니 이 모든 것이 재난의 시작이니라(마태복음 24:7-8)

놀랍게도 예수의 예언은 전 지구상의 심각한 환경 재앙으로 촉발될 민족과 나라간의 투쟁에 대해 언급하고 있다. 이는 자연의 순환논리로써의 지구환경 격변을 말하는 것이 아니라 타락한 인간의 물질적 탐욕이 낳을 파국적 결과에 대해 경고하고 있는 것이다. 실제로 지난 2-3세기 동안 급격한 산업화로 인한 자원의 남용과 오용이 가공할 환경 재난으로 이어지고 이 환경 대재난은 다시 민족과 국가 간의 갈등을 만들어 지구를 파멸시킬 더 큰 군사적, 환경적 재앙을 불러오고 있다. 인간의 탐욕적인 경제활동으로 지구환경은 황폐화되고 있으며 환경의 재앙이 다시 인간의 생존을 위태롭게 하여 지구촌 곳곳에서 극열한 갈등과 분쟁이 일어나는 악순환이 되풀이되고 있는 것이다. 따라서 개인과 집단의 물질에 대한 탐욕이 근원적으로 제거되지 않는 한 모든 생명체의 파멸을 가져올 환경 대재앙은 피할 수 없다. 이러한 지구의 위기에 대한 과학자들의 처방은 위기를 초래한 인간이 스스로 대비하여 다가오는 파멸을 막아야 한다는 주장이다. 그러나 안타깝게도 재앙의 원인을 제공한 인간이 스스로 재앙을 막을 도덕적 능력이 없다는 것은 전 인류의 역사를 통해 수없이 증명된 것이다. 지구상에 나타났다가 사라진 수많은 문명의 폐허는 인간이 스스로 탐욕을 억제할 수 없다는 것을 극명하게 입증하고 있다.

21세기 지구촌의 상황은 더욱 심각하다. 실제로 20세기 이후 많은 전쟁이 석유라는 자원을 확보하기 위해서 벌어진 것이다. 지구상의 한정된 자원을 두고 나라와 나라가 진흙탕 싸움을 벌이고 있는 지금 이 순간에도 환경적 종말 현상은 전 세계적으로 나타나고 있다. 예수의 경고대로 기후변화는 기상이변, 폭염과 가뭄, 물 부족과 식량난, 해수면 상승을 불러오고 있으며 그 결과 식량과 수자원의 배분을 둘러싼 국가 간의 갈등과 분쟁은 해를 더할수록 격심해지고 있다. 기후 위기를 유발한 현재의 경제 시스템, 지구자원의 착취에 기반한 문명은 군대의 도움 없이는 유지될 수 없다. 실제로 20세기 이후 많은 전쟁이 자원을 확보하기 위해서 치러진 것이다. 결국 군사주의는 기후변화의 결과이면서 동시에 원인이 된다. 두렵게도 '세상 끝'에 있을 환경 재앙에 관한 예수 그리스도의 최후의 경고가 환경적, 군사적 파멸로 치닫고 있는 21세기 지구촌을 향하고 있다.

상술한 바와 같이 세상의 종말을 가져올 전 지구적 환경 재난과 나라와 민족 간의 파멸적 충돌에 대한 예수의 엄중한 메시지는 오늘날 과학자들이 연구하고 규명해낸 금세기 환경 대재앙의 원인과 결과에 대한 견해와 완전히 일치한다. 예수의 환경적 종말 예언이 이 시대에 응하고 있다는 명백한 증거들이 나타나고 있는 것이다.

IV. 예수 그리스도의 환경적 종말 예언이 인류에게 주는 메시지

이제 누구든지 이 지구가 정말 인간과 생물들이 더 이상 살 수 없는 곳으로 변하고 있다는 진실을 분명히 인식한다면 예수의 예언에 귀를 기울여야 한다. 예수 그리스도는 '세상 끝'에 일어날 전 지구적 환경재난이 무엇을 의미하는지 다음과 같이 증언하고 있기 때문이다.

1. 예수 그리스도는 자신이 예언한 전 지구적 환경재난이 인류에게 다가올 파멸적 재앙의 시작에 불과하다고 증언하고 있다

> 민족이 민족을, 나라가 나라를 대적하여 일어나겠고 처처에 기근과 지진이 있으리니 이 모든 것이 재난의 시작이니라(마태복음 24:7-8)

현대 인류가 이룩한 화석연료 산업체계는 환경을 파괴하지 않고는 존속할 수 없는 자기파멸적 구조이다. 그래서 석탄과 석유 자원으로 일으킨 현대 문명은 결국 기후위기라는 가공할 재앙으로 나타나고 있다. 그야말로 기후위기로 인한 생태계의 붕괴 현상은 인류의 생존을 벼랑 끝으로 몰아가고 있다. 문제는 지금 지구 곳곳에서 거세게 일어나고 있는 환경재앙들이 끝이 아니라 시작에 불과하다는 점이다. 예수의 예언은 '민족들이 바다와 파도의 우는 소리를 인하여 혼란 중에' 고통스러워 할 것이며 '처처에 기근과 지진' '전염병'이 세상을 뒤덮을 것을 예언하였다. 하지만 '이 모든 것이 재난의 시작'이라고 단언함으로써 전 지구적 환경 재난이 더욱 거대한 재앙으로 가는 전조적 사건임을 분명히 하고 있다. 저자가 이 글을 마무리 하려는 지금(2024년) 지구촌을 휩쓸었던 코로나 19 팬데믹의 영향으로 경제, 사회, 정치적 혼란과 나라 간의 갈등을 야기하고 있다. 하지만 전염병 보다 더 치명적인 것이 기후위기이다. 실제로 2030-2040 사이에 인간이 감당할 수 없는 환경적 대재난이 다가올 것이라는 암울한 보도가 줄을 잇고 있는 실정이다. 이는 지금보다 더 심각한 파멸적 재앙이 기다리고 있음을 의미한다. 이제 인류가 기후 변화에 따른 파국적 상황, 즉 국제 공조가 불가능한 거대한 기후재앙이 다가올 시점이 10-20년 밖에 남지 않았다는 점을 주목해야 한다. 참으로 두려운 환경 대재난이 우리의 목전에서 그 실현 가능성을 높여 가고 있다.

2. 예수의 예언은 과학자들의 예측보다 인류 멸망의 시기가 앞당겨질 수 있는 다른 요인들이 있음을 경고하고 있다

> 민족이 민족을, 나라가 나라를 대적하여 일어나겠고 처처에 기근과 지진이 있으리니 이 모든 것이 재난의 시작이니라(마태복음 24:7-8)
> 뜻밖에 그 날이 덫과 같이 너희에게 임하리라 이 날은 온 지구상에 거하는 모든 사람에게 임하리라 이러므로 너희는 장차 올 이 모든 일을 능히 피하고 인자 앞에 서도록 항상 기도하며 깨어 있으라 하시니라(누가복음 21:34-36)

위에 제시된 예수의 말씀은 두 가지 의미로 지금의 인류에게 다가오고 있다.

하나는, 과학자들의 예측보다 파멸적 환경 재앙이 훨씬 빨리 다가오고 있다는 점이다. 최근 권위 있는 환경 연구소의 관련 과학자들은 거대한 환경 재앙을 불러올 지구 평균 기온 1.5도 돌파 시점이 자신들이 처음 예측했던 것보다 급속히 앞당겨지고 있음을 강력히 경고하고 있다. 지구 환경 연구소들은 불과 20-30년 내에 일어날 가공할 환경적 재앙을 예고하고 있는 것이 현실이다. 그러므로 지금 인류는 불과 수십 년 내에 파멸을 맞이할지도 모를 극히 위험한 시기에 진입해 있다고 볼 수 있다. 이는 지구 생태계의 파멸 시기를 금세기 말경이나 1-2백 년 이후로 예측하는 종래 환경 과학자들의 견해조차 매우 낙관적인 것임을 의미한다. 그러므로 이 시점에서 자칫 근거 없는 낙관론은 사람들로 하여금 눈앞에 와 있는 대재앙의 발자국 소리를 듣지 못하게 할 위험성이 있다. 그래서 '항상 기도하며 깨어 있으라'는 말씀은 갑자기 들이닥칠 대재앙의 위험성을 대비하라는 강력한 경고의 메시지로 받아들여야 한다.

또 다른 하나는, 민족이 민족을, 나라가 나라를 대적하여 일어나겠고'라는 말씀에서 알 수 있듯이 지금 인류가 겪고 있는 지구의 온난화와 바다의 격동, 대지진과 기근과 온역으로 인한 지구 환경상의 가공할 재난이 민족과 나라들의 갈등과 대혼란을 일으킨다는 것이다. 환경재앙이 심각해질수록 각종 범죄와 폭력과 전쟁은 그 빈도가 강도를 더하게 된다. 결국 환경 재난은 민족과 나라간의 첨예한 갈등을 야기하여 끝내 세계대전의 참화를 불러올 것이다. 실제로 이 시대에 나타나고 있는 급격한 기후 변화와 세계를 휩쓰는 전염병은 경제적, 사회적, 정치적, 군사적으로 거센 충격파를 온 세계에 몰고 오고 있다. 세계적인 지정학 분석의 대가인 '귄 다이어'는 그의 저서 '기후전쟁

(Climate Wars, 2008)'을 통해 불과 수십 년 내에 기후 변화로 인하여 세계 각국이 자국의 이익과 생존을 위해 사생결단의 투쟁 속으로 돌입할 것을 강력하게 경고하고 있다. 권 다이어는 인류에게 닥칠 대재앙의 원인으로 '자원의 고갈, 집단 난민의 이동, 정치적 극단주의 출현, 경제위기, 대기근, 전염병의 창궐, 해수면 상승' 등을 원인으로 꼽았다. 이 현상들은 이미 예수의 예언에 그대로 담겨져 있으며 금세기 지구상에 현저히 나타나고 있다는 데 그 심각성이 있다.

권 다이어의 불길한 예측대로라면 2020년 기준에서 볼 때 인류에게 남은 시간이 불과 20-30년에 불과하다고 할 수 있다. 안타깝게도 돌이킬 수 없는 악순환은 벌써 시작되었다. 결국 지금 지구상에 일어나고 있는 광범위한 환경적 재난들은 나라와 민족 간의 갈등을 유발하고 물과 에너지 자원 확보를 위한 생존 경쟁은 해를 거듭할수록 가열될 것이다. 이러한 갈등이 증폭되면 인류는 또다시 세계대전으로 치닫게 될 것이다. 누구라도 인식하고 있는 것처럼 향후 일어날 세계대전은 핵전쟁을 의미하는 것이며 핵전쟁의 결과는 인류와 지구 환경의 완전한 파멸을 의미하는 것이다. 예수 그리스도는 대부분의 사람들이 미처 생각지 못한 때에 들이닥칠 세상의 멸망에 대해 경고하고 있다.

> 뜻밖에 그 날이 덫과 같이 너희에게 임하리라 이날은 온 지구상에 거하는 모든 사람에게 임하리라(누가복음 21:34)

예수의 경고대로 지구 파멸의 날은 갑작스럽게 다가올 것이다. 누구든지 이 불편한 진실을 마주할 용기가 필요하다. 위기를 직시하지 않으면 구원의 길도 찾을 수 없다.

3. 예수의 예언은 지구 파멸을 초래하는 인간의 죄악을 깨닫게 하며 구원의 길을 찾도록 하는데 그 목적이 있다

• 인간의 물질숭배로 인한 탐욕적 환경파괴가 죄악인 것을 깨달아야 한다

예수의 환경적 종말 예언은 환경을 파괴하지 않고는 존속할 수 없는 물질문명의 자기파멸적 시스템이 지닌 치명적인 구조에 대한 경고이다. 앞서 1장에서 서술한대로 예수의 역사적 종말 예언이 인간이 인간에게 저지르는 반인륜적 범죄에 대한 경고라면 2장의 환경적 종말 예언은 사람들이 살도록 창조된 지구환경을 탐욕적으로 파괴하는 범죄에 대한 경고라 할 수 있다. 인간이 일으키고 있는 비극적 참상들은 우주 만물을 창조하신 하나님에 대한 경배와 감사를 배제한 채 물질로 온갖 편리한 형상을 만들고 그 제작물을 섬기는 인간의 타락한 마음에 그 근원이 있다. 인간은 물질을 함부로 오남용하며 사람들의 심성을 타락시키는 오락물들을 만들어 신격화시킴으로 '하나님의 영광을 썩어질 사람과 금수와 버러지 형상의 우상으로'(롬 1:23) 바꾸어 버렸다. 이러한 인간의 물질숭배 행위는 하나님 보시기에 심히 악한 것이다. 그것은 물질에 대한 탐욕의 무한 확장과 지구 자원의 오용과 남용으로 전 지구적 재앙을 불러오기 때문이다. 참으로 하나님이 없는 세상은 인간 자신의 지적 능력이 오히려 인간에게 재앙이 된다. 인간이 신비한 자연법칙의 발견으로 추구하게 되는 크고 작은 과학적 성과와 각종 도구와 무기의 개발은 필연코 많은 생명체들의 파괴를 수반한다는 것이 인류 문명이 갖는 비극적 실상이다. 실제로 산업이 고도화된 21세기의 인류는 자신이 만든 모든 것이 스스로를 파멸시킬 재앙으로 나타나고 있음을 목격하고 있다. 우리 모두는 창조질서가 붕괴되

고 대자연의 모든 '피조물이 다 함께 탄식하며 함께 고통을 겪고 있는 것'(롬 8:22)을 두려운 마음으로 목격하고 있는 것이다.

결론적으로 오늘날 지구 생태계의 붕괴를 알리는 광범위한 현상들이 나타나고 있는 것은 이러한 결과를 초래한 인간의 행위가 사악한 것임을 반증하는 것이다. 우리 모두는 지구 황폐화를 초래한 공범이다. 그야말로 지금 인류가 직면한 환경 대재앙은 인간의 자기파멸적 범죄가 그려낸 비극적 자화상이다.

• 대재앙에 둔감한 사람들

상술한 바와 같이 각종 환경 연구소와 과학자들이 지구 환경의 파멸을 우려하며 쏟아내는 강력한 경고의 메시지는 마치 환경 대재앙에 관한 예수의 예언을 현대의 과학용어로 번역해서 들려주는 것 같다. 하지만 지구 생태계의 붕괴로 인한 이상 현상이 속속 전해지고 있음에도 불구하고 대부분의 사람들은 일상화된 환경재난에 점점 무디어지고 둔감해지고 있다. 북극의 얼음과 남극의 빙하와 히말라야 만년설이 급속히 사라지고 있다는 뉴스는 이제 사람들의 큰 관심거리가 되지 않고 있다. 오히려 무역에 사활을 걸고 있는 많은 나라들은 북극의 얼음이 녹아 없어지면 바닷길이 뚫려 무역 상품 수송 시간이 획기적으로 단축시킬 수 있다는 영악한 계산을 하고 있다. 붕괴되고 있는 자연 생태계의 경고가 이런 식으로 해석되고 있는 세상이다. 안타깝게도 치열한 생존경쟁에 휘말린 현대인들에게 다가오는 멸망의 신호들은 잘 보이지 않고 잘 들리지 않고 있다. 그래서 오늘날 대다수의 사람들은 곤충들이 사라지는 현상에 대해 그것이 무엇을 의미하는 것인지 자세히 알려 하지 않는다. 소수의 뜻있는 과학자와 정치가들이 환경 대재앙의 위험성을 끊임없이 경고하고 있지만 그것은 큰 울림이 되지 못하고 있다. 사람들은 생각하기를 설령 그 심각성을 안다고 한들 자신이 할 수 있는 일은 별로 없다고 생각한다. 그것은 개인이 해결할 문제가 아니라는 관점에 서 있다. 그래서 대다수의 사람들은 지구 환경의 종말에 대한 경고음을 흘려듣고 있다. 하지만 진작 재앙이 자신의 집 문 앞에 이를 때에 구원을 부르짖는다면 이미 때는 늦은 것이다. 만일 이 파멸적 대재앙이 내가 사는 지역을 거쳐 마침내 나의 집 문 앞에 들이 닥치는 그 순간까지 무심히 살아간다면 안타깝게도 구원의 복음을 들을 수 있는 기회는 완전히 사라질 것이다. 그때는 오직 육체의 생존을 위해 몸부림치게 됨으로써 차분히 말씀을 들을 수 있는 마음의 한 조각 여유조차 남아 있지 않을 것이기 때문이다.

• 더 늦기 전에 예수 그리스도의 말씀에 귀를 기울여야 한다

예수 그리스도의 환경적 종말 예언이 갖는 진실성은 이스라엘 민족의 본토귀환과 더불어 일어날 전 지구적 환경재앙을 예고하였다는 것이다. 실로 그의 예언은 스스로 자정 능력을 상실한 세상에 대한 최후의 경고이다. 이 거대한 사건들의 발생 배경에는 인간의 탐욕과 반인륜적 범죄가 도사리고 있다. 누구든지 인간의 탐욕적 행위와 환경적 재앙의 인과관계를 알지 못하면 진정한 회개의 필요성을 느끼지 못하게 된다. 진정한 회개가 없으면 예수 그리스도의 경고와 구원의 메시지를 받아들일 수 없다. 우리 각자가 지금 지구상에 일어나고 있는 불길한 전조들이 불가항력적인 자연 현상이라거나, 나와는 전혀 상관이 없는 것으로 생각하는 한 예수의 말씀을 들을 수 있는 귀는 열리지 않을 것이다. 하지만 환경적 재앙은 인류의 문제이자 나의 문제이며 나의 죄성과 관련된 문제이다. 참으로 이 시대의 징조들은 '내가 어떻게 하여야 구원을 얻으리이까?'라는 진정한 고백을 우리 각자에게 요구하

고 있다. 이러한 고백을 하려면 불편할 진실을 마주하는 용기가 필요하다. 이 용기는 내가 그동안 예수 그리스도가 누구인지 충분히 알지 못했다는 것을 시인하는 것도 포함된다. 왜냐하면 예수의 말씀에 대한 신뢰가 생기지 않으면 구원의 길도 열리지 않기 때문이다.

이제 누구나 21세기 인류가 직면한 비상한 상황을 한 번이라도 진지하게 생각한다면 답은 분명하다. 더 늦기 전에 인류를 향한 예수의 경고와 구원의 복음에 귀 기울여야 한다는 것이다. 예수 그리스도! 그가 먼저 환경적 종말을 통찰하고 구원의 길을 제시했기 때문이다. 참으로 세상 끝에 관한 예수의 경고는 우리 개개인이 더 늦기 전에 회개하도록 요청하고 있다. 누구든지 예수 그리스도의 말씀을 접하고 마음에 찔림을 느끼게 된다면 이러한 사람은 분명히 예수께서 증언한 구원의 복음에 대해서도 이해의 문이 열릴 것이다.

제3장 경제적 종말에 대한 예수 그리스도의 예언

* 1971년!

인류는 돌이킬 수 없는 경제적 파멸의 길로 들어섰다. 그리고 2020년대에 들어선 지금 황금신을 섬기는 인류에게 이후가 없는 공포의 대공황이 다가오고 있다.

예수 그리스도는 이스라엘의 고토 복귀와 환경적 대재앙에 이은 또하나의 종말의 전조로써 인간이 쌓아 놓은 거대한 재화의 파멸을 예고하였다. 예수가 인류에게 경고한 메시지는 온갖 영악한 상업적 행위가 극에 달한 세계에 내려질 대재앙과 심판에 관한 것이다. 아래의 말씀은 고도로 상업화된 세상의 비극적 최후에 대해 수제자 사도 요한에게 알린 예수의 계시 예언이다.

〈요한계시록 18장〉

2. 무너졌도다 무너졌도다 큰 성 바벨론(돈과 재화를 의미하는 맘몬을 숭배하는 제국)이여 귀신의 처소와 각종 더러운 영의 모이는 곳과 각종 더럽고 가증한 새(영악한 사기꾼)의 모이는 곳이 되었도다

3. 그 음행의 진노의 포도주를 인하여 <u>만국이 무너졌으며</u> 또 땅의 왕들이 그로 더불어 음행하였으며 땅의 상고(상인)들도 그 사치의 세력을 인하여 치부하였도다 하더라

4. 또 내가 들으니 하늘로서 다른 음성이 나서 가로되 내 백성아, 거기서 나와 그의 죄에 참여하지 말고 그의 받을 재앙들을 받지 말라

문 앞에 이른 예수

5. 그 죄는 하늘에 사무쳤으며 하나님은 그의 불의한 일을 기억
하신지라

7. 그가 어떻게 자기를 영화롭게 하였으며 사치하였든지 그만큼
고난과 애통으로 갚아 주라…

11. 땅의 상고(상인)들이 그를(돈의 제국) 위하여 울고 애통하는
것은 다시 그 상품을 사는 자가 없음이라

예수의 계시 예언은 왜 바벨론을 언급하였는가?

고대(B.C. 23세기경) 바벨로니아 수도 '바벨론'은 세계 경제와 정
치의 중심지였다. 그런데 예수 그리스도는 이 세상 마지막 때에 이르
러 고대 바벨론의 물질적 영광을 재현한 거대 상업 도시의 출현과 비
극적 파멸을 예언하고 있다. 바벨론에 관한 예수의 계시가 위대한 것
은 마지막 때에 사단이 주로 활동하는 곳이 어디인지를 증언하고 있다
는 점이다. 그곳은 다름 아닌 자원전쟁, 무역전쟁, 화폐 전쟁 등 총성
없는 전쟁의 결전장인 세계 상업 중심지이다. 바로 이곳에서 인류를
파멸시킬 경제 대공황과 세계대전의 씨앗이 잉태되고 있다.

• 예수의 경제적 종말 예언이 이 시대에 적중하고 있다는 증거는?

예수의 경제적 종말 예언이 이 시대에 적중되고 있음을 보여 주는
수많은 증거와 사건들이 나타나고 있다. 지금 세계 곳곳에서 일어나
고 있는 경제적 대란은 조만간 다가올 파멸적 대공황을 예고하고 있
다. 특히 경제 대공황이 역사적, 환경적 종말 사건들과 연계되어 일어
난다는 사실에 주목해야 한다. 거듭 말하지만 예수 그리스도의 10가
지 분야의 종말 예언 중 역사적 종말 예언의 성취는 타락한 인간의 반
인륜적 범죄로 말미암은 것이며, 환경적 종말 사건 또한 인류가 무차

별적으로 지구환경을 파괴한 결과이다. 역사적, 환경적 재앙과 마찬가지로 경제적 종말 사건(화폐, 무역 전쟁의 최후) 역시 인간의 재화에 대한 끝없는 탐욕으로 말미암은 것이다.

그렇다면 21세기 인류가 직면한 경제적 종말을 막을 수 있는 방법은 없는가?

이 질문을 달리 표현하면 '인간은 자신의 내면의 탐욕을 스스로 제어할 힘이 있는가?'라고 말할 수 있다. 인간의 내면에 있는 '탐욕'이야말로 인류가 멸망하는 근원적 동기가 된다. 따라서 인간이 스스로 뿌리 깊은 욕망을 제거하거나 다스릴 수 없다면 다가오는 대재앙들을 결코 피할 수 없다는 결론을 내릴 수 있다. 안타깝게도 탐욕을 제어하는 데 실패한 21세기의 인류에게 이후가 없는 대공황이 진행되고 있다. 실로 그것은 인간이 불러들인 재앙이며 예수의 경제적 종말 예언이 이 시대에 적중되고 있음을 의미한다.

I. 1971년! 인류는 돌이킬 수 없는 경제적 파멸의 길로 들어섰다

앞서 1장과 2장에 서술된 바와 같이 역사의 종말을 알리는 전조적 사건이 발생한 해는 이스라엘이 독립 국가로 등장한 1948년이다. 그리고 환경적 종말이 본격적으로 시작된 년도는 이른바 '인류세'가 시작된 기점인 1945년(첫 번째 핵폭발이 발생한 해)이다.

그렇다면 경제적 종말을 예고하는 중대한 시점은 언제인가?

경제적 종말이 대공황에 의한 세계 경제의 완전한 붕괴를 의미한다면 이 대공황을 초래할 결정적 원인 중 하나로 경제학자들은 화폐 전쟁을 들고 있다. 세계 경제를 붕괴시킬 화폐 전쟁은 화폐를 마음대로 만들어 유통시키는 권력을 쥔 자에 의해 촉발된다. 따라서 경제적 종말은 화폐를 무제한 찍어내어 유통시키는 제도를 도입한 때에 이미 예고된 것이라 할 수 있다. 이와 관련하여 우리는 1971년을 주목할 필요가 있다. 1971년은 세계 경제를 주도하는 미국이 이른바 달러의 '금환본위제'의 포기를 선언한 해이다. 1971년 8월 15일, 미국의 닉슨 대통령에 의해 공표된 '금환본위제'의 포기, 즉 '닉슨 충격'(Nixon shock)라 부르는 조치로 인해 이 세계는 경제적 파멸로 가는 문을 열게 되었다. 그래서 '태환화폐'(금과 교환할 수 있는 화폐)를 대신하여 유통되기 시작한 것이 '불환화폐'이다. 그렇다면 지금 온 세계에 유통되고 있는 '불환화폐'란 무엇이며 어떻게 생겨났고, 어떻게 "일만 악의 뿌리"가 되어 전 세계를 파국으로 몰아가는지 그 실상을 규명하고자 한다.

1. '불환화폐' 제국의 등장

오늘날 전 세계에 통용되고 있는 '불환화폐'란 '태환화폐'와는 반대되는 개념이다. 태환화폐는 중앙은행이 보유한 금화 혹은 은화(본위화폐)와 동일한 가치로 발행한 화폐이다. 한마디로 태환화폐는 중앙은행이 보유한 금과 교환할 수 있는 화폐를 말한다. 중앙은행에서 보유한 금 또는 은으로 교환해 줄 것을 보증한 것이므로 그만큼 가치가 있다는 의미이다. 따라서 태환화폐와 반대 개념인 불환화폐는 금화 또는 은화로의 교환이 보증되지 않는 화폐를 가리키는 단어이다. 한마디로 불환화폐는 금과 교환이 되지 않는 종이돈에 불과한 것이다. 다만 불환화폐는 중앙은행의 신용에 의해 유통되는 화폐라고 하여 '신용 화폐'라고도 불린다. 현재 세계 각국의 일반적인 유통 화폐는 불환화폐이다.(불환 지폐의 남발은 인플레이션의 요인이 된다) 그런데 온 세계가 불환화폐 유통체제를 받아들인 이후 어떤 일이 벌어지고 있는가? 21세기에 이른 지금 지난 수십 년간의 불환화폐 남발로 인해 거대한 돈의 홍수가 세계 각 나라와 국민을 공포와 혼란으로 몰아넣고 있다. 따라서 오늘날 세계가 겪고 있는 종이돈(불환화폐)의 재앙은 이미 1971년에 예고된 것이다. 그 내막은 이러하다.

• 1971년! '브레튼우즈 체제'의 붕괴

1971년 당시까지 지탱되어오던 국제 통화체제, 즉 브레튼우즈 체제가 무너지게 된 과정은 대략 이러하다.

1944년 7월 22일 국제통화기금(IMF)과 국제부흥개발은행(IBRD)을 두 축으로 한 브레턴우즈 체제가 출범했다. 브레튼 우즈 체제(Bretton Woods system, BWS)는 국제적인 통화 체제로 2차 세계대전 종전

문 앞에 이른 예수

직전인 1944년 미국 뉴햄프셔 주 브레튼우즈에서 44개국이 참가한 연합국 통화 금융 회의에서 탄생되었다. 이 협정을 '브레튼우즈 협정'이라 부른다. '브레튼우즈 협정'의 의미는 미국 달러를 가진 개인이나 나라는 세계 어느 곳에서든지 동일한 가치의 금화를 교환할 수 있도록 한다는 것이다. 이것은 달러가 세계적으로 통용되는 중심 화폐가 되었다는 것을 의미한다. 따라서 당연히 미국은 충분한 금을 확보하고 있어야 했다. 즉, 미국의 충분한 대외준비 (금)자산 보유고가 브레턴우즈 체제를 지탱하는 근간이었다. 그런데 1970년대에 이르러 브레턴우즈 체제가 무너지게 되었다. 앞서 언급하였듯이 1971년 8월 15일 닉슨 대통령이 선언한 달러의 '금환본위제'의 포기 선언으로 브레턴우즈 체제는 붕괴되었다. '금환본위제'의 포기 선언의 원인과 배경에 관해서는 많은 경제학자들에 의해서 다양하게 설명된다. 그 핵심 내용은 이러하다. 당시 미국은 급격히 늘어나는 달러 수요를 담보할 금을 확보할 수 없게 되었다. 그 주된 이유는 미국의 탐욕적인 소비와 과도한 수입에 의한 인플레이션과 유럽의 고도성장 그리고 베트남전에 개입한 미국의 막대한 재정 손실 때문이었다. 미국 달러화의 과잉 발행으로 인해서 인플레이션이 초래되었고 달러 유통량의 폭발적 증가는 달러화에 대한 국제적인 신용도를 훼손시켰다. 그 결과 미국의 환율방어 능력(고정된 비율로 달러와 금을 상호 교환해 줄 수 있는 능력)에 대한 의심이 생겨나기 시작했다. 한마디로 달러는 무한정 공급되는데 정작 미국이 보유한 금 수량은 각국 중앙은행들이 보유한 달러에 비해 상당히 부족했다. 실제로 1971년 당시 해외 달러 보유고는 미국 금재고량의 3배나 초과한 상태에 있었다. 이에 불안을 느낀 각 나라들이 그동안 쌓아 둔 달러를 내어놓으며 미국에 대하여 금으로 교환해 줄 것을 강력하게 요구하였다. 이러한 국내외의 압력을 견디지 못한 결과로 마침내 브레튼우즈 체제(미국 달러 금태환제도)는 붕괴되었다. 그리하여 1971년 8월 15일 닉슨 대통령은 공식적으로 달러와 금과의 교환을 거부함으로써, 브레튼 우즈 체제 시대가 막을 내린 것이다. 이때부터 이 세계는 전혀 다른 세상으로 진입하였다. 달러로 동일한 가치의 금으로 교환할 수 있는 시대가 끝나고 금으로 교환할 수 없는 달러 시대가 시작된 것이다. 이리하여 미국은 금 교환에 대한 부담 없이 무제한 달러를 찍어낼 수 있게 되었다. 실제로 오늘날 미국 연방준비제도(FRB)가 무제한 발행할 수 있는 달러는 금과 교환될 수 없는 종이돈에 불과하다. 금으로 교환할 수 없는 달러는 단순히 프린트된 종이에 불과하며 이 불환화폐를 세계가 용인하여 사용하고 있다는 것은 하찮은 종이돈에 인류의 생존을 걸었다는 의미이다. 실물인 금을 담보로 하지 않는 불환화폐의 발행을 세계 각국이 자의반 타의반으로 받아들였다는 것은 실로 거대한 재앙의 문을 연 것이다. 그 이후로 인류는 돌이킬 수 없는 경제적 파멸의 길로 들어섰다.

• **금화로 바꿀 수 없는 불환화폐의 세상이란?**

금화와 교환할 수 없는 화폐(불환화폐)를 발행한다는 것이 도대체 왜 심각한 문제인지를 알기 위해서는 먼저 불환화폐의 반대 개념인 태환화폐(금화와 바꿀 수 있는 화폐) 제도의 중요성을 인식하는 것이 필요하다. 예컨대 한 나라가 보유한 금의 수량만큼 금화를 만들고 이 금화의 가치와 동일한 태환화폐를 발행하여 사용한다는 것은 비교적 합리적인 제도라 할 수 있다. 이 제도는 인간이 개발하여 쓸 수 있는 자원의 범위 내에서 절제하고 분배하여 살도록 한 창조주의 뜻에 따르는 것이다. 지구상의 다른 중요 자원과 마찬가지로 금 역시 인간의 탐욕을 채울 수 있을 정도로 충분히 채굴되지 않는다. 그래서 미국이 보유한 한정된 금의 범위 안에서 발행되는 달러 화폐를 발행한다면 물가 폭등의 주요한 원인이 되는 인플레이션을 효과적으로 통제할 수 있다. 그리하여 각 나라는 예측 가능한 안정적인 경제 운용을 도모할 수 있다. 유통되는 돈의 규모가 적으면 그만큼 불황의 충격도 크지 않기 때문이다. 하지만 불행하게도 인류는 '기축통화'(범세계적으로 통용되는 중심 통화)인 달러의 금 태환 제도를 지켜내는 데 실패하고 말았다. 앞서 언급한 대로 '브레턴우즈 체제'의 붕괴로 금과 교환될 수 없는 종이 달러를 무제한 찍도록 허용한 것은 비극의 시작이었다. 인류는 금으로 교환할 수 없는 종이돈에 생존권을 넘겨주고야 만 것이다.

그 결과는 어떠했는가?

1971년 '브레튼우즈 체제'가 무너진 지 50여 년이 지난 지금 종이 달러의 홍수로 인해 온 세계가 재앙을 맞이하고 있는 실정이다. 금으로 바꿀 수 없는 달러 지폐가 재앙의 문을 연 이후 지구촌 사람들은 완전히 거짓 경제에 생사를 맡기며 살아왔다. 어느 나라든 종이 달러를 확보하지 못하면 약육강식의 원리가 지배하는 무역전쟁, 화폐전쟁에서 결코 살아남을 수가 없다. 그래서 모든 나라들은 자국의 생존을 위해서 종이 달러를 보다 많이 확보하기 위해 사투를 벌이고 있고 미국은 그 폭증하는 수요에 응해 무제한 달러를 찍어 내고 있다. 그 결과 한정된 지구의 자원으로 만들 수 있는 상품은 유한한데 무제한 남발되는 종이 달러는 물가를 폭등시키며 각 나라와 국민의 생존을 위협하고 있다. 그야말로 온 세계는 종이 달러의 남발로 인해 주기적으로 다가오는 인플레이션의 재앙에 시달리면서 대공황의 공포에 떨고 있다. 안타깝게도 지금 인류는 금본위제를 지켰더라면 겪지 않았을 것으로 추정되는 비극적 재앙을 더 빨리 더 충격적으로 겪고 있는 것이다. 종이돈을 무제한 찍어내어 유통시키는 불환화폐 제도는 의심의 여지없이 세계 경제를 돌이킬 수 없는 파국으로 몰아가고 있다.

• 달러 지폐를 무제한 찍어내는 자들이 거머쥔 공포의 권력

종이 달러를 마음먹은 대로 찍어내어 유통시키는 것은 너무나 황당한 일이지만 이런 황당한 돈을 찍어내어 합법적으로 전 세계에 유통시키는 권리를 장악한 자들은 참으로 무서운 세력이다.

돈은 권력이다!

그래서 금이라는 유력한 담보물도 없이 돈을 무제한 발행할 수 있다는 것은 무제한의 권력을 행사할 수 있음을 의미한다. 그래서 세계의 기축통화를 무제한 발행할 권력이 사실상 세상을 지배하고 있다는 말은 과언이 아니다. 불행하게도 지금 이 시대는 종이 달러를 발행할 수 있는 권력을 손에 넣은 자들에게 지구상의 모든 자산을 마음먹은 대로 사들일 수 있는 합법적 권리를 부여하고 있다. 그 결과 이 세상은 '달러 발행 권력을 가진 세력'(이하 '금권세력'으로 칭함)에 의해 완전히 장악되었다고 말할 수 있다. 그래서 이 무시무시한 금권세력은 사람들이 돈을 섬기며 살아갈 수밖에 없는 세상을 인위적으로 만들어 버렸다. 이제 이들의 행동을 제지할 수 있는 장치가 없다. 지금 이 세상은 개인과 집단과 나라를 종이 달러 아래 굴복시키는 힘이 쉴 새 없이 작동하고 있다. 그래서 어느 나라든지 불쏘시개용 이상의 가치를 지니고 있지 않은 종이 달러마저 구하지 못하면 결코 살아남을 수 없게 되어 있다. 비록 컴퓨터 기술의 눈부신 발달로 종이돈이 신용카드로 바뀌고 신용카드가 전자화폐로 바뀐다 하더라도 금으로 교환되지 않는 불환화폐의 본질은 바뀌지 않는다. 따라서 달러의 발권력을 틀어쥔 세력의 권력도 바뀌지 않을 것이다. 결국 모든 나라들은 '달러 불환화폐'의 발권력을 지닌 숨은 권력자에게 굴복하게 되고 그들이 뿌려

대는 돈을 애타게 갈구하게 되었다. 이처럼 돈을 확보하기 위해서 인간의 참된 가치들을 희생시키지 않으면 결코 살아남을 수 없는 세상이 맘몬(인간이 숭배하는 돈과 물질) 제국의 본질이다. 마침내 '돈의 돈에 의한 돈을 위한 제국'이 역사의 전면에 등장한 것이다. 그리하여 '달러 불환화폐'를 무제한 찍어내는 권력자들은 하나님 대신 신적 지위를 누리고 있다. 참으로 '맘몬과 하나님을 겸하여 섬길 수 없다.'(마 6:24)는 예수의 경고가 이 시대에 적중되고 있다.

• '불환화폐' 발행 권력의 진짜 배후

돈은 권력이기 때문에 돈을 보다 빨리 보다 많이 포식한 자가 이 세계를 지배한다. 그렇다면 돈을 지배하는 권력의 정점에 있는 자가 누구일까? 인류의 생존권을 틀어쥔 존재의 정체를 파악하는 것이 무엇보다 중요하다.

과연 이 지구촌의 지배자는 누구인가?

'달러 불환화폐'인가?

불환화폐의 발권력을 틀어쥐고 있는 '금권세력'인가?

이 세력의 마음을 지배하고 있는 보이지 않는 악한 '영'인가?

사도 요한에게 계시된 예수 그리스도의 예언은 돈과 물질을 숭배하는 세상의 최후와 그 배후에 대해 다음과 같이 폭로하고 있다.

> 무너졌도다 무너졌도다 큰 성 바벨론(돈과 물질을 숭상하는 맘몬제국)이여 귀신의 처소와 각종 더러운 영(악한 영들)의 모이는 곳과 각종 더럽고 가증한 새(영악한 사기꾼)의 모이는 곳이 되었도다… 땅의 왕들이 그로 더불어 음행하였으며 땅의 상고(상인)들도 그 사치의 세력을 인하여 치부하였도다 하더라.(요

한계시록 18:2-3)

　실로 인류가 맞이할 경제적 재앙의 원인에 대한 예수의 통찰력은 인간의 일반적인 판단과는 차원을 달리한다. 예수 그리스도는 끝없는 탐욕으로 돈을 숭배하고 갈취하는 사람들의 마음을 지배하고 있는 실체가 성령이 아니라 악령이라는 사실을 명백히 증거 하고 있다. 예수의 말씀은 인간의 "탐욕"에서 나오는 '도적질'과 '속임'(막 7:18-23)의 배경에는 악한 지혜를 제공하는 악한 영인 사단의 무리들이 존재함을 일깨워 주고 있다. 사단은 일찍이 돈을 숭배하는 가룟 유다의 마음을 충동질하여(요 13:2) 예수를 팔아넘기는 데 성공한 바 있다. 이처럼 예수 그리스도는 탐욕적으로 재화를 갈취하는 타락한 인간들의 배후에 악한 영들이 있음을 폭로하고 아울러 마지막 때에 사단의 무리들이 암약할 본거지를 정확하게 알려 주고 있다. 그곳은 바로 세계의 재화 거래가 집중되는 상업중심지이다. 오늘날에는 이 악한 영들이 세계의 돈이 모이는 곳 즉, 상업과 금융의 중심지에 집결한 탐욕스런 투기꾼들의 마음에 변함없이 암약하고 있다. 그래서 경제적 파멸로 가는 길에는 반드시 사단이 총감독자로서 사람들의 배후에 작용하고 있다는 예수의 계시 예언이 섬뜩하게 다가온다.

2. '금권세력'이 몰고 온 재앙

　네 복술(마법)을 인하여 만국이 미혹되었도다(요한계시록 18:23)

　　　　　　　　　　　　　　　　　　　　　　　문 앞에 이른 예수

• '금권세력'의 마법에 홀려 파멸의 길을 가는 나라들

  세계의 기축 통화인 미국 달러를 발행하는 기관은 '미국연방준비제
도이사회(FRB)'이다. 민간기관에 지나지 않는 FRB가 돈을 발행하여
미국을 비롯하여 세계 각국에 자금을 대출하고 이자를 거둬들이고 있
는 것은 놀랍게도 소수 주주의 이익을 위해서이다. 그런데 금과 교환
되지 않는 '달러 불환화폐'를 발행하고 운용할 수 있는 권력을 틀어쥔
'금권세력'들은 과연 무슨 희한한 짓을 할 수 있는가 생각해 볼 필요가
있다. '금권세력'은 미국을 비롯한 모든 나라와 기업을 대상으로 금전
대여를 하고 있는데 이에 필요한 달러를 발행하는 시기와 규모 그리고
이자율의 책정과 회수 방법 등을 마음먹은 대로 결정할 수 있다. 또한
이들은 임의로 찍어낸 돈으로 지구상의 자원과 상품을 닥치는 대로 사
모으고 가격을 급등시킨 후 일시에 다시 내다 팔 수 있는 능력을 지니
고 있다. 기업과 나라의 생존에 필수적인 자원의 수급 결정권을 가진
소수의 '금권세력'은 자원을 매점매석함으로써 국제적인 가격파동을
일으키고 있다. 실제로 에너지와 식량을 독과점하고 있는 국제 메이
저들이 존재한다는 것은 너무나 잘 알려진 사실이다. 이 거대 기업들
의 배후에는 '달러 불환화폐'를 발행할 공인된 권력을 지닌 '금권세력'
이 있다. 이들은 금융과 무역 전반에 걸쳐 최고의 이익을 취할 수 있
는 조작 능력을 가지고 있다. 그리하여 종이 달러를 무제한 발행할 권
력을 쥔 소수의 '금권세력'은 국제 금융 시장을 온통 투기판으로 바꾸
어 버렸다. 세계의 모든 상품과 각종 자원들은 금융 투기의 놀잇감이
된지 오래이다. 2000년대 초반에 출간된 "화폐전쟁" 시리즈 등 금권
세력의 무자비한 세계 공략에 대한 실상을 폭로하는 많은 서적이 이미
출판되어서 이들의 가공할 투기 행태는 더 이상 비밀이 아니다. 속칭
'양털깎기'로 알려진 금권세력의 공격 대상에 대한 착취 수법은 대체로

이런 경로를 밟고 있다.

달러 종이돈을 발행할 수 있는 권력을 쥔 금권세력은 수하에 있는 국제적 규모의 금융 기관들을 통하여 이익이 될 만한 나라들을 공략과 탈취의 대상으로 삼고 있다. 이들은 저가에 주식과 부동산, 주요 자원을 매점한 뒤 신용대출을 확대해 금융, 부동산 자산 등에 대한 대중의 투기를 조장하여 가격을 폭등시킨다. 그리고 치솟은 값에 모두 내다 판 후 갑자기 통화량을 줄여 경제 불황과 자산 가치의 폭락을 유도하는데, 이때 폭락한 우량자산을 헐값에 다시 사들인다. 사들인 우량자산은 또다시 투기의 대상이 되어 폭등한다. 그리하여 막대한 수익을 챙기는 형태를 반복한다고 폭로하고 있다.

결국 어느 기업이나 국가를 막론하고 '양털깎기'의 대상이 되면 결코 그 마수에서 빠져나올 수 없다. 이런 복잡다단한 일들의 처리는 달러를 임의로 찍어낼 권력을 장악한 세력들과 연결된 국제적 금융기관의 네트워크를 통하여 이루어지고 있다. 이들은 수많은 정보의 독점과 가공할 발권력을 통하여 수십 개의 팔과 손으로 불환화폐를 유통시키며 온 세계에 마법을 걸고 있다. 무제한 찍어낸 달러를 이용하여 천변만화를 일으키며 투기를 일삼는 이들의 변칙 플레이를 예측하고 감히 대응할 나라와 기업은 없다. 그리하여 모든 나라와 기업과 국민의 자산은 그들의 손아귀로 속속 빨려들어 가고 있다. 그래서 이 지구상의 모든 재화와 '사람들의 영혼'까지 소수의 금권세력에 예속되어 가고 있다. 만일 이것이 사실이 아니라면 미국을 포함하여 모든 나라와 국민들이 해가 갈수록 늘어나는 엄청난 빚더미에 눌려 신음하고 있는 현 세계의 끔찍한 실상을 도저히 설명할 수 없다. 실제로 FRB의 주주들이 미국정부와 국민을 대상으로 막대한 자금을 대출하고 이자 수익을 취하여 왔다는 사실은 이제 공공연한 비밀이다. 예컨대 FRB로부터 천문학적인 돈을 끌어다 쓴 미국 정부는 재정수입으로는 더 이상 정부 부채의 이자조차 감당하지 못할 정도로 심각해졌다. 미국의 부채는 이미 2011년에 GDP(약 14조 5,800억 달러) 대비 100%에 이르렀다. 이 부채는 계속 불어나 2034년에 122%에 달할 것으로 예측된다. 미국 정부는 눈덩이처럼 불어나는 부채의 이자만 매해 1조 달러 이상 지불하고 있다. 미국이 GDP 대비 100%를 넘는 부채비율을 극복하려면 각 경제 주체 소득의 40% 이상의 세금을 거둬들여야 한다. 그러나 미국이 (개인과 기업으로부터) 거두는 세금 비율은 19%에 불과하다. 이리하여 2024년 현재 지금 미국 정부는 늘어나는 재정 적자와 이자를 감당치 못해 파산의 위기로 내몰리고 있다. 정부 부채의 이자조차 감당하지 못할 수도 있을 정도로 심각한 미국의 재정 상황이 말해 주듯이 어느 나라든지 한번 달러 부채의 마법에 걸려들면 그 나라와 기업들은 결국 파산의 위기로 내몰리게 된다. 단지 시간의 차이가 있을 뿐이다. 역설적이게도 1971년 금으로 바꿀 수 없는 달러 화폐(불환화폐)가 통용된 이래 세계 각국은 달러를 빌려 외형상 고성장을 이루었다. 이러한 경제 성장은 결국 눈덩이처럼 불어나는 부채 원금과 이자를 감당하지 못하여 무너지는 구조를 지니고 있다. 무제한 발행되는 '달러 불환화폐'를 빌려 이루어진 세계 경제 성장이 "폰지사기"(일종의 다단계 금융사기)나 다름없다는 사실은 이제 공공연한 비밀이 되었다. 필자가 이 글을 마무리하고 있는 2024년 현재 세계 모든 나라들은 미국과 유사한 길을 걸으며 극심한 경제난에 시달리고 있다. 지금 이 세계는 넘치는 종이 달러의 홍수가 모든 것을 쓸어가고 있다. 엎친 데 덮친 격으로 지난 수년간 세계를 휩쓸었던 '코로나 19'의 재앙은 각 나라로 하여금 생활고에 시달리는 국민들을 위한 위로 보상금을 대량으로 풀도록 몰아갔다. 그만큼 각국이 짊어져야 할 부채가 폭증하고 있는 것이다. 그리하여 지금 세계 경제는 달러로 부풀어 오른 풍선을 계속 불지 않으면 급속히 쪼그라드는 처지에 놓여 있다. 그렇다고 계속 불어대면 그만 터져 버릴 지경이어서 이러지도 저러지도 못하는 상황으로 몰려가고 있다. 지금 이 세계가 겪고 있는 경제적 종말 현상에 대해 수많은 이론과 설명들이 있다. 하지만 한 가지 분명한 사실은 황당한 달러 불환화폐를 마음먹은 대로 찍어내어 무차별적으로 살포해 온 자들의 행위의 결과가 성서의 말씀대로 '일만 악'의 열매를 맺고 있다는 사실이다. 그 결과 허망한 돈으로 쌓아 올린 맘몬(돈) 제국의 붕괴가 눈앞에 다가와 있다.

• '금권세력'의 가공할 파괴력은 전자화폐를 통해서 극대화되고 있다

21세기에 들어서면서 인터넷망을 통한 상거래와 결제 시스템이 혁명적인 변화를 거듭하고 있다. 금과 교환되지 않는 종이돈은 신용카드 형태로 바뀌게 되고 다시 전자화폐(돈의 가치 기능을 전자 정보로 전환하여 정보통신망을 통해 상품을 거래하거나 결제하도록 고안된 화폐) 형태로 바뀌고 있다. 하지만 이러한 상황에서도 달러의 발권력을 장악한 '금권세력'의 위상은 조금도 흔들리지 않을 것이다. 돈의 형태가 바뀐다고 해서 실물가치가 아닌 오직 신용으로 보증되는 불환화폐의 본질이 바뀌지 않기 때문이다. 따라서 불환화폐 발행권을 장악한 세력의 권력도 결코 바뀌지 않는다. 인류의 경제적 종말을 재촉하게 될 전자화폐가 여전히 금과 같은 실물과 교환할 수 없는 불환화폐라는 사실은 투기적이며 사기적인 금융 게임이 중단되지 않는다는 것을 의미한다. 예컨대 '암호화폐'(교환의 수단으로 고안된 디지털 자산)의 일종인 "비트코인"(2009년에 소스코드가 공개된 온라인 가상 암호화폐) 광풍이 전 세계를 휩쓸고 있는 와중에 최근 비트코인의 실제 가격이 0달러에 불과하다는 주장이 제기되고 있다는 것은 전자화폐가 얼마나 위험한 유통수단인지를 경고하는 것이다. 오늘날 세계적인 이슈가 되고 있는 각종 암호화폐는 이미 투기적인 거래의 대상으로 변질되고 있다. 이미 투기적 금융상품으로 전 세계의 돈을 빨아들이고 있는 금권세력은 새로운 유통수단으로 떠오르고 있는 '암호화폐'의 유용성을 충분히 테스트한 후 결정적인 시기에 '암호화폐'의 가격을 마음먹은 대로 조정할 수 있는 새로운 전자화폐를 선보일 것이다. 실제로 2021년 5월에 미국 연방준비제도가 보증하고 결제하는 전자화폐(Central Bank Digital Currency)를 추진한다는 소식이 전해졌다. 그리고 한국의 중앙은행에서도 전자화폐를 유통시키려는 구체적인 작업에 들어갔다는 소식이 전해지고 있다. 이는 종래 기축통화 역할을 해 오던 달러 불환지폐의 통용이 달러 전자화폐 통용으로 바뀌어질 것을 예고하는 신호라 할 수 있다. 조만간 세계 통화 방식의 혁명을 불러 올 전자화폐 시스템을 주도하는 중심 세력은 그동안 종이 달러 패권을 틀어쥐고 세계를 지배하고 있던 금권 세력이 될 것이다.

그렇다면 국제 금권세력은 금으로 바꿔지지 않는 불환화폐의 가장 발달한 형태인 전자화폐를 이용하여 무엇을 할 수 있는가?

전자화폐는 세계 모든 나라와 국민을 완전한 통제와 감시하에 가두기 위한 가장 강력한 수단이 될 것이다. 그러므로 장차 어떤 형태의 전자화폐가 등장하든 그것은 불환화폐 발권력을 장악한 세력들이 보다 빨리 그리고 보다 많이 지구상의 자원과 돈을 빨아들이기 위한 새로운 수단임을 잊어서는 안 된다. 금권세력은 전자화폐의 전 세계적인 유통을 가능케 하는 첨단 컴퓨터 시스템을 더 빠르게, 더 영악하게 작동시킬 것이다. 그래서 사람들은 편리성에 취해 이 유령화폐의 마법에 걸려들게 되고 마침내 실물적 가치를 지니고 있지 않은 유령 같은 화폐가 나라와 개인을 완전히 속박하게 될 것이다. 하지만 일찍이 예수가 경고한 맘몬을 숭배하는 세상은 결국 비극적 종말을 고할 것이다. 바벨탑과 같은 맘몬 제국은 결국 전무후무한 대공황으로 무너질 것이기 때문이다. 요한계시록의 말씀은 이렇게 그 참상을 예고하였다.

> 무너졌도다 무너졌도다 큰 성 바벨론(돈과 물질을 숭상하는 맘몬제국)이여… 땅의 상고(상인)들도 그 사치의 세력을 인하여 치부하였도다… 네 복술(마법)을 인하여 만국이 미혹되었도다 (요한계시록 18:2-3, 23)

탐욕의 화신들이 만국을 향하여 돈을 살포하며 마법과 같은 속임수를 구사하여 모든 나라를 파멸로 몰아가고 있다!

물질과 재화에 대한 끝없는 탐욕으로 쌓아올린 맘몬 제국의 비극적 종말을 경고한 예수의 계시 예언이 정녕 이 시대를 향하고 있다!

II. 이후가 없는 대공황 그리고 그 비극적 결말

21세기, 인류는 역사상 가장 위험한 시기에 접어들었다. 오늘날 세계가 겪고 있는 경제적 대혼란은 역사적, 환경적 종말 사건들과 함께 일어나고 있기에 더욱 심각한 것이다. 이미 금융투기 도박장이 된 이 세계는 조만간 맞이할 비극적 최후를 예고하고 있다. 종이돈을 마음대로 찍어내는 자들에 의해 부풀려진 거대한 투기 거품은 마지막 대폭발을 향하여 치닫고 있다. 만일 지금 각 나라와 기업체와 개인이 겪고 있는 경제 대란의 진통이 이후가 없는 경제 대공황의 전조라면 보통 일이 아니다. 그것은 끝내 모든 나라와 민족의 생존권을 송두리째 앗아 갈 것이기 때문이다.

1. 1929년 대공황의 악몽이 21세기에 되살아나고 있다

이미 있었던 것이 후에 다시 있겠고 이미 한 일을 후에 다시 할 지라(전도서 1:8)

1929년으로 상징되는 세계 대공황의 전개과정은 21세기 대공황이 어떻게 전개될 것인가에 대한 선험적 사례가 될 수 있다. 먼저 1929년과 2008년 금융위기 상황을 개략적으로 비교해 보기로 한다.

1929년 대공황은 1928년에 일부 국가에서 야기된 경제공황이 1929년 10월 24일 뉴욕 주식시장 대폭락, 즉 '검은 목요일'로 촉발되어 전 세계로 확대된 경제공황을 뜻한다. 미국의 경우 도시지역의 실업률은 38퍼센트 이상이었고 국민소득은 1929년 이래 30퍼센트 이상 감소했다. 이 탓에 여러 기업이 도산하고 대량 실업과 디플레이션이 야기되었다. 증권시장 붕괴 원인은 1920년대의 과도한 신용 거래와 투기가 누적된 결과이다. 1929년의 대공황이 뉴욕 주식시장 대폭락 사건에서 시작되었다면 2008년 금융위기는 세계 4위의 투자은행 "리먼브라더스"의 파산으로부터 시작되었다. (1850년에 설립된 리먼 브라더스는 미국 동부 시간으로 2008년 9월 15일, 약 6천억 달러에 이르는 부채를 감당하지 못하고 파산 신청을 했다.) 역사상 최대 규모의 파산으로 알려진 리먼 브라더스 사태는 유럽을 비롯한 전 세계에 경제적 충격을 가져왔으며 2024년 현재까지 세계 각국은 그 후유증에 시달리고 있다. 1929년의 대공황과 2008년 금융위기는 본질적으로 인간의 탐욕이 만들어 낸 경제적 재앙이라는 점에서 동일하다. 이 두 사건을 촉발한 동기는 과도한 신용 거래과 투기가 누적된 결과라는 점에서 일치한다. 1920년대의 미국의 유휴 과잉자본의 주식투자와 토지투기의 결과로 1929년 대공황이 일어났다면 2008년 금융위기 역시 치솟는 부동산 가격에 가세한 투기성 부실대출 상품과 이를 복잡하게 응용하여 만들어낸 도박성 금융 파생상품이 문제를 일으킨 것이다.

우려스럽게도 21세기 경제 상황은 1929년 대공황의 전철을 밟고 있는 양태를 보이고 있다. 비록 1929년 대공황이 오늘날의 양상과 다소 차이점이 있다 하더라도 대공황을 일으키는 주체가 인간이며 인간의 재화에 대한 탐욕이 원인이 되어 발생하였다는 공통점이 있다. 그러므로 1929년 대공황 진행 과정과 결말에 대한 이해는 불황을 주기적으로 겪고 있는 21세기 지구촌에 어떤 일이 벌어질 것인가를 예측하는 데 도움이 될 수 있다. 실제로 21세기 현 상황은 1929년 보다 상황은 더 악화되고 있다. 인터넷을 통한 전 세계적 금융투기 행위가 그 가공할 위험성을 키우고 있기 때문이다. 리먼브라더스의 파산으로 촉발된 2008년 세계 금융위기를 신호탄으로 그 끝을 알 수 없는 경제 대란이 세계 도처에서 진행되고 있으며 실제로 2008년의 금융대란은 1929년 주식시장의 대폭락을 야기한 투기 성향보다 더 영악해지고 더 사기적인 수법이 사용되었다. 따라서 향후 온 세계가 겪게 될 대공황은 1929년 대공황 당시 10년 동안 불어 닥친 경제적 재앙보다 더 크고 잔인한 참상을 드러낼 것이다.

• 21세기 전자 상거래 시스템이 가져올 비극적 결말

오늘날 모든 경제 주체들이 사용하는 전자 상거래 시스템은 인류 역사상 가장 경이적인 매매 수단이다. 인터넷망이 전 세계를 하나로 묶어 놓음으로써 모든 유형의 상거래가 경이적인 속도로 이루어지고 있다. 모든 재화의 거래와 결제 속도는 전자 상거래 망을 따라 초 단위로 빠르게 움직이고 있다. 글로벌 인터넷망을 통해 쉴 새 없이 이루어지는 상거래는 개인과 집단의 흥망을 좌우하고 있다. 특히 '주식'과 '선물' 등 국제적으로 공인된 금융 시장은 카지노 도박장이 무색할 정도로 24시간 내내 초 단위로 뜨거운 배팅이 이루어지고 있다. 이는 인류가 그 유례를 찾아볼 수 없는 투기성 도박에 빠져 있음을 의미한다. 그야말로 도박성 인터넷 금융 거래는 대공황을 초래할 수 있는 폭발력을 지니고 있다. 하지만 세계적 규모의 머니게임은 해를 더할수록 더 성행하고 있으며 고도의 사기적 수법으로 만들어진 금융 투기상품들은 여전히 그럴듯한 이름으로 포장된 채 사람들의 탐욕을 자극하고 있다. 그래서 정보와 자금을 장악한 세력들에 의한 재물 사냥은 상상을 초월할 정도이다. 이른바 펀드와 법인의 이름으로 실체를 숨긴 세력들은 세계의 모든 자원과 재화를 투기와 치부의 수단으로 삼아 끝없는 탐욕으로 각 나라와 기관과 개인의 부를 엄청난 속도로 빨아들이고 있다. 투기적 금융거래의 치명적인 문제는 게임의 원리에 기초한 무한경쟁, 승자독식의 구조라는 데 있다. 그것은 국제적 머니게임 기법이 보다 많은 정보와 자금력을 지닌 자에게 최종적인 승리를 가져다주도록 고안되고 있기 때문이다. 예컨대 2008년 리먼브러더스 파산 사태는 뉴욕 월가를 대표하는 투자은행들이 투기성이 강한 파생상품(부채담보부증권(CDO), 신용부도스와프(CDS) 등) 을 무차별적으로 유통시킨 결과이다. 세계 금융거래를 주도하는 뉴욕 월가의 메이저 금융업체들은 '카지노'와 다름없는 방식으로 머니게임에 각 나라와 기업들을 끌어들이고 있다. 이처럼 세계적으로 벌어지고 있는 투기적 머니게임은 인간의 사고와 가치관의 혁명적 변이를 초래하면서 파국의 길로 치닫고 있다. 이제 세계 경제는 어느 한 나라의 경제적 파탄이 세계 대공황을 초래할 수도 있는 극도로 위험한 구조를 이루고 있다. 전세계는 완전히 공동 운명체가 된 것이다. 그래서 오늘날 세계 경제는 1929년 대공황을 훨씬 능가하는 파국을 예고하고 있다. 하지만 안타깝게도 대부분의 사람들은 다가오는 최후의 대공황을 대비할 능력을 가지고 있지 않다. 이것이 바로 경제적 대파국으로 치닫고 있는 21세기 인류의 비극적 실상이다.

2. 이미 시작된 21세기 무역-화폐전쟁의 결말은?

흔히 경제전쟁을 총성 없는 전쟁이라 부른다. 지난 세기에 이어 21세기에도 여전히 세계 각 나라들은 자국민의 생존을 위해 사활을 건 경제전쟁을 치르고 있다. 지난 1세기 동안 세계 경제를 이끌어 왔던 초강대국 미국에 도전하는 신흥 경제대국 중국의 주도권 다툼은 해를 더할수록 치열해지고 있다. 이 두 경제대국을 따르는 국가들 역시 각자의 이해에 따라 뭉치고 헤어지면서 더욱 복잡한 갈등을 분출하고 있다. 국가 간의 경제전쟁은 무역전쟁과 화폐전쟁의 양상으로 나타난다. 그리하여 글로벌 무역전쟁과 화폐전쟁은 그 강도와 빈도를 더하며 거대한 재앙의 에너지를 키워 가고 있다. 각 나라의 생존이 걸려 있는 경제전쟁은 결국 모두가 공멸할 때까지 중단할 수 없는 자기파멸적 구조를 지니고 있다는데 그 심각성이 있다. 1929년 경제 대공황은 각 나라 간의 무역전쟁과 화폐전쟁을 가열시키고 마침내 2차 세계대전을 불러왔다. 그런데 21세기에 나타나고 있는 경제전쟁은 그 규모와 파괴력에 있어서 1929년 대공황을 훨씬 능가할 것이며 마침내 전 지구를 초토화 시키는 세계 핵 대전을 불러올 것이다.

• '트럼프'발 세계 무역전쟁

2017년 1월 20일은 도널드 트럼프 제45대 미국 대통령의 취임식이 거행된 날이다. 불행하게도 이날은 이 세계가 경제적 종말을 향한 카운트다운이 된 날이라고 말하지 않을 수 없다. 트럼프 전 대통령이 온 세계를 향하여 던진 일성은 '미국 우선주의'이다. 이 말이 얼마나 끔찍한 파멸을 몰고 올 것인지를 세계 각국이 깨닫는 데는 1년이 채 걸리지 않았다. 2018년에 들어서면서 전 세계는 엄청난 무역전쟁의 소용돌이에 휘말렸다. 그리고 트럼프 전 대통령은 공공연히 미국의 이익을 침해하는 어떤 나라와도 무역전쟁을 치를 것임을 천명하며 전방위적으로 강력한 보호무역 정책을 임기 내내 추진하였다. 미국이 겨누는 칼은 떠오르는 경제 대국 중국의 심장을 향하고 있다. 트럼프에 이어 2021년에 미국 대통령이 된 바이든 역시 '미국 우선주의'

와 강력 한 중국 압박 정책('바이든노믹스' 정책)을 이어가고 있다. 기축통화 보유국인 미국은 세계 제2위의 경제 대국으로 부상한 중국 간의 사생결단의 파워게임을 진행하고 있다. 두 거대 블록의 피할 수 없는 패권 다툼의 와중에서 각 나라들은 무역전쟁의 희생자가 되지 않으려고 몸부림을 치고 있는 형국이다. 문제는 2024년 11월 '미국 우선주의'를 주창한 트럼프가 재선되면서 미국과 중국 진영 간의 화폐, 무역 전쟁은 한치 앞도 내다볼 수 없는 상황으로 치닫고 있다는 점이다. 트럼프와 바이든 그리고 또다시 트럼프로 이어지는 미국 '우선주의'를 내우면서 진행되고 있는 화폐전쟁과 무역전쟁은 지난 1920년대 미국이 경제적 고립 정책을 취한 결과 결국 경제 대공황을 맞이한 어두운 역사를 떠올리게 한다. 이처럼 지금 이 세계는 무자비한 무역, 화폐 전쟁으로 인해 가공할 경제적 재앙을 키워 가고 있다. 이러한 21세기 경제 상황을 두고 저명한 경제학자들은 이구동성으로 글로벌 무역전쟁이 대공황을 촉발할 수 있음을 강력히 경고하고 있다.

• 대공황과 환율전쟁은 세계대전을 불러온다는 역사적 경험을 주시하여야 한다

'이미 있었던 것이 다시 있겠고 이미 한 일을 다시 할 것'이라는 솔로몬의 경구는 1929년 경제 대공황이 21세기에 다시 재현될 것을 예측하게 한다. 1929년 대공황은 결국 2차 세계대전을 불러왔다. 21세기의 상황은 어떠한가? 두렵게도 모든 것을 앗아가는 세계적 경제 대란이 갈수록 원심력을 키우며 3차 세계대전을 향하여 나아가고 있다. 2008년의 금융공황에 이어 무역전쟁, 환율전쟁에 휘말린 지금의 국제정세는 1929년 대공황으로 촉발된 각국의 무역전쟁과 환율전쟁 그리고 2차 세계대전의 발발 양상과 너무나 흡사하다. 제2차 세계대전은 경제적으로 블록화된 각 나라와 집단 간의 환율전쟁이 낳은 참상이라 할 수 있다. 환율전쟁이란 각국이 자기 나라의 수출경쟁력을 유지할 목적으로 외환시장에 인위적으로 개입하여 자국의 통화 가치를 상대국 통화 가치보다 때로는 낮게, 때로는 높게(기축 통화국의 경우) 유지하기 위해 경쟁하는 것을 말한다. 예컨대 수출로 먹고 사는 나라의 경우 일반적으로 자국 통화가 약세를 보이면 수출 제품의 해외 가격이 낮아져서 매출이 증가할 수 있다.

환율전쟁은 일종의 '근린궁핍화정책(beggar-thy-neighbor policy)'이다. 국제무역에서 상대방을 궁핍하게 만들면서 자국의 경기 회복을 도모하는 것이기 때문이다. 이처럼 환율전쟁은 이웃의 희생을 대가로 자국의 생존을 도모하는 사악한 전쟁이다. 결국 환율전쟁은 자국의 돈의 가치를 임으로 조작하여 타국의 부를 빼앗고 죽음으로 내모는 총성 없는 전쟁이다. 21세기 환율전쟁 역시 1929년 대공황 발생 이후 세계 각국이 벌인 환율전쟁과 흡사한 양상을 보이고 있다. 환율, 무역 분쟁을 야기하고 있는 미국과 중국 간의 패권 다툼은 모든 나라들을 편가름시키며 세계 경제를 막장으로 몰아가고 있다. 그리하여 지금 세계는 또다시 지난 세기의 대공황의 악몽을 재현하고 있다. 지난 세기의 대공황의 역사적 교훈은 그 끝이 모든 것을 파멸시키는 무력 전쟁으로 귀결된다는 것이다. 실제로 1929년의 대공황은 제2차 세계대전을 불러왔다. 그렇다면 21세기 대공황의 끝은 세계 제3차 대전이 될 것이라는 추론은 지극히 합리적인 것이다. 1929년 대공황 당시 보호무역과 환율전쟁의 확산이란 공식이 오늘날에도 그대로 적용되고 있기 때문이다. 그래서 지금 세계 각국이 벌이고 있는 무역전쟁과 환율전쟁은 모두가 함께 파멸하는 사악한 무력전쟁을 예고하고 있다. 이 비극적인 전쟁의 예고편은 이미 시작되었다. 지금 이 세계는 공포의 핵 대전을 몰고 올 대공황의 소용돌이에 휘말리고 있다. 우리는 예수 그리스도가 예고한 거대한 맘몬제국의 파멸이 현실로 나타나고 있는 세상에 살고 있는 것이다.

3. 글로벌 경제전쟁에서 패배한 강대국들의 마지막 저항 카드가 될 핵무력과 3차 세계대전

21세기 인류가 직면한 '이후가 없는 대공황'과 이로 인한 세계대전의 가능성을 예측하려면 제2차 세계대전의 원인과 결과에 대한 이해가 필요하다. 앞서 언급한 바와 같이 1929년 대공황의 끝은 세계대전이 기다리고 있었다. 1929년에 시작된 대공황 당시 세계무역의 블록화는 이에 대항하는 파시즘·국가독점자본주의화를 탄생시켰으며, 제2차 세계대전을 준비하는 경향을 만들어 냈다. 당시 독일은 1차 세계대전 패전국이었다. 1919년의 베르사유 조약에 따라 전쟁 기간의 피해들에 대해서… 엄청난 보상금을 지불해야 했던 독일은 전쟁의 모든 원인에 관한 책임자인 것처럼 여겨졌다. 이후 독일 경제의 불안정화는 지속되었고 이로 인해 독일 국민들 사이에서는 전승 연합국 측에 대한 강렬한 복수심이 조장되었으며 대공황의 와중에서 집권한 히틀러가 이끄는 국수주의적 '나치당'은 결국 1939년 제2차 세계대전이란 전대미문의 참극을 일으킨다. 지난 세기의 대공황이 수천만 명의 목숨을 앗아간 세계대전을 초래하였다는 역사적 교훈은 21세기 무역전쟁의 끝에 일어날 3차 세계대전을 충분히 예측하게 하는 것이다. 지금의 세계 경제 위기가 지난 1929년의 대공황의 전철을 그대로 밟아가고 있기 때문이다. 역설적이게도 제2차 세계대전은 인력과 군수품 수요를 늘리고 기술 진보를 촉진시키는 효과를 초래해 새로운 경제 시대가 열리는 계기가 되었다. 그리고 세계 경제는 극적으로 되살아났다. 그렇다면 3차 세계대전이 과연 2차 세계대전의 경우와 같이 경제 대란을 종식시키고 또다시 경제적인 부흥을 가져오는 역설적 상황이 도래할 것인가? 안타깝게도 21세기 대공황은 1929년 대공황의 결말처럼 경제 부흥과 탐욕의 부활을 결코 용납하지 않을 것이다. 2차 세계대전으로 인해 인류와 문명이 완전히 파멸되지 않았던 것은 세계대전을 일으켰던 히틀러의 손에 핵무기가 없었기 때문이다. 그런데 이제 상황은 완전히 달라졌다. 조만간 대공황의 파멸적 대재앙이 전 세계를 휩쓸게 되면 경제적으로 가장 치명적인 타격을 입은 나라들 중 핵무기를 손에 쥐고 있는 나라들은 어떻게 행동할 것인가? 만일 이런 나라에서 제2의 히틀러가 등장한다면 어떤 행동을 취할 것인가? 그가 핵무기를 수단으로 경제전쟁의 승자가 된 나라를 향해 사생결단의 협박과 도발을 하지 않으리란 보장은 전혀 없다. 단언컨대 21세기 경제 대공황은 이후가 없는 공황이 될 것이다. 그것은 예수 그리스도가 예언한 '이전에도 없었고 이후에도 없을 대환란'이 일어날 것이기 때문이다. 금세기 경제 대공황은 의심의 여지없이 끔찍한 핵전쟁으로 귀결될 것이다.

• 21세기 경제전쟁에서 패퇴한 핵 강국이 일으킬 제3차 세계대전

21세기 초반인 지금 핵무기를 소유한 강대국 중 공산진영의 러시아와 중국을 주목해야 한다. 이 두 나라는 서방세계와 치열한 패권싸움을 벌이고 있다. 러시아는 공산주의 종주국으로써 지난 1세기 동안 미국 등 서방진영과 군사적 대립을 지속 해왔다. 하지만 경제전쟁에서 서방진영과 힘의 균형을 이루지 못하고 패퇴하고 있다. 예컨대 2015-2016년 유가의 폭락 사태에서 경제적으로 가장 피해를 많이 입은 나라 중 러시아가 끼어있다. 2018년에도 역시 러시아가 경제 전쟁에서 패퇴하고 있음을 보여 주는 기사가 보도되고 있다. 그리고 2024년 현재 2년 이상 진행되고 있는 우크라이나와의 전쟁으로 러시아에 대한 서방세계의 각종 경제 제재가 가해지면서 다시 러시아 경제는 심각한 타격을 받고 있다. 이는 러시아의 경제 위기가 상시화 되고 있음을 말한다. 예컨대 러시아 주식시장과 환율은 서방자본의 영향력 아래 놓여 있다. 적어도 경제적인 면에서 러시아는 세계의 자본을 통제하는 '금권세력'의 통제를 벗어날 수 없다는 의미이다. 러시아와 더불어 공산주의 체제의 양대 축을 이루고 있는 중국 역시 미국과의 패권 전쟁의 당사자로 부상하고 있다. 하지만 미국 트럼프 정부에 이어 바이든 정부의 강력한 경제 보복의 지속으로 인해 중국의 경제는 크게 흔들리게 되었다. 오늘날 중국은 소위 '그림자 금융'의 덫이 쉬워져 있다. '그림자 금융'이란 정상적인 금융감독 대상에서 벗어난 헤지펀드 등의 투기자본을 의미한다. 향후 중국이 무역전쟁에서 패퇴하여 고도 성장의 신화가 완전히 깨어질 때면 중국은 심각한 경제적 파탄에 직면할 것이다. 이러한 상황은 중국 역시 국제 '금권세력'의 통제에서 벗어날 수 없음을 의미하는 것이다. 실제로 21018년 이후 최근 몇 년 동안의 무역, 환율 전쟁의 양상들은 중국과 러시아가 경제적 패권을 쥐고 있지 않다는 것을 분명히 드러내고 있다. 이러한 상황은 오늘날 금융 무역의 주도권이 서방의 '금권세력'에게 있음을 증거하는 것이다. 하지만 군사력을 가정한다면 애기가 달라진다. 예컨대 러시아가 우크라이나를 침공하여 전쟁을 벌이고 있지만 경제적으로 비교 우위에 있는 미국이 러시아를 좀처럼 굴복시키지 못하는 이유 중의 하나는 러시아가 미국에 버금가는 핵무력을 가지고 협박을 일삼고 있기 때문이다. 비록 미국이 세계 최강의 군사력을 여전히 지니고 있지만 향후 세계대전이 핵전쟁이 될 것이라는 점을 감안하면 러시아와 중국은 물론 미국조차도 파멸을 피할 수 없다. 그래서 러시아와 중국이 경제 전쟁에서 패하여 최악의 상황에 몰릴 경우 이들이 핵무기를 동원하여 마지막 일전을 불사할 것이라는 예측은 충분히 가능하다. 역사적으로 인간이 개발한 신무기는 반드시 피의 참극에 동원되었다. 핵무기도 결코 예외가 아니다. 국제사회에서 인간의 이성이 잘 작동하여 핵전쟁으로 인한 공멸을 충분히 막을 수 있으리라는 기대는 어디까지나 순진한 생각에 지나지 않는다. 생각하고 싶지 않은 재앙과 그 재앙이 실제로 일어날 가능성과는 상당한 차이가 있다. 어느 핵 보유국에서든 경제적으로 절망에 처한 국민들의 분노가 극에 달할 때 '히틀러' 같은 호전적인 지도자가 핵미사일 보턴을 누르는 일은 항상 일어날 수 있다. 핵 강국들의 우발적 군사적 충돌은 언제든지 세계대전으로 비화될 수 있다. 결국 제3차 세계대전이 발발한다면 가공할 대량의 핵폭발로 인해 인류가 멸망하는 전쟁이 될 것이다. 이것이 상식적인 판단이라면 지금 온 세계가 겪고 있는 경제 대란은 결국 핵전쟁의 악몽을 실현 시키는 촉매제가 되고 있음을 깨달아야 한다. 2차 세계대전이 세계 경제가 되살아날 수 있는 계기를 마련한 역설적인 전쟁이었던 반면 이제는 인류가 결코 회생할 수 없는 전쟁이 다가오고 있는 것이다. 그것은 현대 산업 문명을 불과 몇 시간 안에 파멸시킬 대규모 핵전쟁이 될 것이기 때문이다.

아래의 예언은 세상 끝에 일어날 대사건에 대해 질문한 제자들에게 예수께서 답변한 여러 가지 사건 중 가장 심각한 내용을 담고 있다.

이는 그 때에 큰 환난이 있겠음이라 창세로부터 지금까지 이런

환란이 없었고 후에도 없으리라 그 날들을 감하지 아니하면 모
든 육체가 구원을 얻지 못할 것이나…(마태복음 24:21-22)

두렵게도 전 지구적 파멸을 불러 올 '대환란'을 예고한 예수 그리스
도의 예언이 바로 21세기 인류를 향하고 있다.

III. 돈과 물질의 노예가 된 세상의 최후에 대한 예수의 증언

예수 그리스도는 돈과 하나님을 동시에 섬길 수 없음을 분명히 증언한 바 있다.

너희가 하나님과 재물을 겸하여 섬길 수 없느니라(누가복음 16:13)

역사상 유례를 찾기 힘든 금융투기에 휘말린 21세기 지구촌은 하나님 없는 물질만능주의 사상이 가득 차 있다. 사람들의 마음에 재물에 대한 욕망이 너무나 큰 나머지 예수의 중한 말씀은 너무나 쉽게 버려지고 있다. 이러한 세상이 맞이할 비극적 최후에 대한 예수의 예언은 오늘날 현실로 다가오고 있다.

1. '돈' 숭배 세계의 비극적 자화상

영원한 생명에 대한 소망 의식이 사라진 세계에서 인류의 눈앞에 나타난 것은 물질세계이며 물질의 가치가 영적 가치보다 더 소중히 여김을 받는 세상이다. 하나님을 떠나보낸 이 시대의 신은 누구인가? 그것은 일찍이 예수께서 그 위험성을 강력히 경고한 이른바 '맘몬'이라고 불리어지는 재물(돈)이다(눅 16:13). 오늘날 돈은 사람들의 숭배를 받는 신적인 존재가 되었다. 돈은 명예욕과 소유욕과 식욕을 충족시키기 위해 반드시 필요한 수단이다. 하지만 원래 수단으로써의 돈이 오늘날에는 목적이 되었다. 그래서 한때 수단이었던 돈이 숭배 대상이 된 것이다. 현대 자본주의 사회에 있어서 돈은 이 세상의 모든 것의 가치를 평가하며 등급을 부여하는 권능을 가지고 있다. 돈은 물질뿐만 아니라 인간 개개인의 가치도 숫자로 환산하여 물질세계의 등급체계에 예속시킨다. 이는 인간의 영혼이 한 인격체로서 만물보다 귀한 존재가 되는 것이 아니라 단지 돈으로 환산되어 매매의 대상으로 전락한 것을 의미한다. 그래서 이 시대는 사상 유래 없는 보이지 않는 계급 사회를 이루고 있다. 그리고 그 정점에는 황금 신이 앉아 있다. 21세기는 정녕 온갖 물질과 사람들의 영혼까지 흥정의 대상으로 삼는 거대한 국제 시장이 성업 중인 시대이다. 과거 노예시장에서 통용되던 '몸값'이란 단어는 현대 사회에서는 더 이상 인간을 모독하는 의미의 말이 아니다. 사람들은 자신의 '몸값'이 높을수록 성공한 자이며 대중들이 부러워하는 대상이 되었다고 믿고 있다. 슬프게도 인간은 스스로 자신의 가슴에 돈의 숫자로만 호칭되는 죄수의 번호를 붙였다. 그리하여 이미 모든 물질을 계수화하여 귀하고 천한 대상으로 만들어버린 돈은 마침내 인간의 가치를 평가하는 권능을 가지게 됨으로써 인간의 우상이 되고 신이 되었다. 이 시대의 사람들은 황금신의 허락 없이는 배우자도, 집도, 먹을거리도 구할 수 없게 되었다. 어느덧 돈이 인간의 삶과 죽음을 결정하는 신으로 사람들을 철저히 통제하게 된 것이다. 인간의 자유와 인격은 숫자화 된 돈이 부여한 계급 구조에 의해 짓밟히고 말았다. 그리하여 마침내 예수 그리스도가 강력히 경고한 오직 '맘몬'(돈)을 숭배하는 지구촌 신전이 완성된 된 것이다. '맘몬'이 인간의 모든 삶을 통제하고 지배하고 있는 세상! 참으로 지금 이 세상은 인간 군상들의 돈을 찬양하는 소리가 이 지구촌을 가득 채우고 있다. '맘몬' 숭배에 빠진 현대인의 뇌리에서 창조주 하나님은 사라지고 말았다. 이러한 세상은 사람들이 영원한 생명에의 희구보다 돈이 가능하게 해 주는 물질적 쾌락을 선호하게 되었음을 의미한다. 그 결과 세상의 돈은 '일만 악의 뿌리'가 되어 철저히 인간을 타락시키고 있다. 실로 이 시대의 사람들은 창조된 세계에서 공짜로 제공받은 온갖 물질들을 화폐라는 매개체를 만들어 매매의 대상으로 삼고 돈 놀음에 인생을 걸고 있다. 이러한 세상은 일찍이 마귀가 아담을 통하여 이 땅에서 실현하고자 했던 물질적 욕망에 사로잡힌 세상이다. 참으로 21세기 사회에서의 모든 물질적 욕망의 충족은 돈에 의해서만 가능하다. 하지만 사람들은 돈이 어떻게 '일만 악의 뿌리'가 되어 개인과 집단을 파멸로 몰아가고 있는지 그 복잡하고 교묘한 악마적 속성을 잘 깨닫지 못한다. 오직 돈을 원하고 사랑함으로써 그 안에 숨겨져 있는 치명적인 독을 삼킬 뿐이다. 사람들이 돈에 대한 탐욕으로 물질을 사고파는 데만 집착하는 삶 속에는 파멸을 불러오는 죄가 도사리고 있다는 것이 예수 그리스도의 경고이다. 맘몬제국의 파멸에 관한 그리스도의 예언이 정녕 이 시대를 관통하고 있다. 이것이 거대한 '맘몬' 앞에서 머리를 조아리는 21세기 지구촌 사람들의 비극적 자화상이다.

 (위의 글은 저자의 또 다른 저서 《21세기, 어떻게 골고다의 예수를 만나는가?》에서 발췌한 것임.)

2. "맘몬" 제국의 파멸에 대한 예수의 계시 예언

 예수의 수제자 사도 요한이 예수로부터 받은 계시를 기록한 신약성서 '요한계시록'의 16장에는 사도 요한이 성령의 이끌림을 받아 시공간 이동을 하여 역사의 끝에 있을 "아마게돈" 세계대전의 끔찍한 참화를 직접 목격한 내용이 담겨 있다. 이어서 '요한계시록' 18장에서는 서두에 언급했듯이 무역과 금융의 세계적인 중심도시를 의미하는 '큰 성 바벨론'과 더불어 돈과 물질을 신처럼 숭배하며 향락과 사치에 몰입된 세계가 멸망하는 모습을 상세히 증언하고 있다.

> 무너졌도다 무너졌도다 큰 성 바벨론이여 귀신의 처소와 각종 더러운 영이 모이는 곳과 각종 더럽고 가증한 새(사기꾼)의 모이는 곳이 되었도다 그 음행의 진노의 포도주로 인하여 만국이 무너졌으며 또 땅의 왕들이 그로 더불어 음행하였으며 땅의 상인들도 그 사치 세력을 인하여 치부하였도다(요한계시록 18:2-3)

서두에 언급하였듯이 위의 말씀은 마지막 때에 '바벨론성'으로 상징되는 거대 상업도시의 붕괴와 이로 인한 세계 경제의 파멸을 예언한 내용이다. 그렇다면 오늘날 사기적인 수법으로 금융 투기를 일삼으며 식량, 에너지, 광물 등 주요 자원의 매점매석으로 치부한 금권세력과 이들의 배후에서 역사하고 있는 악한 영들이 암약하고 있는 곳은 어디인가? 그곳은 다름 아닌 뉴욕, 상하이 등 세계적인 금융과 무역의 중심 도시들이다. 이곳이 바로 대공황의 발원지이자 마지막 핵 대전의 참화를 겪을 큰 성 '바벨론'이다. '요한계시록'에 증언된 주요 내용은 다음과 같다.

> 그러므로 하루 동안에 그 재앙들이 이르리니… 사치하던 땅의 왕들이 그 불 붙는 연기를 보고 위하여 울고 가슴을 치며 그 고난을 무서워 하여 서서 가로되 화 있도다 화 있도다 큰 성, 견고한 성 바벨론이여 일시간에 네 심판이 이르렀도다 땅의 상인들이 그를 위하여 울고 애통하는 것은 다시 그 상품을 사는 자가

없음이라

그 상품은 금과 은과 보석과 진주와… 각종 향목과 상아 기명이
요 값진 나무와 진유와 철과 옥석으로 만든 각종 기명이요… 포
도주와 감람유와 고운 밀가루와 소와 양과 말과 수레와 종들과
사람의 영혼이라 바벨론아 네 영혼의 탐하던 과실이 네게서 떠
났으며 맛있는 것들과 빛난 것들이 다 없어졌으니 사람들이 결
코 이것들을 다시 보지 못하리로다(요한계시록 18:8-14)

위의 말씀은 종말전쟁으로 인해 지구촌의 모든 경제적 자산과 상거
래가 괴멸되는 참혹한 광경을 구체적으로 예언한 것이다. 전술한 바
와 같이 경제 대공황은 국가 간의 첨예한 갈등을 불러와 마침내 세계
대전으로 비화한다는 것이 지난 세기 1, 2차 세계대전의 교훈이다.
금세기 대공황은 기후위기와 맞물려 수억의 사람들이 굶어 죽고 수십
억의 사람들이 굶주림에 내몰릴 것이다. 그리하여 나라와 나라, 민족
과 민족 간의 생존을 위한 혈투가 벌어지고 마침내 이후가 없는 핵 대
전을 불러 올 것이다. 이때 모든 상품의 유통이 마비되고 인간이 욕망
하던 모든 재화와 물질이 가공할 불에 의해 순식간에 살라질 것이다.
대규모 핵폭발은 '하루 동안'에 수천 년 쌓아온 인간의 문명을 파멸시
킬 것이기 때문이다. 예수 그리스도가 수제자 사도 요한에게 계시한
내용을 기록한 '요한계시록'에서는 그 비참한 최후를 너무나 생생하게
예고하고 있다.

바벨론을 인하여 치부한 이 상품의 상인들이 그 고난을 무서워
하여 멀리 서서 울고 애통하여 가로되 화 있도다 화 있도다 큰
성 바벨론이여… 그러한 부가 일시간에 망하였도다 각 선장과

각 처를 다니는 선객들과 선인들과 바다에서 일하는 자들이 멀리 서서 <u>그 불붙는 연기를 보고 외쳐 가로되</u> 이 큰 성과 같은 성이 어디 있느뇨 하며 티끌을 자기 머리에 뿌리고 울고 애통하여 외쳐 가로되 화 있도다 화 있도다 이 큰 성이여 바다에서 배 부리는 모든 자들이 너의 보배로운 상품을 인하여 치부 하였더니 <u>일시간에 망하였도다</u>(요한계시록 18:15-19)

위의 말씀은 해변에 위치한 모든 거대 상업 도시들이 화염 속에 휩싸여 무너지는 참혹한 장면을 먼 바다의 무역선에 타고 있던 선원들이 목격하고 통곡하며 부르짖는 모습을 예언한 것이다. 장차 핵전쟁이 일어나면 세상의 모든 돈과 상품이 모여들어 사치와 향락에 젖어 있던 초거대 상업도시가 거대한 불덩어리 속에 삼킴을 당할 것이다.

• 경제적 종말에 대한 서술을 마치며…

지금 이 세계가 이후가 없는 대공황으로 나아가고 있다는 저자의 예측은 무엇보다 성서에 증언된 예수 그리스도의 말씀을 근거로 한 것이다. 예수의 증언대로 물질주의에 사로잡힌 세상의 멸망은 인간의 탐욕이 그 근원에 있다. 인간 내면의 탐욕이 사라지지 않는 한 대재앙은 불가피하다. 그러므로 예수의 종말 예언은 임의로 정한 날짜에 이루어지는 기계적이고 일방적인 선언이 아니다. 인간의 탐욕으로 인한 범죄 행위가 많은 나라와 사람들을 굶주림과 죽음으로 몰아넣는 최악 상황에 도달했을 때 비로소 종말의 화가 미칠 것을 예수는 증언하고 있다. 실제로 오늘날 지구촌에서 벌어지고 있는 전 세계적 규모의 금융 도박과 광란의 투기 행위 그리고 사생결단의 무역전쟁, 화폐전쟁은 비극적 파멸을 예고하고 있다. 금으로 바꿀 수 없는 달러 불환화폐의 저주가 인류를 죽음의 골짜기로 내몰고 있는 것이다. 실로 예수의 경제적 종말 예언은 스스로 멸망의 화를 자초하고 있는 인간의 실상을 미리 깨닫게 하는 데 그 목적이 있다. 그래서 멸망에 처한 사람들로 하여금 서둘러 구원의 길을 찾도록 권고한다. 그리고 믿음을 가진 그리스도인들에게 예수 그리스도는 이렇게 말씀하신다.

> 내 백성아 거기서(물신주의에 빠진 세상에서) 빠져나와 그의 죄에 참여하지 말고 그의 받을 재앙을 받지 말라 그 죄는 하늘에 사무쳤으며 하나님은 그의 불의한 일을 기억하신지라(요한계시록 18:4-5)

제4장 인류의 종말을 불러오는 사회상에 대한 예수 그리스도의 예언

예수 그리스도는 세상이 멸망하는 이유에 대해 두 가지 역사적 사례를 들어 경고하고 있다. 하나는 노아 홍수 당시 사회상이며 다른 하나는 소돔과 고모라 당시 사회상이다. 성서의 기록에 따르면 노아 시대는 폭력과 살상이 난무한 무법천지의 사회였고 소돔과 고모라는 특히 성적 문란이 극에 달한 사회였다. 결국 노아가 살던 세상은 대홍수로 멸망하였고 소돔과 고모라는 불의 심판으로 종말을 고하였다.

그렇다면, 21세 인류 사회는 어떠한가?

우리가 살고 있는 세상이 멸망의 화를 자초할 정도로 폭력과 살상이 난무하고 성적으로 타락한 것인가?

과연 이 시대는 예수 그리스도가 예고한 '인자의 때'(예수 재림과 세상에 대한 심판이 내려지는 때)가 임박한 것인가?

I. 지금은 예수 그리스도가 예고한 '인자의 때'인가?

노아의 때에 된 것과 같이 인자의 때도 그러하리라 노아가 방주
에 들어가던 날까지 사람들이 먹고 마시고 장가들고 시집가더
니 홍수가 나서 그들을 다 멸망시켰으며 또한 롯의 때와 같으리
니 사람들이 먹고 마시고 사고팔고 심고 집을 짓더니 롯이 소돔
에서 나가던 날에 하늘에서 불과 유황이 비 오듯 하여 저희를 멸
하였느니라(누가복음 17:25-29)

1. 예수 그리스도가 증언한 종말 사회

'노아'의 때와 '롯'의 때는 한마디로 대부분의 사람들이 오직 욕망에
이끌리어 온갖 세상의 일과 쾌락에 사로잡혀 사는 세상을 의미한다.
예수 그리스도는 이 세상의 끝에 전 세계적으로 이러한 현상이 나타날
것을 경고하였다. 따라서 21세기 인류 사회의 종말 현상을 이해하기
위해서는 노아 홍수와 소돔과 고모라 성의 멸망 당시 사회상에 대한
이해가 선행되어야 한다.
예수의 예언을 분석해 보면,

노아의 때와 같이 인자의 때(심판의 주로 오시는 예수 재림의 때
혹은 멸망의 때)에도 그러하리라.
노아가 방주에 들어가던 날까지
사람들이
먹고 마시고

장가들고 시집가더니
홍수가 나서 그들을 다 멸망시켰으며

또 롯의 때와 같으리니
먹고 마시고
사고팔고
심고 집을 짓더니
롯이 소돔에서 나가던 날에
하늘에서 불과 유황이 비 오듯 하여 저희를 멸하였느니라(누가
복음 17:26-29)

노아 홍수가 일어난 때와 소돔과 고모라가 멸망했던 당시 시대상황
은 사람들이 생존하기 위해서 일상적인 삶을 살아가는 모습을 증언하
고 있다. 그렇다면 먹고 마시고 시집가고 장가가는 것이 무슨 잘못인
가? 또한 매매하고 생산하고 건축하는 행위가 부도덕한 행위인가? 라
고 반문할 수 있다. 하지만 '노아가 방주에 들어가던 날까지', '롯이 소
돔에서 나가던 날에'라는 말씀에서 알 수 있듯이 멸망이 눈앞에 다가
온 마지막 순간까지 사람들은 이 세상의 삶에 완전히 사로잡혀 임박한
멸망을 깨닫지 못하였다는 사실을 알 수 있다. 그러므로 문제는 사람
들의 일상생활 자체가 잘못되었다기보다 임박한 재앙을 깨닫지 못할
정도로 세상의 일과 쾌락 속에 사람들의 마음이 완전히 사로잡혀 있었
다는 데 있다. 예수의 예언은 인간이 추구하고 흠모하는 이 세상의 모
든 영광 뒤에 감추어져 있는 파멸의 씨앗에 대해 경고하고 이를 깨닫
도록 한 것이다. 그리고 세상살이에 완전히 빠져 있는 사람들에게 언
제나 재앙은 갑자기 들이닥치게 됨을 역설한 것이다.

문 앞에 이른 예수

2. 멸망의 전조적 특징을 보이고 있는 21세기의 사회

지금의 인류 사회는 노아와 롯의 때와 같이 멸망의 화를 자초할 만큼 부패하고 타락한 세상인가? 안타깝게도 그 대답은 다음과 같은 이유로 '그렇다.'라고 말할 수밖에 없다. 실제로 지금 이 세계는 종말 사회의 전형적인 전조들이 광범위하게 나타나고 있다.

• 21세기 인류 사회는 일과 쾌락에 중독된 종말 사회의 전형을 보여 주고 있다

성서의 증언들은 '노아'의 때와 '롯'의 때에 대부분의 사람들이 완전히 빠져 있었던 세상의 일과 쾌락이 얼마나 치명적인 것인지를 설명해 주고 있다. 종말의 세상이란 '쾌락을 사랑하기를 하나님 사랑하는 것보다 더하며' 개인이나 집단의 욕망의 추구가 완전한 파멸에 이르기까지 그치지 않는 세상이다. 이러한 세상은 온갖 유형의 중독이 사람의 육체와 영혼을 파괴시킬 정도로 지배력을 강화한 상태에 이른 사회이다. 오늘날 대다수의 사람들은 너무나도 다양한 대상물에 중독되어 있다. 이 세상에서 무릇 중독이라 붙여진 모든 유형의 증상들이 나타나고 있다. 중독 현상은 사람들이 경계하는 마약, 술, 담배, 프리섹스, 도박, 투기, 인터넷 게임 등에서 주로 나타나지만 사람들이 경계심을 갖지 않는 온갖 취미 활동에서도 나타난다. 즉, 각종 수집, 소비, 스포츠 경기, 등산, 낚시, 출세, 일, 정치활동, 운동, 여행에서도 중독 증세를 보일 수 있다. 따라서 현대인이 크고 작은 욕망의 포로가 되어 수많은 형태의 일과 놀이에 빠져 있다는 사실은 지금 지구촌 곳곳에서 나타나고 있는 멸망의 전조들에 대해 완전히 둔감한 상태에 놓여 있음을 의미한다. 정녕 우리가 사는 이 세상이 '인자의 때'(멸망의 때)가 아님을 주장할 어떤 증거도 내세울 수 없는 지경에 이른 것이다. 철저히 타락하고 부패하여 스스로 종말을 향하고 있는 사회에 대한 말씀의 경고는 바로 우리가 사는 이 시대를 향하고 있다.

네가 이것을 알라, 말세에 고통 하는 때가 이르리니 사람들은 자기를 사랑하며 돈을 사랑하며… 쾌락을 사랑하기를 하나님 사랑하는 것보다 더하며(디모데후서 3:1-2, 4)

• 지금 이 세상은 폭력과 불법이 가득 찬 "노아"의 때를 재현하고 있다

여호와께서 사람의 죄악이 세상에 가득함과 그의 마음으로 생각하는 모든 계획이 항상 악할 뿐임을 보시고… 때에 온 땅이 하나님 앞에 패괴하여 강포가 땅에 충만한 지라(창세기 6:5, 11)

'21세기 인류 사회는 과연 폭력과 살상이 나무하였던 노아의 때를 방불케 하는 상황인가?'라는 질문에 대해서는 메스컴을 통해 실시간으로 전해지는 사건, 사고 소식들이 너무나 분명하게 답해 주고 있다. 오늘날 우리가 접하는 모든 형태의 미디어들은 이 지구상에서 하루로 빠짐없이 발생하고 있는 전쟁과 테러, 폭동과 시위, 파산과 난민사태, 살인과 폭력, 강탈과 사기, 성폭력 사건에 대한 나쁜 뉴스들을 토해 내고 있다. 슬프게도 지금 인류 사회가 집단적 파멸에 직면해 있다는 증거들은 헤아릴 수 없이 많다. 지금 이 시대야말로 정의의 이름으로 악을 행하는 자들이 만든 종말 사회의 전형을 보여 주고 있다. 지금의 인류 사회는 의심할 여지없이 "노아의 때"가 보여 준 모든 종말 현상을 재현하고 있다. 노아에게 이르신 하나님의 경고가 21세기 인

류 사회에 응하고 있음은 의문의 여지가 없다.

> 하나님이 노아에게 이르시되 모든 혈육 있는 자의 강포가 땅에
> 가득하므로 그 끝날이 내 앞에 이르렀으니 내가 그들을 땅과 함
> 께 멸하리라(창세기 6:13)

3. '롯의 때'를 재현하고 있는 21세기 지구촌

• 예수가 경고한 종말 사회의 전형–음란한 '롯의 때'

'노아의 때'와 더불어 예수가 경고한 종말 사회의 또 다른 전형은 '롯의 때'이다. '롯'은 구약성서 창세기에 기록된 인물로 하나님을 믿는 의인이다. "롯"은 경제적으로 번창하였던 고대 도시 '소돔'과 '고모라'에 거주하였다. 이곳에서는 온갖 음란한 행위가 만연하였다. 결국 이 도시들은 불의 심판을 받아 멸망하였다. 성서에서는 '소돔'과 '고모라'가 성적으로 가장 음란한 사회라는 것을 증언하고 있는데 이곳에서는 '다른 색을 따라'가는 온갖 비정상적인 성행위가 자행되었다. 실제로 소도미(Sodomy)란 단어는 구약성서 창세기에 기록된 '소돔' 도시 명칭에서 유래한 것으로 본래 '부자연스럽다'고 일컬어지는 변태적 성행위의 형태를 통칭한다. 비정상적인 성행위란 강간, 윤간, 수간, 남색 등 변태적 성행위를 망라하고 있다. 따라서 예수 그리스도가 예고하였듯이 이 세상 끝에 나타날 사회란 '롯'이 살았던 '소돔'처럼 성적 타락이 극에 달한 시대를 일컫는다. 신약성서에는 '소돔과 고모라'가 멸망당한 이유에 대해 다음과 같이 증언하고 있다.

소돔과 고모라와 그 이웃 도시들도 저희와 같은 모양으로 간음
을 행하며 다른 색을 따라 가다가 영원한 불의 형벌을 받음으로
거울이 되었느니라(유다서 1:7)
소돔과 고모라성을 멸망하기로 정하여 재가 되게 하사 후세에
경건치 아니 할 자들에게 본을 삼으셨으며 무법한 자의 음란한
행실을 인하여 고통 하는 롯을 건지셨으니 이 의인이 날마다 저
불법한 행실을 보고 들음으로 그 의로운 심령이 상하니라(베드
로후서 2:6-8)

결국 고대 도시 '소돔'과 '고모라'는 음란한 풍조로 인해 불로써 심판
받았다. 온갖 변태적인 성행위에 매몰된 '소돔'과 '고모라'의 비극적인
파멸에 대한 성서의 기록은 그러한 행위들을 똑같이 행하고 있는 지금
의 인류 사회에 향해 강력한 경종을 울리고 있다.

• 지금 인류 사회는 어떠한가?

예수 그리스도는 세상의 끝에 '롯의 때'(소돔과 고모라의 시대)가 재
현될 것을 예언하였다. 안타깝게도 '롯의 때'가 21세기 인류 사회에
재현되고 있음을 보여 주는 방대한 증거들이 나타나고 있다. '소돔'
과 '고모라'처럼 21세기 지구촌은 온갖 변태적 성행위와 성폭력 사건
이 홍수처럼 넘치고 있다. 음란하기 그지없는 프리섹스 풍조가 인터
넷 매체를 타고 지구촌에 무섭게 확산되면서 이 세상은 '소돔'과 '고모
라'를 확대해 놓은 것처럼 윤락과 퇴폐의 전시장이 되고 말았다. 온갖
종류의 불륜과 음란 행위들은 드라마와 광고의 소재로 활용되어 상업
적 이익을 획득하는 주요한 수단이 된 지 오래이다. 이제 춘화도 퇴
폐적인 불순물이 아니라 수많은 사람들의 정신적인 음식물이 되고 있

다. 이 모든 음란한 풍조의 결과는 참담한 현실로 나타나고 있다. 불륜과 이혼의 급증으로 인류 사회를 지탱하는 기둥이 되는 가정이 급속히 파괴되어 가고 있다. 인간의 성이 단지 쾌락의 도구가 되고 매매수단으로 전락한 결과는 모든 국가에서 사생아의 급증으로 나타나고 있다. 가정과 사회는 안전판을 상실한 채 무너져 내리고 있다. 이러한 사회는 낮에는 안전한 사회를 만들어 달라는 시위가 끊이지 않고 밤에는 강도와 성적 변태자들이 곳곳에 매복하여 자신들의 욕망을 채워 줄 먹잇감을 노리고 있는 사회가 된다. 인간이 짐승의 위치까지 성적으로 타락하게 되면 폭력에 대해서도 짐승같이 된다. 그리하여 각종 폭력에 짓밟힌 자들의 절규가 온 세상에 울려 퍼지고 있다. 두렵게도 지금 인류 사회는 집단적 타락의 길을 가고 있다. 이제 '소돔'과 '고모라'가 받은 멸망의 화가 지금의 인류 사회를 향하고 있다. 누가 이 시대를 '롯의 때'가 아니라고 말할 수 있겠는가?

• 동성애 합법화의 거대한 물결이 일고 있다

'소돔'과 '고모라'의 멸망이 주는 역사적 교훈은 인류 사회가 성적으로 타락할 때 갑작스런 멸망이 다가온다는 것이다. 특별히 신약성서 '로마서'에서는 하나님의 형벌을 자초하는 동성애에 대해 강력히 경고하고 있다.

> 저희가 하나님의 진리를 거짓으로 바꾸어 피조물을 조물주보다 더 경배하고 섬김이라… 이를 인하여 하나님께서 저희를 부끄러운 욕심에 내어 버려두셨으니 곧 저희 여인들도 순리대로 쓸 것을 바꾸어 역리로 쓰며 이와 같이 남자들도 순리대로 여인 쓰기를 버리고 서로 향하여 음욕이 불 일듯 하매 남자가 남자로 더

불어 부끄러운 일을 행하여 저희의 그릇됨에 상당한 보응을 받았느니라(로마서 1:25-27)

오늘날 소수 성애자의 인격권을 보장한다는 명분하에 진행되고 있는 세계적인 동성애 합법화 추세는 정상적인 부부관계에 의해서만 지탱될 수 있는 건전한 가정의 정체성과 사회적 윤리기반을 무너뜨리고 있다. 동성애를 합법화하려는 나라들의 학자들과 지도자들은 동성애가 틀린 것이 아니라 다를 뿐이라는 주장을 펼치고 있다. 이러한 여론에 맞추어 세계를 선도하는 미국에서의 공식적인 동성애 합법화 결정은 커다란 파장을 낳고 있다. 2015년 6월 미국의 동성에 합법화 선언은 미국의 건국이념인 청교도 정신의 종말을 고하는 역적 사건임을 보여 주고 있다. 미국의 경우처럼 이제 동성애 합법화는 거스를 수 없는 흐름이 되어 전 세계로 확산되고 있다. 해를 더할수록 점점 더 많은 도시와 나라들이 동성애가 인류 사회에 가져다줄 치명적인 악영향에 대한 성서의 경고를 무시하는 태도를 공개적으로 드러내고 있다. 예컨대 미국의 캘리포니아 주에서는 새로 제정한 간편한 이혼 절차로 이혼이 급증하고 동성연애 클럽이 번창하고 있다. 문제의 심각성은 동성애자의 인권을 보호한다는 것이 동성애 행위 자체를 옹호하는 것과 같은 의미로 받아들여지고 있다는 데 있다.

• 동성애 합법화의 치명적 문제점은 무엇인가?

위의 물음에 대해 올바르고 타당한 답을 얻어야 하는 이유는 오늘날 점점 더 많은 나라들이 동성애를 합법화하며 '다른 색'을 용인하는 강력한 추세에 놓여 있기 때문이다. 분명한 사실은 동성애자의 이상 현상을 이해하고 치유하는 데 도움을 주는 것과 그들의 이상 성행위를 인정하고 합법화 시키는 것은 전혀 다른 문제이다. 그럼에도 불구하고 동성애가 시대적 추세이며 인류 사회의 다양성을 키우는 데 기여한다고 주장하는 것은 매우 위험한 발상이다. 결론적으로 동성애 합법화는 인류 사회의 붕괴를 가져올 것이라고 말할 수 있다. 동성애는 이를 행하는 사람들의 문제 일뿐만 아니라 동성애를 용인하고 합법화하려는 사람들의 문제이기도 하다. 양자 모두 반창조적, 반사회적, 반가정적, 반복음적 사상을 은연중에 퍼뜨리고 있다는 점에서 큰 위험성이 있다. 이에 대한 성서적 근거는 아래와 같다.

– 동성애는 반생명적 자멸행위이다.

> 하나님이 사람을 창조하시되 남자와 여자를 창조하시고… 생육하고 번성하여 땅에 충만하라… 모든 생물을 다스리라 하시니라(창세기 1:27-28)

인간이 후손을 낳아 기르고 가르치는 것은 인류 생존의 핵심 가치이다. 이에 반하여 동성애는 남자와 여자의 결합을 거부하는 행위로써 친자녀 출산과 육아를 근원적으로 포기하는 행위이다. 만일 모든 인간이 동성애 행위만을 한다고 가정하면 그것은 멸종으로 귀결된다. 이는 동성애의 본질이 잠시의 쾌락을 인간의 생존과 맞바꾸는 악한 시도임을 깨닫게 해 준다. 따라서 동성애는 남녀 간의 인격적 사랑을 통한 생명의 계승 가치를 말살시키는 반생명적 행위이다. 결국 동성애 합법화 풍조는 하나님의 창조 섭리를 철저히 거부하는 것이며 인간 생존의 의미를 파괴하는 자해적 행위이다.

- 동성애는 모든 변태적 성행위의 문을 열고 사람들을 타락시켜 양심을 마비시킨다.

저희가 하나님의 진리를 거짓으로 바꾸어 피조물을 조물주보다 더 경배하고 섬김이라… 이를 인하여 하나님께서 저희를 부끄러운 욕심에 내어 버려두셨으니(로마서 1:25-26)

육체의 비정상적 교합을 통한 쾌락의 추구는 불같은 욕정에서 나타난다. 따라서 동성애는 육체의 쾌락 기능을 오용하는 것으로 동성애를 받아들이는 사회풍조는 동성뿐 아니라 다른 비정상적 성행위도 합법화하는 문을 쉽게 열게 된다. 실제로 타락한 이 세상은 인공 지능 로봇과의 성행위도 하나의 사회적 현상으로 받아들이고 있다. 이러한 풍조 하에서 변태적 성행위에 사로잡힌 자는 결국 그 행위의 옳고 그름을 판단하는 양심의 기능이 마비된다. 양심이 제 기능을 못하면 죄의식이 없으며 죄의식이 없으면 회개와 죄 사함의 구원을 받아들일 수 없다. 그 결과 동성애를 합법화하고 당연시 하는 사회는 생존의 가치와 영생의 말씀을 말살하는 종말 사회가 된다.

- 동성애와 동성 간의 결혼 확산 풍조는 사회 공동체를 파괴한다.

하나님이 말씀하시되 사람의 독처하는 것이 좋지 못하니 내가 그를 위하여 돕는 배필을 지으리라… 이러므로 남자가 부모를 떠나 그 아내와 연합하여 한 몸을 이룰지로다(창세기 2:18, 24)

가정은 인간 사회를 지탱하는 뿌리이다. 남녀의 육체적, 인격적 결합으로 성립된 가정은 창조주 하나님을 알고 배우도록 허용된 천국의 그림자이다. 부모는 출산 행위를 통하여 생명의 환희와 고귀함을 체험한다. 자녀들은 아버지의 권위에 순종함을 배우고 어머니의 헌신에 감사함을 느낀다. 그래서 사람들은 비로소 자신들을 창조하신 하나님의 성품을 이해하고 경외하게 되며 천국의 존재와 질서를 배우게 된다. 이처럼 부와 모는 자녀들을 올바르게 가르치고 전인격적인 품성을 형성시키는 데 절대적인 영향을 끼치는 존재이다. 하지만 동성애와 동성 간 결혼 확산 풍조는 한 남자와 여자가 결합하여 새 생명을 낳아 정상적인 가정을 세우는 것을 거부하는 행위이다. 이처럼 비정상적 사회 환경에서 동성 간의 성행위와 결혼이 광범위하게 수용되면 어떤 결과를 낳을 것인가? 동성 간 결혼은 하나님이 명하신 정상적인 가정의 순기능을 거부하는 것으로 가정의 본래 기능을 파괴시킨다. 즉, 동성 결혼 풍조는 고귀한 생명을 출산하고 양육하는 가정의 토대를 무너뜨린다. 가정이 무너진다는 것은 인간 생존의 토대가 무너지는 것을 의미하는 것이다. '가정은 인간에게 이 세상에서의 처음이자 마지막 처소'이기 때문이다. 결국 동성애 행위가 만연하면 그 사회는 종말을 고하게 된다.

– 동성애를 옹호하는 사상은 교회원리를 파괴하고 깨끗한 신부인 성도들의 개념을 부정하는 것이다.

… 이러므로 남자가 부모를 떠나 그 아내와 합하여 그 둘이 한 육체가 될지니 이 비밀이 크도다 내가 그리스도와 교회에 대하여 말하노라(에베소서 5:31-32)
나 예수는 교회들을 위하여… 증거하였노라… 성령과 신부가

말씀하시기를(요한계시록 22:16-17)

남녀 간의 혼인은 단지 두 육체의 결합이란 의미뿐만 아니라 두 인격의 결합을 통해 보다 높은 차원의 정결함과 사랑과 소통과 협력의 삶을 구현한다. 그래서 성서는 정결한 혼인을 모델로 하여 신랑인 예수 그리스도와 신부인 교회의 관계를 설명하고 있다. 교회의 성도는 예수 그리스도의 영과 결합한 정결한 신부로서 예수의 거룩한 사랑 속에 거하는 자이다. 따라서 동성애를 합법적인 것으로 용인하는 사상을 가진 자는 남녀의 청결한 혼인 관계의 절대가치를 부정하는 자이며 예수 그리스도와의 영적인 사랑의 가치도 알 수 없게 된다.

결론적으로 동성애에 빠진 자들도 회개하고 복음을 듣고 믿으면 구원을 얻을 수 있다. 하지만 동성애자를 치유의 차원에서 포용한다는 의미가 동성애를 용인한다는 의미로 잘못 받아들여질 때 인류 사회에는 치명적인 파국을 맞이할 것이다. 그것은 인류 사회의 근간을 흔드는 것이며 생존의 토대를 무너뜨리는 결과를 가져올 것이다. 따라서 동성애는 이를 옹호하는 자들의 주장과는 달리 '다른 것'이 아니라 '틀린 것'이다. 성숙한 사회는 다름을 인정하지만 그 다름을 인정하는 기준은 반드시 윤리적인 가치가 수반되어야 한다. 안타깝게도 동성애를 합법화하고 있는 21세기 인류 사회는 스스로 종말의 때임을 증거하고 있다. 동성애 이슈가 세계적으로 제기되고 있다는 것은 이미 이 세상이 성적으로 극도로 문란하다는 사실을 반증하고 있기 때문이다. 지금 인류는 스스로 파멸을 자초한 '소돔'과 '고모라'의 길로 가고 있다! 동성애를 포함하여 온갖 변태적 성행위가 만연했던 '소돔'과 '고모라'의 멸망 사건은 성적으로 타락한 지금의 인류 사회에 '영원한 불의 형벌'이 임박했음을 강력히 경고하고 있다. 진실로 살아있는 역사의 교훈을 되돌아보고 회개하지 않는 세상은 구원의 길이 없다. 문제의 심각성은 많은 사람들이 '소돔'과 '고모라'의 교훈을 농담으로 여기고 있다는 데 있다. 성서의 말씀에 대한 불신 풍조는 하나님의 존재를 믿지 않는 세상이 드러내는 치명적인 현상이다. 이제 하나님의 최후의 경고는 '롯의 때'를 재현하고 있는 21세기 인류 사회를 향하고 있다.

소돔과 고모라와 그 이웃 도시들도 저희와 같은 모양으로 간음을 행하며 다른 색을 따라 가다가 영원한 불의 형벌을 받음으로 거울이 되었느니라(유다서 1:7)

II. 멸망의 화를 부르는 미친 세상 증후군

현대 사회가 물질과 육체를 숭배하는 세상으로 전락한 것은 인간의 물질적 기원만을 인정하며 창조주 하나님의 존재를 부정하는 세상이 되었음을 의미한다. 인간이 물질적 차원으로 전락할 때 얼마나 끔찍한 사건이 발생하는가에 대해서는 지난 세기 두 차례의 세계대전에서 극명하게 드러났다. 하지만 21세기에 들어선 이 시대에도 여전히 인류 사회는 무자비한 생존 게임을 치열하게 전개하고 있다. 즉, 한 집단의 생존을 위해서 다른 집단을 굴복시키고 파멸시키지 않으면 결코 살아남을 수 없는 저주의 게임을 벌이고 있다. 그 결과 승자 독식 게임이 가져온 재앙은 대부분의 국가와 개인을 죽음의 벼랑 끝으로 내몰고 있다. 고도 산업사회에 있어서 극한의 생존경쟁에 내몰린 사람들의 마음속엔 삶에 대한 근심 걱정, 물질에 대한 한없는 갈증으로 가득차 있어서 진리의 말씀이 들어 설 자리가 없다. 지금의 인류 사회가 멸망의 위기에 봉착해 있다는 주요 증거들은 다음과 같다.

1. '하나님이 없다'는 사상이 온 세계에 퍼지고 있다

미국에서 신의 존재를 확실하게 믿는다는 유신론자의 비율이 (2015년 기준으로 볼 때) 7년 전보다 8%포인트나 줄었다는 소식이 전해지고 있다. 이는 하나님의 존재에 대한 믿음이 인간의 마음속에서 사라지는 속도가 빨라지고 있다는 의미이다. 이와 더불어 복음을 증거하는 능력을 상실한 교회들은 아예 문을 닫거나 세상과 적당히 타협하여 세속화의 길을 걷고 있다. 많은 지역 교회의 부패는 결국 사회의 도덕성 약화와 윤리적 타락을 가져온다. 예컨대 세계를 선도하는 미국은 지난 수 세기동안 기독교도들이 세운 원리원칙 속에 살아왔다. 그러나 이 정신은 점점 무신론적인 인본주의에 기반을 둔 진보적인 사상에 밀려나게 되었고 그 결과 오늘날 미국 사회는 폭력의 사회가 되고 말았다. 뉴욕부터 로스엔젤레스에 이르기까지 파괴 행위와 살상 행위을 무수히 목격하고 있다. 이와 같은 현상은 전 세계적으로 나타나고 있다. 하나님을 두려워하지 않는 세상은 범죄를 두려워하지 않는 무법천지의 세상으로 나아간다는 것이 역사의 교훈이다.

예수 그리스도는 마지막 때에 이 세상 사람들의 마음 상태가 진리를 믿을 수 없는 정신적인 무감각 상태에 놓이게 될 것을 다음과 같이 경고하였다.

불법이 성함으로 많은 사람의 사랑이 식어지리라(마태복음 24:12)
인자가 올 때에 세상에서 믿음을 보겠느냐 하시니라(누가복음 18:8)

2. 굶주린 자들의 절규가 온 지구상에 울려 퍼지고 있다

이 세상의 종말을 예고하는 가장 뚜렷한 예는 가난한 자의 절규에서 시작된다. 지금 이 순간에도 굶주림에 허덕이며 죽어가는 수억 명의 신음소리가 온 지구상에 울려 퍼지고 있다. 현대 기술 산업 사회는 한마디로 무한 경쟁 시대이다. 무한 경쟁은 정글의 법칙이 작동하는 약육강식의 사회를 형성한다. 약육강식의 사회는 필연적으로 약자의 희생을 가져온다. 지금 이 세상은 생존 경쟁에서 밀려난 빈곤층의 울부짖음, 다양하고 교묘한 폭력적 권력에 짓밟힌 자들의 피눈물이 그 저변에 흐르고 있다. 이 잔혹한 사회는 부의 끝없는 추구와 출세 지향적 가치관으로 점철된 세상이다. 결국 예수께서 언급한 종말 사회란 먹고 마시고, 심고 거두고, 사고, 팔고, 집을 짓고, 산업을 일으키는 모든 행위가 약육강식과 적자생존이란 원리를 따라 움직이는 사회를 일컫는다. 인간의 물질에 대한 끝없는 탐욕이 만든 무한경쟁의 사회는 결국 멸망의 화를 초래하게 된다.

• 빈부 양극화가 불러오는 사회적 파국

한 국제 구호단체의 보고서에 의하면 2014년 기준 세계 최고 부자 85명이 가진 부가 1조 7천억 달러로 전 세계 빈곤층 35억 명이 가진 재산을 합한 것과 같다는 충격적인 조사 결과를 내놓았다. 또 다른 조사 기관은 지구촌에서 상위 1%가 전 세계 자산의 48%, 상위 10%가 87%를 차지하고 있다고 하였다. 이런 추세로 간다면 상위 1%의 부자의 재산이 나머지 99%의 재산을 능가할 것이라는 예측도 보도되고 있다. 이처럼 상위 1%의 부자에게로 세상의 부가 빠른 속도로 빨려들면서 한때 중산층으로 살던 자들이 서민층으로 전락하고 서민층이 극빈층으로 내몰리고 있다. 하지만 오늘날 돈과 정보를 선점하고 있는 극소수의 집단이 이미 헤아릴 수 없을 정도의 엄청난 돈을 가지고 있음에도 불구하고 투기적 금융행위는 지속되고 있다. 이익은 사유 재산화하고 손실은 사회 재산화하는 먹튀 자본의 행태는 뉴욕 월가의 거대 투자은행과 자본 시장 그리고 기업 투자자들의 속성에 뼛속까지 박혀 있다. 가진 자가 모든 것을 차지한다는 이른바 '마태복음 효과'(마태복음 25장 29절에 "무릇 있는 자는 받아 풍족하게 되고 없는 자는 그 있는 것까지 빼앗기리라."는 말씀을 경제적 논리에 적용한 것으로 미국의 사회학자 로버트 K. 머튼이 처음 사용)는 소득 양극화 현상과 빈곤의 악순환 등 이 시대의 극단적인 불평등 구조를 단적으로 설명하고 있다. 2011 년 9월 17일부터 시작된 월스트리트 점령 시위도 더 잃을 것이 없는 극빈층으로 전락한 가난한 자들의 분노가 그 원인이었다. 해를 더할수록 악화하는 빈부격차에 의한 사회적 갈등은 거대한 파열음을 내며 파국으로 치닫고 있다.

• 인류 최대의 문제로 대두된 굶주림

21세기, 지구촌은 굶주림에 허덕이는 사람들의 절규로 가득 차 있다고 해도 과언이 아니다. 예컨대 2010년부터 2011년에 걸쳐 튀니지에서 일어난 혁명인 이른바 재스민 혁명은 굶주림의 위기로 내몰린 시민들의 궐기로 발생하였다. 불행하게도 이 시대가 지닌 치명적인 약점은 굶주림에 시달리는 자들의 절규가 배부른 자들에게는 들리지 않는 비극적인 구조를 가지고 있다는 데 있다. 실제로 지구촌 인구 5명당 1명꼴로 굶고 있는 상황에서 5초에 한 명의 어린이가 굶주림으로 죽어 가고 있다는 소식은 인간 사회 불평등에 대한 근원적인 문제를 제기하고 있다.

오늘날 세계 각 지역에서 집단 아사에 직면한 사람들은 본인의 의사와 상관없이 불가항력적으로 모든 종류의 재난과 재앙에 직접 또는 간접적으로 피해를 입은 자들이다. 이들은 전쟁과 내란과 정치적 무질서, 지구 환경 재앙, 금융투기가 초래한 세계적인 돈의 기근 등으로 인해 삶의 벼랑 끝으로 내몰리고 있는 자들이다. 하지만 이들을 구제해 줄 국제적 구호 시스템이 정치적, 경제적 이유들로 완전하게 작동되지 않고 있다. 슬프게도 지금 이 세계는 선진국을 위해 키워지는 가축들은 배불리 먹으면서 후진국의 사람들은 굶어 죽어 가는 비극적인 일들이 일어나고 있다. 그래서 지구 한편에서는 탐식을 일삼다가 갖가지 영양 과잉 질병에 죽어 가는 사람이 있는가 하면 대다수 빈곤층은 굶주림에 허덕이며 영양실조로 인해 죽어 가고 있다. 그야말로 21세기 인류는 부의 공정한 배분에 실패한 나머지 굶주린 자의 절규가 온 세상을 가득 채우고 있다. 이것이 인간의 탐욕적 부의 추구가 낳은 종말 세상의 참상이다. 그래서 탐욕에 젖어 있는 종말 사회를 향한 다음과 같은 성서의 경고는 더욱더 뼈아프게 다가온다.

> 들으라 부한 자들아 너희에게 임할 고생을 인하여 울고 통곡하라 너희 재물은 썩었고 너희 옷은 좀먹었으며 너희 금과 은은 녹이 슬었으니 이 녹이 너희에게 증거가 되며 불같이 너희 살을 먹으리라 너희가 말세에 재물을 쌓았도다 보라 너희 밭에 추수한 품군에게 주지 아니한 삯이 소리 지르며 추수한 품군의 우는 소리가 만군의 주의 귀에 들렸느니라 너희가 땅에서 사치하고 연락하여 도살의 날에 너희 마음을 살지게 하였도다(야고보서 5:1-5)

3. "온 땅이 하나님 앞에 패괴하여 강포가 땅에 충만한" 세상이 되었다

• 20-21세기 야만사회의 비극적 자화상

20-21세기는 문명사회인가 야만사회인가? 우리가 사는 이 시대가 역사상 가장 개화된 문명사회라고 말한다면 그것은 물질적인 풍요와 과학기술 산업의 발전을 두고 말하는 것일 뿐이다. 하지만 지금의 세

계가 도덕적으로 가장 타락한 양상을 보이고 있다는 증거는 지난 100여 년 간 대규모 살육의 역사에서 극명하게 드러난다. 지난 세기 제1차 대전에서 1천만 명에 육박하는 사망자를 내었고 2차 세계대전으로 약 6천만 명을 헤아리는 목숨이 희생되었다. 이는 인간의 악마성이 극열하게 작동되었음을 보여 주는 것이다. 지난 2차례 세계대전 당시 인간이 만들어낸 첨단 살상무기들은 어김없이 동원되었다. 그 명확한 실례로 1945년 인류 역사상 처음 만들어진 핵폭탄은 지체 없이 일본 나가사키, 히로시마네 투하되었다. 가공할 첨단 과학 무기들이 대량살상 수단으로 사용되고 있다는 것은 인간의 도덕성이 물질문명의 발전과 비례하지 않음을 증명하는 것이다 실제로 지난 1세기 동안 세계 곳곳에서 자행된 대학살 사건들은 인간의 도덕성이 진화하지 않고 더욱 악화되고 있음을 보여 주고 있다. 예컨대 나치의 유대인 대학살과 캄보디아와 르완다의 학살 사태, 터키에서 있었던 아르메니아인과 그리스인에 대한 인종 청소, 보스니아의 모슬렘 인종 청소 그리고 크로아티아의 세르비아인에 대한 인종 청소, 콩고 내전(1998-2003), 시리아 내전 등 끔찍한 대학살 사건은 각각 수십만에서 수백만 명의 목숨을 앗아갔다. 이는 광란의 살인행위가 해를 더할수록 격화되고 있음을 입증하고 있다. 이 무서운 현실은 지금 이 시대가 노아의 때처럼 거대한 파멸의 재앙을 맞이할 수밖에 없는 상황임을 일깨워 준다. 그렇다면 오늘날 세계를 선도하는 미국은 어떠한가? 지난 3세기 동안 복음주의 신앙을 중심으로 높은 도덕성을 지녔던 미국이 급변하고 있다. 자유와 기회와 평등을 실현하는 민주주의 체제의 이상적인 모델로 여겨졌던 미국의 위상이 급속히 추락하고 있다. 해마다 증가하고 있는 마약 사범과 성폭력 사건이 사회의 건전성을 뿌리째 흔들고 있다. 여기에다 개인 총기 소유의 확산으로 민간인 간의 충동적인 살상 행위가 이미 우려할 만한 지경에 이르렀다. 2022년 현재 미국에는 미국 인구 3억 2천만 명보다 많은 약 3억 6천 정의 총기가 있는 것으로 알려졌다. 예컨대 1968년에서 2017년 사이에 발생한 150만 건의 총기 사망자는 1775년 미국 독립 전쟁이후 미국의 모든 분뱅에서 사망한 군인 수보다 많다. 2020년 한 해에만 45,000명 이상의 미국인이총구 끝에서 사망했으며 이 수치는 5년 전보다 25%, 2010년보다 43% 증가한 수치이다. 이러한 통계는 미국 사회가 내전과 다름없는 상태에 놓여 있음을 말해 주고 있다. 청교도 정신이 건국의 토대가 된 미국에서조차 '온 땅이 하나님 앞에 패괴하여 강포가 땅에 충만한'(창 6:11) 곳으로 전락하고 만 것이다.

그야말로 지금 이 시대는 구약성서 창세기에 기록된 노아 시대의 세상을 완벽하게 재현하고 있다. 노아가 살던 세상에 대한 성서의 증언들은 살상과 폭행이 난무하여 사회의 질서가 무너진 세상의 종말에 대한 강력한 경고의 말씀이다.

> 여호와께서 사람의 죄악이 세상에 가득함과 그의 마음으로 생각하는 모든 계획이 항상 악할 뿐임을 보시고… 온 땅이 하나님 앞에 패괴하여 강포가 땅에 충만한지라… 하나님이 노아에게 이르시되 모든 혈육 있는 자의 강포가 땅에 가득하므로 그 끝날이 내 앞에 이르렀으니 내가 그들을 땅과 함께 멸하리라(창세기 6:5-13)

이제 노아 시대에 대해 내려진 최후의 경고 말씀이 21세기 이 시대에 응하고 있다. 21세기 인류 사회가 종말 사회의 전형을 보여 주고 있기 때문이다. 그래서 우리가 사는 이 시대에 멸망의 심판이 임박해 있다는 주장은 진실의 소리이다. 참으로 세상의 종말은 인간의 살인마적 광기가 온 세상을 피로 물들일 때 찾아온다. 두렵게도 지금 인류는 거대한 파멸 앞에 서 있다.

4. 인류사회의 종말에 대한 예수 예언의 진정성

• 정상화 편향에 빠진 사람들

'정상화 편향'(Normalcy Bias)이란 사람이 재앙의 영향에 대하여 과소평가하고 아무런 대책도 세우지 않는 현상을 일컫는 심리학 용어이다. 즉, 과거에 경험하지 못한 일은 앞으로도 없을 것이라고 믿는 심리를 말한다. '정상화 편향'은 전무후무한 재앙이 다가오고 있음에도 불구하고 무대응의 상태에 빠지도록 한다. 하지만 사람들이 상상하기조차 싫어하는 대재앙의 결과는 너무나 참혹하게 나타난다. 정녕 이 시대는 '정상화 편향'에 사로잡힌 사람들의 태도를 잘 드러내고 있다. 사람들이 이런저런 이유로 멸망의 소식을 듣고도 심정적으로 거부감을 나타내는 일반적인 현상 속에서 비극은 잉태되고 있다고 할 수 있다. 앞서 언급하였듯이 예수그리스도는 '정상화 편향'으로 멸망의 화를 입은 역사적 사례를 들어 구원의 기회를 놓치지 말 것을 거듭 거듭 경고하고 있다.

> 노아의 때에 된 것과 같이 인자의 때(세상의 종말과 예수 재림의 때)에도 그러하리라 노아가 방주에 들어가던 날까지 사람들이 먹고 마시고 장가들고 시집가더니 홍수가 나서 저희를 다 멸하였으며(누가복음 17:26-27)

또 <u>롯의 때와 같으리니</u> 사람들이 먹고 마시고 사고 팔고 심고 집을 짓더니 롯이 소돔에서 나가던 날에 하늘로서 불과 유황이 비오듯 하여 저희를 멸하였느니라(누가복음 17:28-29)
이러므로 너희도 예비하고 있으라 생각지 않은 때에 인자가 오<u>리라</u>(마태복음 24:44)

참으로 예수의 종말 예언이 갖는 진정한 의도는 사람들이 파멸에서 벗어나는 길을 제시하려는 데 있다. 하지만 사람들이 대재앙의 경고에 둔감한 것은 세상살이에 푹 빠져 있기 때문이다. 사람들에게 긴급하고, 중대한 계획과 일들은 이 세상에 너무나 많다. 예컨대 그토록 바라고 바라던 승진, 결혼, 시험 합격, 스포츠 게임 결승전 등과 같은 것들은 무엇보다 중요하다. 또한 바로 내일 여행 일자가 잡혀 있는 자들, 사랑하는 연인과 더불어 지내는 것이 너무 행복해서 꿈같은 나날을 보내는 자들, 아직도 볼 것, 누릴 것이 충분히 남아 있는 부자들, 특히 수많은 추종자들로부터 광적인 지지를 받는 종교지도자와 정치가들에겐 임박한 종말 소식이 결코 달갑지 않을 것이다.

세상의 종말은 인간의 욕망과 쾌락의 종식을 의미하므로 대부분의 사람들은 '종말이 임박하였다.'는 말을 아주 싫어하고 기피한다. 성서에는 임박한 재앙에 관한 경고를 듣고도 이를 무시하고 냉소하는 자들의 태도를 묘사해 놓은 기록들이 있다.

롯이 나가서 그 딸들과 정혼한 사위들에게 고하여 이르되 여호와께서 이 성을 멸하실 터이니 너희는 일어나 이곳에서 떠나라 하되 그 사위들이 농담으로 여겼더라(창세기 19:14)
먼저 이것을 알지니 말세에 기롱하는 자들이 와서 <u>자기의 정욕</u>

을 좇아 행하며 기롱하여 가로되 주의 강림하신다는 약속이 어디 있느뇨 조상들이 잔 후로부터 만물이 처음 창조할 때와 같이 그냥 있다 하니(베드로후서 3:3-4)

노아와 롯의 때처럼 이 시대 사람들의 무관심과 조롱과 기피에도 불구하고 지금 이 지구상에는 멸망의 징후들이 속출하고 있다. 이러한 위기의 시대에 예수의 종말 예언은 사람들이 정상화 편향에서 벗어나게 하는 강력한 경고음이 된다. 그래서 용기를 내어 예수의 경고를 듣는 자들은 구원의 길을 찾게 된다.

'이런 일이 일어나는 것을 보거든 인자가 가까이 곧 문 앞에 이른 줄 알라'

종말의 때에 관한 인식과 판단은 비밀스런 계시에 의한 것이 아니라 성서에 기록된 예수의 예언들이 역사적으로 성취되는 것을 봄으로써 가능한 것이다. 세상의 마지막 때에 관한 예수의 예언이 이 시대에 역사적, 환경적, 경제적 그리고 사회적으로 다양하게 성취되고 있다는 것은 누구나 확인할 수 있다. 이처럼 세상의 종말에 관한 예수의 경고는 확고하고 구체적이다. 거듭 말하지만 예수 그리스도의 종말 예언의 진정성은 사회적 종말 현상과 다른 종말 현상이 함께 일어나고 있기 때문에 의문의 여지가 없다. 그야말로 미친 세상 증후군이 온 지구상에 나타나고 있다. 그래서 지금 인류사회가 예수께서 예언하신 '노아의 때'와 '롯의 때'를 재현하고 있다면 이 세상은 절체절명의 위기에 처해 있음이 분명하다.

이제 독자 여러분은 '세상 끝'에 관한 예수 그리스도의 10 가지 예언 중 역사적, 환경적, 경제적, 사회적 종말 예언 네 가지가 동시에 성취되고 있다는 사실을 확인한 것만으로도 이 시대가 돌이킬 수 없는 멸망의 추세에 놓여 있음을 확인했을 것이다. 그래서 지금 이 세상이 멸망에 직면해 있음을 깨닫는 자에게는 참으로 희망이 있다. 예수의 복음을 듣고자 하는 간절한 마음이 생길 것이기 때문이다. 이러한 사람에게 마침내 구원의 문은 열릴 것이다.

문 앞에 이른 예수

제5장 정치적 종말에 관한 예수 그리스도의 예언

예수 그리스도는 세상의 종말과 관련하여 10가지로 분류될 수 있는 예언을 하였다. 그중 하나가 세상 끝에 나타날 '적그리스도' 제국과 독재자의 출현에 대한 것이다. 21세기인 지금 예수 그리스도가 예고한 공포의 제국이 그 모습을 드러내고 있다면 보통 일이 아니다. 조만간 이 지구상에 대환란의 참화를 불러올 것이기 때문이다.

저자는 세계의 패권을 쥐고 있는 공포의 권력체제를 '종말제국'으로 지칭하고자 한다. 그렇다면 '예수가 계시한 종말제국이 과연 21세기에 그 정체를 드러내고 있는가?'라고 묻는다면 '그렇다.'고 명확히 대답할 수 있다. 그 이유는 본서 2부 1-4장에서 서술하였듯이 이스라엘의 복귀와 전 지구적 환경재앙, 경제 대란과 사회적 종말 현상이 나타나고 있는 이 시대가 마지막 때임을 알려 주고 있기 때문이다. 그래서 오늘날 공포의 정치체제가 이 지구상에 확연하게 그 모습을 드러내고 있다면 그것은 이 세상의 끝을 예고하는 또 하나의 유력한 전조가 될 것이다. 그렇다면 어떻게 종말제국의 존재를 입증할 수 있는가? 이 중대한 물음에 대한 답을 얻기 위해서는 다음과 같은 3단계에 걸친 규명작업이 필요하다.

1단계: 종말제국의 실체를 규명하기 위해서는 세 권의 책, 즉 신약성서의 요한계시록과 구약성서의 다니엘 그리고 시온의 의정서(유대인 세계 정복 책략서)의 내용을 상호 연계하여 해석하는 것이 필요하다.
2단계: 현존하는 초강대국들을 제압하고 그 실체를 드러내고 있는 전무후무한 제국에 대한 역사적 실증을 제시하여야 한다.

3단계: 종말 제국의 독재자(거짓메시아)의 출현과 그 최후에 대한 성서의 예언을 명료하게 해석하여야 한다.

I. 종말제국의 실체를 규명하기 위한 신약성서 '요한계시록'·구약성서 '다니엘'·'시온의 의정서' 연계 해석

세상의 마지막 정치권력과 최후의 독재자에 대한 실체를 규명하기 위해 관련 책들을 분석하고 연계 해석하여 올바른 이해를 얻는 것은 참으로 중요하다. 그래서 독자 여러분이 본 5장을 읽는 데에는 보다 더 집중력이 요구된다.

본 장에서 인용되고 해석될 될 세 권의 책은 신약성서 마지막 책인 '요한계시록'과 구약성서 '다니엘'과 20세기 초에 세상에 알려진 '시온의 의정서'이다. 이 책들 중 중심이 되는 책은 '요한계시록'이다. 그런데 '요한계시록'은 수많은 상징어로 기록되어 있기 때문에 일반 독자들에게는 선뜻 이해하기 어려운 책이라고 할 수 있다. 그렇다고 해서 이 말씀을 무심코 넘길 수 없다. 우리가 지금 '요한계시록'에 주목해야 할 이유는 이 책에 기록된 예수의 계시 예언이 성취되고 있는 급박한 시대에 살고 있기 때문이다. 아래의 말씀은 왜 이 시점에 '요한계시록'에 주목하여야 하는지 그 이유를 밝히고 있다.

> 예수 그리스도의 계시라…이 예언의 말씀을 <u>읽는 자와 듣는 자</u>
> <u>들과 그 가운데 기록한 것을 지키는 자들이 복이 있나니 때가 가</u>
> <u>까움이니라</u>(요한계시록 1:1, 3)

1. 최후의 제국과 독재자에 관한 예수 그리스도의 계시 예언

예수 그리스도는 수제자인 사도 요한을 통하여 세상 끝에 나타날 거대한 악의 제국의 출현을 계시하였다. 요한계시록 13장에는 세상 끝에 나타날 이 제국이 역사상 가장 강대하고 잔인한 정권으로 기록되어 있다.

• 종말제국의 출현을 예고한 요한계시록 13장 본문

1. 내가 보니 바다에서 한 짐승이 나오는데 뿔이 열이요… 2. 내가 본 짐승은 표범과 비슷하고 그 발은 곰의 발 같고 그 입은 사자의 입 같은 데 용이 자기 능력과 보좌와 큰 권세를 그에게 주었더라… 3. 온 땅이 이상히 여겨 짐승을 따르고 4. 용에게 경배하며 짐승에게 경배하여 가로되 누가 이 짐승과 같으뇨 누가 능히 이로 더불어 싸우리요 하더라 5. 또 짐승이 큰 말과 참람된 말 하는 입을 밭고 또 마흔두 달 일할 권세를 받으니라 6. 짐승이 입을 벌려 하나님을 향하여 훼방하되… 7.또 권세를 받아 성도들과 싸워 이기게 되고 각 족속과 백성과 방언과 나라를 다스리는 권세를 받으니… 11. 내가 보매 또 다른 짐승이 땅에서 올라오니 새끼양과 같이 두 뿔이 있고 용처럼 말하더라 12. 저가 먼저 나온 짐승의 모든 권세를 행하고 땅과 땅에 거하는 자들로 처음 짐승에게 경배하게 하니 곧 죽게 되었던 상처가 나은 자니라… 14. 짐승 앞에서 받은 바 이적을 행함으로 땅에 거하는 자들에게 이르기를 칼에 상하였다가 살아난 짐승을 위하여 우상을 만들라 하더라 15. 저가 권세를 받아 그 짐승의 우상에게 생기를 주어 그 짐승의 우상으로 말하게 하고 또 짐승이 우상에게 경배하지 아니하는 자는 몇이든지 다 죽이게 하더라 16. 저가 모든 자 곧 작은 자나 큰 자나 부자나 빈궁한 자나 자유한 자나 종들로 그

오른 손에나 이마에 표를 받게 하고 17. 누구든지 이 표를 가진
자 외에는 매매를 못하게 하니 이 표는 곧 짐승의 이름이나 그
이름의 수라 18. 지혜가 여기 있으니 총명이 있는 자는 그 짐승
의 수를 세어 보라 그 수는 사람의 수니 육백 육십 륙이니라

• 요한계시록 13장의 비밀을 풀고 있는 다니엘의 예언

요한계시록 13장의 내용은 성서를 처음 읽는 사람에겐 이해하기 어
려운 점이 있다. 심지어 성서를 전문적으로 연구하는 사람일지라도
역사적 지식을 갖추지 못한 채 영적 해석만을 추구할 경우 자칫 '억지
로' 해석하는 덫에 걸릴 수 있다. 요한계시록 13장의 본문이 어렵게
느껴지는 이유 중 하나는 예컨대 '짐승'과 '뿔', '사자', '곰', '표범', '용'
등의 상징적 용어 때문이다. 하지만 위의 상징 용어들은 충분히 해석
할 수 있다. 구약성서 다니엘 7장에 이 용어들이 무엇을 의미하는지
풀이되어 있기 때문이다. 다니엘 7장에서는 계시록 13장에 언급된
'짐승'과 '뿔', '사자', '곰', '표범'이 무엇을 의미하는지 설명하고 있을
뿐만 아니라 '짐승'의 제국의 실체에 대해서도 요한계시록과 일치된 서
술을 하고 있다. 그래서 '요한계시록'과 '다니엘'의 연계해석이 필요한
것이다.

다니엘 7장과 요한계시록 13장의 내용을 비교해 보면, 다니엘 7장
의 내용은 '짐승'(마지막 때에 나타날 제국)의 특징과 득세 과정을 역
사적 관점에서 서술한 것이다. 한편 요한계시록 13장은 '짐승'이 정복
한 세계에 대한 철권통치의 방식과 사악한 활동을 보다 구체적으로 다
루고 있다. 따라서 다니엘 7장이 총론이라면 요한계시록 13장은 각론
이라 할 수 있다. 이처럼 요한계시록에 예고된 종말제국을 이해하는
데 구약성서의 다니엘은 중요한 역할을 하고 있다. 결국 다니엘 7장

은 요한계시록 13장의 난해한 용어와 내용을 푸는 실마리가 되는 말씀이라 할 수 있다. 이제 요한계시록 13장에 기록된 '짐승'(제국)의 실체를 이해하기 위해서 '짐승'의 비밀을 밝히고 있는 구약성서의 '다니엘'을 집중적으로 분석하고자 한다.

2. 선지자 다니엘이 예언한 마지막 때 나타날 제국-'큰 짐승'

구약성서 '다니엘'은 선지자 다니엘이 살던 당시(B.C. 530년 경)에 존재했던 제국의 최후와 세상 끝에 나타날 제국을 예견한 역사 예언서이다. 따라서 종말의 징후가 뚜렷이 나타나고 있는 오늘날 다니엘이 예고한 최후의 제국이 과연 그 두려운 모습을 드러내고 있는지를 규명한다는 것은 매우 엄중하고 시급한 일이다.

• 마지막 제국의 출현을 기록한 다니엘서

구약성서 '다니엘'은 전 역사에 걸친 웅대한 비전을 하나님으로부터 받아 기록해 놓은 책이다. 선지자 다니엘에게 주신 하나님의 계시가 위대한 것은 역사 속에 등장할 대제국을 구체적으로 명시하고 있기 때문이다. 이 책에서 주목해야 할 부분은 예수 그리스도의 처음 오심(초림)에 대한 예언과 더불어 이 세상의 끝에 나타날 악의 제국의 활동과 대환란에 관한 것이다. 특히 다니엘서 7장과 10장, 12장에서는 세상의 종말 때에 일어날 제국들과 최후의 독재자 그리고 마지막 세계대전에 관하여 서술하고 있다. 이 놀라운 예언들은 다니엘이 살던 기원전 6세기의 시점에서 무려 이천수백 년 이후에 일어날 역사적 사건을 증거하는 것으로 하나님은 다니엘에게 다음과 같이 명하고 계신다.

이제 내가 말일에 네 백성의 당할 일을 네게 깨닫게 하려고 왔노라 대저 이 이상은 오래 후의 일이라(다니엘 10:14)

다니엘아 마지막 때까지 이 말을 간수하고 이 글을 봉함하라 많은 사람이 빨리 왕래하며 지식이 더하리라.(다니엘 12:4)

위의 말씀은 하나님이 다니엘에게 주시는 예언의 말씀, 즉 강대한 제국들의 출현에 대한 예고가 먼 훗날 세상의 마지막 때에 이루어질 것이므로 예언이 성취될 시기까지 그 내용을 봉인하라는 의미이다. 이 말을 바꾸어 말하면 다니엘의 예언이 역사적으로 성취되는 시기에 이르러서야 사람들이 비로소 이 예언을 이해할 수 있다는 의미를 내포하고 있다. 거듭 말하지만 다니엘서의 하이라이트는 예수 그리스도의 초림과 세상 끝에 있을 대환란과 종말제국의 멸망 그리고 이어지는 영원한 천국에 대한 예언이다. 21세기 현 시점에서 되돌아보면 예수 그리스도의 처음 오심은 역사적으로 이미 성취되었으며 이제 남은 것은 다니엘 7장, 10장, 12장에 예언된 "큰 짐승"으로 상징되는 세 강대국 및 최후의 제국의 출현과 그 독재자(적그리스도)에 대한 예언이다.

• 다니엘 7장의 '큰 짐승 넷'으로 상징되는 마지막 때의 제국들

앞서 언급했듯이 다니엘 7장의 내용은 '짐승'(마지막 때에 나타날 제국)의 특징과 득세 과정을 큰 역사의 추세적 관점에서 서술한 총론이다. 특히 다니엘 7장에서 선지자 다니엘은 '큰 짐승'의 출현에 대해 자신이 하나님으로 받은 놀라운 계시와 이에 대한 해석을 함께 기록해 놓고 있다.

– 다니엘 7장의 "큰 짐승" 관련 본문 및 해석의 말씀

〈본문〉

1. 바벨론왕 베사살 원년에 다니엘이… 이상을 받고 그 꿈을 기록하며 그 일의 대략을 진술하니라… 3. 큰 짐승 넷이 바다에서 나왔는데 그 모양이 각각 다르니 4. 첫째는 사자와 같은데 독수리의 날개가 있더니… 또 땅에서 들려서 사람처럼 서게 함을 입었으며 또 사람의 마음을 받았으며 5. 둘째는 곰과 같은데 그것이 몸 한편을 들었고 입 사이에는 세 갈빗대가 물렸는데… 많은 고기를 먹으라 하였으니 6. 그 후에 내가 또 본즉 다른 짐승 곧 표범과 같은 것이 있는데 그 등에는 새의 날개 넷이 있고 그 짐승에게 머리 넷이 있으며 또 권세를 받았으며 7. 그 다음에 본 넷째 짐승은 무섭고 놀라우며 또 극히 강하여 또 큰 철이가 있어서 먹고 부숴뜨리고 그 나머지는 발로 밟았으며 이 짐승은 전의 모든 짐승과 다르고 또 열 뿔이 있으므로… 12. 그 남은 짐승은 그 권세를 빼앗겼으나 그 생명은 보존되어 정한 시기가 이르기를 기다리게 되었더라

〈다니엘이 꿈속에서 받은 이상에 대한 하나님을 보좌하는 자의 해석〉

16. 내가… 이 모든 일의 진상을 물으매 그가 내게 고하여 그 해석을 알게 하여 말하되 17. 그 큰 네 짐승은 네 왕이라 세상에 일어날 것이로되 18. 그러나 지극히 높으신 자의 성도들이 나라를 얻으리니 그 누림이 영원하고 영원하고 영원하리라 19. 이에 내가 넷째 짐승의 진상을 알고자 하였으니 곧 그것은 모든 짐승과 달라서 심히 무섭고 그 이는 철이요 그 발톱은 놋이며 먹고 부숴뜨리고 나머지는 발로 밟았으며 20. 또 그것의 머리에는 열 뿔

이 있고… 23. 넷째 짐승은 곧 땅의 넷째 나라인데 이는 모든 나라보다 달라서 천하를 삼키고 많이 부숴뜨릴 것이며 24. 그 열 뿔은 이 나라에서 일어날 열 왕이요 그 후에 또 하나가 일어나리니 그는 먼저 있던 자들과 다르고 또 세 왕을 복종시킬 것이며 25. 그가 장차 말로 지극히 높으신 자를 대적하며 또 지극히 높으신 자의 성도들을 괴롭게 할 것이며 그가 또 때와 법을 변개코자 한 것이며 성도는 그의 손에 붙이어 한 때와 두 때와 반 때를 지내리라 26. 그러나 심판이 시작되었은즉 그는 권세를 빼앗기고 끝까지 멸망할 것이요 27. 나라와 권세와 온 천하 열국의 위세가 지극히 높으신 자의 성민에게 붙인 바 되리니 그의 나라는 영원한 나라이니라

어렵게 보이는 위의 말씀에 대해 아래의 문답으로 풀이하고자 한다.

• 다니엘 7장에 예언된 "큰 짐승 넷"에 대한 문답

문 1 ▶ 다니엘 7장에 언급된 '바다'에서 나오는 '짐승'은 무엇을 의미하는가?

큰 짐승 넷이 바다에서 나왔는데(다니엘 7:3)

'바다'는 열국이 투쟁을 벌이는 세상을 의미하며 '바다'에서 나오는 '짐승'이 무엇을 의미하는지 다니엘서 7장 17절과 23절에 다음과 같이 명확하게 풀이하고 있다.

그 네 짐승은 네 왕이라 세상에 일어날 것이로되(다니엘 7:17)

넷째 짐승은 곧 땅의 넷째 나라인데…(다니엘 7:23)

선지자 다니엘은 자신이 살던 시대 이후에 등장할 '큰 네 짐승', 즉 네 개의 대제국이 출현할 것을 예언한 것이다.

문 2 ▶ 그렇다면 다니엘 7장에 예언된 네 제국의 특징은 무엇인가?

〈본문〉

3. 큰 짐승 넷이 바다에서 나왔는데 그 모양이 각각 다르니

4. 첫째는 사자와 같은데 독수리의 날개가 있더니… 또 사람의 마음을 받았으며

5. 둘째는 곰과 같은데 그것이 몸 한편을 들었고 입 사이에는 세 갈빗대가 물렸는데… 많은 고기를 먹으라 하였으니

6. 다른 (셋째) 짐승 곧 표범과 같은 것이 있는데 그 등에는 새의 날개 넷이 있고 그 짐승에게 머리 넷이 있으며 또 권세를 받았으며

7. 그 다음에 본 넷째 짐승은 무섭고 놀라우며 또 극히 강하여 또 큰 철이 가 있어서 먹고 부숴뜨리고 그 나머지는 발로 밟았으며 이 짐승은 전의 모든 짐승과 다르고 또 열 뿔이 있으므로

위의 본문에서 보듯이 다니엘은 '모양이 각각' 다른 제국, 즉 국가의 정체성이 사뭇 다른 네 '짐승'으로 상징되는 강대한 제국의 등장을 예고하였다. 이는 이념과 문화가 다른 제국들의 등장을 의미한다. 다니엘이 밝힌 네 제국의 특징을 요약하면 다음과 같다.

- 독수리 날개와 사람의 마음을 가진 짐승으로 상징되는 강대국
- 곰을 상징하는 강대국
- 표범으로 상징이 되는 강대국
- 앞선 세 제국을 제압하고 등장할 네 번째 제국은 "열 뿔"을 가진 괴물로 상징되는 제국

(이상의 제국이 역사상 어떤 나라인지 별도로 자세히 후술할 것이다.)

문 3 ▶ 다니엘이 예언한 네 제국이 출현하는 때는 언제인가?

선지자 다니엘은 자신이 살던 시대 이후 먼 미래, 즉 세상 끝 무렵 등장하여 세계사적인 파장을 일으킬 제국(이하 '종말제국'이라 지칭함)에 대해 예언하였다. 아래에 예시된 다니엘 7장의 말씀은 네 번째 제국 즉, 종말제국의 등장 시기와 그 최후를 명확하게 밝힌 것이다.

〈다니엘 7장 본문〉

17. "그 큰 네 짐승은 네 왕이라 세상에 일어날 것이로되" 23. 넷째 짐승은 곧 땅의 넷째 나라인데 이는 모든 나라보다 달라서 천하를 삼키고 많이 부숴뜨릴 것이며… 26. 그러나 심판이 시작되었은즉 그는 권세를 빼앗기고 끝까지 멸망할 것이요 27. 나라와 권세와 온 천하 열국의 위세가 지극히 높으신 자의 성민에게 붙인 바 되리니 그의 나라는 영원한 나라이니라 10. 심판을 베푸는 책들이 놓였더라… 11. 짐승이 죽임을 당하고… 불붙는 불에 던진바 되었으며

전술한 바와 같이 다니엘은 '큰 네 짐승'이 미래에 '세상에 일어날 것' 이며 이 중 앞선 세 제국을 굴복시키며 나타나는 네째 짐승은 하나님의 심판의 날에 멸망당할 제국임을 명백히 예언하였다. 다니엘은 네째 '짐승'이 기존 '독수리'와 '곰'과 '표범'으로 상징되는 제국을 굴복시키고 등장하여 가혹한 철권통치를 펼치나 결국 하나님의 심판으로 멸망하고 곧이어 영원한 하나님의 나라가 시작됨을 증언하고 있다. 따라서 네 제국은 다니엘이 살던 시대에 이미 존재하던 제국들과 그 이전의 제국은 해당되지 않음을 특별히 유의해야 한다. 거듭 말하지만 네 큰 짐승으로 일컫는 강대국의 출현 시점은 세상의 마지막 때이다. '넷째 짐승'으로 일컫는 제국의 출현이 하나님의 나라가 시작되기 직전에 이루질 것임을 7장(1-11절)에서 예언하고 있기 때문이다. 그리고 놀라운 사실은 구약성서 다니엘서 7장에 언급된 '넷째 짐승', 즉 '열 뿔'을 가진 짐승(제국)의 존재가 신약성서 요한계시록의 13장에 동일하게 언급되어 있다는 것이다.

> 그 다음에 본 넷째 짐승은 무섭고 놀라우며 이 짐승은 전의 모든 짐승과 다르고 또 열 뿔이 있으므로(다니엘 7:7)
> 내가 보니 바다에서 한 짐승이 나오는데 뿔이 열이요… 가 본 짐승은 표범과 비슷하고 그 발은 곰의 발 같고 그 입은 사자의 입 같은 데(요한계시록 13:1-2)

위의 말씀대로 선지자 다니엘과 사도 요한은 사자와 곰과 표범으로 상징되는 강대제국들을 제압하고 나타나는 '열 뿔' 괴물제국에 대해 동일하게 언급하고 있다. 요한계시록은 세상의 마지막 때에 있을 예수 그리스도 재림 전후로 일어날 대사건을 계시한 책이다. 따라서 '네 제국'의 출현하는 시기는 역사의 마지막 때임이 거듭 확인된다.

문 4 ▶

- 다니엘이 세상의 마지막 때에 나타날 것을 예언한 '큰 네 짐승' 중 '네째 나라' 즉, '열 뿔' 괴물로 상징되는 제국은 어떤 유형의 나라 이기에 역사상 '모든 나라보다' 다르다고 증언하였는가?
- "열 뿔" 제국에 의해 제압당하는 '독수리', '곰', '표범'으로 상징되는 제국은 구체적으로 어떤 나라이며 이들이 굴복당하는 역사적 실증은 무엇인가?

(이상의 두 질문에 대한 답은 매우 중요하므로 이후 서술될 II, III 에서 상세히 다룰 것이다.)

3. '시온의 의정서'에 기획된 '초국가적 정부'가 예수와 다니엘이 예언한 종말제국을 실현하고 있다

•「시온 장로 의정서」가 던진 역사적 파문

20세기 초에 이르러 세상을 떠들썩하게 한 문제의 책이 출간되었다.「시온 장로 의정서」(*The Protocols of the Elders of Zion*), 일명 '시온의 의정서'로 부르는 책으로 1897년부터 1903년 사이에 러시아에서 표트르 라치코프스키 등이 출판하였다. 러시아에서 처음 출판된 이후 여러 언어로 번역되었으며, 20세기 초반에 전 세계에 퍼졌다. 이 의문의 책에는 자칭 유대인이라 주장하는 특수집단에 의한 세계 정복과 이를 위한 거대한 정치적, 경제적, 사회적, 종교적 실행계획이 담겨 있다.

'시온의 의정서'의 '시온'(Zion)은 예루살렘 성지의 언덕을 일컫는 말로서 이스라엘 최초 통일왕국의 왕이 된 다윗이 법궤를 '시온 산'(이스라엘 민족의 조상 아브라함이 거룩한 제사를 하나님께 드렸던 장소인 모리아 산을 일컬음)으로 옮겨 왔으며(삼하 6:10-12) 이후 그의 아들 솔로몬 왕이 이곳에 성전을 세웠다. 그야말로 '시온'은 유대인들의 영원한 마음의 고향이며 이스라엘 민족을 상징하는 역사적인 장소이다. 따라서 '시온'이란 이름을 담은 세계 제패 책략서가 세상에 등장한 사실만으로도 비상한 관심을 끌지 않을 수 없었다. 그런데 이 책은 지난 1세기 동안 그 진위를 두고 수많은 논쟁을 거듭하고 있다. 즉, 유대인들의 세계 정복 의지가 담긴 책략서라고 주장하는 측과 유대인을 모함하고 곤경에 빠뜨리려는 음흉한 의도로 만들어진 위서라고 주장하는 측이 첨예하게 맞서 왔다. 아직도 지구촌 대부분의 사람들은 이 제국의 실체를 명확하게 알지 못하고 있으며 다만 호사가들 사이에 음모론의 대상으로 설왕설래하고 있는 실정이다. 하지만 분명한 것은 이 책이 세상에 알려진 이후 백 년이 지난 오늘날 이 책에 기획된 세계 정복 시나리오의 많은 부분이 실제로 이루어지고 있다는 사실이다. 그러므로 '시온의 의정서'가 프랑스의 '모리스 졸리'가 쓴 '마키아벨리'와 '몽테스키'의 '지옥에서의 대화'라는 풍자 소설을 표절하여 만든 위조된 문서라는 주장은 점차 그 설득력을 잃어 가고 있다. 이 책에 담긴 세계 지배 책략이 오늘날까지 성공적으로 수행되고 있기 때문이다. 그러므로 다음과 같은 결론을 내릴 수 있다. 적어도 이 책은 위서가 아니며 예언가적 초능력을 가진 자가 썼거나 혹은 실제로 세계를 정복하려는 자들이 분명한 의도를 가지고 쓴 것이다. 어떤 것이 진실이든 '시온의 의정서'는 모든 나라와 민족들을 굴복시키고 인류를 하나로 묶는 강대한 제국을 추구하는 의지를 분명히 드러내고 있다.

• 21세기에 현존하는 종말제국의 진상을 밝혀 주는 '시온의 의정서'

21세기 현재 예수 그리스도와 선지자 다니엘이 예언한 마지막 적그리스도의 제국이 그 모습을 드러내고 있는가?

이 중대한 물음에 답하기 위해서 '시온의 의정서'와 '다니엘'서 및 '요한계시록'을 상호 비교하여 분석할 필요가 있다. 그 이유는 놀랍게도 이 세 권의 책에서 예고한 종말제국의 출현과 통치 사상에 관한 내용이 일치하고 있기 때문이다. '다니엘'서와 '요한계시록'에서는 마지막 때에 출현할 종말 제국의 독재자가 배금주의와 예수 그리스도를 대적하는 반 복음 사상을 가진 자임을 증언하고 있다.(요한계시록 13장, 17장, 18장 참조) 그런데 이러한 통치 이념을 가지고 등장할 '초국가적 정부' 혹은 '미래의 세계 지배자 정부'(시온의 의정서 제5, 15의정 참조: 이하 '세계정부'로 약칭함)를 기획한 문서가 바로 '시온의 의정서'이다. 실제로 '시온의 의정서'에는 그리스도인들을 대적하는 통치 이념이 적시되어 있을 뿐만 아니라 보다 구체적인 실천 계획까지 제시되고 있다. '시온의 의정서'에 언급된 '세계정부'(종말제국을 창설, 운영하는 정부)가 곧 예수와 다니엘이 예언한 종말제국이라는 또 다른 증거는 앞서 서술한 역사적, 환경적, 경제적, 사회적 종말 현상이 나타나고 있는 시점에 맞추어 '세계정부'가 그 실체를 드러내고 있다는 점이다. 만약 '시온의 의정서'에 예고된 '세계정부'가 성서에서 예언된 '열 뿔' 짐승으로 일컫는 제국의 정부라면 이 괴물 제국에 짓밟힌다고 예언된 세 제국도 당연히 이 시대에 현존한다고 결론지을 수 있다. 그렇다면 이제 '세계정부'라는 기이한 실체가 이 시대에 어떤 형태로 활약하고 있는지 먼저 규명한 후 이 독특한 형태의 '세계정부'에 짓눌림을 받고 굴복당하는 다른 '세 큰 짐승'(세 강대국)이 어떤 나라인지 그리고 그 역사적 실증이 무엇인지 알아보기로 한다. 그래야만 21세기에 나타나고 있는 다양한 종말의 전조가 진실임을 입증하는 또 하나의 증거가 확보되기 때문이다.

II. 초강대제국 출현을 목표로 암약하는 '세계정부'

전술한 바와 같이 구약성서 시대의 선지자 다니엘은 이 세상 마지막 때에 등장할 '큰 짐승 넷', 즉 네 제국의 등장에 대해 위대한 예언을 하였다. 그런데 앞서 나타난 세 제국을 제압하는 '네째 짐승'으로 지칭되는 종말제국이 21세기 지구촌에 그 두려운 모습을 서서히 드러내고 있다는 증거들이 나타나고 있다. 종말제국의 건설에 박차를 가하고 있는 '세계정부'의 활약이 해를 더할수록 노골화되고 있기 때문이다. 그렇다면 종말제국을 출현시킬 '세계정부'는 어떤 방식으로 세계를 공략하고 있을까? 지금 '세계정부'에 의해 지구상에 서서히 그 위세를 드러내고 있는 종말 제국의 비밀을 푸는 세 가지 키워드는 다음과 같다.

- 이전의 모든 제국과는 다른 새로운 유형의 '열 뿔' 제국
- 천하를 삼키는 '돈' 제국
- 예수의 복음을 말살하는 '적그리스도' 제국

1. '이전의 모든 짐승(제국)'과는 다른 열개의 '뿔'을 지닌 '짐승'으로 상징 되는 종말제국의 정체

예수 그리스도는 수제자 사도 요한에게 내린 계시를 통하여 이 세상 끝에 나타날 무서운 제국의 실체를 폭로하고 있다. '요한계시록'에는 이 종말제국을 열 개의 뿔이 달린 괴물 짐승으로 묘사하고 있다.

내가 보니 바다에서 한 짐승이 나오는데 뿔이 열이요 머리가 일

곱이라 그 뿔에는 열 면류관이 있고 그 머리들에는 참람된 이름들이 있더라(요한계시록 13:1)

구약시대 선지자 다니엘 역시 '열 뿔'이 달린 괴물과 같은 종말제국의 출현을 예언을 하였는데 다니엘은 세상 끝에 나타날 제국의 새로운 존재 형태를 집중적으로 강조하고 있다.

네째 짐승은 무섭고 놀라우며 또 극히 강하며… 이 짐승은 전의 모든 짐승과 다르고 또 열 뿔이 있으므로… 넷째 짐승은 곧 땅의 네째 나라인데 이는 다른 모든 나라와 달라서 천하를 삼키고 밟아 부숴뜨릴 것이며… 세 왕을 복종시킬 것이며(다니엘 7:7, 23-24)

위의 두 예언을 종합해 보면 세상 끝 무렵에 나타나는 '최후의 제국'은 열 개의 '뿔'을 가진 짐승으로 상징되는 제국이며 이는 역사상 그 유래를 찾기 힘든 새로운 유형의 제국이다. 그러므로 '열 뿔' 짐승으로 상징되는 종말제국은 지금까지 지구상에 나타난 어떤 제국과도 그 존재 양식이 다르다는 점에 특별히 유의해야 한다.

• '전의 모든 짐승'과 다른 새로운 유형의 제국은 어떤 존재인가?

종말제국은 지금도(2024년 현재) 완전히 그 모습을 드러내지 않고 있다. 하지만 그 실체가 드리우는 어두운 그림자가 온 세계를 뒤덮고 있다. 실제로 전무후무한 제국 건설을 목표로 하는 '세계정부'가 일으키는 중대 사건들이 이 지구상에 일어나고 있기 때문이다.

그렇다면 왜 공포의 제국을 출현시키려는 세력의 실체를 쉽사리 파악할 수 없는 것인가?

　각 나라와 민족들이 그 실체를 제대로 파악하지 못하고 있는 것은 이 제국이 지금까지 존재했던 나라들과 전혀 다른 유형의 국가이기 때문이다. 선지자 다니엘은 이 나라가 '모든 짐승(나라들)과 (존재 양식이) 달라서 심히 무섭고' 라는 증언을 하고 있다. 전통적으로 국가는 국민과 영토와 주권의 3요소에 의해 성립된다. 그런데 다니엘은 이 전통적인 국가 개념과는 다른 나라가 이 세상 끝에 등장한다는 이상한 예언을 하고 있다. 즉, 모든 사람들이 인지할 수 있는 지리상의 영토와 특정한 문화와 혈통을 지닌 국민으로 구성된 나라가 아닌 다른 형태의 제국이 등장한다는 것이다. 만일 그 나라의 영토를 확인할 수 없고 그 정부의 움직임을 쉽사리 간파할 수 없는 나라가 암암리에 이 지구상에서 암약하고 있다면 참으로 무섭고 두려울 것이다. 상대는 나의 모든 것을 볼 수 있지만 나는 전혀 상대를 볼 수 없다. 그것은 마치 레이더에 잡히지 않는 스텔스 전투기가 재래식 전투기에겐 공포의 대상이 되는 것과 같다. 사람들이 심리적으로 극도의 공포를 느끼는 것은 가장 두려운 존재가 분명히 활동하고 그 영향력이 나타나는 것을 목격하지만 도무지 그 실체를 알 수 없을 때에 일어난다. 그래서 확실하게 그 전모를 파악할 수 없는 나라가 눈에 보이는 나라와 민족을 마음대로 짓밟아도 제대로 대항하지 못한 채 굴복할 수밖에 없다. 다니엘이 언급한 '그'(단 9:27)의 존재와 활동 목적이 베일 속에 가려져 있으므로 '그'에 의해 피해를 보아도 반격할 대상을 파악할 수 없다는 것은 치명적이다. 오늘날 이 유령과 같은 '세계정부'가 은밀히 움직이며 그 뜻한 바를 가공할 속도로 이루어 가고 있다면 참으로 소름끼치는 일이다. 만약 세계 통치를 꿈꾸는 세력이 자신들의 뜻을 거스르는 모든 대상에 대해 무자비한 파괴를 가한 후 그 실체가 드러나기 전에 변종 바이러스와 같이 그 형태를 자유자재로 바꾼다면 그 세력은 심히 두렵고 무서운 존재이다. 그리고 이러한 존재가 세계적 네트워크를 통해 교묘히 세계를 정복해 간다면 선지자 다니엘의 예언대로 '천하를 삼키'(단 7:23)게 되는 것이다. 더구나 이러한 가공할 파괴력을 지닌 세력이 이 시대에 이미 존재한다면 어떻게 될 것인가? 그리고 그 배후를 다 파악할 수 없는 세력이 지금 이 순간에도 이 지구상에서 거대한 정복게임을 펼치고 있다면 그것은 보통 문제가 아니다.

• 종말제국의 또 다른 이름; '세계정부'의 '열 뿔' 권력 체제

거듭 말하지만 선지자 다니엘은 '이 짐승은 전의 모든 짐승과 다르고 또 열 뿔이 있으므로'라고 언급함으로써 종말제국이 기존 제국과는 다른 독특한 형태의 제국임을 강조하였다. 그런데 놀랍게도 예수 그리스도는 사도 요한을 통하여 이 '열 뿔' 제국의 존재 양식과 활약 상황에 대해 계시하였다. 요한계시록(17장 12–14절)에는 '종말제국'에 충성하는 '열 뿔'로 상징되는 '왕'의 행태가 구체적으로 밝혀져 있다.

네가 보던 열 뿔은 열 왕이니 아직 나라를 얻지 못하였으나 다만 짐승(종말 제국의 독재자)으로 더불어 임금처럼 권세를 일시에 받았더라 저희가 한 뜻을 가지고 자기의 능력과 권세를 짐승에게 주더라 저희가 어린 양(예수 그리스도를 지칭)으로 더불어 싸우려니와(요한계시록 17:12-14)

위의 말씀에서 파악할 수 있는 '열 뿔' '왕'의 정체에 대한 정보는 이러하다.

- 전통적인 의미의 나라가 아닌 권력 체제
- 마지막 제국 및 독재자와 더불어 일시적으로 통치자 행세를 하는 존재
- 모든 능력을 발휘하여 공포의 독재자를 추종하고 받드는 권력 체제
- 예수 그리스도를 대적하여 싸우는 존재

'열 뿔'의 존재를 전통적인 의미의 국가가 아닌 새로운 양식의 권력 체제로 규정하는 이유는 '나라'를 이루지 못했지만 '왕'과 같은 권력을 행사 하고 있다고 요한계시록에서 증언하고 있기 때문이다. 따라서 '열 뿔'로 상징되는 권력자는 이른바 '국가인 듯 국가 아닌 국가 같은' 기능을 하면서 마지막 제국의 독재자에게 충성을 다하는 권력 체제이다. 결론적으로 선지자 다니엘과 예수 그리스도가 예언한 새로운 유형의 종말제국이란 유사국가기능을 하는 권력 체제를 통하여 나라와 민족을 정복해 가는 제국을 의미한다.

그렇다면 과연 이 미스터리한 체제는 과연 무엇인가?

이 물음에 대한 답은 위에 제시된 요한계시록(17:12-14)의 증언에 이어 '시온의 의정서'에서 찾을 수 있다. 그것은 바로 '초국가적 기구'를 암암리에 거느리는 '세계정부'이다. '시온의 의정서' '제5 의정'에서는 '열 뿔'로 상징되는 유사국가 체제의 실체에 대해 다음과 같이 밝히고 있다.

국제적인 지배권이란 것은 일부러 세계의 제 국가를 때려 부셔 버리지 않고도, 그 위에 포괄하여 초월적인 주권을 세우기만 하면 일은 이루어지는 것이다. 우리들은 현재의 지배자 대신에 초국가적 정부라고 일컬을 괴물을 만든다. 이 초국가적 국제기구의 손은 각 방면으로 벋

문 앞에 이른 예수

어, 강대한 조직을 형성하고, 모든 인민은 그 밑에 예속된다. 우리들은 겉보기가 근사한 특별위원회 같은 것을 만들고, 얼마나 진보를 위해 마음을 쓰고 있는가를 알리도록 한다. 우리의 지배는 날카로운 관찰과 분석, 비길 데 없는 이성에 바탕을 두고 있으므로 누구도 우리와 맞설 수는 없다.

이제 21세기에 접어든 오늘날 '시온의 의정서'에 명시된 '초국가적 국제기구'를 '세계정부'가 어떤 모습으로 통치하고 있는지를 규명하면 다니엘 7장과 요한계시록 13, 17장에 예언된 '열 뿔'을 가진 넷째 짐승의 정체가 확실하게 드러난다. 아래에 예시된 국제기구들은 국가는 아니지만 국가 이상의 권한을 지닌 '초국가적 국제기구'들이다.

- '짐승'의 '열 뿔'로 상징되는 '초국가적 국제기구'의 예

1. 정치결사단체: 프리메이슨, 삼각위원회, 빌더버그, 외교협의회, 300인위원회, 왕립국제문제 연구소 등
2. 국가연합: UN, 유럽연합 등
3. 금융 통제 기관: FRB, 세계은행, IMF, 세계적 신용평가기관 (무디스, 스탠더드앤드 푸어스(S&P), 피치, 세계적 투자은행, 골드만삭스, JP모간, 미국 뱅크오브아메리카(BoA), 모건스탠리 등)
4. 무역 분쟁 관장 기관 및 무역블록: WTO, TPP, FTA
5. 종교 연합단체 및 운동: 세계 교회 협의회(WCC), WEA, 로마 가톨릭, 뉴에이지
6. 언론 관장 기구 및 포털 앱: 통신사-UPI, AFP, 로이터-국제 신문 편집자협회(IPI)-구글 야후 페이스북 등

7. 국제 법질서 관장 기구: 국제사법재판소, 국제해사기구(IMO)

8. 노동 조직 관장: 국제노동기구(ILO)

9. 스포츠 관장 기구: 국제올림위원회(IOC), 국제축구연맹(FIFA), 국제육상경기연맹

10. 보건 의료관장 기구: 세계보건기구(WHO)

위의 예시된 '열 뿔'로 상징되는 '초국가적 국제기구'들은 지금 이 시대 모든 나라들에게 어떻게 막강한 영향력을 행사하여 '무섭고 놀라우며 또 극히 강'한 '넷째 짐승'(종말제국)에 충성하는가?

'초국가적 국제기구'는 전통적인 의미의 국가처럼 지리적 국경선도, 국호도 없다. 이 기구들은 정치, 경제, 무역, 종교, 언론, 환경, 군사, 노동, 스포츠, 의료 등 다양한 직능 분야에서 범세계적인 연합 혹은 협의체란 이름으로 존재한다. 따라서 세계정부의 보이지 않는 손이 장악하고 있는 '초국가적 국제기구'의 특성과 역할을 면밀히 살펴봄으로써 '종말제국'의 실체를 파악할 수 있다. 이들의 행동 양식은 이러하다.

'초국가적 국제기구'는 인류 사회에 지극히 우호적이며, 또한 도덕적인 면에서 인류의 보편적인 가치 실현을 표방하고 있다. 실제로 이들은 기회 있을 때마다 인류의 번영과 안전과 생존을 위해 존재함을 공언하고 있다. 따라서 '초국가적 국제기구'에 소속된 세계 각 나라와 개인들은 이 기구들을 통하여 스스로 인류 사회의 공존공영에 이바지하고 있다고 믿고 있다. 그런데 사실은 이 막강한 권한을 쥔 국제기구들이 종말제국, 즉 하나의 통일된 '세계정부'를 수립하는 데 기여하고 있으며 또한 '종말제국'의 중심세력에 의해 암암리에 이용당하고 있다면 얼마나 놀랄 일이겠는가! '시온의 의정서'에서 예고된 대로 이 국제기

구들이 이미 '종말제국' 창설을 추진하는 '세계정부' 주도자들에 의해 예속되어 있다면 상황은 심각한 것이다. 더구나 '초국가적 국제기구'들이 사용하는 언어는 항상 인류의 평화와 번영을 말하고 있으므로 일반인들이 전혀 두려워할 것도, 경계해야 할 대상도 아니라고 믿기 때문에 더욱 위험한 것이다. 이 기구들은 모든 나라와 지역 사회와 개인들을 회원들로 삼고 있다. 그래서 이 '초국가적 국제기구'에서 발생하는 어떤 비도덕적인 혹은 무서운 음모로 예측되는 사건이 외부에 폭로되어도 이 기구들을 비판한다는 것은 곧바로 비판자 자신이 알게 혹은 모르게 직간접적으로 연관되어 있는 단체를 공격하는 것이 되는 기막힌 상황에 처하게 된다. 그래서 이 국제기구들의 비행을 완전히 제거하려면 곧 그 기구와 비판자 모두의 파산을 각오해야 한다. 이 기구들의 존재는 각 나라와 개인의 생존과 이익에 깊숙이 연루되어 있고 이 기구들의 영향력은 곧 나라와 집단의 해체를 가져올 정도로 막강하기 때문이다.

'시온의 의정서'에는 초국가적 국제기구가 어떻게 세계정부의 지휘에 따라 세계를 공략하고 있는 지 잘 나타나 있다. 즉, '세계정부'의 막강한 자금력이 뒷받침이 되어 세워진 국제기구들은 마치 인도의 비슈누신과 같은 것이다. 백 개의 손은 각기 각 사회의 기관을 쥐고 있다. 그리하여 이들이 나라와 민족을 굴복시키는 방법은 전통적인 의미의 무력전쟁에 의한 영토침범에 의해서가 아니다. 이 '세계정부'의 실권자들은 전혀 다른 프로그램을 작동시켜 상대 나라와 국민들이 미처 깨닫지 못하는 사이에 그들의 모든 것을 빼앗고 통제하는 교활한 방법을 구사한다. '시온의 의정서' 본문에는 이들이 세계를 공략하는 수단이 되는 다양한 단어들이 적혀 있는데 예를 들면 '프리메이슨', '언론', '경제력', '스포츠', '오락', '유대교', '교황', '진화론', '공산주의', '전체주의', '내국채' 등이다. '종말제국' 출현을 목표로 삼는 세력은 이러한 단어들과 연관된 세계적인 기관 및 협의체의 설립과 운용을 통해 암암리에 나라들을 공략하고 자신들의 수하에 복속시킬 것을 공언하고 있다. 오늘날 '세계정부' 중심 세력에 충성하는 '열 뿔', 즉 유사 국가 체제의 수장들은 경제 대통령, 스포츠 제국의 왕, 세계의 입, 수억 인류의 영적 지도자 등으로 불리어지고 있다. 실제로 이들은 전통적인 의미의 국가 통치자보다 더 큰 권력을 행사하고 있다. 이리하여 세계적 규모의 유사 국가기관들은 지구상 모든 나라와 지역 사회를 종과 행으로 묶어 무수한 추종자들을 이끌며 통치하고 있다. 그런데 이러한 '국가인 듯 국가 아닌 국가 같은' 기관들이 인류의 복지와 평화를 위하여 설립되었음을 주장하고 있지만 실상은 종말 제국의 출현을 위해 알게 모르게 이바지하고 있다면 참으로 소름끼치는 것이다. 놀랍게도 이 초국가적 기관들이 종말제국의 적그리스도 통치자를 위하여 활동하게 될 것을 예수 그리스도의 계시 예언은 명백히 밝히고 있다.

네가 보던 열 뿔은 열 왕이니 아직 나라를 얻지 못하였으나 다만 짐승으로 더불어 임금처럼 권세를 일시에 받았더라 저희가 한 뜻을 가지고 자기의 능력과 권세를 짐승에게 주더라(요한계시록 17:12-13)

2. '열 뿔'을 가진 '네째 짐승'으로 지칭되는 종말제국의 '세계정부'는 돈으로 "천하를 삼키고" 있다

네째 짐승은 곧 땅의 네째 나라인데 이는 다른 모든 나라와 달라

서 천하를 삼키고 밟아 부숴뜨릴 것이며(다니엘 7:23)

　오늘날 세계를 움직이는 권력의 발원지가 종말제국을 형성해 가고 있는 '세계정부'라면 수많은 국제기구와 나라들을 통제하는 수단은 과연 무엇인가?

　이 물음에 대한 답은 일찍이 예수께서 경고한 "맘몬"(재화)에 있다. 지금의 세계는 개인이든 국가든 돈이 없이는 생존할 수 없는 구조를 이루고 있다. 당연히 국제기구들도 돈의 공급이 끊기면 그 활동을 이어 갈 수 없으므로 결국 자금을 투자한 세력이 원하는 대로 움직일 수밖에 없다. 그래서 국제적 규모의 기구들이나 협의체의 배후에는 직간접적인 영향력을 행사하는 거대한 금권세력이 존재한다고 추정할 수 있다. 예컨대 세계를 움직이는 '초국가적 국제기구' 중의 하나인 세계적 경제기구나 투자은행들의 이중성은 이미 잘 알려진 사실이다. 이들은 시시때때로 불공정하고 지극히 편파적인 경제 진단과 거짓 정보와 경제전망을 남발하고 또한 급격한 돈의 공급과 축소를 자유자재로 구사하며 나라와 기업체들을 사지로 몰아넣고 있다. 예컨대 글로벌 신용평가 기업의 빅3(무디스, 스탠더드앤드푸어스, 피치)가 월가의 거대 자본과 결탁해 자본 시장을 왜곡해 왔다는 의심이 끊이지 않는데 그 대표적인 예가 2007년 서브프라임 모기지(비우량 주택 담보대출) 사태다. 세계적 신용평가기관의 잘못된 정보와 판단은 많은 나라와 기업체들에게 치명적인 결과를 가져올 수 있다. 이것은 초국가 경제 관련 기구들의 실체가 어떠함을 폭로하고 있는 하나의 사례이다. 그래서 다음과 같은 상식적인 물음을 제기할 수 있다. 과연 세계 경제에 막대한 영향력을 행사하는 초국가적 금융기구들은 결정적인 시기마다 중대한 실수를 저지를 만큼 비전문적인 집단인가? 그것이 아니라면 도대체 이들이 발표하는 금융관련 예측 지표들은 어떤 세력을 위한 것인가? 누구도 그 비밀스런 정체를 완전하게 밝힐 수 없다 하더라도 분명한 사실은 나라와 기업의 생존을 결정짓는 경제적 대사건의 배후에 가공할 금권세력이 있으며 그들은 충분한 돈을 가지고 있다는 사실이다. '시온의 의정서' '제5 의정'에는 무심히 넘겨 버릴 수 없는 섬뜩한 내용이 담겨 있다. 그것은 '종말제국'을 만들어 가는 세력, 즉 '천하를 삼키'는 제국의 정치적 권능이 '돈'에서 나온다는 사실을 천명한 것이다.

오늘 우리 손에는 가장 위대한 힘인 돈(金)이 있다. 우리 돈으로 세상에서 원하는 모든 것을 살 수 있다. 우리가 참으로 세계를 지배할 운명을 가지고 태어났다는 것은 더 이상 증명할 필요가 없다. 이것을 전 세계에 걸쳐 실현하기 위해서 이미 눈에 보이지 않는 비밀의 공작이 시작되고 있다. 일이 제대로 잘되면 정치는 자본에 종속하게 되고 각 나라 국민은 그 아래 짓눌려 신음하게 된다.

• 모든 국제기구와 나라와 국민이 '돈'으로 제압되다

'시온의 의정서'에서 예고한 대로 오늘날 정치, 경제, 사회, 환경, 노동, 스포츠 등 각 분야를 관장하는 '초국가적 국제기관'들은 이 돈을 가진 세력들에 의해 통제되고 그들의 의도대로 움직이고 있다고 볼 수 있다. 이 세력들은 스스로 인류를 위하여 행동하는 것처럼 선전하지만 사실은 모종의 거대한 악을 실천하고 있는 것이다. 그래서 지난 백 년 동안의 역사는 많은 나라들이 총성 없는 경제 전쟁에서 패배하여 내일을 기약할 수 없는 상황으로 내몰린 수많은 사건들로 채워져 있다. 21세기에 들어서서도 냉혹한 머니게임에 의해 먹히고 부서지고

문 앞에 이른 예수

밝히는 나라들은 속출하고 있다. 지금 이 순간에도 세계를 움직이는 각종 국제기관을 장악한 금권세력들은 유령과 같은 돈의 힘으로 모든 지리적 국경선을 허물어뜨리고 있다. 잔인한 금권세력의 횡포는 그칠 줄 모르고 거대한 폭발점을 향하여 나아가고 있다. 하지만 지금 세계 모든 나라와 국민들은 그들을 굶주림과 헐벗음으로 몰아넣는 괴물의 실체를 찾지 못한 채 허우적대고 있다. 분노의 칼을 들고 있지만 그 칼을 겨눌 대상이 보이지 않는 것이다. 이름표가 없는 돈이 유령처럼 떠돌아다니며 국가와 국민들을 공격하고 있지만 그 돈 뒤에 숨어 있는 자들을 찾아낼 능력도 수단도 갖지 못함으로써 속수무책으로 당하고 있는 것이다. 이 '무섭고 놀라우며 또 극히 강'한 그림자 같은 '세계정부'의 사신들은 무수한 법인체와 국제기구의 이름으로 활동하기 때문에 그 실체를 알기 힘든 것이다. 단지 확인할 수 있는 것은 한때 명성을 날리던 나라들이 먹히고 부서지고 밟히고 있다는 사실이다. 그 결과 갖가지 경제적, 사회적, 환경적 고통과 피해를 겪어야만 하는 모든 나라와 국민들은 그 교묘한 악의 실체를 파악하지 못한 채 아우성치고 있다. 각 나라의 국민들은 사실상 아무런 대책을 가지고 있지 않는 자국의 정치인과 지도자들을 향하여 살려 달라고 울부짖고 있다. 하지만 최후의 독재자가 역사의 전면에 등장하기 전까지는 그 실체를 밝히려고 아무리 애써도 양파껍질처럼 벗겨질 뿐 알맹이는 나타나지 않을 것이다. 온갖 음모론이 난무하지만 그 진위는 밝혀지지 않는다. 그래서 누군가 '세계정부'의 존재와 악행을 폭로할 때마다 억측을 남발하는 과대 망상자로 비판받을 뿐이다. 이제 우리는 분명히 멸망에 직면한 이 세상의 실체적 진실을 깨달아야 한다. 21세기, 인류가 겪고 있는 역사적, 환경적, 경제적, 사회적, 정치적 종말 현상은 타락하고 부패한 인간이 저지른 범죄의 결과이다. 이를 심층적으로 증거한 분은 예수 그리스도이다. 예수 그리스도의 말씀은 그 어떤 것보다 설득력이 있는 도덕적 잣대이다. 하지만 안타깝게도 개개인이 예수의 복음을 듣고 구원을 받을 기회는 빠르게 사라지고 있다. 이 지구상에 '대환란'을 불러 올 악의 제국이 그 어두운 실체를 드러내고 있기 때문이다.

3. '적그리스도' 종말제국이 다가오고 있다

사도 요한에게 주신 예수의 계시인 요한계시록에는 "열 뿔"로 상징되는 종말제국의 또 다른 특징을 증언하고 있는데 "짐승"으로 지칭되는 독재자가 세계를 통치하며, 하나님을 대적하고 그리스도인들을 핍박할 것을 다음과 같이 증언하고 있다.

> 짐승이 입을 벌려 하나님을 훼방하되… 또 권세를 받아 성도들
> 과 싸워 이기게 되고 각 족속과 백성과 방언과 나라를 다스리는
> 권세를 받으니(요한계시록 13:6-7)

위의 말씀은 '종말제국'이 천하를 삼키며 예수 그리스도와 그의 복음을 믿는 자들을 가혹하게 탄압할 것을 예고한 것이다.(이에 대한 자세한 내용은 별도의 장에서 다룰 것이다.) 다니엘서에도 하나님을 모독하고 성도들을 핍박하는 '종말제국'에 대해 증언하고 있다.

> 네째 짐승은 곧 땅의 네째 나라인데… 천하를 삼키고 밟아 부숴
> 뜨릴 것이며… 장차 말로 지극히 높으신 자를 대적하며 도 지극
> 히 높으신 자의 성도를 괴롭게 할 것이며… 그러나 심판이 시작

되었은즉… 끝까지 멸망할 것이요(다니엘 7:23-26)

결론적으로 예수 그리스도와 선지자 다니엘이 예고한 종말제국은 오늘날 '초국가적 국제기구'를 거느리는 '세계정부'에 의해서 통할되고 있으며 이 유령과 같은 '열 뿔' 제국은 천하를 '돈'으로 삼키는 금권세력 이며, 예수 그리스도의 복음을 말살하고 하나님을 대적하는 '적그리스 도' 제국이라 할 수 있다.

III. 다니엘이 예고한 '열 뿔'을 가진 '네째 짐승'에 제압당하는 세 제국의 정체는?

앞서 밝혔듯이 선지자 다니엘은 세상의 마지막 때에 '열 뿔'을 가진 '네째 짐승'(종말제국)의 출현에 앞서 세 '큰 짐승'으로 일컫는 제국이 나타날 것을 예언하였다. '독수리'와 '곰'과 '표범'으로 상징되는 이세 제국은 결국 '열 뿔' '종말제국'에 의해 제압될 것을 예언하였다.(단 7:3-23) 그래서 이제 '세상의 끝'을 알리는 온갖 전조들이 나타나고 있는 21세기에 다니엘이 예언한 '독수리'와 '곰'과 '표범'으로 상징되는 제국이 과연 어떤 형태의 나라들로 존재하는지? 그리고 이 세 강대 세력들이 어떻게 '종말제국'의 사령부인 '세계정부'에 의해 굴복당하는지 그 역사적 실증을 제시하기로 한다.

1. 첫째 짐승의 제국은 어느 나라인가?

첫째는 사자와 같은데 독수리의 날개가 있더니⋯ 또 사람의 마음을 받았으며(다니엘 7:4)

20세기에 이어 21세기에, 독수리 날개를 달고 있는 사자이며 사람의 마음을 받은 나라로 상징되는 초강대국으로서 지구상에 군림하고 있는 나라는 다름 아닌 미국이다. 미국을 상징하는 동물은 흰머리 독수리이다. 역사적으로 미국은 영국의 청교도들이 미국으로 이주해 정착하고 영국의 식민지로써 통치를 받다가 독립운동을 벌여 1776년에 세운 나라이다. 따라서 미국의 뿌리는 영국이다. 그런데 영국을 상징하는 짐승은 사자이다. 영국 군주를 상징하는 국장에는 왕관을 쓴 사자가 그려져 있다. 사자로 상징되는 영국과 독수리로 상징되는 미국은 같은 게르만 혈족이며 같은 언어와 문화권이다. 미국의 자본주의 경제 체제의 제도들은 대부분 16세기에서부터 19세기까지 영국에서 발달한 것들이다. 영국은 '이신론'과 베이컨의 '경험주의' 철학을 바탕으로 한 과학기술의 발전으로 산업 혁명을 이룸으로써 현대 기술 산업 사회 시대를 열었다. 미국은 영국에서 발흥된 산업자본주의 경제체제를 세계적으로 확장시키며 마침내 20세기 초 세계를 선도하는 강대국이 되었다. 따라서 다니엘이 예언한 사자 모양을 한 독수리 날개를 단 존재는 영국의 정치적, 경제적 자양분을 모두 흡수하여 초강대국으로 등장한 미국이다. 흥미롭게도 선지자 다니엘은 이 초강대국이 '사람의 마음'을 받았다고 증언하고 있는데 미국의 또 다른 상징은 동물이 아닌 사람으로 '엉클 샘'이다. 미합중국의 약자 U.S(United State)는 샘 아저씨(uncle Sam)의 머릿 글자인 'U.S.'와 연관지어 부르는 약자이다. 이를 통해 미국은 애국심을 고취하고 있다. 따라서 선지자 다니엘이 예고한 '사람의 마음'을 받은 사자의 몸통을 가진 독수리를 국가의 상징으로 하는 나라는 오늘날 자본주의 국가들을 선도하고 있는 미국이다.

2. 둘째 짐승의 제국은 어느 나라인가?

둘째는 곰과 같은데 그것이 몸 한편을 들었고 입 사이에는 세 갈빗대가 물렸는데… 많은 고기를 먹으라 하였으니(다니엘 7:5)

이 세상 끝에 '네째 짐승'(종말제국)과 맞닥뜨릴 '곰'의 나라는 러시아이다. 러시아의 땅(동유럽, 우랄 산맥, 시베리아, 흑해 연안)에는 곰이 많이 살고 있고 곰과 친숙한 문화가 형성되어있다. 러시아에서 곰은 강하고 거대한 것의 상징이다. 현재(2016) 통합 러시아당의 상징도 '러시아 곰'이다. 곰으로 상징되는 러시아의 주요 역사와 제국의 면모를 살펴보면 러시아의 왕조를 중심으로 한 지배계급은 그 뿌리를 (게르만족의 분파)인 노르만 바이킹에 둔다. 러시아의 피지배 계층으로는 '슬라브족'과 한때 지배계층으로 있었던 터어키계의 유목부족인 '코사크'와 '킵차크'이다. 다니엘의 예언대로 러시아 왕조는 "세 갈빗대" 민족(슬라브족, 코사크족, 킵차크족)을 복속시키고 주위 여러 지역을 정복한 사실을 확인할 수 있다. 러시아 왕조 국가에서 공산주의 종주국이 된 소련에 이르기까지 역사적인 과정을 간략히 살펴보면 다음과 같다.

곰의 나라 러시아가 제국으로써의 위세를 드러내기 시작한 것은 15세기부터이다. 15세기에 이르러 러시아는 모스크바를 중심으로 마침내 몽골의 지배를 벗어났다. 이것이 바로 모스크바 대공국이다. 모스크바 대공국에서는 이반 4세 이후의 왕은 '차르'(tsar)라고 칭했으며, 로마 제국과 비잔틴 제국에 이어 '제3의 로마제국'이라고 자칭했다. 이처럼 노르만 바이킹의 진출로 시작된 바이킹 왕조의 역사는 20세기 초 제정러시아가 문을 닫고 소비에트사회주의 연방공화국('소련')이 들어섬으로써 그 막을 내린다. 로마노프 왕조(1613년부터 1917년까지 304년 동안 러시아 제국을 통치한 왕조)를 무너뜨리고 국제 정치 무대에 등장한 '소련'은 무신론적 유물론 사상에 기초한 공산주의 이념을 지향하는 종주국으로서 다니엘이 예언한 것처럼 '많은 고기'를 삼켰는데 실제로 주위의 많은 나라들을 위성국가로 복속시켜 지난 20세기 거대한 영토를 지닌 '연방 공화국'으로 위세를 떨쳤다. 지난 100년 이래 공산주의 사상은 세계 도처에서 계층 간의 갈등을 야기하며 각 나라에 피바람을 불러왔다. 공산주의 종주국으로서의 '소련'이 해체된 뒤 등장한 러시아도 여전히 다니엘이 예언한 '곰'으로 상징되는 제국의 위세를 유지하고 있다.

전술한 바와 같이 다니엘 7장 5절의 예언은 지배계층인 노르만 바이킹족이 세 민족을 복속하고 여러 나라를 흡수해 가는 근대 러시아의 역사적 행태와 일치하고 있다. 21세기에도 러시아는 군사 초강대국으로서 세계 도처에서 그 영향력을 확장하려고 시도하고 있다. 이처럼 러시아는 전통적으로 제국주의적 확장성을 끈질기게 추구하는 '곰'으로 상징되는 '큰 짐승'(강대국)의 나라이다.

3. 셋째 짐승의 제국은 어느 나라인가?

다른 (셋째) 짐승 곧 표범과 같은 것이 있는데 그 등에는 새의 날개 넷이 있고 그 짐승에게 머리 넷이 있으며 또 권세를 받았으며 (다니엘 7:6)

마지막 때에 '넷째 짐승'으로 상징되는 종말제국의 '세계정부'에 짓밟히게 될 셋째 짐승은 다니엘이 '표범'으로 예고한 제국이다. 이 '표범'으로 상징되는 국가는 중동의 이슬람 국가들이다. 이들 국가를 상징하는 야생 표범은 아라비아 표범과 페르시아 표범을 들 수 있다. 아라비아 표범은 사막의 열악한 조건에서도 세계에서 가장 (환경)적응력이 뛰어난 동물 중 하나이다. 한편 페르시아 표범은 이란, 아프가

니스탄(무굴제국) 등에 분포하는 표범으로 모든 아종들 중에서 가장 크다고 알려진 것으로 이란표범(Iranian Leopard)이라고도 부르기도 한다.

이슬람 제국은 세계사에서 가장 거대했던 제국 중의 하나이다. 이슬람 제국의 특징은 엄격한 종교적 계율주의를 통치이념으로 삼는데 이 통치이념을 그대로 이어받은 현대 중동 이슬람국들이 정통성 시비를 벌이며 분쟁을 멈추지 않고 있다. 실제로 중동 이슬람권 지역은 오늘날 이 지구상에서 가장 심각한 종교적, 정치적, 경제적, 군사적 갈등을 겪고 있는 곳이다. 선지자 다니엘은 이 표범으로 상징되는 제국을 두고 "표범과 같은 것이 있는데 그 등에는 새의 날개 넷이 있고 그 짐승에게 머리 넷이 있으며 또 권세를 받았으며"(단 7:6)라고 설명하고 있는데 이는 표범과 같이 날쌔고 용맹한 기세로 정복한 여러 민족과 나라들을 네 명의 통치자가 다스리게 되는 제국의 출현을 예언한 것이다. 실제로 이슬람 제국은 이슬람교의 시조 무함마드 이후 네 명의 정통 칼리파국 통치로 그 위세를 이어 갔다. 정통 칼리파국이란 이슬람교 역사에서 632년에 무함마드가 사망하고 4명의 정통 칼리파가 제국을 통치한 시대를 가리킨다. 이때 칼리파는 아라비아 반도에서 시작하여 레반트를 거쳐 북으로는 코카서스 서쪽으로는 이집트와 북아프리카를 거쳐 오늘날의 튀니지 동으로는 이란 고원을 거쳐 중앙아시아에 이르는 광대한 제국을 다스렸다. 이 제국은 근대 이슬람 제국인 오스만 제국(1299-1923)을 거쳐 오늘날까지 이슬람 왕조 국가들로 존속되고 있다. 21세기에도 여전히 중동의 이슬람국은 석유를 수단으로 하여 세계 정치의 판도를 좌우하는 영향력을 지니며 "표범"의 위세를 드러내고 있다. 아라비아 표범으로 상징되는 사우디아라비아는 이슬람교 '수니파'의 수장국이며 페르시아 표범으로 상징되는 이란은 이슬람교 '시아파'의 수장국으로 이슬람 국가들을 대변하고 있다.

전술한 바와 같이 각기 다른 이념과 정치적 체제를 가진 세 제국이 21세기인 오늘날까지 현존하고 있는데 자본주의 진영을 이끌고 있는 미국과 공산주의 종주국인 러시아 그리고 이슬람교를 국교로 하는 나라들을 대변하고 있는 사우디아라비아와 이란이다. 이 나라들은 각각 자본주의와 공산주의와 이슬람교의 리더들이다. 이제 이 세 강대 세력들이 어떻게 '세계정부'에 의해 공략당하고 있는지 그 역사적 실증을 제시함으로써 적그리스도 '종말제국'의 실체적 진실에 다가가고자 한다.

V. '사자'와 '곰'과 '표범'으로 상징되는 세 제국은 어떻게 '세계정부'에 의해 제압당하고 있는가?

> 네째 짐승은 무섭고 놀라우며 또 극히 강하여 먹고 부숴뜨리고
> 그 나머지는 발로 밟았으며… 네째 짐승은 곧 땅의 네째 나라인
> 데 이는 모든 나라보다 달라서 천하를 삼키고 밟아 부숴뜨릴 것
> 이며(다니엘 7:7, 23)

오늘날 천하를 삼키고 있는 '네째 짐승'(종말제국)의 전위대인 '세계정부'에 의해 제압당하고 있는 강대국은 '사자'와 '곰과 표범'으로 상징되는 나라, 즉 미국과 러시아와 중동 이슬람 국가이다. 다니엘이 예언한 대로 천하를 삼키는 '넷째 짐승'으로 일컫는 '종말제국'의 '세계정부'가 어떻게 현존하는 세 강대 세력을 제압하고 있는가를 규명하는 것은 대단히 중요한 과제이다. 이를 통해 인류사적 종말이 다가오고 있음을 알 수 있기 때문이다.

결론부터 말하자면 지난 세기에 이어 금세기에 이르기까지 '세계정부'에 의해 미국은 먹히었고 러시아의 전신인 소비에트연방공화국은 부서졌으며 이슬람 국가들은 하나둘 차례대로 짓밟히고 있다. 이들은 영광의 정점을 이루었던 시점으로부터 빠르게 혹은 느리지만 분명하게 추락해 가고 있다. 오늘날 자본주의, 공산주의, 이슬람의 중심 세력인 미국과 소련과 이슬람국들은 '세계정부'에 의해 그 기세가 꺾이고 있다. 그리고 이 세 강대세력의 영향력 아래 있는 모든 국가들도 함께 몰락해 가고 있다. 세 강대세력을 추종하는 나라들의 몰락은 종말제국이 그 사악한 실체를 공공연히 드러낼 날이 멀지 않았음을 반증하는 것이다. 그렇다면 이제 '미국은 어떻게 먹혔는가? 어떻게 소련이 부서

뜨림을 당하였는가? 그리고 이슬람 국가들은 어떻게 밟힘을 당하였는가?'라는 중대한 물음에 대해 답할 차례이다.

1. 먹힘을 당한 나라: 인간의 마음을 가진 독수리 제국-미국

> 네째 짐승은 무섭고 놀라우며 또 극히 강하여 먹고 부숴뜨리고 그 나머지는 발로 밟았으며… 넷째 짐승은 곧 땅의 넷째 나라인데 이는 모든 나라보다 달라서 천하를 삼키고 밟아 부숴뜨릴 것이며(다니엘 7:7, 23)

지난 2세기 동안 '종말제국'을 세우려는 '세계정부' 엘리트들은 돈을 무기로 삼아 미국을 삼켰다. 아래의 내용은 금권세력에 의해 먹혀 경제적 곤경에 처한 미국의 실상은 이러하다.

달러는 엄밀히 따지자면 미국정부 발행 화폐가 아니고 FRB(미국 연방준비제도)란 개인회사에서 만든 화폐이다. 달러의 가치를 하락시키든 상승시키든 미국정부는 결정권이 없으며 FRB의 소유주가 임의로 결정하는 것이다. 그러므로 달러의 발행 및 유통으로 갖가지 금융 소득의 혜택을 누리는 자는 FRB 주주들이다. 예를 들어 미국에서 한 해 걷어 들인 세금이 1,000조다. 하지만 미국은 경제위기로 금년(2012)에 예산 2,000조가 필요하다. 이 경우 미국은 부족한 1,000조를 재무부를 통해 개인회사 FRB에게 1,000조를 빌리는 것이며, 그 원금과 이자를 FRB에 갚는 것이다. 1914년 개인은행 FRB 창설 후 미국이 FRB에 빌린 원금을 과연 갚을 수 있을까? 답은 절대 갚을 수가 없다. 미 국민은 생산 활동을 통하여 얻는 소득으로 갚을 수 있는 금액보다 훨씬 많은 돈을 써 버렸으며 그 결과 이자는 해를 더할수록 눈덩이처럼 불어나고 있다. 현재 미국은 매년마다 폭발적으로 불어나는 채무액으로 인해 결코 헤어 나올 수 없는 부채에 허덕이고 있다. 소위 소수의 자본 세력이 미국의 명줄을 틀어쥐고 있는 것이다 그럼 FRB는 도대체 어디서 그 돈이 생겨서 미국 정부에게 빌려주는 것일까? 이 물음에 대한 답은 FRB는 달러지폐를 무한정 찍어낼 수 있는 권력을 가지고 있다. 그래서 필요시마다 종이 달러를 찍어서 줄 뿐이다. 이것은 달러를 세계 기축통화로 삼은 세력들이 만들어 낸 마술과 같은 능력을 확인시켜 준다. 종이돈을 찍어내어 돈 장사를 하고 있다는 사실은 참으로 우습고 황당한 일이다. 그래서 종이돈으로 제국과 나라들을 삼키는 것을 정당화시키는 세력은 선지자 다니엘의 예언대로 참으로 '무섭고 놀라우며 극히 강'한 세력이라 할 수 있다. 결국 종이 달러를 마음먹은 대로 무제한 발행할 권력을 쥔 자가 미국을 먹은 자들이다. 금권세력에 먹힌 미국은 천문학적인 부채와 눈덩이처럼 불어나는 이자로 인해 전 국민이 평생 죽도록 일해도 결코 다 갚을 수 없는 빚더미 아래 신음하고 있다. 돈을 발행할 권력을 쥔 세력들은 버젓이 미국의 안방을 차지하고 미국의 이름으로 전 세계를 호령하고 있다. 이 금권세력들은 종이 달러가 기축통화로써의 효력이 다할 시점에 '전자화폐'라는 새로운 세계 단일통화의 장을 열 것이다. 2024년 현재 전자화폐로의 전환은 이미 시도되고 있는 실정이다. 그래서 미국이 달러의 몰락과 함께 패권국의 지위를 상실한다 해도 배후의 금권세력은 여전히 모든 국가를 새로운 유형의 화폐로써 통치할 것이다. 이리하여 미국은 그 존재를 다 드러내지 않고 있는 '열 뿔'로 상징되는 '세계정부'에게 먹힘을 당한 국가임이 최종적으로 증명될 것이다.

문 앞에 이른 예수

2. 부서뜨림을 당한 나라: 곰의 제국인 소련의 해체

> 네째 짐승은 무섭고 놀라우며 또 극히 강하여 먹고 부숴뜨리고
> 그 나머지는 발로 밟았으며… 네째 짐승은 곧 땅의 넷째 나라인
> 데 이는 모든 나라보다 달라서 천하를 삼키고 밟아 부숴뜨릴 것
> 이며(다니엘 7:7, 24)

소련(소비에트사회주의 연방공화국)이 부서지게 된 과정은 이러하다.
소련(소비에트 사회주의 연방공화국)니 부서지게 된 과정을 보면 동
유럽 혁명 이후 소련에 대한 더 많은 민주주의와 자치권 도입을 주장
하며 고르바초프에 대한 증가된 시위는 공산주의 국가의 몰락을 가져
온다. 고르바초프는 소련의 경제를 활성화시키기 위해, 1980년대 미
하일 고르바초프는 개방/개혁(글라스노스트/페레스트로이카)을 시
행하고 공산당 일당제를 폐지한다. 그리고 1991년 12월 25일 사임
을 발표하여 소련이 공식적으로 해체된다. 이후 소련의 공화국 15개
가 독립하였다. 소련의 붕괴로 결국 냉전이 종료하게 된다. 소련이라
는 거대한 북극곰이 쓰러지게 된 배경에는 1당 독재의 공산주의 국가
의 억압된 체제에서 야기된 정치적, 민족적 갈등으로 인한 것이 외면
상의 원인이지만 그 내면에는 무엇보다 경제 환경의 악화가 놓여 있었
다. 구소련의 경제적 붕괴는 본질적으로 소련이 국제적인 경제 전쟁
에서 패배한 데서 시작된 것이다. 소련의 해체에는 '먹힌 나라' 미국을
움직이는 금권세력의 경제적 공략이 있었다. 즉, 국제 석유메이저의
석유가격 조정 작전과 세계적인 투자은행들의 고도로 계산된 화폐 전
쟁의 수행이 뒤따랐다. 그야말로 거대한 북극곰으로 상징되는 소련의
몰락은 '열 뿔 짐승'으로 상징되는 '세계정부'의 금권세력에 의해 부서

진 대표적인 사례이다. 소련이 부서질 때 떨어져 나와 독립한 나라들은 다음과 같다.

우크라이나, 벨로루시, 몰도바, 카자흐스탄, 우즈베키스탄, 투르크메니스탄, 타지키스탄, 키르기스스탄, 아르메니아, 아제르바이잔, 그루지야, 에스토니아, 라트비아, 리투아니아.

그렇다면 소련은 완전히 망하였는가?

다니엘의 또 다른 예언대로 곰으로 상징되는 소련의 우두머리 국가였던 러시아는 '정한 시기'(단 7:12), 즉 마지막 세계대전까지 존속될 것이다. 실제로 국제법에 따라, 러시아는 소련의 후계국으로 인정되었으며 소련의 핵무기와 군사력을 그대로 물려받았다. 소련의 뒤를 이은 러시아가 완전히 멸망하지 않고 군사 대국으로 존속하고 있다는 사실은 장차 이후가 없는 핵전쟁의 참화를 불러오는 화근이 될 것이다.

3. 발로 밟힌 나라: '표범'으로 상징되는 중동 이슬람국의 굴욕

네째 짐승은 무섭고 놀라우며 또 극히 강하여 먹고 부숴뜨리고 그 나머지는 발로 밟았으며… 네째 짐승은 곧 땅의 네째 나라인데 이는 모든 나라보다 달라서 천하를 삼키고 밟아 부숴뜨릴 것이며(다니엘 7:7, 24)

1948년 이스라엘 독립 이래 아랍진영과 이스라엘의 대립에서 중동의 이슬람권 국가들은 치욕적인 밟힘을 당하고 있다. 팔레스타인과 이집트, 요르단, 레바논, 시리아 등은 이스라엘과의 크고 작은 중동 전쟁에서 쓰디쓴 패배를 맛보았다. 이슬람권의 맹주를 자처하며 서구 자본주의 진영에 도전장을 낸 이라크나 리비아 같은 나라들 역시 하나같이 재기 불능의 상태에 이르기까지 철저히 짓밟혔다. 그리고 표범으로 상징되는 이란은 핵무기 개발을 시도하다 미국을 위시한 서방세계의 강력한 경제 보복을 당하며 핵개발을 중단하여야 할 지경에 이르렀다. 지난 20세기에 이어 21세기에 들어선 지금까지 중동의 이슬람국들은 이라크 전쟁, 리비아 사태, 시리아 내전, 알카에다의 준동, 자스민 혁명, IS의 준동 등 끊임없는 전쟁과 내란의 결과로 몰락의 길을 가고 있다. 이 모두가 이스라엘을 후원하는 서구 자본주의 진영의 강력한 군사적, 경제적 응징으로 굴욕적인 좌절을 맛본 사례이다. 지난 1세기 동안 중동 이슬람권 나라들은 서방세계에 본거지를 두고 있는 '세계정부'에 의해 한이 맺힐 정도로 짓밟히며 그 위세가 약화되고 있는 상황이다.

4. 세 제국의 최후

전술한 바와 같이 종말제국의 전위대인 '세계정부'는 미국을 삼키고 소련을 부서뜨리고 중동 이슬람국을 발로 밟았다. 선지자 다니엘의 예언대로 '무섭고 놀라우며 또 극히 강하여' 감히 대적할 자가 없는 괴물 제국은 온 세계를 자신들의 수하에 두려는 거대한 작업을 지난 세기에 이어 21세기에도 거침없이 진행하고 있다. 그리하여 자본주의 체제와 공산주의 체제 그리고 이슬람 세력을 이끌던 종주국들은 그 위세가 약해지고 있다. 하지만 이 세력들은 이후에도 '정한 시기'까지 그 정체성을 잃지 않고 존속된다는 것이 다니엘의 증언이다.

> 큰 짐승 넷이 바다에서 나왔는데 그 모양이 각각 다르니… 네째
> 짐승은 무섭고 놀라우며 또 극히 강하여 또 큰 철 이가 있어 먹
> 고 부숴뜨리고 그 나머지는 발로 밟았으며… 남은 모든 짐승은
> 그 권세를 빼앗겼으나 그 생명은 보존되어 정한 시기가 이르기
> 를 기다리게 되었더라(다니엘 7:3, 7, 12)

다니엘은 위의 예언에 이어서 '정한 종말까지 진노가 (세계를) 황폐
케 하는 자에게 쏟아리리라'(단 10:27)고 거듭 밝히고 있으므로 세 강
대 제국이 존속하게 될 '정한 시기'는 '큰 전쟁'(단 10:1), 즉 인류 최
후의 '환란'(단 12:1)이 일어나는 시기임이 분명해진다. 이 전무후무
한 '환란'은 '네째 짐승'으로 일컫는 '종말 제국'이 파멸되는 마지막 세
계대전의 시기이다. 따라서 자본주의와 공산주의 그리고 이슬람 계율
주의 종주국인 미국과 러시아와 중동 이슬람국(이란, 사우디아라비
아)들은 핵무기를 가진 군사적 강대국으로서의 능력을 유지한 채 '정
한 시기' 즉, 종말전쟁이 일어날 때까지 존속하게 것이다. 결국 이들
은 요한계시록에서 언급된 '아마겟돈'(계 16:16) 지역에서 벌어지는
종말 세계대전의 주요 참전국이 될 것이다. 그리고 인류 역사상 가장
큰 마지막 전쟁에는 '온 천하 임금들에게 가서 하나님 곧 전능하신 이
의 큰 날에 전쟁을 위하여 그들을 모으더라'(계 16:14)는 예수 그리스
도의 계시 예언대로 미국과 러시아와 중동 이슬람국들을 위시하여 대
부분의 나라들이 참전하여 그 최후를 맞이할 것이다. (마지막 전쟁에
관한 내용은 8장 〈지정학적 종말〉에서 자세히 다룰 것이다.)

VI. "적그리스도" 통치 이념으로 세계를 공략하는 종말제국의 '세계정부'

21세기 초반인 지금 이 세계를 하나로 묶어 통치하려는 세력에 의한 강력한 여론 조성이 시도되고 있다. 각 계층의 유명 인사들의 입을 통해 현 세계가 직면한 문제들을 풀기 위해 하나의 '세계정부'를 세워야 한다는 주장이 공공연히 표출되고 있다. 이처럼 '세계정부'의 출현을 예고하는 21세기의 상황은 참으로 비상한 시기이다. 하지만 지구촌 대부분의 사람들은 '세계정부'의 존재와 활동 목적에 대해 잘 알지 못한다. 다행스럽게도 우리는 성서와 '시온의 의정서'의 관련 기록을 통해 종말제국을 건설하려는 '세계정부'의 정체와 그 통치 이념이 어디에 뿌리를 두고 있는지 규명할 수 있다. 그래서 본 장에서는 오늘날 종말제국 건설을 주도하는 '세계정부'가 어떻게 하나님의 존재를 부정하고 그리스도를 대적하는 사상으로 무장하여 세계를 공략하고 있는지 그리고 '세계정부'의 수장으로 등장할 희대의 독재자인 이른바 '적그리스도'의 통치 이념이 어디서 나온 것인지 규명하고자 한다.

1. 가공할 '세계정부'의 특성

예수 그리스도는 사도 요한에게 주신 계시 예언을 통해 자신의 재림이 임박한 때에 괴물과 같은 종말제국이 출현할 것을 예고하면서 이 제국이 다니엘이 예언한 "곰"과 "사자"와 "표범"으로 상징되는 세 제국의 특징을 모두 지니고 있음을 증언하고 있다.

내가 보니 바다에서 한 짐승이 나오는데 뿔이 열이요… 내가 본
짐승은 표범과 비슷하고 그 발은 곰의 발 같고 그 입은 사자의
입 같은데 용이 자기의 능력과 보좌와 큰 권세를 그에게 주었더
라(요한계시록 13:1-2)

위의 예수의 계시예언에서 보듯이 '열 뿔'이 있는 '짐승'(종말제국)은
'사자'와 '곰'과 '표범'을 혼합한 괴물과 같은 제국이다. 이는 다니엘이
예언한 '네째 짐승'의 출현에 앞서 나타날 세 제국, 즉 사자와 곰과 표
범으로 상징되는 강대국의 특징을 두루 갖춘 무서운 존재가 바로 종말
제국임을 의미한다. 그렇다면 이 공포의 '종말제국'을 형성해 가고 있
는 '세계정부'의 통치이념은 무엇인가? 앞에서 밝혔듯이 '세계정부'에
제압당하는 세 강대 세력은 자본주의를 통치이념으로 하는 미국과 공
산주의 종주국인 러시아와 종교적 계율주의를 존립원리로 삼는 사우
디아라비아 및 이란을 주축으로 하는 이슬람 국가들이다. 이 거대 세
력들은 자신들의 이념을 추종하는 수많은 국가들을 거느리며 지난 세
기에 이어 21세기에도 세계사적으로 큰 영향을 미치고 있다. 그러므
로 '사자'와 '곰'과 '표범'을 혼합한 괴물과 같은 '종말제국'의 통치 이념
은 바로 자본주의와 공산주의와 계율주의를 모두 차용하여 통치하는
제국이라 할 수 있다. 그리고 이러한 통치 이념을 바탕으로 '세계정부'
를 기획한 문서가 바로 '시온의 의정서'이다.

• 예수와 다니엘이 예언한 '종말제국'의 통치 이념을 섬뜩하게 드러낸 '시온의 의정서'의 '세계정부'

구약성서 다니엘과 신약성서 요한계시록에서 예언된 '열 뿔'로 상징
되는 종말제국이 곧 '시온의 의정서'에서 그 출현을 예고한 '세계정부'

라는 근거는 크게 세 가지를 들 수 있다.

1 ▶ '시온의정서'에 언급된 '세계정부'의 출현과 더불어 예수 그리스
　　도의 10대 종말 예언이 금세기에 속속 성취되고 있다.
2 ▶ '세계정부'에 의해 실제로 세 강대국(미국, 러시아, 중동 이슬
　　람국)이 공략당하고 있다.
3 ▶ '시온의정서'에서 밝히고 있는 '세계정부'의 통치 이념이 예수와
　　다니엘이 예언한 종말제국의 정치적 이념과 정확히 일치한다.

여기서는 위의 3항에 대하여 집중적으로 분석하고자 한다.

• '세계정부'의 세 가지 통치 이념

　요한계시록에 예언된 종말제국은 사자와 곰과 표범의 모양을 한 열
뿔이 달린 괴물 제국이다. 앞서 규명한대로 종말제국은 사자와 독수
리로 상징되는 영미의 자본주의, 곰으로 상징되는 러시아의 공산주의
그리고 표범으로 상징되는 이슬람의 계율주의를 혼합한 정치체제를
구축할 것이다. 놀랍게도 이러한 종말제국의 세 가지 정치적 이념은
'시온의 의정서'에서 예고한 '세계정부' 통치 이념과 일치한다. '시온의
의정서'에 기록된 24의정의 핵심 내용을 요약하면 다음과 같다.

　1. 힘은 곧 정의요 진정한 권력이다.
　2. 언론을 통해 민중의 사고방식을 지배한다.
　3. 우리는 경제력으로 세계를 장악한다.
　4. 우리는 혼란을 조장하고, 물질주의로 신앙을 대체시킨다.
　5. 흥행사업(연극 영화)으로 대중의 의식구조를 지배하고, 취미생

활에 몰두시켜라.

6. 우리는 수단과 방법을 가리지 말고 고이(이방 정치지도자)를 멸절시켜야 한다.

7. 군사력을 강화하고, 언론을 조작해 전쟁을 일으켜 이득을 본다.

8. 전문가를 양성해 우리에게 유리한 법 조항을 만든다.

9. 각국의 국민들을 프리메이슨적 의식구조로 교육시킨다.

10. 약점 있는 사람을 대통령으로 내세워 꼭두각시처럼 조종한다.

11. 하나님은 우리가 세계를 정복할 수 있도록 세계 각지에 흩어지게 하였다.

12. 언론을 통제해 대중의 심리를 조종한다.

13. 대중을 스포츠, 연예, 오락에 심취하게 해 사고능력을 상실하게 한다.

14. 세계정부에서는 유대교만 허용하는 일신교며 모든 타 종교는 파괴한다.

15. 세계정부는 법 적용을 엄격히 하고, 반항자는 가혹히 처벌한다.

16. 역사를 조작하고, 새로운 철학으로 교육한다.

17. 인간을 개조하고 서로 고발하게 해 완벽한 독제체제를 구축한다. 목사의 권위는 떨어지고 기독교는 완전히 붕괴된다.

18. 고이 정부를 무너뜨리기 위해 음모를 일삼고, 우리 통치자는 신비로운 존재로 부각시킨다.

19. 국민에게 철권정치의 위엄을 보여 주어야 한다.

20. 정부를 빚으로 옭아매고, 국민을 경제적 노예로 전락시킨다.

21. 우리는 내국채로 정부를 파산시키고, 공산주의 사회를 건설한다.

22. 목적은 수단을 정당화한다.

23. 세계정부는 사치를 금하고 절대적인 전체주의사회를 구성한다.

문 앞에 이른 예수

24. 다윗의 후손 중 왕을 선출하여 비밀지식을 전수한 후 권좌에 앉힌다.

　위에 제시된 '시온의 의정서' 24개 의정의 핵심 주제를 살펴보면 3, 20, 21 의정에서는 돈에 의한 세계 공략 의지를 드러내고 있는데 이는 '세계정부'가 배금주의 이념을 그 행동철학으로 삼고 있음을 반증하는 것이다. 그리고 4, 21, 16 의정서에서는 무신론적 유물론 사상에 기초한 공산주의 이념을 차용하여 통일된 '세계정부'를 지향하고 있음을 알 수 있다. 그래서 "유물론과 군사적 힘을 통치 기반으로 하는 공산주의"는 종말제국의 독재정치의 길을 여는데 기여할 것이다. 그리고 4, 8, 14, 17, 24 의정에서는 가혹한 종교적 계율로 사람들을 옭아매어 기독교 복음 신앙을 말살하고 (자칭)유대교만이 허용된 '세계정부'를 지향함을 알 수 있다.

　따라서, 다니엘과 요한계시록에서 '열 뿔' '짐승'이라 일컫는 종말제국은 시온의정서에 예고된 '세계정부'라고 할 수 있다. 양자의 통치 이념은 자본주의, 공산주의, 계율주의를 차용하고 있다는 점에서 완전히 일치하고 있기 때문이다.

　거듭 말하지만, '종말제국'의 사령탑인 '세계정부'는 사상적으로 배금주의와 무신론적 공산주의와 계율주의를 통치 이념으로 무장하고 있다. 이는 하나님의 존재를 부정하고 돈을 숭배하며 가혹한 계율로 인간의 인격적 존엄성과 신앙의 자유를 말살하는 이념으로 통치하는 것을 의미한다.

　바로, 이러한 '세계정부'가 역사상 가장 무섭고 두려운 종말제국의 완성을 목표로 지금 세계 모든 나라들을 제압해 나가고 있는 것이다.

　지금, 이 무서운 괴물 제국의 그림자 같은 '세계정부'가 모든 나라들을 굴복시키고 있다는 증거는 무엇보다 예수 그리스도의 역사적, 환경적, 경제적, 사회적, 정치적 종말 예언이 동시에 성취되고 있다는 데서 보다 명확해진다.

결국, 종말제국의 실상은 '적그리스도' 제국이다. 이는 하나님의 존재를 부정하고 돈과 물질을 숭배하며, 예수 그리스도의 복음, 즉 '죄 사함으로 말미암는 구원'의 진리를 부인하는 사상을 통치철학으로 삼고 있음을 의미한다. 종말제국은 인간의 존엄성 철저히 짓밟는 사단의 제국이다.

2. '적그리스도' 사상을 지닌 '사두개파'가 세계를 공략하다

구약성서시대 선지자 다니엘은 세상의 마지막 때에 나타날 괴물과 같은 제국이 하나님을 대적하고 성도들을 핍박할 것을 예언하였다.

> 네째 짐승은 곧 땅의 네째 나라인데… 천하를 삼키고 밟아 부숴 뜨릴 것이며… 장차 말로 지극히 높으신 자를 대적하며 도 지극히 높으신 자의 성도를 괴롭게 할 것이며… 그러나 심판이 시작 되었은즉… 끝까지 멸망할 것이라(다니엘 7:23-26)

사도 요한에게 주신 예수의 계시 예언에서도 종말제국이 하나님을 훼방하며 그리스도인들을 탄압하는 이른바 '적그리스도' 제국임을 예고하고 있다.

> 짐승이 입을 벌려 하나님을 훼방하되… 또 권세를 받아 성도들

과 싸워 이기게 되고 각 족속과 백성과 방언과 나라를 다스리는
권세를 받으니(요한계시록 13:7)

바로 이러한 '적그리스도' 종말제국을 실현하려는 의도가 '시온의 의
정서'에서도 명확히 드러나 있다.

세계정부에서는 유대교만 허용하고 기독교는 말살하라.(시온의
정서 제14 의정) 모든 신앙을 파괴하고 비유태인의 마음으로부
터 신과 성령의 사상을 빼앗고 그 대신 수학적인 타산과 물질적
인 욕망을 지니도록 해야 한다(시온의정서 제4 의정)

거듭 말하지만 기독교 신앙 말살을 공언하는 '세계정부'는 반 기독교
적, 반 복음적, 반 그리스도적 이념으로 하나님을 대적하는 제국 창설
을 지향하고 있다. 그런데 위에 제시된 '시온의 의정서' 제14장의 문
구 중에서 '유대교'란 단어에 주목하여야 할 필요가 있다. 종말제국을
이끌 종교적 이념이 바로 '시온의 의정서'에 언급된 '유대교' 사상에서
나오기 때문이다. 과연 이 '유대교'란 단어가 종래 유대인들이 전통적
으로 신봉하여 온 '유대교'를 의미하는가? 아니면 또 다른 유형의 '유
대교'인가? '시온의 의정서'가 말하는 '유대교'의 정체는 과연 무엇일까
하는 의문을 가지지 않을 수 없다.

• '시온의 의정서'에 언급된 유대교의 정체

'세계정부'는 유대교를 빙자한 신정국가의 건설을 표방하고 있는데
'시온의 의정서'에 등장하는 유대교는 전통적으로 주류 유대교파인 "바
리새파"와는 완전히 다른 이념을 가진 유대교라는 점에 유의해야 한

다. 성서에서는 "열 뿔"로 상징되는 종말제국의 권능이 "사단"에게서 나온 것이라고 증언하고 있기 때문이다. 저자는 그 정체가 유대교의 한 종파인 '사두개파'의 이념을 이어받은 종교라고 판단한다. 이러한 판단의 근거는 성서에 기록된 '사두개파'가 지닌 사상이 '시온의 의정서'에 언급된 초국가적 '세계정부'의 통치 이념과 일치하고 있기 때문이다. 따라서 지난 1세기 동안 '시온의 의정서'에 예고된 엄청난 계획을 성취시켜 온 유대인 세력은 현대판 '사두개파'라 할 수 있다. 이제 고대 '사두개파' 유대인이 신봉했던 사상을 무엇인지 파악하게 되면 '세계정부'의 핵심적인 통치 이념이 어디에서 나온 것인지 밝혀지게 될 것이다.

• 유대교의 2대 종파-'바리새파'와 '사두개파'의 사상 비교

21세기 초반인 지금 이 지구상에 '적그리스도' 종말제국을 세우려는 자들의 실체를 보다 깊이 있게 파악하려면 먼저 유대교 2대 종파인 '바리새파'와 '사두개파'의 역사적 근원과 사상에 대한 이해가 선행되어야 한다. 그것은 뚜렷한 대립 관계에 있었던 이 두 종파의 이념과 신앙관을 상호 비교함으로써 오늘날 '사두개파' 이념을 따르는 유대인들이 어떤 사상을 가지고 세계를 공략하고 있는지 분명히 알 수 있기 때문이다.

먼저 '바리새파' 또는 '바리새인'은 예수 그리스도가 활동하던 시대에 존재했던 유대교의 경건주의 분파를 말한다. 바리새파는 이후 유대교 주류가 되었고, 회당을 중심으로 하는 유대교를 형성하여 현재 유대교를 이루는 중요한 종파가 되었다. '바리새파'는 '영', '천국', '천사'의 존재를 믿는다. 한편 '사두개파'는 '영', '천국', '천사'의 존재를 믿지 않는다. '바리새인'과 '사두개인'은 부활과 영의 존재를 두고 분명히 나른 신앙관을 지니고 있다. 성서의 말씀도 이를 분명하게 증언하고 있다.

> 바리새인과 사두개인 사이에 다툼이 생기니 이는 사두개인은
> 부활도 없고 천사도 없고 영도 없다 하고 바리새인은 다 있다 함
> 이라(사도행전 23:7-8)

성서의 증언에서 보듯이 '바리새인'들은 '부활'과 '영'의 존재를 믿는다. 이에 반하여 '사두개인'은 "정신이나 의식 따위는 물질의 산물이라고 보는" 유물론적 무신론 사상에 기울어 있음을 알 수 있다. 사두개파 유대인들은 세속주의자이며 유물론적 사상을 가진 자들이다. '사두개파' 유대인이 '부활'과 '영'과 '천사'의 존재를 부인한다는 것은 예수 그리스도의 부활과 성령의 역사와 하나님의 권세를 완전히 부인한다는 것을 의미한다. 이들은 삼위일체 하나님의 존재원리를 정면으로 거부한다. 한마디로 '사두개파' 유대인은 '하나님이 없다' 하는 사상을 가진 자들이다. 그래서 예수님 당시 '사두개인'(사두개인은 그 명칭이 솔로몬 시대의 대제사장인 '사독'에서 유래되었다.), 즉 '사두개파' 유대인들은 하나님 나라와 복음을 전하는 예수를 적대시하며 예수와의 논쟁을 일삼았다고 성서는 증언하고 있다.(눅 20:27-40) 당시 제사장 지위에 있던 사두개인들은 "성전의 장사치들에게 금품을 상납받는 대가로 성전을 장사꾼들이 이용하도록 용인하였다. 그래서 예수께서 성전에서 장사치를 쫓아낸 사건에 대해 굉장히 원한을 품게 되었다."(요 2:13-16) 실제로 예수 그리스도를 십자가 처형으로 몰고 가는데 주도적 역할을 한 자들도 대제사장 자리를 차지하고 있었던 '사두개인'이었다. 이처럼 예수님 당시 '사두개인'은 부유한 기득권층으로 유대 제사장 계급을 독점하였다. 그리고 '사두개파' 유대인들은 성경

중에서도 모세오경만을 인정했다. 그들은 모세의 엄격한 계율주의를 차용하지만 진작 모세가 믿었던 '천국'과 '영'과 '천사'의 존재는 부정하였다. 다만 '모세'의 엄격한 계율을 정치적으로 이용하기 위해 '모세의 종교'라는 이름을 내세우고 있을 뿐이다.

독일의 신학자 벨하우젠(Julius Wellhausen, 1844-1918)에 따르면 사두개파는 종교적인 집단이라기보다는 당시 지배계급이었던 성직자 계급 및 귀족계층과 밀착된 정치적 정당에 더 가까웠다고 평가하기도 한다. 그들은 세속적, 정치적 집단으로서 이스라엘을 지배하는 로마에 충성을 맹세했다. 이처럼 예수의 지상 활동 시대의 '사두개파' 유대인들은 유물론적 세속주의에 빠져 있던 자들이다. 그들이 지닌 인본주의적 유대주의는 무신론적이며 비 영적인 관점에서 자신들의 세속적 욕망을 추구하는 사상이다. 결국 '사두개파' 유대인들은 '적그리스도' 사상을 가진 자들로서 종교조직을 이용하여 물질적 사익을 추구하며, 수단과 방법을 가리지 않고 자신들의 정치적인 권력을 유지하려 했던 이른바 부와 권력의 화신들이었다.

전술한 바와 같이 '사두개파'의 신앙과 삶의 철학은 정통 유대교파인 '바리새파'와 현격한 차이가 있다. 굳이 두 유대 종파를 비교 검토하는 이유는 흔히 유대인이란 배금주의자이며 항상 음모를 꾸미고 세계 정치사에 나쁜 영향을 미친다는 주장이 지나친 편견에서 나온 것임을 말하기 위해서이다. 유대인 중에는 '바리새파'의 순수한 전통신앙을 이어 가며 평범한 삶을 사는 자들이 대다수라는 사실을 간과해서는 안 된다. 이러한 이해를 바탕으로 '사두개파'의 실체에 대해 좀 더 규명할 필요가 있다. 이 시대에 현대판 '사두개인'들이 종말제국을 추진하는 주역으로 다시 등장하고 있기 때문이다.

문 앞에 이른 예수

• '사두개파' 이념을 가진 '세계정부'의 출현

'사두개파'는 서기 70년경에 종적을 감춘 것으로 알려졌다. 그런데 21세기에 다시 거론해야 하는 이유는 '사두개파' 사상을 그대로 이어 받은 자칭 유대들이 오늘날 역사의 주역으로 다시 등장하였기 때문이다. 예수님 당시 정치적 종교집단으로 행세했던 '사두개파'는 배금주의와 유물론 사상과 가혹한 계율주의를 신봉하는 세력이었는데 이러한 이념을 이 세계에 구현하기 위한 책략이 바로 '시온의 의정서'에 담겨 있다. 그러므로 오늘날 세계를 공략하고 있는 특수 집단은 '사두개파' 사상을 용인하는 자들이라 할 수 있다. 이러한 사실은 '시온의 의정서' 전편에 걸쳐 분명하게 드러나 있다. 그야말로 세속주의 이념을 가진 현대판 '사두개인'들이 19-21세기에 걸쳐 강대한 세력을 형성하여 새로운 유형의 제국을 만들어 가고 있다. 지금 이들은 온 세계에 엄청난 정치적, 경제적, 사회적 파장을 일으키고 있다. 한마디로 '독사의 자식'들이 활개를 치며 마지막 '사단'의 제국을 건설하고 있는 것이다. 따라서 '시온의 의정서'를 통하여 예고된 '초국가적 정부' 즉, '세계정부'가 성서에 예언된 '적그리스도' 종말제국 창설을 목표로 하고 있다는 것은 의문의 여지가 없다. '적그리스도' 제국의 특징은 은폐성, 기동성, 영악성, 잔인성에 있어서 역사상 그 유래를 찾아볼 수 없는 공포의 제국이다. 이것이야말로 모든 국가와 민족에게 다가온 최악의 사건이다. 역사상 최악의 사건이란 인류를 완전한 파멸로 몰아갈 세력의 출현을 의미한다. 그래서 예수 그리스도는 세상의 마지막 때에 나타날 '적그리스도' 제국이 출현할 것을 경고하며 그리스도인들이 주님의 재림을 소망하며 이 가혹한 시련의 때에 믿음을 지킬 것을 당부하고 있다.

지금까지 서술한 것을 요약하면, 구약성서 다니엘서와 신약성서 요한계시록에는 세계 패권을 다투는 세 부류의 제국을 제압하고 이 세상에 출현할 종말제국의 존재와 그 특징과 최후에 대해서 예언하고 있다. 그런데 20세기 초에 발간된 '시온의 의정서'에는 선지자 다니엘과 예수 그리스도가 예언한 '적그리스도 제국'의 창설을 선포하고 있으며 이 초국가적 '세계정부' 출현이 1세기 내에 이루어질 것임을 예고하였다. 놀랍게도 역사의 종말을 고할 마지막 제국이 21세기에 접어든 오늘날 확연히 그 모습을 드러내고 있다.

문 앞에 이른 예수

VII. 적그리스도 독재자의 출현과 최후

예수 그리스의 계시 예언이 기록된 요한계시록에서는 종말제국의 통치자를 '짐승'이라 지칭하고 있다. 이는 종말제국의 통치자가 야만적이며 사악한 통치자임을 의미한다. 하지만 역사적으로 독재자는 처음엔 항상 국가와 인류를 구원할 메시아로 위장하여 등장한다. 종말제국의 독재자 역시 자신이 '광명의 천사'라고 주장하며 절망에 빠진 인류를 결정적으로 속일 것이다. 그러나 '짐승'(계 13:2)으로 불려지는 종말제국의 적그리스도 독재자의 권력은 마귀에게서 받은 것이다. 그래서 종말제국의 지도자가 인류의 구원자로 자처하며 그 모습을 드러낸 후 마침내 그 악마적 실체를 드러내는 날 이 세상은 파멸로 치달을 것이다.

1. 종말 제국의 독재자의 극적인 등장

> 사탄도 자기를 광명의 천사로 가장하나니 그러므로 사탄의 일꾼들도 자기를 의의 일꾼으로 가장하는 것이 또한 큰일이 아니니라 그들의 마지막은 그 행위대로 되리라(고린도후서 11:14-15)

• 거짓 메시아는 혼란과 절망에 휩싸인 세상에 갑자기 나타난다

21세기에 들어서면서 전 세계는 사회적으로 큰 혼란과 갈등을 겪고 있다. 기후 위기로 인한 거대한 환경 재앙이 지구촌 곳곳에 밀어닥치고 있으며 이로 인한 경제적, 사회적 갈등은 무수한 분쟁과 범죄를 양산하고 있다. 이제 절망에 빠진 사람들은 자신들의 먹고사는 문제를 해결하고 밤거리를 안전하게 지켜줄 메시아를 대망하고 있다. 그래서 누군가 갑자기 세계 정치무대에 등장하여 지구촌 사람들의 마음을 단번에 사로잡는 희망의 비전을 제시한다면 아마도 그는 슈퍼스타가 될 것이다. 삶에 지친 자들에게 들려지는 슈퍼스타의 말이 사람들이 애타게 갈구하는 해결책이라면 당연히 귀를 기울이게 될 것이다. 실제로 '그'가 이 혼돈의 세상을 일시에 질서와 안정으로 바꿀만한 놀라운 아이디어와 강력한 의지를 보여 준다면 사람들의 마음은 달아오를 것이다. 실의에 빠져 있던 대중들은 '광명의 천사'가 나타났다고 환호하며 자신들을 구제할 지도자에 대해 열광할 것이다. 하지만 바로 이때 조금이라도 침착하고 냉정하게 생각해 본다면 이 세상을 휩쓸고 있는 대재난과 갈등이 하루아침에 해결될 수 없음을 알아차릴 것이다. 인간의 탐욕으로 인한 부패와 타락의 뿌리는 깊고도 끈질기다. 21세 인류 사회가 직면하고 있는 갖가지 치명적인 문제들은 결코 단기간에 해결될 수 없다. 그럼에도 불구하고 어떤 달변가가 나서서 지구촌의 문제들을 단번에 해결할 수 있다고 외친다면 대부분의 사람들은 환호할 것이다. 생존의 한계선상에서 헤매다 지친 대중에겐 냉정한 사고가 작동하지 않기 때문이다. 그리하여 대중들이 유능하다고 믿어 의심치 않는 정치가의 약속이 완전히 거짓이라는 사실을 알아차리는 데는 일정한 시간이 흘러야만 한다. 그 일정한 시간이란 사태가 돌이킬 수 없을 만큼 더 심각해지고 악화되는 데 필요한 시간이다. 그래서 대중이 스스로 택한 정치가의 실체를 알게 될 때는 이미 무서운 철권정치의 틀 안에 자신들이 갇혀 버린 시점이 될 것이다. 이런 이유로 거짓 메시아의 출현은 인류에게 치명적인 것이다. 실로 독재자는 어둠을 먹고 자라나고 혼란과 절망의 세상에 빛과 정의의 이름으로 나타난다. 그의 선한 모습과 행동은 철저히 익마의 빌톱을 숨긴 재 대중들에게 다가온다. 삶에 지친 대중들은 거짓 사도가 걸치고 있는 빛나는 망토로 인해 그 잔인하고 냉혹한 실체를 간파할 능력이 없다. 하지만 우리는 지난 역사에서 얻은 뼈저린 교훈을 상기해야만 한다. 21세기를 사는 사람들은 이미 지난 20세기에 그 예고편이 쓰여졌다는 사실을 간과해서는 안 된다. 그것은 유럽의 독일에서 '광명의 천사'로 위장하여 나타난 전쟁광 히틀러에 관한 것이다.

1930년의 독일은 절망적인 재정적 긴장 상태에 있었다. 물가고가 대단히 심해서 수천, 수만 명이 실제로 굶어 죽어 가고 있었다. 공산주의자들이 길거리에서 폭동을 일으켰으며 대학가는 난장판이 되었다. 아무도 그 혼란에서 질서를 만들어 낼 수가 없을 것처럼 보였다. 독일은 붕괴의 한계점에 이르렀다 이 절망적 상황에서 히틀러가 나타났다. 그는 '다시 한 번 독일이 세계를 다스릴 것'이라고 외치면서 독일의 영광을 되찾을 것을 부르짖었다. '하이, 히틀러!' 외침이 길거리에 울려 퍼졌다. 당시 신실한 그리스도인까지도 환호의 소용돌이 속으로 뛰어들었다. 독일 개신교 신자들의 80%나 되는 사람들이 히틀러에게 표를 찍었다. 이처럼 지난 1930년대 절망에 찬 독일 국민들은 히틀러의 웅변에 열광적인 지지를 보냈다. 히틀러는 '광명의 천사'로 나타나 일시에 독일 사회의 혼란을 수습할 듯 보였다. 폭동이 그치고 사람들은 일하기 시작하였다. 그리하여 독일 국민이 잠시 동안 누렸던 평화와 "천년왕국"의 꿈은 히틀러가 그 악마적 실체를 완전히 드러낼 때까지 이어졌다. 그러나 불과 몇 년 동안 독일 국민이 가졌던 평안은 세계대전이란 파멸의 그림자가 덮쳐 올 때 그것이 거짓 평화였음이 드러났다. 독일 국민이 열광하여 맞이한 히틀러는 '광명의 천사'가 아니라 '사단'의 사자였으며 인류를 사지로 몰아넣은 전쟁광이었다. 독일 역사상 가장 절망적인 시기에 히틀러가 보여 준 역사적 교훈은 장차 나타날 최후의 독재자가 어떻게 이 역사의 무대에 등장할 것이며 무슨 일을 저지를 것인가를 예고하고 있다. 장차 나타날 종말제국의 통치자는 히틀러보다 더 잔인하고 더 냉혹한 인격의 소유자이며 놀라운 언변과 기만술과 신비한 능력으로 천하를 미혹할 것이다.

• 종말제국 독재자의 출현에 관한 예수 그리스도의 예언

사도 요한이 예수 그리스도로부터 받은 계시를 기록한 요한계시록의 13장에는 종말제국을 이끌 두 지도자의 출현을 예고하고 있다. 첫 번째 독재자는 '짐승'으로 지칭되어 있고 두 번 째 나타날 독재자는 '새끼 양'과 같이 '두 뿔'을 가진 '다른 짐승'(계 13:11)으로 기록되어 있다. '짐승'으로 일컫는 두 지도자의 역할은 정치적 독재체제와 종교적 독재체제를 각각 분담하는 것이다. 첫 번째 독재자는 정치의 수장으로 행세하며 두 번째 독재자는 종교의 수장으로 활약할 것이다.(두 번째 나타날 독재자는 이 책의 6부 '종교의 종말' 편에서 다루기로 한다.) 종말제국의 첫 번째 독재자에 대한 예수의 계시 예언은 다음과 같다.

> 용(사단)이 자기의 능력과 보좌와 권세를 그에게 주었더라… 그의 머리 하나가 상하여 죽게 된 것 같더니 그 죽게 되었던 상처가 나으매 온 땅이 이상히 여겨 짐승을 따르고 용(사단)이 짐승(독재자)에게 권세를 주므로 짐승(독재자)에게 경배하여… 짐승이 큰 말과 참람된 말하는 입을 받고 또 마흔두 달 일할 권세를 받으니라(요한계시록 13:2-5)

향후 이 지구상에 그 모습을 드리낼 정치적 독재자는 세계 단일정부의 수장으로 등장한다. 세계는 이 독재자를 배출시킨 '사두개파' 이념을 지닌 유대인들에 의해 재편될 것이다. 앞서 언급한 바와 같이 '세계 정부'의 금권세력은 화폐전쟁과 무역전쟁으로 야기된 대공황을 틈타 각국의 주권을 빼앗고 내란과 폭동으로 무정부적 상태에 돌입한 세계를 구원한다는 명분을 내세워 한 지도자를 추대할 것이다. 대부분의 나라와 국민들은 그를 향하여 진정한 세계의 평화를 이루어 줄 메시아가 나타났다고 기뻐하며 열광적인 지지와 환호를 보낼 것이다. '먼저 나온' '처음 짐승'(계 13:12)은 전대미문의 세계적 혼란 속에서 나타나 '마흔두 달'(삼 년 반) 동안 놀라운 통치력을 발휘하여 일시에 세계 질서를 회복하고 영원한 평화와 번영을 약속하면서 그 존재감을 한껏 과시할 것이다. 그리고 전 세계를 하나로 묶는 '한 이레'(7년, 단 9:27) 평화조약을 성사시켜 경제적 정치적 혼란을 수습할 것이다. 선지자 다니엘도 이 사실을 증언하였다.

> 그(독재자)가 장차 많은 사람으로 더불어 한 이레(7년) 동안의
> 언약을 굳게 정하겠고(다니엘 9:27)

• 그리스도인들을 핍박하는 독재자

종말제국의 정치적 독재자의 중요한 역할 중의 하나는 창조주 하나님과 그리스도의 존재를 부정하며 성서의 모든 기록을 거짓으로 만드는 일에 앞장서는 것이다. 예컨대 창조를 부정하는 진화론을 이념화하여 사람들의 마음에 깊이 심어 줄 것이다. 만일 이 시기에 신실한 그리스도인들이 이 통치자가 인류를 멸망으로 이끌 사단의 사도임을 주장한다면 곧바로 사회의 질서와 평화를 깨뜨리는 공공의 적으로 비난받을 것이며 미치광이 취급을 당할 것이다. 그래서 그리스도의 존

재와 증언을 부정하는 압도적인 분위기에 편승하여 독재자는 더욱더 복음을 전하는 그리스도인들이 활동할 수 없도록 가혹한 핍박을 가할 것이다. 이 독재자는 성경의 진리를 주장하는 성도들과 논쟁에서 수많은 거짓 증거들을 동원하여 '성도들과 싸워서 이기게 되고' 사람들을 마음을 사로잡는 데 성공할 것이다.

> 짐승이 입을 벌려 하나님을 훼방하되… 또 권세를 받아 성도들
> 과 싸워 이기게 되고(요한계시록 13:6-7)

예수 그리스도가 '짐승'으로 지칭한 이 통치자는 결정적인 순간에 마각을 드러낼 것이다. 마침내 그는 인류를 '대환란'으로 몰아갈 것이다. 그때서야 그를 추종하고 지지했던 사람들은 비로소 그가 거짓 메시아임을 깨닫게 될 것이다.

• 종말제국의 '적그리스도' 독재자는 어디서 나올 것인가?

종말제국에서 나타날 두 '짐승' 중 첫 번째 통치자가 출현하는 지역은 영미와 서유럽 등 자본주의 국가들 중에서 나올 것이다. 이들은 '세계정부'를 추진하는 금권세력에 의해 완전히 먹힌 나라들이다. '천하를 삼키고' '세계정부'를 만드는 힘은 '돈'의 권력을 장악한 집단에서 나온다. 이런 이유로 종말 제국의 통치자는 세계의 돈이 모이고 운영되는 국가에 그 근거지를 둘 것이다. 따라서 '세계정부'의 적그리스도 통치자가 나타날 유력한 몇 개 지역을 추정할 수 있다.

먼저 유럽의 가능성을 따져 보면, 시온의 의정서'에 따르면 "이스라엘 왕이 유럽이 받들어 든 왕관을 그 신성한 머리 위에 얹게 될 때, 그는 전 세계의 수상이 된다."고 예고하였다. 유럽지역에서 세계성부 통

치자가 나오게 될 것이라고 추정하는 근거로는 유대인 금권세력의 거대한 발흥을 가져온 로스차일드 가문이 독일을 중심으로 유럽일대에 그 뿌리를 내렸으며, 18세기 이래 세계 정치사와 팔레스타인 유대국가 건설에 지대한 역할을 하여 왔다는 점이다. 실제로 로스차일드 가문은 지난 수세기 동안 세계 정치사의 주요 사건에 직접 또는 간접적으로 영향을 미쳐왔다. 이러한 관점에서 본다면 금권세력의 원래 본거지인 서유럽 지역에서 세계정부의 수장이 나타날 것으로 추정할 수 있다. 따라서 유럽의 여러 지역 중 로스차일드 금권세력의 발원지인 독일이나 혹은 현재 "유럽 연합의 수도인 브뤼셀" 또는 세계 금융의 중심지 중의 하나인 영국의 런던 또는 막강한 종교적 권력을 행사하는 교황청이 있는 이탈리아 로마도 그 후보지가 될 수 있다. 로마는 "짐승"의 제국이 로마 제국의 영광을 되찾는다는 슬로건을 내세울 수 있는 곳이다.

또 다른 예상 지역으로 미국을 빼놓을 수 없다.

통합 유럽의 수장이 '세계정부'를 이끌 것이라는 내용을 담고 있는 '시온의 의정서'가 발간된 시기는 1903년경으로 아직 미국이 초강대국의 면모를 완전히 갖추지 못한 시점이다. 그러나 현재 미국은 유럽의 금권세력이 그 세력을 확장한 지역이며 마침내 그 중심이 된 지역이다. 미국은 자본주의 국가의 선봉에 서있는 나라로 유대인 금권세력이 완전히 장악하고 있으며 21세기에도 여전히 군사적, 경제적 초강대국의 지위를 지키고 있다. 뉴욕과 워싱턴은 명실상부한 세계의 금융과 정치의 중심지이다. 오늘날 미국은 이스라엘 다음으로 세계에서 가장 많은 수의 유대인이 거주하는 곳이다. (전 세계 유대인 1,400만 명 중 약 600만 명이 미국에 거주하고 있는 것으로 추정된다.) 그야말로 미국은 유럽의 유대인 금권세력이 옮겨와 유럽의 자본주의와 통치 이념을 재현한 곳이다. 그리고 미국은 핵전쟁 일어날 경우 최강의 군사적 공격력과 방어력을 갖추고 있다는 점에서 '세계정부'의 중심지가 될 수 있다. 따라서 미국에서 종말제국의 독재자가 출현할 가능성을 배제할 수 없다.

또 하나의 후보지는 예루살렘을 들 수 있다.

하지만 예루살렘은 정치적 지도자인 첫 번째 '짐승'의 활동 무대라기보다는 종교적 색채를 띤 두 번째 '짐승'의 등장 배경이 될 가능성이 높다. 이는 다니엘서와 요한계시록에서 '성전'을 차지하고 하나님을 모독하는 자에 대한 언급이 있기 때문이다.

• 독재자의 활동 근거지로 세계 단일화폐 정책을 주도하는 나라와 도시를 주목할 필요가 있다

향후 모든 나라를 도산시키는 대공황으로 각국의 화폐가 그 기능을 현저히 잃을 때 이를 수습하기 위해서 세계 단일화폐 제도의 필요성이 강력히 제기될 것이다. 그러므로 향후 '세계정부'의 통치자가 등장할 지역은 지금 전 세계적으로 진행되고 있는 화폐전쟁을 종식시키는 데 주도적인 역할을 하는 나라와 도시일 가능성이 높다. 종말제국은 금권세력에 의해 성립된 '세계정부'이므로 세계 단일화폐 제도를 실시하여 그 발행권과 유통권을 장악하는 것이 가장 시급한 통치 수단이 될 것이다. 그러므로 세계정부의 통치 수단 중 가장 핵심인 새로운 디지털 단일화폐의 발행과 유통과 통제권을 장악한 기관이 있는 곳이 '짐승'의 본거지, 곧 '짐승'이 통치하는 수도가 될 가능성이 높다. 그래서 향후 세계 단일화폐에 대한 필요성 제기와 더불어 범세계적인 논의가 시작되면 이를 주도하는 국가와 핵심 도시가 어디인지를 주시할 필요가 있다. '세계정부'는 디지털 화폐로 모든 나라들을 한데로 묶어 통치

할 것이다. 따라서 디지털 세계화폐 운용하는 총 본부가 있는 지역이 '적그리스도' 독재자의 본거지가 될 가능성이 높다.

• 그리스도인들이 경계해야 할 것은?

그리스도인들은 누구나 '적그리스'도 독재자의 출현 시점과 지역에 대해 무리하게 예측하려는 유혹에 빠지면 곤경에 처하게 될 수 있다는 점을 유념해야 한다. 만일 어떤 예측이 조금이라도 틀린 것으로 판명이 될 경우 성서의 진리를 부정하는 자들의 거센 비판과 공격에 직면할 수 있기 때문이다. 이 시점에서 그리스도인들은 장차 어느 지역에서 종말제국의 독재자가 나타날 것인가 하는 문제보다 더 중대한 관심을 가져야 하는 것이 있다. 그것은 21세기 인류가 직면한 멸망의 원인들을 이웃과 가족에게 설명하고 복음을 전하는 일이다. 종말제국의 출현 조짐은 예수 그리스도의 재림이 가까워졌다는 유력한 신호이다. 그래서 이 사실을 알게 된 사람들이 자신의 죄를 회개하고 살아 계신 하나님께로 돌아올 수 있도록 도움을 주는 일이 무엇보다 중요한 것이다.

2. '적그리스도' 독재자가 통치하는 악의 제국

그리스도를 대적하는 '세계정부'의 권세는 사단으로부터 나오기 때문에 모든 것이 합력하여 악을 이루는 체제이다. 이 체제는 '모든 것이 합력하여 선을 이루'는 하나님의 나라와 대척점에 서 있다. 사단이 그 배후에서 역사하는 '적그리스도' 제국의 특징은 이러하다.

– 모든 사람에게 '적그리스도' 독재자와 그의 우상만을 숭배하도록

일방적으로 강요하기 때문에 강압적이이다.

- 통치에 장애가 되는 끔찍한 재앙과 재난 그리고 반란과 테러 사건에 대한 보도를 차단하고 아름답고 희망적인 사건만을 전하기 때문에 위선적이다.
- 사람들이 우상숭배의 표를 받지 않으면 '매매' 할 수 없다. 따라서 오직 생존을 위해 적그리스도의 우상 앞에서 마음에도 없는 찬양과 예배 행위를 하기 때문에 몰가치적이다.
- '적그리스도와' 그의 우상에 대해 참배하지 않으면 "몇이든 다 죽이"이기 때문에 폭력적이다.
- 반대 세력들에 무자비한 탄압과 숨 막힐 듯한 감시가 이루어지는 체제이므로 대중들의 잠재된 스트레스가 어느 순간 거대한 폭발로 이어지는 위험성이 있기 때문에 자기 파멸적이다.
- 창조주 하나님을 모독하며 사단의 거짓말을 진실로 받아들이기 때문에 사기적이다.

결론적으로 '적그리스도' 제국은 멸망의 화를 부르는 '바벨' 제국이며 유대교를 빙자한 '사단'의 종교를 신봉하는 제국이다.

• 잔혹한 독재자의 본색이 드러나다

전술한 바와 같이 온 세계를 파멸로 몰아갈 독재자가 세계의 수장으로 등극하는 초기에는 그의 기만적 통치술로 인하여 온 인류가 그를 환호하고 추앙할 것이다. 하지만 독재자의 통치력은 서너 해가 흐르면서 그 한계를 드러내기 시작할 것이다. 갈수록 악화되는 환경 대재앙(해수면 상승, 지진, 가뭄, 홍수, 화산폭발 등)으로 식량과 자원의 배분에 나라 긴의 갈등이 재발된다. 그때 각 나라의 국민들 대다수는

문 앞에 이른 예수

굶주림과 궁핍에 시달리며 강력한 통제경제하에서 식량과 생필품을 배급받기 위해서 온종일 배급소 앞에서 줄을 서야 할 것이다. 그리고 그동안 독재자에게 패권을 빼앗긴 채 전전긍긍하던 중동 이슬람 국가들과 이를 후원하여 왔던 옛 공산권 나라들이 굶주린 국민들의 비등하는 여론을 등에 업고 독재자에게 항거하는 사태가 일어난다. 마침내 정치적 위기에 몰린 종말제국의 독재자는 그 사악한 실체를 드러내기 시작할 것이다. 표현의 자유는 더욱 통제되고 거주 이전과 결사의 자유가 허용되지 않게 될 것이다. 이러한 강압 정치에 대항하는 자들과 생산성이 낮은 부류의 사람들은 히틀러가 그랬듯이 인종청소의 대상이 되어 제거될 것이다. 특히 창조주 하나님의 존재를 어렴풋이나마 떠올리게 하는 모든 종교들은 말살될 것이다. 무엇보다 기독교를 말살하는 강력한 정책이 실시될 것이다. 이 독재자는 집권 후반기에 이르러 자신을 우상을 성전에 세우게 하고 창조주 하나님을 모독하는 행위를 공공연히 자행할 것이다. 예수 그리스도는 이 사실을 엄중히 예언하였다.

> 그러므로 너희가 선지자 다니엘의 말한바 멸망의 가증한 것이 거룩한 곳에 선 것을 보거든…(마태복음 24:15)

그 결과 이 세상은 예수 그리스도의 십자가 죽으심과 피 흘리심으로 전한 구원의 복음이 사라지고 이 땅에 남아 있는 그리스도인들은 죽음으로 내몰리게 된다.

> 짐승이 입을 벌려 하나님을 훼방하되… 또 권세를 받아 성도들과 싸워 이기게 되고(요한계시록 13:6-7)

이리하여 종말제국의 폭정은 극에 달하고 마침내 이 세계는 '대환란'
으로 치닫게 될 것이다.

3. '대환란'으로 최후를 맞이할 '적그리스도'와 종말제국

• 마지막 환란 기간 '한 이레'에 대한 해석

'짐승'으로 불리는 독재자의 등장과 함께 시작될 고통스러운 역사의
마지막 기간은 7년간 이어질 것으로 본다. 종말 핵전쟁으로 비화될 7
년 동안의 환란 기간은 구약성서 '다니엘'에 언급된 '한 이레'에 근거한
것이다.

- '한 이레' 해석

역사적으로 히브리인들에겐 명확하게 예고된 시간이 주어졌는데 그
시간 속에서 이스라엘과 관련된 특정한 사건들이 이루어지도록 되어
있다. 구약성서 '다니엘'에 기록된 '한 이레'(7년) 개념도 이에 속한다.
선지자 다니엘은 세상의 마지막 때 종말제국의 '적그리스도'가 모든 나
라를 속이고 거짓 평화 조약을 맺어 통치하는 기간이 '한 이레' 동안 지
속될 것임을 아래와 같이 예언하였다.

그(적그리스도 독재자)가 장차 많은 사람으로 더불어 한 이레(7
년) 동안의 언약을 굳게 정하겠고…(다니엘 9:27)

'한 이레'는 일반적인 의미로 7일을 의미하는데 전통적 이스라엘 셈
법으로 환산하면 7년이 된다. 구약성서 에스겔에서 1일을 1년으로 보

는 방식이 증언되어 있기 때문이다.

> 내가 네게 사십일을 정하였나니 <u>일일이 일년이니라</u>(에스겔 4:6)

민수기에도 동일한 원칙이 반복되고 있다.

> <u>사십일의 하루를 일년으로 환산하여</u>(민수기 14:34)

따라서 다니엘이 예언한 '한 이레'는 이스라엘 전통적 셈법으로는 7년을 의미한다. 다니엘이 언급한 '한 이레'가 7일이 아니라 7년이라는 결론을 내릴 수 있는 또 다른 증거가 있다. 다니엘 9장에서 언급된 '한 이레'의 날수를 풀이하고 있는 내용이 다니엘 12장에 기록되어 있다.

> 다니엘아… 이 말은 마지막 때까지 간수하고 봉함할 것임이니라… 매일 드리는 제사를 폐하며 멸망케 할 미운 물건을 세울 때부터 <u>일천이백구십 일</u>을 지낼 것이요 기다려서 <u>일천삼백삼십오일까지 이르는</u> 그 사람은 복이 있으리라(다니엘 12:9-12)

위의 말씀에서 알 수 있듯이 마지막 7년간 적그리스도 독재자의 하나님에 대한 모독 행위와 성도들의 인내를 요하는 기간에 대해 분명히 언급하고 있다. 즉, 다니엘은 마지막 '짐승'(적그리스도) 제국의 독재자가 '미운 물건'(독재자의 우상)을 성전에 세우는 사건이 발생하기 전과 후로 나누어 '미운 물건'이 세워지기 전의 날 수를 일천이백구십 일(약 삼 년 반)으로, '미운 물건'이 세워지는 이후의 종말까지 날수를 일천삼백삼십오 일(약 삼 년 반)으로 예언하고 있다. 따라서 전 삼 년 반과 후 삼 년 반의 기간을 합쳐서 '한 이레'(7년)가 된다. 다니엘은 이 7년 동안 이루어질 중대한 사건을 다음과 같이 예언하고 있다.

> 그(적그리스도 독재자)가 장차 많은 사람으로 더불어 한 이레(7년) 동안의 언약(기만적 평화 조약)을 굳게 정하겠고… 그가 그 이레의 절반(3년 반)에 제사와 예물을 금지할 것이며 또 잔포하여 미운 물건이 날개를 의지하여 설 것이며 또 이미 정한 종말까지 진노가 황폐케 하는 자에게 쏟아지리라(다니엘 9:27)

결론적으로 환난 시기는 다니엘의 예언대로 7년 기간(단 9:27)이다. 그리고 7년의 기간은 두 시기로 나누어 거짓 평화의 기간을 전반(삼 년 반)으로 보고 후반(삼 년 반)은 전대미문의 혼란과 파멸의 고통을 가져다주는 기간이 될 것이다. 한편 예수께서 요한에게 계시한 기록을 담은 요한계시록에서도 "짐승"(적그리스도 독재자)의 기만적 초기 통치 기간에 대해 실제로 삼 년 반 동안 일어날 일임을 증거하고 있다.

> 또 이 짐승이 큰 말과 참람된 말하는 입을 받고 또 마흔두 달 일할 권세를 받으니라(요한계시록 13:5)

성서의 증언대로 그리스도인들은 적그리스도 통치 기간인 7년의 초기부터 갖가지 핍박을 당하게 것이다.

• 예수 그리스도가 예언한 전무후무한 "대환란"

'종말제국'의 등장은 전대미문의 환난을 알리는 가장 분명한 표적이다. 그래서 '직그리스도' 독재자가 통치하는 7년 기간은 신실한 그리스도에겐 '환난'의 기간, 즉 고통과 재앙의 기간이 될 것이다. 하지만 예수 그리스도가 예언한 '큰 환난'의 의미는 종말제국 독재자의 폭정이 극에 달하는 7년의 후반(삼 년 반)의 말미에 일어날 것이다. 예수 그리스도는 이 '큰 환난'이 '모든 육체가 구원을 얻지 못할' 환난임을 분명히 밝히고 있기 때문이다.

> 이는 그 때에 큰 환난이 있겠음이라 창세로부터 지금까지 이런 환난이 없었고 후에도 없으리라 그 날들을 감하지 아니할 것이면 모든 육체가 구원을 얻지 못할 것이나(마태복음 24:21-22)

이제 예수 그리스도의 예언대로 모든 육체가 사멸하는 전무후무한 '대환란'은 세계적인 규모의 핵전쟁으로 가능하게 되었다. 7년 환란의 기간 중 후반부에 이르러 인류가 감당할 수 없는 환경 재앙과 경제 대란은 마침내 종말제국의 거대한 균열을 가져오고 그동안 종말제국의 '세계정부'에 의해 억눌림을 받던 러시아와 중국 등 핵무기를 소유한 군사 강대국들은 들끓는 자국민의 소요를 잠재우기 위해 마침내 무모한 전쟁을 일으킬 것이다. 머지 않는 장래에 다가올 전무후무한 '큰 환란'은 필경 지구를 초토화할 세계 핵 대전이 될 것이다. 실제로 21세기의 인류는 떠오르는 '종말제국'과 기존 강대국들과의 극열한 갈등으로 인해 3차 세계대전의 위기에 직면해 있다. 대규모 핵전쟁은 필경 인류 문명의 파멸을 의미하며 '적그리스도' 독재자와 그의 제국은 핵 대전의 참화 속에서 거대한 파열음을 내며 붕괴될 것이다.

(핵 대전의 참화에 대한 성서의 예언과 증언에 대해서는 본 책의 8장과 9장에 자세히 서술되어 있다.)

• '대환란'의 전조들은 예수 '재림'이 임박했음을 알리는 신호이다

지금까지 1-5부에서 서술한 예수 그리스도의 다섯 가지 예언, 즉 역사적, 환경적, 경제적, 사회적, 정치적 종말 예언만으로도 이 시대가 마지막 때임을 분명히 알 수 있을 것이다.

오늘날 이스라엘 민족이 속속 예루살렘이 있는 고토로 돌아가고 있고, 가공할 환경 재앙이 일어나고 있고, 세계는 경제 대공황의 거대한 소용돌이에 휘말려 있고, 가정과 사회는 각종 폭력으로 무너지고 있으며, 각 나라와 국민들은 그 정체를 다 알 수 없는 정치 세력으로 인해 고통의 나날을 보내고 있다. 이 많은 징조와 사건들은 바쁜 삶에 정신이 빼앗긴 이 시대의 사람들에게 강력한 경고음을 울리고 있다. 그것은 인류에게 '대환란'을 알리는 신호이며 그리스도인에게는 '휴거'와 예수 '재림'이 임박했다는 신호이다. 그러므로 21세기를 사는 우리는 지금 인류가 돌이킬 수 없는 멸망의 소용돌이에 휘말리고 있다는 점을 주목해야 한다. 그리고 그리스도인들은 자신이 무엇을 믿고 있는지 확인해야 한다. 안타깝게도 '죄 사함으로 말미암는 구원'의 복음을 들을 수 있는 기회는 빠르게 소멸되고 있다. 더 늦기 전에 각자의 믿음을 확인할 때가 바로 지금이다.

이런 일이 되기를 시작하거든 일어나 머리를 들라 너희 구속이 가까웠느니라 하시더라(누가복음 21:28)

이어질 6-10장의 내용(종교적, 복음적, 지정학적, 군사적, 우주적 종말 사건)은 이 시대가 마지막 때임을 알리는 또 다른 증거가 될 것이다.

문 앞에 이른 예수

제6장 종교의 종말

　'내가 네 행위를 아노니 네가 살았다 하는 이름을 가졌으나 죽은 자로다'(계 3:1)라는 말씀이 이 시대의 교회에 응하고 있다. 안타깝게도 오늘날 대세를 이루고 있는 반 그리스도적, 반 복음적 종교 통합운동은 거대한 탁류가 되어 제도권 교회들을 집어삼키고 있다. 그 결과 참된 복음을 전하는 교회가 점차 이 지상에서 사라지고 있다는 사실이야말로 세상의 끝임을 알리는 또 하나의 중대한 신호이다.

I. 세상의 종말을 예고하는 또 하나의 전조-'큰 음녀'와 종교 통합 운동

 종교 간의 평화와 화합을 명분으로 복음의 진리를 파괴하고 기독교를 세상의 모든 종교와 같은 부류로 전락시키려는 물 밑 움직임은 이미 지난 한 세기 동안 꾸준히 진행되어 왔다. 그리고 21세기에 들어선 지금 기독교를 해체한 후 세계 모든 종교와 혼합시키려는 불순한 의도가 공공연히 그 음흉한 모습을 드러내고 있다.

1. 마지막 때에 '큰 음녀'의 출현을 예고한 예수 그리스도

 예수 그리스도는 마지막 때에 모든 종교들의 우두머리가 되어 그리스도를 대적하며 하나님을 모독하는 '적그리스도' 종교의 출현에 대해 예언하고, '큰 음녀'로 지칭되는 이 거대 종교 집단의 종말에 대해서 다음과 같이 증언하였다.

> 예수께서 감람산 위에 앉으셨을 때에 제자들이 조용히 와서 말하기를 우리에게 말씀해 주십시오… 주의 임하심과 세상 끝에는 무슨 징조가 있겠습니까 예수께서 대답 하시되… 너희가 선지자 다니엘의 말한바 멸망의 가증한 것이 거룩한 곳에 선 것을 보거든(읽는 자는 깨달을진저)(마태복음 24:3-4, 15)

> 오라 많은 물 위에 앉은 큰 음녀(세속화된 통합 종교집단의 리더)의 받을 심판을 네게 보이리라 땅의 왕들도 그로 더불어 음

행하였고 땅에 거하는 자들도 그 음행의 포도주에 취하였다 하
고… 그 이마에 이름이 기록되었으니 비밀이라 큰 바벨론이라
땅의 음녀들과 가증한 것들의 어미라(요한계시록 17:1-2, 5)

상기한 말씀에서 알 수 있듯이 예수 그리스도는 세상의 마지막 때
에 출현할 적그리스도 종교를 '멸망의 가증한 것' 또는 '큰 음녀'라 지
칭하였다. 구약성서에서 말하는 음녀는 우상 숭배와 기복신앙을 가진
세속화 된 종교를 의미한다. 신약 성서에서는 '음녀'와 반대되는 의미
로 참된 복음을 전하는 교회를 그리스도의 정결한 신부로 묘사하고 있
다. 따라서 요한계시록에 언급된 '큰 음녀'는 그리스도가 전한 복음을
저버리고 이방 종교와의 야합을 꾀하는 세계적 규모의 교회나 집단을
의미한다. 그렇다면 21세기인 지금 복음의 진리를 버리고 기독교와
다른 종교와의 차별성을 제거하여 종교간 통합을 꾀하는 '큰 음녀'가
이미 존재하는가? 만일 이 시대에 '큰 음녀'가 존재한다면 그것은 예수
께서 예언한 세상의 마지막 때임을 경고하는 또 하나의 증거가 된다.
실제로 지난 세기부터 현재까지 세계적으로 종교 간의 화합과 통일 운
동이 거세게 일고 있다. 이방 종교와 야합한 교회들은 속속 세속화의
큰 바다로 모여 '모든 종교에 구원이 있다.'는 슬로건을 외치고 있다.
이는 결국 하나의 거대한 우상종교의 등장을 예고하는 것이다. 일찍
이 예수께서 세상 끝에 나타날 것으로 예언한 '큰 음녀'의 출현이 가시
화된 것이다. 이 거대한 종교 세력은 지극히 정치적이며 세속적인 특
성을 지니고 있다. 아래 내용은 세계 단일 종교를 대망하는 진화론자
줄리언 헉슬리의 글이다.

20세기 인간은 운명을 다루는 새로운 기관… 새로운 신앙과 태

도의 체제… 바꾸어 말하면 새로운 종교의 필요성이 명백하다
는 것이다.

진화론자 줄리언 헉슬리가 설계한 세상은 여전히 진행 중이다. '세
계정부'의 기획안이 담긴 '시온의 의정서'에는 세상의 모든 종교의 해
체와 통합 그리고 기독교 신앙을 파괴하려는 의도가 다음과 같이 분명
히 드러나 있다.

> 우리들의 세계 지배가 완성되었을 때에는 우리의 일신교 이외
> 에는 어떠한 종교도 허락하지 않을 것이다… 따라서 우리들은
> 모든 다른 종교를 파괴하지 않으면 안 된다. 기독교 신부나 목사
> 의 권위는 우리에 의해서 땅에 떨어지고 민중에 대한 그들의 세
> 력은 저하되고 있다… 기독교의 완전한 붕괴도 불원간 시간의
> 문제가 될 것이다.(시온의 의정서 제17 의정)

이처럼 세계적인 종교 통일 운동의 배후엔 종말제국을 추진하는 '세
계정부'가 있다. 단일 정부를 꿈꾸는 자들은 자신들의 신세계 질서에
의해 인간을 지배하고 획일화 하려고 한다. 이것은 단순한 지배체제
가 아니라 하나의 (종말) 종교로써 존재한다.

2. '큰 음녀'의 길을 가는 WCC와 로마 가톨릭

오늘날 세계 교회 협의회(World Council of Churches, 이하 약
칭 WCC로 쓰기로 함)와 로마 교황청은 신앙의 영역을 넘어서 국가와

민족들이 제기하는 모든 세속적인 이슈에 관여함으로써 강력한 정치적 영향력을 끼치고 있다. 21세기의 상황은 WCC와 로마가톨릭이란 거대 종교단체의 구심력에 의해 세계 모든 종교들이 하나로 통합되어 가는 중대한 국면에 처해 있다. 만일 이 거대 종교 집단이 요한계시록에서 증언된 '큰 음녀'라면 지금 이 시대가 마지막 때임을 알리는 또 하나의 증거가 된다. 거대한 적그리스도 종교가 그 모습을 드러내고 있기 때문이다.

• WCC와 로마가톨릭이 '큰 음녀'란 증거는?

WCC는 세계적인 에큐메니컬 운동(교회 일치주의 운동)을 목적으로 하여 출범한 기독교 단체이다. 1948년에 네덜란드의 암스테르담에서 에큐메니컬 운동의 첫 총회를 시작으로 결성되었다. 성공회, 개신교, 동방 정교회, 오리엔탈 정교회가 회원교단으로 참여하고 있다. 협의회 내에 국제선교협의회, 생활과 실천위원회, 신앙과 직제위원회가 조직되어 있다. 로마 가톨릭교회는 WCC 회원이 아니지만 신앙과 직제위원회에 정식 위원으로 참여하고 있다. 그래서 오늘날 WCC와 가톨릭은 긴밀한 유대 관계를 지속하고 있다. WCC와 로마가톨릭이 '큰 음녀'란 증거는 신약성서 요한계시록에 기록된 '큰 음녀'의 특징을 두루 갖추고 있다는 데 있다. 요한계시록 17장에는 '큰 음녀'의 정체에 대해 다음과 같이 밝히고 있다.

> 오라 많은 물 위에 앉은 큰 음녀의 받을 심판을 네게 보이리라 땅의 왕들도 그로 더불어 음행하였고 땅에 거하는 자들도 그 음행의 포도주에 취하였다 하고… 내가 보니 여자가 붉은 빛 짐승을 탔는데 그 짐승의 몸에 참람된 이름이 가득하고… 그 이마에

문 앞에 이른 예수

이름이 기록되었으니 비밀이라, 큰 바벨론이라 땅의 음녀들과 가증한 것들의 어미라… 네가 본 바 음녀의 앉은 물은 백성과 무리와 열국과 방언이니라(요한계시록 17:1-5, 15)

상기한 요한계시록 17장의 말씀 속에 담긴 '큰 음녀'의 특징은 다음과 같이 정의할 수 있다.

1 ▶ '큰 음녀'는 세계 모든 나라와 민족에 뿌리를 내리고 있는 거대 종교집단이다.
2 ▶ '큰 음녀'는 전 세계 모든 나라의 정치와 경제, 환경과 사회 전반의 문제에 개입하는 정치적 종교집단이다.
3 ▶ '큰 음녀'는 모든 종교와 야합하며 이들의 정신적 지주로 행세하는 집단이다. 그래서 예수 그리스도의 유일성을 부정하는 종교다원주의 사상을 수용한다.
4 ▶ '큰 음녀'는 세계 모든 종교와 교파들의 리더로서 통합을 꾀하고 있다.

만약 WCC와 로마가톨릭이 '큰 음녀'가 되려면 요한계시록에 예고된 '큰 음녀'의 특징을 명백히 드러내어야 한다. 과연 WCC와 로마 가톨릭교회가 위에 제시된 네 가지 '큰 음녀'의 조건에 모두 부합하는지 검증해 보기로 한다.

1 ▶ '큰 음녀'는 세계 모든 나라와 민족에 뿌리를 내리고 있는 종교 집단이다.

오늘날 WCC와 로마 가톨릭교회는 공히 전 세계적인 조직을 가진 거대 종교 조직이다. WCC는 세계 약 110여 국가에 분포하는, 성공회를 비롯한 개신교와 동방 정교회 등 349개 기독교 교파들이 정회원으로 소속되어 있다. 로마 가톨릭교회는 WCC 회원이 아니지만 신앙과 직제위원회에 정식 위원으로 참여하고 있다. 로마 가톨릭교회는 전 세계적으로 약 12억 명의 신자를 가진 세계 최대 규모의 기독교 교파이다. 세계에서 가장 오래된 교회로서 특히 역사적으로 서양 문화에서 중요한 비중을 차지하고 있다.

2 ▶ '큰 음녀'는 전 세계 모든 나라의 정치와 경제, 환경과 사회 전반의 문제에 개입하는 정치적 종교집단이다.

WCC와 로마 가톨릭 교회는 세계적 조직을 갖춘 거대 종교권력으로서 지구상에서 발생하는 중대한 문제와 사건에 자신들의 의견을 발표하고 이를 실천하도록 유도하고 있다. 실제로 WCC 역대 총회의 주요 안건은 전 세계가 직면한 전쟁, 기아, 인종차별, 환경오염, 난민사태에 관한 것이다. 그리고 세계 각 나라를 향한 로마가톨릭의 교황의 메시지 역시 이 세계가 겪고 있는 정치적, 경제적, 사회적 현안에 관한 판단과 해결방안이 주류를 이루고 있다.

3 ▶ '큰 음녀'는 모든 종교와의 야합하며 이들의 정신적 지주로 행세하는 집단이다. 그래서 예수 그리스도와 복음의 유일성을 부정하는 종교다원주의 사상을 수용한다.

WCC와 로마 가톨릭 교회는 서로 연합하여 세계 모든 종교의 리더로서 막대한 영향력을 행사하고 있다. 앞서 언급한 바와 같이 로마 가톨릭교회는 WCC 회원이 아니지만 신앙과 직제위원회에 정식 위원으로 참여하고 있다. 이 거대 종교 조직이 종교다원주의와 사회구원, 가시적 교회일치, 성경말씀 왜곡 등 이른바 '적그리스도'적 배도 행위를 드러내고 있다.

4 ▶ '큰 음녀'는 세계 모든 종교와 교파들의 리더("큰 바벨론")로써 통합을 꾀하고 있다.

오늘날 WCC와 로마가톨릭은 종교 간의 화합과 세계 평화를 명분 삼아 이른바 '종교다원주의' 사상을 퍼뜨리며 전 세계 모든 종교를 자신들의 영향력하에 편입시키고 있다.

상기한 바와 같이 WCC와 로마가톨릭이 '큰 음녀'란 증거는 이들 거대 조직의 신조와 활동이 요한계시록에 기록된 '큰 음녀'의 특징과 명백히 일치하고 있기 때문이다. 무엇보다 주목해야 할 사실은 이 두 거대 집단이 '종교다원주의' 사상을 수용하고 이를 원동력으로 삼아 세계 모든 종교의 화해와 통합을 꾀하고 있다는 점이다. 거듭 말하지만 종래 기독교가 지닌 그리스도의 복음을 파괴하는 치명적인 사상은 '모든 종교에 구원 길이 있다.'는 종교다원주의 이념이라 할 수 있다. 그렇다면 여기서 세계 모든 종교를 하나로 묶는 '종교다원주의' 핵심 사상을 파악하기 위해 일찍이 이 사상의 이론적 토대를 세우고 퍼뜨린 자의 주요 언행에 대해 알아 둘 필요가 있다.

• 예수의 말씀을 정면으로 부정한 '존 힉'의 '종교다원주의'

영국 출신의 목회자 및 신학자인 존 힉(John Hick, 1922-2012)은 '종교다원주의'를 주창한 인물로 1961년 프린스톤 신학교 재직 당시 '성육신에 대한 믿음이 (과연) 문자적 역사적 사실로 받아들여야 하는가?'라는 도전적 질문을 학계와 교계에 던지면서 그의 반 복음, 반 그리스도적 행각은 공식적으로 시작되었다. 존 힉의 '종교다원주의'는 기독교가 타 문화의 종교보다 도덕적으로 우월하지도 않으며 또한 모든 유신 종교들은 궁극적인 실재를 향한 종교적 체험을 공유하고 있다는 것이다. 이 사상은 오늘날 가톨릭과 자유주의 사상에 물든 기독교 교회에서 수용되고 있다. '종교다원주의'는 결국 종교 간의 화해와 화합을 위해서 그리스도의 유일성을 결정적으로 허물어뜨리게 된다. 즉, '내가 진리요 길이요 생명이니 나로 말미암지 않고는 아버지께로 올 자가 없느니라'(요복 14:6)는 성서의 말씀을 폐기시키는 결과를 낳는다. 성서의 말씀은 이러한 '종교다원주의' 사상에 물든 자를 '적그리스도'임을 명시하고 있다.

거짓말 하는 자가 누구뇨 예수께서 그리스도이심을 부인하는 자가 아니뇨 아버지와 아들을 부인하는 그가 적그리스도니(요한일서 2:22)

결론적으로 '존 힉'이 주창한 '종교다원주의'란 모든 종교가 섬기는 신은 궁극적으로 동일하며 모든 종교에 구원의 길이 있다는 사상이다. 이는 예수 그리스도의 복음과 구원의 유일성을 완전히 부정하는 사상이다. 이러한 적그리스도 사상을 종교간 화해와 평화적 통합을 명분으로 수용한 거대 단체가 바로 WCC와 로마가톨릭이다. 그래서 WCC와 로마가톨릭은 하나님을 대적하여 인간 세계의 통일을 이루기

위해 '바벨'탑(창 11:1-9)을 쌓아올린 '니므롯'의 행위(창 10:8-10)
와 같은 일을 이 시대에 재현하고 있다. '바벨'은 인간의 눈에는 '하나
님의 문'이지만 하나님이 보시기엔 '혼잡'을 의미하는 것에 불과했다.
이제 이 두 거대 종교 집단이 역사적으로 어떤 사상적 행로를 밟아 왔
는지 알아보기로 한다.

3. WCC가 만든 '다른 복음'과 중심 사상

• WCC는 예수 그리스도의 복음의 진리를 정치적인 이데올로기로 바꾸어 버렸다

WCC는 제1차 암스테르담 총회에서 제10차 부산 총회에 이르기까
지 기독교와 모든 종교를 향해 세계가 당면한 문제들에 대해 그 해법
을 제시하여 왔다. WCC 1차-10차 총회가 표방한 주제들은 하나님
과 예수 그리스도와 성령에 관련된 단어로 구성되어 있어서 지극히 복
음적인 것으로 오해하기 쉽다. 그러나 이 주제들을 실천하는 방식은
완전히 성서의 진리를 이탈한 것이며 심지어 적대적인 것들로 가득 차
있다. WCC의 주안점은 하늘나라의 복음을 지키고 전하는 것이 아니
라 세상의 문제를 해결하여 영속화를 꾀하는 '사회구원'에 있다. 이 단
체가 지난 100년 동안 내세운 강령들은 평화, 화합, 빈민구제, 사회
복지, 사회구원, 여성 해방, 제3 세계 혁명, 환경개선 등으로 정치
적, 사회적 문제들을 풀기 위한 모든 개념들이 망라되어 있다. 문제의
심각성은 WCC가 성서의 온갖 선하고 정의로운 말씀을 이 땅의 당면
한 문제들을 풀기 위한 수단으로 잘못 해석하고 오용하고 있다는 것이
다. 그래서 성서의 진리가 무엇인지 알길 이 없는 세상 사람들은 물론

심지어 기독교계 내에서 조차 세상을 구제하려는 WCC의 활동 목적에 별다른 거부감 없이 동조하게 되었다.

거듭 말하지만 WCC가 추구하는 것은 이 세상에서의 인간의 삶의 문제를 주로 다루고 있으며 이 세계가 직면하고 있는 온갖 사안에 간섭하고 개입하는 방법론을 담고 있다. WCC는 역대 총회의 내건 슬로건은 기막힌 화법과 논리로 성서의 말씀을 왜곡시키고 사람들로 하여금 보이지 않는 세계의 문제보다 보이는 이 땅의 문제가 더욱 진실하고 중대하다는 인식을 갖게 하는데 극적인 성공을 거두었다. 그리하여 예수의 복음은 개인이 아닌 사회를 구원하는 의미, 즉 인류사회를 보다 풍요하게 행복하게 평화롭게 만드는 뜻으로 바뀌었다. 그 결과 WCC의 행동 강령은 지구촌 곳곳에서 다분히 정치적 혁명과 내란과 투쟁을 격려하고 정당화 시키는 것이 되었다. 비극적이게도 WCC란 거대 종교 협의체가 이루어 낸 것은 성서의 말씀을 뒤집어 오히려 이 세상의 정치적 평화와 경제적 평등을 위한 투쟁이 지상 목표임을 모든 세상 종교들이 동의하도록 한 것이었다. 그 결과 WCC가 주창하는 세상의 평화와 번영이란 슬로건은 모든 종교를 포용할 수 있는 기반이 된다. 이처럼 WCC는 세상의 모든 중대 사안에 개입하여 그 정치적 영향력을 행사하며 배도의 길을 걸어왔다. 한마디로 성서의 말씀이 지닌 영원한 생명에 관한 메시지를 정치적 이데올로기로 전환하여 이 땅에서의 인간의 생존과 삶의 문제를 푸는 것으로 격하시킨 것이다.

• 현대판 미가의 집으로 변질된 WCC

구약성서 사사기 17장에 기록된 '미가'의 집은 여호와 하나님의 이름을 걸고 신상과 우상을 섬기는 혼합종교의 실상을 적나라하게 보여 주고 있다. '미가'는 어머니로부터 훔친 돈을 되돌려 주고 그 어머니는 이 돈으로 여호와의 이름을 빙자한 신상을 제작하여 그 아들을 위해 축복을 기원을 하였다. 이들의 중심엔 수단과 방법을 가리지 않고 돈과 종교적 번성을 기원하는 욕망이 도사리고 있었다. 그래서 '미가'는 떠돌이 '레위인'(이스라엘 12 지파 중 제사장 직분을 가진 지파에 소속된 자)을 돈으로 사서 제사장을 삼고 겉으로는 여호와를 섬기는 집으로 위장하였다. 하지만 '미가'의 집은 이곳을 찾아오는 모든 사람들로 하여금 각자가 선호하는 우상을 숭배토록 하는 잡신들의 신당이었다. 실로 '미가'의 집은 여호와의 이름으로 위장한 사단의 신당이었다.

WCC는 어떻게 현대판 '미가'의 집이 되었는가?

WCC는 처음엔 보다 효율적으로 기독교와 복음을 세상에 알리기 위해 시작된 협의체였다. 그러나 이 단체가 설립된 이래 근 100년 동안 걸어온 길은 세상의 모든 종교를 포용하는 길이었다. WCC 역대 연례 총회에서 발표된 내용들을 들여다보면 이 단체가 무엇을 꾀하고 있는지를 알 수 있는데 WCC의 여러 가지 행위들은 이 세계의 모든 종교들을 포용하고 하나로 통합시키는 다분히 정치적인 노력의 일환임이 드러나고 있다. 그리하여 공통된 세속적 이념은 곧 공통된 신을 창출하게 되고 마침내 모든 종교는 하나의 신을 향하고 있다는 종교다원주의 가설을 수용하게 된다. WCC가 만들어 낸 것은 의심할 나위 없이 구약성서 사사기에 언급된 미가의 집을 방불케 하는 만신전이다. 실제로 지난 한 세기 동안 WCC가 다루었던 사안의 대부분은 종교다원주의와 혼합주의, 사회구원 지상주의, 성경불신주의 등을 변함없이 지향하고 표방한 것이다.

• 하나님 아닌 예수, 예수 아닌 하나님 사상을 수용한 WCC

WCC가 받아들인 사상은 자유주의 신학과 종교다원주의이다. 자유주의 신학의 핵심은 하나님 아닌 예수를 주장하는 '적그리스도' 사상이다. 한편 종교다원주의 핵심 사상은 예수 아닌 하나님을 수용하는 것이다. 예수가 제거된 하나님이라야 다른 종교들이 이를 수용하게 되고 그래야만 하나로 통합될 수 있기 때문이다. 그 결과 예수 그리스도만이 유일한 진리라는 의미는 기독교 안에서만 말할 수 있는 것으로 제한함으로써 마침내 예수 그리스도의 복음을 유폐시키고 말았다. 하지만 다음과 같은 성서의 증언에 귀를 기울이지 않는 한 WCC의 반진리, 반 복음, 반 그리스도 실체에 대해서 잘 알 수 없다.

이것이 이상한 일이 아니라 사단도 자기를 광명의 천사로 가장하나니 그러므로 사단의 일꾼들도 자기를 의의 일꾼으로 가장하는 것이 또한 큰 일이 아니라(고린도후서 11:14-15)

성서의 경고대로 WCC는 로마 가톨릭과 더불어 "광명의 천사"로 가장하여 마침내 "큰 음녀"로서의 실체를 드러내고 있다.

4. "큰 음녀"의 모든 특징을 드러내고 있는 로마 가톨릭

마지막 때 WCC 등과 연합하여 세계 모든 종교들의 수장으로 나설 거대 종교 집단으로 로마가톨릭교회를 빼놓을 수 없다. 로마 가톨릭이 왜 성서가 증언하는 진리의 말씀에서 벗어나 있는가에 대해서는 역사적으로 너무나 많은 증거들이 있다. 가톨릭의 역사는 배도의 역사

문 앞에 이른 예수

라 해도 과언이 아니다. 가톨릭의 반 성서적인 교리와 예배의식들은 고대 바벨론에서 시작된 종교의식이 전승을 거듭하여 로마제국에 이르게 되고 기독교가 로마의 국교가 되면서 이방종교의 풍습이 교회 안으로 침투한 결과이다. 인류 역사의 커다란 분기점이 되는 루터의 종교개혁은 중세 가톨릭교회의 끔찍한 타락상을 반증하는 가장 뚜렷한 사건이다. 지난 역사 속에서 선포된 로마 가톨릭교회의 주요한 반 성서적 교리를 살펴보면 마리아 숭배, 죽은 자를 위한 기도(바벨론 종교의 풍습), 죽은 성인들 형상 숭배, 화체설(로마 가톨릭 신학에서 성찬에서 밀빵과 포도주가 각기 예수의 몸과 피로 바뀌는 일 또는 그러한 믿음을 가리킨다.) 면죄부(재물을 대가로 하여 죽은 자의 죄를 사면해 주는 증서) 등이 있다. 특히 가톨릭은 교회와 교황의 무오성을 원칙으로 한다. 그러나 무오성은 하나님의 속성이지 인간의 속성이 아니다 어느 것 하나도 성경에 언급되어 있지 않다.

• 로마 가톨릭교회의 종교다원주의 수용과 WCC와의 연합

로마 가톨릭이 세상 모든 종교와 연대하려는 중요한 움직임이 1960년대에 일어났다. 이른바 제2차 바티칸 공의회(Concilium Vaticanum Secundum)는 1962년부터 1965년까지 열린 로마 가톨릭교회의 공의회이다. 로마 가톨릭교회가 장차 앞으로 나아갈 길을 타진한 교회의 현대적 개혁이 이 공의회의 목적이었다. 제2차 바티칸 공의회에서 채택된 '비(非) 그리스도교와 교회의 관계에 대한 선언'(Nostra aetate)을 기반으로 가톨릭에도 큰 변화가 일어났다. 로마 가톨릭교회는 이 회의에서 중대한 신학적 노선의 변화를 선언하는데 그 핵심은 종교다원주의 사상을 수용하고 세계적인 이슈에 실천적으로 개입하는 것이었다. 신학자들은 이 새로운 교회상으로 말미암아 교회가 비그리스도교적 문화와 타 종교들 안에서도 만인의 구원을 원하시는 하느님의 은총이 발견될 수 있게 되었으며 이는 가톨릭교회의 획기적인 방향 전환을 의미하는 것이라고 하였다. 이러한 로마 가톨릭교회의 새로운 사상적 좌표는 WCC가 추구하는 것과 일치한다. 실제로 로마 가톨릭교회는 WCC 회원이 아니지만 WCC의 신앙과 직제 위원회에 정식 위원으로 참여하고 있다. 지난 2013년에 개최되었던 WCC 제10차 부산 총회에 즈음하여 프란시스코 교황은 "WCC와 가톨릭이 함께 하나님 나라 일궈 가길" 원한다는 축전을 보냈다. 프란치스코 교황의 메시지는 세계 모든 종교를 평정하고 통합하기 위한 거대 종교 집단의 협력관계를 선명하게 드러내고 있다.

- **'큰 바벨론' 종교 탄생을 위한 로마 가톨릭교회의 역할**

요한계시록 17장에서는 마지막 때에 등장할 '큰 음녀'의 정체와 역할 그리고 그 최후에 대해 계시하고 있는데 '큰 바벨론'(모든 종교의 리더) 이라 칭하는 이 거대 종교 집단이 '붉은 짐승'을 타고 있다고 증언함으로써 정치적 권력과 결탁하여 큰 권세를 누리고 있음을 알 수 있다.

이리오라 많은 물위에 앉은 큰 음녀의 받을 심판을 네게 보이리라 땅의 임금들도 그로 더불어 음행하였고 땅에 거하는 자들도 그 음행의 포도주에 취하였다 하고… 내가 보니 <u>여자가 붉은 빛 짐승을 탔는데</u> 그 짐승의 몸에는 참람된 이름이 가득하고… 그 이마에 이름이 기록되었으니 비밀이라, <u>큰 바벨론이라, 땅의 음녀들과 가증한 것들의 어미라</u> 하였더라… 내가 보매 이 여자가 <u>성도들의 피와 예수의 증인들의 피에 취한지라</u>… 네가 본 바 <u>음</u>

녀의 앉은 물은 백성과 무리와 열국과 방언이니라 네가 본 바
이 열 뿔과 짐승이 음녀를 미워하여 망하게 하고 벌거벗게 하고
그 살을 먹고 불로 아주 사르리라(요한계시록 17:1-3, 5-6, 15-
16)

　위의 말씀에서 '큰 음녀'가 '짐승'을 타고 있다는 의미는, 타락한 종
교(교회)가 왕이나 국가의 세력과 연합했다는 뜻이다. 즉 교회가 정
치적 권력을 이용하고 있는 상태를 의미하는 것이다. 종교가 정치적
권력과 밀착하여 정권을 지배하든지 혹은 종교가 정권의 하수인 되
는 것은 이미 예수 그리스도와 그의 복음을 버린 배도의 종교임을 의
미한다. 역사적으로 종교가 세속화되어 정치적 권력을 휘두른 대표적
인 사례는 로마 가톨릭교회에서 뚜렷이 발견된다. 요한계시록에서는
'큰 음녀'의 비밀스런 정체가 '큰 바벨론'이라고 폭로하고 있다. '큰 바
벨론'은 인류 최초 제국의 통치자인 '니므롯'이 다스린 나라이며 정교
일치의 제국이었다. 바벨론의 종교는 '니므롯'의 아내 '세라미스'와 사
생아인 '담무스'를 각각 하늘의 여왕과 태양의 화신으로 숭배하는 사단
의 종교이다. 이 종교는 인류 역사 속에서 많은 나라와 민족에게 침투
하여 창조주 하나님을 모독하고 예수 그리스도의 진리를 가로막는 주
술의 종교로 계승되고 있다. 이러한 풍습을 이어받은 세상의 많은 종
교들을 종교다원주의 사상을 앞세워 규합하고 있는 것이 오늘날의 종
교 통합 운동의 본질이다. 주목할 사실은 21세기에 들어서면서 로마
가톨릭교회가 '큰 음녀' 그룹의 리더임이 더욱 분명해지고 있다는 점이
다. 그 이유는 오늘날 교황이 전 세계를 누비며 모든 정치적, 사회적
문제에 대해 가톨릭의 입장을 발표하며 지대한 정치적 영향력을 행사
하고 있을 뿐만 아니라 WCC 등과 결탁하여 세상의 모든 종교와의 화

해와 연대를 모색하는 데 앞장서고 있기 때문이다.

　상기한 바와 같이 로마 가톨릭이 WCC와 더불어 모든 종교들을 규합하고 세계 단일 종교를 지향하는 세력이라는 것은 의심할 여지가 없다. 실제로 예수께서 계시한 '큰 음녀'의 출현이 가시화 되고 있다는 것은 이 시대가 마지막 때임을 알리는 또 하나의 증거이다.

II. 종말제국을 위한 '큰 음녀'의 활약과 파멸

전술한 바와 같이 오늘날 '큰 음녀'의 길을 가고 있는 WCC와 로마가톨릭이 수용한 종교다원주의 사상, 즉 모든 종교가 추구하는 궁극에는 하나의 신 또는 하나의 존재가 있다는 사상은 결국 모든 종교는 하나가 될 수 있다는 결론에 이른다. 그래서 지금 전 세계적으로 일고 있는 종교 간의 화해와 통합운동은 결국 세계 단일종교의 출현을 목표로 하는 것이다. 그런데 세계 단일종교의 수장은 성서에서 '멸망의 아들'로 칭하며 사단의 영을 받은 자임을 경고하고 있다. 결국 인류는 '유대교'로 가장한 사단의 종교를 숭배해야 하는 위기에 처해 있다. 이 사단의 종교를 만드는데 앞장 선 '큰 음녀', 즉 로마가톨릭과 WCC는 '짐승'으로 지칭되는 종말제국의 '적그리스도' 독재자에 의해 이용되다가 결국 버림을 당하여 파멸의 길을 걸을 것이다.

1. 복음의 진리를 파괴하는 '큰 음녀'와 그 배후

• 모든 종교를 하나로 묶으려는 '큰 음녀'

21세기에 들어서면서 WCC와 로마가톨릭을 중심으로 보다 많은 교회들과 종교 단체들이 세계 평화를 빌미로 화해와 통합의 대열에 동참하고 있다. 미국의 큰 교회들은 그리스도의 교회 전국 연맹(NCCCA)의 지도 아래 통합되어 가고 있다. 그리고 로마가톨릭과 유대교와 신교 사이에 공통으로 성서를 만들려는 움직임이 실현되었다. 원래 기독교의 '에큐메니칼 운동'은 갈라진 교회를 하나로 만드는 것보다는 본질적인 교회의 본질을 회복하는 운동이었다. 1910년 에딘버러 제1회

세계선교회의를 통해 발족된 이 운동은 1948년 WCC가 결성된 이후 교회의 일치를 넘어서 점차 궤도를 이탈하여 모든 종교의 일치 운동으로 나아간 것이다. 이에 대응하여 성서의 복음을 지키려는 그리스도인들은 WCC의 강령이 성서의 핵심 진리를 포기하고 예수 그리스도만이 유일한 구세주임을 부인하는 종교다원주의 신학을 내포하고 있다며 강력하게 반대하고 있다. WCC의 교회론은 그리스도에게 복종하는 교회의 본질보다 기능적인 차원의 교회론이기 때문에 이를 수용할 수 없다. 그래서 WCC가 추구하는 운동에 방심하고 따라갈 수는 없는 것이다. 만약 성서의 복음을 굳건히 지키는 그리스도인들이 없었다면 아마도 이 에큐메니칼 운동은 현재까지 진척된 것 이상으로 여러 가지 종교의 융합으로 이루어졌을 것이다. 이것이 바로 배교자들이 성서의 복음을 믿는 사람들을 미워하는 근본 이유 중의 하나일 것이다. 하지만 사람들은 이 거대 종교 집단이 추구하는 일들이 얼마나 끔찍한 결과를 초래할 것인지 깨닫지 못하고 있다. 성서의 증언은 종교간 화해를 명분으로 내세우며 사실상 종교간 통합운동을 추진하는 자들의 숨겨진 의도를 경계하고 있다.

> 너희는 믿지 않는 자와 멍에를 같이 하지 말라 의와 불법이 어찌 함께하며 빛과 어두움이 어찌 사귀며 그리스도와 벨리알이 어찌 조화되며 믿는 자와 믿지 않는 자가 어찌 상관하며 하나님의 성전과 우상이 어찌 일치가 되리요 우리는 살아 계신 하나님의 성전이라(고린도후서 6:14-16)

• '큰 음녀'의 배후

주목해야 할 점은 '큰 음녀'로 지칭되는 이 거대 종교 세력의 배후에

문 앞에 이른 예수

는 '유대교'의 이름으로 세계 단일종교를 만들려는 더 큰 세력이 존재한다는 것이다. 거대한 '적그리스도' 종교 세력의 배후에는 단일 '세계정부'를 추진하는 금권세력이 있다. '세계정부'의 금권세력은 정치와 경제뿐만 아니라 세계의 종교를 하나로 통합하려는 야심찬 프로젝트도 가동하고 있다. 앞서 5장에서 밝혔듯이 이 금권세력은 다름 아닌 '사두개파' 사상을 이어받은 자들이다. 이들이 일컫는 '유대교'는 유일신 하나님을 믿는 정통 유대교가 아닌 무신론 사상을 지닌 종교임을 설명한 바 있다. 이처럼 "부활도 없고 천사도 없고 영도 없다"(행 23:7-8)는 사상을 가진 적그리스도 세력의 목표는 세상의 모든 종교들을 해체한 후 다시 하나로 통합하려는 것이다. 그래서 일차적으로 '큰 음녀'를 앞세워서 세상 모든 종교에 구원의 길이 있다는 종교 다원주의 사상을 기독교를 비롯한 모든 종교에 주입하도록 하고 있다. 이는 기독교를 포함한 모든 종교를 한 곳으로 끌어 모아 혼합시키고 마침내 하나의 거대한 사단의 종교로 재탄생시키려는 사악한 기도이다. 이 세력의 배후에 사단의 영이 작용하고 있다는 것이 예수께서 사도 요한을 통해 계시하신 경고이다.

> 용(사단)이 짐승(세계정부의 교황)에게 권세를 주므로… 짐승이 입을 벌려 하나님을 향하여 훼방하되… 또 권세를 받아 성도들과 싸워 이기게 되고(요한계시록 13:4-7)

2 '시온의 의정서'에 명시된 기독교 및 모든 종교의 파괴 시나리오

세계지배 강령을 담은 '시온의 의정서'에는 정치, 경제, 학문 분야뿐만 아니라 인류의 정신세계를 지배하기 위한 세계 단일종교의 창설을 목표로 하는 실천 방안이 기록되어 있다. 모든 나라들을 하나로 묶어 통치하려는 세력이 세계 유일의 종교를 창설하는 과정에서 가장 큰 걸림돌은 기독교이다. 그래서 먼저 복음을 파괴하여 기독교의 정체성을 망가뜨리는 것을 지상 목표로 하고 있다. 기독교의 복음을 파괴하고 나면 나머지 모든 종교들은 공략하기가 그리 어렵지 않다는 것이 그들의 판단이다. 이들이 기독교를 공격하는 방법으로 먼저 그리스도인과 성서의 말씀에 대한 외부의 적대적 환경 조성하는 것이다. 이를 위하여 일부 기독교 지도자들의 비행과 타락상을 끊임없이 대중매체를 통해 알림으로써 말씀을 듣기 위해 교회에 나갈 마음을 아예 없애 버리는 작업이 전 세계적으로 진행 중이다. 한편 기독교 내부로부터의 분열과 은밀한 파괴 공작도 진행되고 있다. 즉, 교회 내에서 성서의 진리에 대한 회의적 이론과 비판을 야기시킨다. 아울러 종교다원주의를 이용하여 기독교의 핵심 진리를 왜곡하여 파괴하고 있다. 그 결과 그리스도인 상호간의 격렬한 이단 논쟁으로 인해 믿음의 공동체가 붕괴되도록 유도하고 있다.

이러한 일련의 실천 계획들이 '시온의 의정서'에 구체적으로 적시되어 있다. 세계 단일종교 출범을 위한 기독교 파괴와 제 종교 통합을 위한 '시온의 의정서'의 치밀한 기획안은 다음과 같다.

기독교 신부나 목사의 권위는 우리들에 의해 땅에 떨어지고 민중에 대한 그들의 세력은 날마다 저하되고 있다. 기독교의 완전한 붕괴도 불원간 시간의 문제가 될 것이다. 다른 제 종교는 보다 간단하게 버릴 수 있겠지만 아직 그것을 논하기에는 시기상조이다.(시온의 의정서 제17 의정)

우리들이 아직 청년들을 유대교로 이끌기 전의 과도기의 단계에 있어서는 현존 제 종교를 공공연하게 직접 배격하는 것을 피하면서 내부 분쟁을 조장하거나 교리 비판을 하거나 하여 파멸의 길을 걷게 한다.(시온의 의정서 제17 의정)

우리들의 세계 지배가 완성되었을 때에는 우리의 일신교 이외에는 어떠한 종교도 허락하지 않을 것이다…. 따라서 우리들은 모든 다른 종교를 파괴하지 않으면 안 된다. 이 때문에 일시적 현상으로서 무신론, 무종교 시대가 나타나게 될지 모르지만, 그것은 과도기적인 것이며, 우리의 목적을 방해하는 것은 아니다.(시온의 의정서 제14 의정)

상기한 대로 '세계정부'는 인류를 무신론 사상과 물신주의에 빠지게 할 계획을 세우고 기독교를 몰락시킨 다음 세계 단일종교의 설립을 추진하고 있다. 거듭 말하지만 적그리스도 종말제국에서는 하나의 종교만 허용된다. 따라서 기독교는 제거되어야 할 대상이다. 이러한 일들이 실제로 벌어지고 있다. 그야말로 지금은 참된 복음을 가르치는 교회들이 빠르게 사라져 가고 있는 '배도'(살후2:3)의 시대이다. 그런데 대배도의 시대가 역설적으로 증거하는 것은 예수께서 약속하신 재림이 임박하였다는 사실이다.

먼저 배도하는 일이 있고 저 불법의 사람 멸망의 아들이 나타나기 전에는 (예수 그리스도의 재림이) 이르지 아니하리라(데살로니가후서 2:3)

3. 종교통일의 마지막 걸림돌인 "큰 음녀"의 파멸

요한계시록 17장에는 모든 종교의 우두머리격인 '큰 음녀'를 멸망시키는 세력의 정체에 대해 밝히고 있다. 그것은 다름 아닌 '큰 음녀'와 연합하여 세계를 공략해 오던 '세계정부'이다. 놀랍게도 '시온의 의정서'에는 로마 가톨릭의 권세를 와해시키는 계획이 기록되어 있다. 2,000년 전 예수의 계시로 기록된 예언이 100여 년 전에 세상에 알려진 '시온의 의정서'에 구체화된 내용으로 다시 나타난 것이다.

• '큰 음녀' 세력의 괴멸 과정

– '열 뿔' 초국가기관에 공격당하는 '큰 음녀'
요한계시록에는 모든 종교를 하나로 규합하여 다스리는 '큰 음녀'가 그 효용성이 다할 즈음 종말 제국의 '적그리스도' 독재자에 의해 그 권좌를 빼앗길 것이 예고되어 있다.

> 네가 본 바 이 열 뿔과 짐승이 음녀를 미워하여 망하게 하고 벌거벗게 하고 그 살을 먹고 불로 아주 사르리라(요한계시록 17:16)

위의 예언에서 '음녀'를 망하게 하는 '열 뿔'은 제5부에서 밝힌 대로 종말제국의 '세계정부'에 충성하는 초국가기관들이다. 실제로 근래에 초국가기관 중의 하나인 UN이 가톨릭 내에서 성직자들의 아동 성추행 사건에 직접 개입하면서 가톨릭교회의 치부를 공공연히 드러내고 교황의 권위를 실추시키는 사태가 발생하고 있다.

문 앞에 이른 예수

– '시온의 의정서'에 예고된 가톨릭 교황 권력의 파멸

'사두개파' 이념을 가진 금권세력이 '세계정부' 창설을 기획할 때는 19세기 말엽이다. 당시 이들에게 가장 큰 정치적, 종교적 적대 세력으로 꼽고 있는 상대가 제정 러시아의 차르 대제와 로마 가톨릭교회의 교황이었다. 이 거대한 두 세력을 적으로 간주한다는 내용이 '시온의 의정서'에 명기되어 있다.

> 로마 교황청을 제외하고는 최근까지 지고의 권력의 위력을 지니고 있던 것은 제정 러시아였고 따라서 차르는 로마 교황과 더불어 우리의 최대의 적이었다.(시온의 의정서 제15 의정)

'시온의 의정서'에는 로마 교황은 처음부터 궁극적으로 제거되어야 할 '세계정부'의 적으로 간주하고 있다. 그런데 로마 가톨릭교회는 A.D. 313년 로마제국의 국교가 된 이래 세상의 정치권력과 야합한 대표적인 종교 세력이다. 21세기인 오늘날에도 여전히 가톨릭 교황은 거대한 정치적, 종교적 영향력을 지니고 있다. '시온의 의정서'에는 세계 모든 종교들을 흡수 통합시키기 위해 전략적으로 이용되던 교황의 권력을 결정적인 시점에 붕괴시키고 교황의 자리에 적그리스도 교황을 추대하는 시나리오가 적시되어 있다.

> 로마 교황의 권력을 궤멸시키는 시기가 이르게 되면 숨은 손이 바티칸을 가리키고 군중이 밀어닥치게 될 것이다. 대중이 바티칸에 쇄도했을 때, 우리들은 아무것도 모르는 채 교황의 보호자로 등장하여 유혈의 참극을 허락하지 않도록 한다. 이러한 책략으로 우리들은 바티칸 속 깊이 침입하고 교황의 권력을 내부로

부러 잠식하여 완전히 공동화하기까지 떠나지 않을 것이다. 이
스라엘의 왕이 이윽고 세계의 참된 교황이 되고 수장이 될 것이
다.(시온의 의정서 제17 의정)

　'시온의 의정서'의 기획안대로 장차 결정적인 시기에 '짐승'(종말제
국의 독재자)의 지시가 내려지면 교황을 둘러싼 재정, 인사 관련 부정
부패 문제, 성직자들의 성추문, 마약 중독, 권력 암투 등 온갖 자료들
이 메스컴을 통해 무차별적으로 폭로되고 이 소식을 접한 성난 군중들
은 교황 타도를 부르짖으며 바티칸을 향하게 될 것이다. 결국 세상의
모든 종교의 우두머리인 '큰 음녀'의 파멸에 대한 요한계시록의 예언과
가톨릭 교황의 권력을 궤멸시킬 기획안이 담긴 '시온의 의정서'는 무려
1,800년의 시차가 있음에도 동일한 증언을 하고 있는 셈이다. 이처
럼 '사두개파' 사상을 계승한 자칭 유대인의 세계지배 목적이 달성되는
시점에 그동안 세계 종교 단일화를 위해 애쓰던 교황의 권세는 처참히
무너질 것이다. 마침내 로마 가톨릭교회는 종말을 고하고 '세계정부'
는 하나로 통합된 세계 단일 종교의 수장의 자리에 그리스도를 대적하
는 자를 추대하여 앉힐 것이다. 세계 시민들에겐 '큰 바벨론'이라 일컫
는 사단 숭배 종교만 허용될 것이다. 적그리스도의 영을 가진 종말제
국 교황의 권능은 사단으로부터 나온 것이다. 이제 인류는 예수 그리
스도가 경고한 종교의 종말이 점차 현실화되고 있는 시점에 서 있다.

III. '적그리스도' 교황의 출현과 그 최후

21세기를 살고 있는 우리가 '적그리스도' 교황의 출현과 그 최후에 대해 비상한 관심을 가져야 하는 이유는 이 종교적 독재자의 출현이 예수 재림의 임박함을 알리는 역사적 시그널이 되기 때문이다.

1. '적그리스도' 교황의 출현

예수 그리스도는 제자들에게 세상의 '마지막 때에 나타날 적그리스도'에 대해 예언하였다. 신약성서에 기록된 사도 바울과 사도 요한의 증언 역시 이를 뒷받침하고 있다. 구약성서 '다니엘'에는 종말제국 '적그리스도' 교황의 특이한 활동과 최후에 관해서 상세히 기록되어 있다. 그리고 20세기 초 발간된 '시온의 의정서'에도 세계 단일 종교의 교황의 출현을 예고하고 있다.

• "세상 끝"에 나타날 '적그리스도' 교황에 대한 예수 그리스도의 예언

예수께서 감람산 위에 앉으셨을 때에 제자들이 조용히 와서 말하기를… 주의 임하심과 세상 끝에는 무슨 징조가 있겠습니까 예수께서 대답하시되… 너희가 선지자 다니엘의 말한바 멸망의 가증한 것이 거룩한 곳에 선 것을 보거든(읽는 자는 깨달을진저) (마태복음 24:3-4, 15)

위의 말씀에서 보듯이 예수 그리스도는 자신의 재림 전에 나타날 '적

그리스도'의 우상에 대해 구약시대 선지자 다니엘의 증언을 인용하여 '멸망의 가증한 것'으로 규정하고 있다. 다니엘은 최후의 적그리스도 독재자의 가증스런 행위에 대해 다음과 같이 구체적으로 예언하고 있다.

> 그(적그리스도)가 장차 말로 지극히 높으신 자를 대적하며 또 지극히 높으신 자의 성도를 괴롭게 할 것이며 그가 또 때와 법을 변개코자 할 것이며 성도는 그의 손에 붙인바 되어 한 때와 두 때와 반 때를 지내리라 그러나 심판이 시작된즉 그는 권세를 빼앗기고 끝까지 멸망할 것이요(다니엘 7:25-26)
> 그가 장차 많은 사람으로 더불어 한 이레 동안 언약을 굳게 정하겠고 그가 이레의 절반에 제사와 예물을 금할 것이며 또 잔포하여 미운 물건이 날개를 의지하여 설 것이며 또 정한 종말까지 진노가 황폐케 하는 자에게 쏟아지리라(다니엘 9:27)

- 종말 제국의 두 '짐승'(독재자)의 출현에 관한 예수의 계시 예언

예수께서 사도 요한에게 주신 계시 예언인 요한계시록의 13장에는 마지막 때에 등장할 '짐승'으로 표현된 적그리스도와 이 적그리스도를 신으로 섬길 것을 강요하는 거짓 선지자에 대한 예언이 기록되어 있다. 이 두 '짐승' 중에서 첫 번째 나타날 '짐승'은 하나님을 대적하고 그리스도인들을 박해하는 정치적 독재자이다. 그리고 두 번째 등장하는 '짐승'은 먼저 나타난 '짐승'의 신격화 작업을 완성시키는 종교적 독재자이다. 이 두 '짐승'이 인류를 다스리는 통치 체제는 신정정치 체제이다. 신정정치는 자기의 권력을 신으로부터 주어진 절대적인 것이라고 주장하여 인민의 절대적인 복종을 요구하는 정치이다. 그 관념은 샤머니즘적이며 주술사가 신의 신탁이라 칭하여 자기의 판단을 절대화하고 그것을 국민에게 강제하는 종교적 관습에 유래하고 있다. 특히 요한계시록에 예언된 '짐승'의 특징은 스스로 신이라 칭한다는 점에서 보다 더 악성적인 신정정치 체제라 할 수 있다.

• 예수의 재림 직전 일어날 중대 사건을 밝힌 사도 바울

사도 바울은 마지막 때에 예수 그리스도의 재림에 앞서 '멸망의 아들' 혹은 '불법의 사람'으로 불리는 자가 나타나 성전을 차지하고 하나님을 모독하는 사건이 일어날 것을 예언하였다.

> 형제들아⋯ 주의 날(예수 재림의 날)이 이르렀다고 쉬 동심하거나 두려워하거나 하지 아니할 그것이라 누가 아무렇게 하여도 너희가 미혹하지 말라 먼저 배도하는 일이 있고 저 불법의 사람 곧 멸망의 아들이 나타나기 전에는 이르지 아니하리라 저는 대적하는 자라⋯ 자존하여 하나님의 성전에 앉아 자기를 보여 하나님이라 하느니라(데살로니가후서 2:1-4)

앞서 밝힌 바와 같이 '시온의 의정서' 제17 의정에서도 세계 단일 종교 수장의 출현을 예고하고 있는데 이는 성서의 예언과 일치하는 것이다.

이스라엘의 왕이 이윽고 세계의 참된 교황이 되고 수장이 될 것이다.

2. '적그리스도' 교황의 주요 역할

요한계시록 13장에는 종말제국 정치적 독재자인 첫 번째 "짐승"에 이어서 나타나는 '다른 짐승'(세계 단일 종교의 교황)에 대해 기록하고 있다. 즉, '적그리스도' 교황인 두 번째 "짐승"의 활약에 대해 다음과 같이 밝히고 있다.

> 내가 보매 다른 짐승이 땅에서 올라오니 새끼 양 같이 두 뿔이 있고 용처럼 말하더라 저가 먼저 나온 짐승의 모든 권세를 그 앞에서 행하고 땅과 땅에 거하는 자들로 처음 짐승에게 경배하게 하니(요한계시록 13:11-12)

'다른 짐승'으로 일컬어지는 종말제국의 교황은 첫 번째 '짐승'(정치적 독재자)이 뛰어난 정치적 수완을 발휘하여 온 세계에 일시적인 평화 무드를 만들어 갈 때 나타날 것이다. 두 번째 '짐승'은 놀라운 웅변술로 첫 번째 "짐승"이 인류의 메시아임을 선포하고 신정정치 체제를 공고히 하는데 힘쓸 것이다. 신정국가를 이끄는 두 '짐승'(독재자)의 등장은 인류 역사상 가장 사기적이며 가장 잔혹한 통치시대가 열린 것을 의미한다. 하지만 세상 사람들은 이 초국가 정부 체제가 이 세계에 어떤 재앙을 불러올지 예측하지 못한 채 잠시 동안의 평화와 이를 가능하게 해 준 독재자를 아무런 의심 없이 추종할 것이다.

• 삼위일체 하나님을 모방하는 마술로 인류를 미혹하는 '적그리스도'의 비행에 관한 예언

> 그의 머리 하나가 상하여 죽게 된 것 같더니 그 죽게 되었던 상처가 나으매 온 땅이 이상히 여겨 짐승을 따르고 용이 짐승에게 권세를 주므로 용에게 경배하며⋯ 사람들 앞에서 불이 하늘로

문 앞에 이른 예수

부터 땅에 내려오게 하고 짐승에서 받은바 이적을 행함으로 땅에 있는 자들을 미혹하며 땅에 거하는 자들에게 이르기를 칼에 상하였다가 살아난 짐승을 위하여 우상을 만들라 하더라 저가 권세를 받아 그 짐승의 우상에게 생기를 주어 그 짐승의 우상으로 말하게 하고(요한계시록 13:3-4, 13-15)

위에 제시된 예수의 계시 예언은 종말제국을 통치하는 두 '짐승'(적그리스도 독재자와 세계 단일 종교 교황)이 예수 그리스도의 죽으심과 부활과 성령 강림을 모방한 이적을 행하며 온 세상의 사람들을 미혹할 것을 경고하고 있다. 첫 번째 '짐승'으로 불리는 적그리스도는 치명적 부상에서 살아남으로써 부활하는 예수를 모방할 것이다. 두 번째 '짐승', 즉 거짓선지자인 교황은 불이 하늘에서 내려오는 장면을 시연함으로써 성령 강림을 모방하고 갖가지 마술을 행할 것이다. 이 둘은 모두 사단의 명령을 받드는 자이다. 그래서 사단과 적그리스도와 거짓선지자는 악의 삼위일체를 이룬다. 결국 종말제국의 통치자들은 삼위일체 하나님을 가장하는 사상 최악의 사기 집단일 뿐이다. 이들은 스스로를 인류의 메시아로 칭하며 독재체제를 강화할 것이다.

3. '적그리스도' 교황의 가공할 통치 수단

• 말하는 '우상'과 '표'

종교가 정치적 권력을 쥐게 되면 폭력이 통치의 본령이 된다는 것이 역사의 교훈이다. 로마가톨릭이 로마제국의 권력을 업고 자행했던 끔찍한 비행의 역사가 이를 증명해 주고 있다. 종교가 세속적인 권력을 쥐게 되었을 때 요한계시록에 예언된 것처럼 괴물의 본색을 드러내게 된다. 이에 대한 예수의 계시는 참으로 놀라운 것이다. 아래 제시된 요한계시록의 말씀은 장차 나타날 세계정부 단일 종교 교황의 가공할 통치 수단과 방식에 관한 예언이다.

> 내가 보매 다른 짐승(종말제국 단일 종교의 교황)이 땅에서 올라오니… 저가 먼저 나온 짐승(종말제국 적그리스도 독재자)의 모든 권세를 그 앞에서 행하고 땅과 땅에 거하는 자들로 처음 짐승(적그리스도 독재자)에게 경배하게 하니… 땅에 있는 자들을 미혹하며 땅에 거하는 자들에게 이르기를 칼에 상하였다가 살아난 짐승을 위하여 우상을 만들라 하더라 저가 권세를 받아 그 짐승의 우상에게 생기를 주어 그 짐승의 우상으로 말하게 하고 또 짐승의 우상에게 경배하지 아니하는 자는 몇이든지 다 죽이게 하더라 저가 모든 자 곧 작은 자나 큰 자나 부자나 빈궁한 자나 자유한 자나 종들로 그 오른 손에나 이마에 표를 받게 하고 누구든지 이 표를 가진 자 외에는 매매를 못하게 하니 이 표는 곧 짐승의 이름이나 그 이름의 수라 지혜가 여기 있으니 총명 있는 자는 그 짐승의 수를 세어 보라 그 수는 사람의 수니 육백육십육이니라(요한계시록 13:11-12, 14-18)

앞서 언급한 바와 같이 '적그리스도'가 지배하는 세계정부의 정치체제는 신정정치 체제이다. 이 정치체제에 대한 요한계시록의 예언은 '시온의 의정서'에 기획된 자칭 '유대 교황'의 신정정치와 정확히 일치하고 있다. 그런데 요한계시록 13장에는 '적그리스도' 숭배와 관련하여 2가지 특이한 내용이 담겨 있다. 하나는 짐승의 우상, 곧 '적그리스도'의 말하는 '우상'에 관한 것이다. 다른 하나는 '짐승'의 이름과 이름의 수의 비밀이 들어있는 '표'에 관한 것이다. 이 특이한 '우상'과 '표'는 모든 나라와 국민을 옭아매는 공포의 통치를 위한 것으로 종교적, 경제적 통치 수단을 의미한다.

• 인류를 옭아매는 종말제국 교황의 첫 번째 통치 수단─말하는 '우상'

요한계시록 13장에는 적그리스도의 '우상'에 생기가 들어가서 말을 한다는 예언이 기록되어 있다. 역사적으로 예배 대상으로 만들어진 각 종교의 우상은 그림 혹은 목석이나 금속으로 조각된 형상 우상이다. 그런데 놀랍게도 예수 그리스도는 특이한 '우상'에 대해 계시하고 있다. 그 우상은 산 사람처럼 생기가 있고 심지어 말하는 우상이란 것이다. 역사상 그 안에 생기가 들어가 산 사람처럼 말하는 우상은 없었기 때문에 과연 이러한 우상의 출현에 대해 의문을 가질 수밖에 없다. 하지만 21세기 첨단 과학의 관점에서 볼 때 '적그리스도' 교황의 우상을 능히 상상할 수 있게 되었다. 이 희한한 우상의 정체에 대해 연구하는 사람들은 적그리스도 독재자의 얼굴을 빼닮은 말하는 인공지능 (AI) 우상의 등장을 예견하고 있다.

종말제국의 독재자를 숭배할 것을 선동하는 거짓선지자가 이 독재자의 모습을 닮은 인공지능 인간을 만들어 사람들로 하여금 그 앞에서 경배하도록 강요하리라 예측하고 있는 것이다. 따라서 인공지능 로봇 시대에 진입한 오늘날 인간처럼 말하고 생기가 있는 우상이 세계 어디서나 대중들에게 나타나 교시하고 심지어 대화를 나누는 것이 현실화된다면 참으로 끔찍한 것이다. 그런데 말하는 우상은 단지 인공지능 기술에 의해서만 아니라 홀로그램 기술에 의해서도 가능할 것이다. 이미 이 기술로 고인이 된 유명 가수들이 세계 곳곳의 공연 현장에 유령처럼 나타나 무대 위에서 실제로 그 장소에 와 있는 것처럼 춤추고 노래하는 세상이 되었다.

인공지능 로봇 시대에 종말제국 독재자는 이 첨단 기술을 통해 성령의 역사를 모방하여 세계 모든 예배장소에 동시에 나타날 수 있다. 이 '적그리스도' 우상이 장엄하고 울림이 있는 목소리로 사람들에게 교시를 내리고 찬양과 예배를 받는다면 그 광경은 참으로 소름끼치는 것이다. 실제로 2017년 10월 독일의 베를린에서 마틴 루터의 종교개혁 오백 주년을 맞아 이른바 '축복 주는 로봇'이 등장했다는 소식은 사람들의 예배 대상이 될 인공지능 로봇 우상의 등장이 임박했음을 증거하고 있다. 두렵게도 이제 인류는 컴퓨터를 통제하는 자가 인간의 삶을 통제하는 시대에 진입했다. 종말제국에서는 결국 많은 사람들이 독재자의 분신이 될 로봇 우상들에 의해 세뇌되고 교화될 것이다. 이제 인간이 만든 것이 인간의 마음을 통제하는 시대가 눈앞에 다가와 있음은 부정할 수 없는 현실이 되었다. '적그리스도'의 말하는 '우상'에 관한 예수의 놀라운 계시가 21세기 인간 사회에 현실로 나타났다는 것은 지금이 마지막 때라는 사실을 확인해 주고 있다.

• 종말제국 교황의 또 다른 통치 수단-모든 사람의 '오른손'과 '이마'에 '표'를 받게 하다

> 저가 모든 자 곧 작은 자나 큰 자나 부자나 빈궁한 자나 자유한 자나 종들로 그 오른 손에나 이마에 표를 받게 하고 누구든지 이 표를 가진 자 외에는 매매를 못하게 하니(요한계시록 13:16-17)

예수의 또 다른 계시 예언은 마지막 때에 '적그리스도'가 통치 수단

문 앞에 이른 예수

으로 삼을 특이한 상거래 방식이다. 그것은 사람들의 경제활동에 있어서 특별한 방식의 '매매'를 통해 '적그리스도'를 숭배하고 순종케 한다는 것이다. 즉, 종말제국의 교황이 '적그리스도' 독재자의 우상을 숭배하도록 사람들에게 강요하는 방법의 하나로 교활한 매매 방식을 동원하는데 그것은 다름 아닌 '오른손'이나 '이마'에 새긴 '표'를 통한 '매매' 방식이다. '오른손에나 이마'의 '표'를 통한 상거래에 관한 예수의 계시가 놀라운 것은 사람들이 역사 이래 수천 년 동안 사용해 오던 실물 화폐가 사라진다는 것을 의미하기 때문이다. 실물 화폐나 실물 증표의 교환 없이 상거래를 할 수 있는 세상은 불과 100년 전에만 해도 상상하기 어려운 것이었다. 그래서 1,900여 년 전 사도 요한에게 주신 예수의 계시는 참으로 난해하고 믿기 어려운 것이었다. 그러나 예수의 예언이 성취될 조짐들이 마침내 지난 세기에 일어나기 시작했다.

사람들이 컴퓨터를 이용하여 상거래를 시작한 것은 지난 20세기 중엽부터이다. 놀랍게도 컴퓨터가 등장한지 100년도 채 되지 않은 21세기 초에 이미 신용카드나 휴대폰을 이용한 결제가 일반화된 세상이 되었다. 사람들은 누구나 실물 화폐보다 편리성이 뛰어난 신용카드를 지니고 있다. 하지만 신용카드는 "온 세계의 경제를 통제할 독재자의 출현을 예비하는 중간 단계"의 매매수단이라 할 수 있다. 신용카드는 분실과 훼손의 위험이 있기 때문에 편리성은 있으나 안전성을 100% 보장할 수 없다. 그래서 인류는 신용카드를 대체할 '디지털 화폐'가 유통수단이 되는 시대로 나아가고 있다. '디지털 화폐'란 컴퓨터에 연계된 가상의 계정이나 미세한 칩 속에 돈의 액수가 기록되어 있어 물품을 구매할 때 상점의 컴퓨터 단말기를 통해 그 사용액만큼 감하도록 한 전자 화폐이다. 이 전자 화폐는 상업적 거래의 편리성과 안전성을 모두 보장하는 방법으로써 사람들로 하여금 '오른손에나 이마에 표를 받게' 하는 시스템이다. 놀랍게도 '오른손에나 이마에 표를 받게' 하여 이루지는 상거래 시스템은 요한계시록에서 예고한 적그리스도가 인류를 철권 통치하기 위해 고안해 낸 '매매' 방식인 것이다. 실제로 21세기에 들어서면서 사람들의 손이나 뇌에 인공지능 칩을 심거나 혹은 특수 레이저 문신을 새겨 넣는 등의 기술을 개발하여 상업적 거래에 이용하려는 시도가 잇따르고 있다. 예컨대 2017년에 이미 한국과 미국의 기업체에서 이런 사례가 나타나고 있다.

한국의 한 카드회사에서 손바닥 정맥으로 결제하는 '핸드페이(Hand Pay)' 기술이 상용화되었다. 그리고 미국에서는 뇌와 컴퓨터가 정보를 주고받는 기술을 일론 머스크 테슬라모터스 최고경영자(CEO)가 현실로 구현하겠다고 나섰다. 이른바 '전자그물망(neural lace)'이란 기술로 뇌에 칩만 심으면 각국의 언어 구사, 각종 기기를 조작하는 능력을 자유자재로 발휘한다는 것이다. 영화 〈매트릭스〉처럼 뇌에 매뉴얼 프로그램을 접속하여 능력을 극대화하는 세상이 도래한다는 것이다. 이처럼 21세기 인류는 놀랄 만한 기술로 상거래 혁명을 일으키고 있다. 조만간 이 세계에는 디지털 화폐의 원활한 운용을 위해 '손에나 이마에 표'를 새겨 일반적인 매매의 수단으로 삼는 시대가 도래할 것이다. 하지만 보다 편리한 생활을 위한다는 명분으로 개발된 경이적인 기술들이 엄청난 재앙의 문을 열 것이다. 이러한 기술들을 악용할 세력이 이 세상에 존재하기 때문이다. 오늘날 대부분의 사람들은 극단적인 편리성을 추구하는 인간의 선택이 얼마나 끔찍한 결과를 가져올 것인가에 대해 유념하지 않는다.

두렵게도 인류 역사상 가장 편리한 매매수단은 마침내 가장 위험한 독재자의 경제적 통제 수단이 될 것이다. 종말제국의 '세계정부'는 종래 전통적으로 사용되어 오던 실물 화폐가 아닌 전자화폐를 통하여 가

문 앞에 이른 예수

혹한 통제 경제 정책을 시행할 것이다. 그야말로 전자화폐는 '짐승'의 정부의 컴퓨터망에 의해 전 세계 화폐의 소재와 유통을 실시간으로 감시 추적할 수 있는 유용한 수단이 될 것이다. 이것은 인류의 생존권을 한 손에 틀어쥘 수 있는 악마의 화폐가 도입됨을 의미한다. 안타깝게도 지금 인류는 매매라는 생존의 기본권을 행사하기 위해 일거수일투족을 감시당하는 체제로 향하고 있다.

참으로 예수의 계시가 놀라운 것은 마지막 때에 이러한 거래 방식을 창안하고 실시하는 권력을 가진 자가 누구인지 무슨 의도로 이러한 엄청난 일을 강행하는지에 대해 분명하게 밝히고 있기 때문이다. 그래서 종말제국의 독재자의 특이한 통치 방법에 관한 예수의 계시 예언은 치명적인 상거래의 덫에 사로잡힌 종말 세상을 향한 강력한 경고음이다. 이러한 시대적 상황은 예수 그리스도가 '문 앞'에 이르렀음을 알리는 강력한 시그널이라 할 수 있다. 이제 21세기의 인류에게 "손에나 이마"에 새긴 '표'에 의한 '매매'가 현실로 다가오고 있다! 정녕 예수의 예언이 이 시대에 응하고 있다.

• '오른손'에나 '이마'의 '표'를 통한 상거래가 불러올 재앙

전술한 바와 같이 21세기 인류는 상거래의 편의성을 위해 초정밀 마이크로 칩이나 레이저 문신 기술을 매매 방식에 응용하는 시대를 열었다. 사람들의 이마나 손에 입력된 특수한 '표'를 하거나 개개인의 손바닥의 정맥패턴 등을 데이터베이스에 저장하여 각종 거래에 사용하게 된다면 신용카드나 휴대폰의 분실에 따른 도용이나 화폐위조의 위험을 원천적으로 해결하는 것이다. 그리고 이러한 방식은 보다 신속하고 안전한 매매를 위한 환상적인 방법이 될 수 있다. 하지만 요한계시록 13장에 예고된 대로 '매매'를 위해 '오른손에나 이마'에 '표'를 받는다는 것은 심각한 의미를 지니고 있다. 그것은 사람들의 기대와는 달리 '적그리스도' 독재자가 나라와 국민들을 통제하는 유용한 수단으로 악용될 것이기 때문이다.

> 저가 모든 자 곧 작은 자나 큰 자나 부자나 빈궁한 자나 자유한 자나 종들로 그 오른 손에나 이마에 표를 받게 하고 누구든지 이 표를 가진 자 외에는 매매를 못하게 하니 이 표는 곧 짐승의 이름이나 그 이름의 수라 지혜가 여기 있으니 총명있는 자는 그 짐승의 수를 세어 보라 그 수는 사람의 수니 육백육십육이니라(요한계시록 13:16-18)

상기한 예수의 계시 예언을 읽으면 문제의 심각성이 분명히 드러난다. 사람들이 매매의 편리성을 위해 받는 '표'가 사람들에게 사단숭배를 강요할 '짐승'(종말제국의 적그리스도 독재자)의 '이름'이나 그 '이름의 수'라는 것이다.

그렇다면 사람들의 오른손에나 이마에 새겨질 '표'가 곧 '짐승'의 '이름'이나 그 '이름의 수'라는 말씀은 무엇을 의미하는가?

오늘날 일반화된 매매 방식은 컴퓨터를 통한 결제이다. 따라서 매매를 위해 사람들의 '손'이나 '이마'에 새겨지는 '표'란 결국 컴퓨터가 인식할 수 있도록 암호화된 문자나 숫자이다. 예수의 계시 예언은 바로 이 신기술을 '적그리스도' 독재자가 악용할 것을 경고 하고 있다. 사람들이 매매할 수단으로 받는 "표"는 다름 아닌 적그리스도 독재자가 제공한 ID(**식별, 신원 증명, 신원 확인 등의 뜻으로, 복수의 사용자가 이용하는 컴퓨터 시스템이나 통신망에서 정당한 사용자를 식별하기 위한 사용자 식별 부호**)가 될 것이기 때문이다. 이것은 적그리스도 독

문 앞에 이른 예수

재자의 ID를 이마나 손에 새기지 않는 자는 '매매'를 할 수 없도록 강제함을 의미한다. 그래서 모든 상거래는 컴퓨터가 '적그리스도'를 상징하는 암호화된 문자나 숫자를 인식하였을 때만 매매가 성립된다. 다시 말하면 누구든지 자신의 몸(이마나 손)에 적그리스도의 통제하에 있음을 확인하는 암호화된 문자나 숫자가 입력되지 않으면 컴퓨터상 금융 결제가 불가능하게 되는 것이다. 이는 '적그리스도'의 ID를 몸에 지니지 않으면 빵 한 조각 고기 한 덩어리도 살 수 없음을 뜻한다. 벌써 이러한 사회는 우리 앞에 성큼 다가와 있다. 따라서 향후 이마나 오른 손에 새겨진 '표'에 의한 온라인 결제 수단만 허용하는 '세계정부'가 도래한다면 공포의 통치가 가능하게 될 것이다. '표'가 없거나 지워지는 순간 일체의 매매를 할 수 없게 되기 때문이다. 매매를 못 한다는 것은 무엇보다 생필품을 살 수 있는 길이 막힌다는 것을 의미한다. 그야말로 이 시스템은 사람들로 하여금 '적그리스도'의 요구를 거부할 경우 자칫 생존권을 박탈당하고 끝내 죽음에 내몰릴 수 있다는 공포심을 주기에 충분한 것이다. 그리고 '적그리스도' 독재자가 인체의 '이마'나 '손'에 이식된 생체칩 등에 GPS(Global Positioning System, 위성항법장치)를 연결하여 각 사람의 이동 경로를 실시간으로 추적할 경우 이 지구상에서 독재자의 감시를 피해서 숨을 곳은 없을 것이다. 두렵게도 지금 인류는 적그리스도의 이름이나 그 이름의 수를 이마나 오른 손에 받아야 매매가 가능한 공포의 통제 시대로 진입하고 있는 것이다.

• '표'에 의한 상거래를 통한 적그리스도 우상 숭배

이제 종말제국의 독재자가 어떻게 '표'를 이용하여 자신과 우상을 숭배토록 할 것인가에 대해 좀 더 깊이 생각해 보아야 한다. 일반 대중들이 생활을 위해서 매매수단이 되는 '표'를 받는 것이 곧바로 사단 숭배가 될 수는 없기 때문이다. 실제로 이마나 손에 '표'를 받는 제도가 실시되는 초창기에는 사람들에게 매매의 편리성을 홍보하는 것 이외에 어떤 강요나 협박도 없으므로 사람들은 신용카드를 발급 받듯이 자연스럽게 '표'를 받는 일에 참여할 것이다. 당분간 아무런 일도 일어나지 않을 것이다. 하지만 이 제도가 완전히 정착 단계에 이르면 요한계시록의 경고대로 적그리스도 독재자는 음흉한 속셈을 반드시 드러낼 것이다. 성서의 말씀에 귀를 기울이는 자는 적그리스도 독재자가 이마나 손에 장치된 '표'를 이용하여 '매매'하는 전제 조건으로 사단 숭배에 참여하도록 할 것이라는 점을 예견할 수 있다.

과연 그는 어떻게 사단을 숭배하는 종교로 사람들을 이끌 것인가?

아마도 이 '표'는 신용카드처럼 사용할 수 있는 유효 기한이 있을 것이기 때문에 정기적으로 갱신되어야 할 것이다. 오늘날 금융기관에서 발급하는 신용카드는 그 유효 기한이 끝날 즈음 소지자 개인의 의사에 따라 재발급 여부를 결정할 수 있다. 하지만 적그리스도 독재자의 '표'는 그 갱신 여부를 개인이 결정하는 것이 아니라 전적으로 독재자가 정한 내용에 따라 결정될 것이다. 적그리스도 독재자가 내세운 '표'의 유효 기간 연장의 조건은 다름 아닌 살아 움직이며 말하는 우상에 대한 규칙적인 예배 참여와 충성 맹세의 이행일 것이다. 요한계시록에서는 '만일 누구든지 짐승과 그의 우상에게 경배하고 이마나 손에 표를 받으면 그도 하나님의 진노의 포도주를 마시리니…'(계 14:9)라고 예고하고 있다. 따라서 사람들은 적그리스도의 우상이 있는 예배당에 정해진 시간에 규칙적으로 출석하여 독재자의 우상을 향하여 복종을 다짐하고 찬양하여야 한다. 이러한 지시를 이행하는 자에겐 참배 사실을 확인하는 싸인을 이마와 손에 장치된 칩에 입력하여 '표'의 유효 기간을 연장토록 보증해 주는 것을 생각해 볼 수 있다. 그리고 이 명령을 성실히 수행하는 자에겐 생필품을 보다 싸게 구입할 수 있는 풍성한 보너스 포인트를 부여하는 등 갖가지 유인책을 쓸 것이다. 그러나 이러한 요구를 거부하는 사람은 매매 행위 자체를 할 수 없는 일종의 신용불량자와 같이 취급될 것이다. 이처럼 적그리스도 독재자는 당근과 채찍 정책을 구사하며 사람들이 우상 숭배에 참여하도록 유인할 것이다. 이러한 일들을 통해 개인들은 어느덧 자신의 생존을 위해서 뿐만 아니라 삶의 혜택과 안녕을 얻으려고 사단 숭배에 젖어들 수 있다. 이리하여 '세계정부'의 통치자는 인간의 가장 원초적인 생존 수단인 빵을 사단 숭배 의식과 연계하는 시스템을 구축함으로써 사람들의 행동을 강력히 통제할 것이다. 이것은 사람들의 생존권과 우상 숭배를 교묘하게 연계하여 인간의 양심과 신앙의 자유를 철저히 말살하는 행태이다. 조만간 이런 사회가 도래하면 대부분의 사람들은 예수와 그의 복음을 듣는 기회를 완전히 상실하게 될 것이다. 결국 '적그리스도'가 '오른손'에나 '이마'에 새겨진 '표'에 의해 인류의 매매방식을 통제하는 것은 곧 자신을 신처럼 섬기도록 하는 데 궁극적인 목적이 있다. 거듭 말하지만 지금 인류는 예수 그리스도가 경고한 '표'의 매매 통한 사단 숭배로 가는 시대에 접어들고 있다. 인간이 하나님으로부터 받은 고유의 권한인 신앙의 자유를 파괴하는 종교의 종말이 다가오고 있다!

• '표'를 받지 않는다는 의미는?

요한계시록 18장에서는 그리스도인들에게 물질과 사단을 숭배하는 죄에 참여하지 말라고 경고하고 있다. 이 말씀은 '적그리스도' 우상 숭배와 연계된 '표'를 받는 것에도 적용이 된다. '적그리스도' 독재자의 사악성은 세계적인 환경 대재앙으로 대중들의 민심이 극도로 악화될 때 극명하게 드러날 것이다. 그때는 '표'와 연계된 모든 개인과 집단의 경제적 활동을 그 충성도에 따라서 엄격히 제약하려 들 것이다. 사안의 경중에 따라서 작게는 개인 계좌의 일시적 자금 인출 동결 조치로부터 크게는 개인이나 집단의 자산 계좌에 대한 영구적인 폐쇄를 단행할 가능성이 크다. 그래서 만일 거듭난 그리스도인들이 적그리스도의 우상 앞에서 무릎을 꿇기를 거부한다면 결국 '표'를 받지 않는다는 의사 표시가 되고 곧 그것은 삶의 벼랑 끝으로 내몰림을 의미한다. 그리고 세월이 지나 독재자의 폭정이 극에 달할 경우 짐승의 우상에게 경배하지 않는 자를 '몇이든지 다 죽이게' 하는 대량학살을 저지를 것이다.(계 13:15) 누구든지 적그리스도와 그의 우상을 숭배하고 복종하는 체제에 맞서 반란을 일으킨다면 현장 체포와 무자비한 즉결 사형 집행이 단행 될 것이며 도주나 은신을 꾀하는 자들에겐 '표'와 연결된 컴퓨터상의 계좌를 폐쇄시키는 조치를 가할 것이다. 그럼에도 불구하고 성령의 인도함을 받는 그리스도인들은 악한 영의 일에 저항하며 육체의 희생을 감내할 것이다.

• '표'를 받는 여부가 지옥과 천국행을 결정한다는 주장은 잘못된 것이다

그리스도인들이 요한계시록 13장의 '이마'나 '오른손'에 받는 '표'에 대한 말씀을 이해할 때 특히 주의해야 할 점은 이 '표'를 받거나 혹은 받지 않는 것에 따라 지옥과 천국행이 결정된다고 잘못 생각하는 것이다. 사람이 영생을 얻는 것은 오직 예수 그리스도의 십자가 희생의 피로 죄 사함을 주신 은혜를 통해서 가능하다. 따라서 개개인의 구원은 오직 회개하고 '죄 사함으로 말미암는 구원'의 복음을 받아들이는 여부에 달려 있다. 그러므로 '표'가 천국행과 지옥행을 결정하는 것이 아님

을 유의해야 한다. '적그리스도' 독재자의 통치하에서 '표'를 거부하는 주체는 이미 성령으로 거듭난 그리스도인들임을 잊지 말아야 한다. 그럼에도 불구하고 사심어린 종말론을 퍼뜨리는 사람들이 '표'를 받지 않아야 지옥의 형벌을 면할 수 있다고 강변할 때 이 말을 듣는 자들이 두려움을 느끼게 된다. 그래서 자칫 '적그리스도'의 '표'를 받지 않는 것이 곧 구원을 얻는 것이라는 잘못된 믿음에 빠질 수 있다. 만일 '표'를 받지 않는 것이 천국갈 수 있는 조건이라고 믿는 자가 있다면 그것은 당사자에게 참으로 불행한 일이다. 예컨대 '세계정부' 안에는 신앙상의 문제로 '표'를 거부하는 자들뿐만 아니라 정치적, 사상적 이유로 목숨을 걸고 독재자의 명령과 '표'에 관련된 제도를 거부하는 이방인 집단이 분명히 존재할 것이다. 따라서 만약 '표'를 받는 여부에 의해 구원이 결정된다면 정치적 사상적 이유로 '표'를 거부하는 사람들도 모두 구원을 얻는다는 이상한 결론에 이를 수 있다. 그러므로 성서의 일관된 증언은 예수 그리스도와 그의 십자가 복음을 믿지 않으면 결단코 천국의 문은 열리지 않는다는 것이다. 사도 바울은 이르기를 '십자가의 도가 멸망하는 자들에게는 미련한 것이요 구원을 받는 우리에게는 하나님의 능력이라'(고전 1:18) '우리가 너희에게 전한 복음 외에 다른 복음을 전하면 저주를 받을지어다'(갈 1:8)라고 경고한 바 있다. 다시 말하지만 '표'를 받느냐 받지 않느냐가 결코 구원의 기준이 될 수 없다. '적그리스도' 독재자의 무시무시한 철권통치 하에서 생존의 위험을 무릅쓰고 '표'를 받는 것을 거부할 만큼 용기를 가진 자들은 이미 거듭난 그리스도인이라는 사실을 유념해야 한다. 아래의 계시록에 20장에 언급된 말씀도 거듭난 그리스도인이 성령의 감화로 사단의 핍박과 유혹을 이겨낸 결과에 대한 축복의 말씀이다.

예수의 증거와 하나님의 말씀을 인하여 목 베임을 받은 자의 영
혼들과 짐승과 그의 우상에게 경배하지도 아니하고 이마와 손
에 그의 표를 받지도 아니한 자들이 살아서 그리스도로 더불어
천 년 동안 왕노릇 하리니(요한계시록 20:4)

이제 인간이 하나님을 찾을 수 있는 모든 통로를 막아 버리는 무서
운 '바벨론' 종교의 출현이 임박해 있다. 누구든지 사도 요한에게 주신
예수 그리스도의 계시를 제대로 이해한다면 멸망의 때가 가까이 왔음
을 깨닫고 깨어 있는 삶을 살게 될 것이다.

4. 종말제국 단일종교의 정체와 최후

• 종말제국 단일종교의 정체는 사단을 숭배하는 '바벨론' 종교이다

큰 성 바벨론이여 귀신의 처소와 각종 더러운 영의 모이는 곳이
되었도다… 네 복술을 인하여 만국이 미혹되었도다(요한계시록
18:2, 23)

요한계시록에서 밝힌 대로 마지막 때 다시 등장할 바벨론 종교의 실
체를 파악하기 위해 고대 바벨론 제국에 대해 간략히 언급하고자 한다.
고대 '바벨론'은 중동 지역 '시날' 평지에서 시작되었는데 성서에서
는 '니므롯'이 세계 최초의 제국을 통치하며 하나님을 대적하는 '바벨
탑'을 쌓았다고 기술하고 있다. (창 11:4) 독재자 '니므롯'의 이름의 뜻
은 '우리는 반항한다.'라는 의미이다. '니므롯'은 '꼭대기를 하늘에 닿

게'(창 11:4)하는 '바벨탑'의 건설을 통해 인간의 이름을 더 날리고 하나의 통일된 조직을 결성하여 창조주 하나님을 대적하는 자가 되었다. '바벨탑'을 쌓은 '니므롯'은 스스로 신의 자리에 올랐다. 당시 사람들은 창조주 하나님을 찾기보다는 하늘의 별들을 관측하고 점성학에 대한 첫 체계를 성문화하고 있었다. 이들은 피조물인 하늘의 일월성신을 섬기며 자신들의 길흉화복을 점쳤다. 이러한 사상과 관습을 물려받은 것이 '고 바벨로니아'(B.C. 18세기경)와 '신 바벨로니아'(B.C. 625~B.C. 539)이다. 이 두 제국은 '바벨론' 제국의 시조 '니므롯'과 그의 처 '세라미스'와 세라미스가 낳은 아들 '담무스'를 신격화하여 각각 태양신과 하늘의 여황신과 풍요의 신으로 섬기는 가증한 우상 종교를 이어받았다. 그래서 악령과 교통을 통하여 전지적 존재가 되는 것을 추구하였다. 구약성서 시대 선지자 이사야는 장차 대제국으로 등장할 '신 바벨론'에 대한 예언 중에서 점성술과 마술이 성행하게 될 시대상을 다음과 같이 증언하고 있다.

네가(바벨론을 지칭) 무수한 사술(마술)과 많은 진언(주술문)을 베풀지라도… 네 지혜와 지식(갈대아 인의 마법, 즉 점성학을 가리킨다)이 너를 유혹 하였음이라(이사야 47:9-10)

상기한 바와 같이 고대 바벨론 종교는 하나님을 대적하여 일월성신을 신으로 섬기는 우상숭배 종교이며 악령과의 교통을 통하여 인간이 스스로 신이 되고자 하는 종교이다. 그런데 요한계시록에서는 마지막 때 또다시 나타날 '큰 성 바벨론' 종교의 실체에 대해 증언하고 있다. 요한계시록이 기록된 서기 90 년경은 이미 오래전에 '고 바벨론 제국'(기원전 20-17세기 경)이 멸망하고 이 지구상에 존재하지 않았던 시대였다. 따라서 요한계시록에 언급된 '큰 바벨론'은 고대 바벨론의 통치 사상을 계승하게 될 마지막 '적그리스도'의 제국을 의미한다. 즉, 고대 '바벨론'의 종교적 행위를 재현할 종말제국을 의미하는 것이다. 이 종말제국은 고대 '바벨론'과 같이 사람들로 하여금 악마적 미신의 세계로 몰입시키는 체제이다. 따라서 21세기에 그 윤곽이 드러나고 있는 종말제국 단일종교의 정체는 모든 사악하고 타락한 종교 풍속을 재현하는 사단숭배 종교이다.

• 종말제국의 사단숭배 종교의 종말

예수 그리스도는 세상의 마지막 때에 창조주 하나님을 대적하며 나타날 세계 단일 종교에 대해 '멸망의 가증한 것'으로 규정하였다. 그리고 사도 요한을 통하여 종말제국과 그 독재자를 숭배하는 종교의 최후에 대해 다음과 같이 예언하였다.

> 무너졌도다 무너졌도다 큰 성 바벨론이여 귀신의 처소와 각종 더럽고 가증한 새의 모이는 곳이 되었도다 그 음행의 포도주를 인하여 만국이 무너졌으며(요한계시록 18:2-3)

요한계시록 말씀을 근거로 하여 이 '큰 성 바벨론' 신정정치 체제의 실상과 그 최후를 요약하면 다음과 같다.

– '큰 성 바벨론' 신정정치 체제의 실상

'큰 성 바벨론'이라 불리는 신정정치 체제의 수장인 '적그리스도'는 그의 막강한 정치적, 군사적 힘으로 초국가 '세계정부'를 수립한다. 그리고 그동안 모든 종교를 하나로 통합하는 데 지대한 공을 세운 '큰 음녀' 세력을 일거에 무너뜨리고 정교일치의 신정정치 체제를 세워 천하를 호령하게 된다.(요한계시록 13장, 17장 참조) '적그리스도' 치하의 세상은 24시간 사람들의 활동을 감시하는 빅브라더의 사회가 된다. 요한계시록 13장에서의 '이마나 오른 손에 표를 받게' 하고 모든 거래를 통제 감시한다는 증언이 이를 뒷받침하고 있다. 이 초국가 정부의 통치자와 대중들의 신앙은 범신론적 유물론 종교로 이들이 숭배하는 것은 물질세계이다. 즉, 돈으로 상징되는 물질적 욕망의 추구가 삶의 존재 목적이 되는 세상이다. 따라서 '표'에 의해 인간의 물질적 욕구를 채워주는 권력을 쥔 '적그리스도' 독재자는 곧 숭배의 대상이 된다. 그렇다면 재물이 신이 되는 세상은 어떠한가? 인간이 스스로 만든 모든 기묘한 제작물을 사랑하고 섬기는 세상이다. 물질적 풍요를 삶의 최고의 덕목으로 삼는 세상은 완전히 타락한 세상의 전형을 보여 줄 것이다. 특히 이곳은 인간의 육체가 제공하는 성적 쾌락도 온갖 방법으로 상품화되는 세상이다. 이러한 사회는 대부분의 사람들이 물질적 욕망에 사로잡혀 이를 채우기 위해서 초능력과 행운에 의존하려는 사상이 만연한 세상이 된다. 또한 접신술과 점성술과 온갖 복술을 통하여 재물을 얻으려는 갈망으로 가득 찬 세상이 된다. 계시록 18장의 기록에서 주목해야 할 것은 '큰 바벨론'이 파멸할 때 이 세상에 만들어진 모든 상품과 더불어 인간의 '영혼'이 그 파멸의 품목에 들어가 있다는 점이다. 이는 물질 숭배에 몸과 마음을 팔아 버린 타락한 세상에 대한 통렬한 경고의 메시지이다.

… 바벨론아 네 영혼의 탐하던 과실이 네게서 떠났으며(요한계시록 18:14)

– '때'와 '법'을 바꾸어 하나님 말씀을 대적하는 종말제국의 교황의 최후

'적그리스도' 종말제국의 교황은 자신의 악마적 통치가 공공연히 드러나는 시점에 이르면 우상 숭배를 정당화하기 위해서 성서에 증언된 '때와 법'을 바꿀 것이다. 즉, 성서에 기록된 일곱 절기와 십계명을 폐기하는 교리를 선포할 것이다. 일곱 절기에는 예수 그리스도의 초림과 재림의 비밀이 담겨 있으며 십계명에는 우상 숭배를 철저히 금하고 있는데 변질된 유대교, 즉 바벨론 종교는 사단과 우상을 섬기는 종교이기 때문에 성서의 절기와 법을 폐기할 것이다. 그래서 요한계시록 18장에는 하나님의 말씀을 폐기한 '큰 바벨론'의 멸망을 예고하고 있다. '큰 바벨론'의 멸망에 대한 예언은 '적그리스도' 종말제국의 정치적, 경제적, 환경적 종말뿐만 아니라 종교적 종말을 모두 함축하고 있다. 그리고 이러한 종말은 '하루 동안에'(계 18:8) 이루어질 것이며 거대한 화염 속에 인류의 문명이 한순간 사라질 것임을 예고하고 있다. 이 재앙은 이후가 없는 재앙이 될 것임을 말씀은 강조하고 있다. 결국 '적그리스도' 제국의 파멸은 곧 창조주 하나님을 대적하는 '바벨론' 종교의 종말을 의미한다. 인간의 인간에 의한 인간을 위한 종교! 모든 종교를 하나로 통합시켜 고대 '바벨탑'에서 보여 주었던 인간 만세를 외치며 등장한 사단의 종교는 거대한 불기둥 속에서 파멸될 것이다. 이것이 창조주 하나님을 부정하고 예수 그리스도의 복음을 파괴한 '적그리스도' 독재자와 그 종교의 최후이다.

저자가 지금까지 서술한 대로 21세기 들어서면서 역사적, 환경적, 경제적, 사회적, 정치적 종말 현상과 더불어 인류 사회에 '적그리스도' 사단의 종교가 실체를 드러내고 있다는 광범위한 증거들이 나타나고 있다. 지금까지 서술한 여섯까지 종말의 전조만으로도 지금 이세상이 멸망으로 치닫고 있는 움직일 수 없는 증거가 된다. 하지만 또 다른 종말 현상이 네 가지 더 남아 있다. 이어질 장에서 이에 대한 증거를 제시하고자 한다.

제7장 복음 전파의 종료와 예수 그리스도의 재림

예수 그리스도의 복음은 지난 2천 년간 오대양 육대주 모든 민족에게 전파되었고 이제 다시 원래의 출발지 예루살렘을 향하고 있다. 세계 도처에서 교회가 문을 닫고 참된 복음의 말씀이 사라지고 있다. 이러한 현상은 세상의 종말과 예수 그리스도의 재림을 알리는 강력한 역사적 신호이다.

> 이 천국 복음이 모든 민족에게 증거되기 위하여 온 세상에 전파되리니 그제야 끝이 오리라(마태복음 24:14)
> 보라 날이 이를지라 내가 기근을 땅에 보내리니…하나님의 말씀을 듣지 못한 기갈이라 사람이 이 바다에서 저 바다까지, 북에서 동까지 비틀거리며 하나님의 (구원의) 말씀을 구하려고 달려 왕래하되 얻지 못하리니(아모스 8:11-12)
> 인자가 올 때에 세상에서 믿음을 보겠느냐 하시니라(누가복음 18:8)

I. 예수가 전한 복음

• 복음이란 무엇인가?

복음의 문자적 뜻은 복된 소리이다. 만일 육체의 썩어짐에서 해방되는 길을 찾게 된다면 그것은 모든 인간에게 가장 큰 기쁨이 될 것이다. 인간의 육체가 죽음과 함께 흔적도 없이 사라진다는 것만큼 슬프고 두려운 일은 세상에 없을 것이기 때문이다.

성서는 인생의 최대의 난제인 죽음에 대해서 다루고 있다. 성서에서 말하는 죽음이란 육체의 죽음뿐만 아니라 영혼의 멸망을 포함한다. 성서는 죽음의 원인이 '죄'라고 밝히고 있다. 성서는 예수 그리스도가 죄와 사망의 사슬에서 인간을 해방시킨 구원자임을 증거하고 있다. 그러므로 성서의 증언들을 믿을 수 있다면 틀림없이 그것은 복음이 될 것이다.

예수 그리스도가 죄와 사망에서 당신과 나를 구원하신 분이라고 믿을 수 있는 것은 다음과 같은 결정적인 증거를 제시하였기 때문이다.

1. 예수 그리스도는 죽음의 원인과 배후를 규명하였다

예수는 육체와 영혼의 파멸을 초래하는 원인이 무엇인지 규명하였다. 예수의 증언은 죽음의 미스터리를 푸는 것에서 시작된다. 예수는 인간의 마음에 죄를 낳는 것이 욕망(식욕과 성욕, 소유욕, 명예욕)이며 이 욕망으로 인한 행위적, 정신적 범죄가 인간에게 죽음과 파멸을 가져온다는 사실을 증언하였다.

사람들의 마음에서 나오는 것은 악한 생각 곧 음란과 도적질과 살인과 간음과 탐욕 악독과 속임과 음탕과 흘기는 훼방과 교만과 광패니 이 모든 악한 것이 속에서 나와서 사람을 더럽게 하느니라(마가복음 7:21-23)

죄를 범하는 자마다 죄의 종이라(요한복음 8:34)

너희가 나를 찾다가 너희 죄 가운데서 죽겠고(요한복음 8:21)

예수 그리스도의 수제자 야고보는 예수의 증언을 재차 확인하였다.

욕심이 잉태한즉 죄를 낳고 죄가 장성한즉 사망을 낳느니라(야고보서 1:15)

이 핵심적이고 결정적인 증언이야말로 '인간의 육체와 영혼이 왜 멸망하는가?'라는 중대한 물음에 대한 해답이다. 그러므로 자신이 대체로 선한 삶을 살아왔다고 생각하는 자일지라도 본인의 마음에서 끊임없이 솟아나는 욕망을 바로 보는 용기가 필요하다. 그리하면 자신의 생각과 행동이 스스로 판단하고 있었던 것보다 훨씬 심각한 악에 물들어 있음을 파악하게 된다. 그래서 자기 내면에 숨겨진 욕망과 그 결과물인 죄의 실체를 시인하는 자는 비로소 예수의 구원의 복음을 들을 수 있게 된다.

• 인간의 배후에 악한 영향력을 행사하는 존재에 대한 예수의 특별한 증언

예수 그리스도는 인간의 욕망을 부추기고 파멸로 몰아가는 영적 존재가 있음을 폭로하였는데 이 미스터리한 실체가 바로 마귀(사단)임을

증언하였다.

> 너희는 너희 아비 마귀에게서 났으니 너희 아비의 욕심을 너희
> 도 행하고자 하느니라(요한복음 8:44)

예수 그리스도가 인간을 사로잡고 있는 악령의 존재를 규명하였다
는 사실은 참으로 위대한 증언이다. 인간의 죽음과 파멸의 원인을 밝
힌 자가 이에 대한 올바른 해결책을 제시할 수 있기 때문이다. 참으로
예수는 죽음의 원인을 밝히는데 그치지 않고 욕망→죄→죽음의 굴레
에서 해방될 수 있는 진리를 인간이 이해할 수 있는 방법으로 알려 줌
으로써 참된 구원자임을 입증하였다.

2. 예수 그리스도는 인간을 살리는 진리를 증언하였다

• 예수 그리스도는 사람이 하늘에서 내려온 빛으로 사는 진리를 증언
하였다

> 참 빛 곧 세상에 와서 각 사람에게 비치는 빛이 있었나니(요한복
> 음 1:9)

인간의 육체는 하늘에서 내려온 태양 빛과 식물의 광합성작용으로
만들어진 당을 통해 에너지를 얻는 방식으로 생존한다. 이것은 창조
주 하나님이 인간으로 하여금 하늘에서 땅으로 내려온 빛으로 살게 해
주신 은혜이다. 인간의 육체가 생존하는 방식처럼 인간의 영혼도 하

늘에서 내려온 참 빛으로 생명을 얻는다는 진리를 예수는 증언하였다. 인간의 영혼은 스스로 생명을 생성할 수 있는 요소가 전혀 없다. 이것은 육체가 스스로 에너지를 만들 수 없다는 것과 같은 이치이다. 거듭 말하지만 인간의 육체는 하늘에서 내려온 태양 빛의 에너지를 간직한 식물과 동물을 섭취하지 않으면 결코 생존할 수 없다. 육체의 경우처럼 인간의 영혼도 '참 빛'으로 이 땅에 오신 예수 그리스도로 말미암아 새 생명을 얻는다. 이처럼 예수 그리스도는 육체와 영혼이 사는 원리를 정확히 밝힘으로써 자신이 구원자임을 증거한 것이다.

• 예수 그리스도는 타 생명체의 희생으로 인간이 죽음을 면하는 진리를 증언하였다

인간은 왜 식물과 동물의 희생물을 먹는가? 그것은 죽음을 면하게 해 주는 생명의 에너지를 얻기 위함이다. 인간이 다른 생명체의 죽음을 대가로 에너지를 공급받아서 생존할 수 있다는 사실을 인정하는 것에서 구원의 길은 열린다. 인간을 위해서 희생물로 바쳐지는 식물과 동물의 희생에는 인간의 생존을 위한 대신 죽음의 은혜가 작동하고 있다. 이 세상 어느 인간도 동물과 식물의 희생이 없이는 생존할 수 없듯이 이 세상 어느 누구도 영혼을 파멸시키는 죄의 값을 대신 치루는 희생이 없이는 사망을 면할 수 없다. 이것이 예수가 증거하고 실천한 대신 희생, 대신 속죄의 진리이다. 하지만 많은 사람들은 자신의 죽음을 대신하는 희생물의 존귀함을 망각하고 있다. 교만한 사람들은 마치 스스로의 힘으로 살 수 있는 것처럼 스스로를 기만하고 있다. 이러한 사람들에게 예수 그리스도는 인간의 육체뿐만 아니라 그 영혼이 죽지 않고 살기 위해선 다른 생명체의 죽음, 즉 희생의 피가 흘려져야 살 수 있다는 고귀한 진리를 증언하였다. 진실로 육체를 생존케 하는

문 앞에 이른 예수

희생물들이 궁극적으로 가리키는 것은 인간의 죄를 대신 짊어지고 십자가에서 피를 뿌린 예수 그리스도의 희생이다.

> 이것은 많은 사람을 위하여 흘리는바 나의 피 곧 언약의 피니라
> (마가복음 14:24)
> 피흘림이 없은즉 사함이 없느니라(히브리서 9:22)

• 예수 그리스도는 죄를 씻어내는 피의 원리를 증언하였다

죄의 삯은 사망이기 때문에 성서에서 말하는 죄는 육체와 영혼을 사망에 이르게 하는 독소와 탐욕을 일컫는다. 결국 죄를 사한다는 것은 죽음을 면하게 한다는 의미와 통한다. 따라서 몸속의 피가 어떻게 육체를 죽음을 초래하는 독을 씻어내는가를 알면 피가 죄를 정결케 한다는 예수의 말씀을 보다 쉽게 이해할 수 있다. 즉, 식물과 동물의 희생물을 섭취함으로써 만들어진 피는 1초도 쉬지 않고 온 몸으로 퍼지고 있는 죽음의 독을 씻어내고 있다. 참으로 피는 새로운 생명의 에너지를 공급함으로써 육체를 끊임없이 죽음의 저주로부터 살려내고 있는 것이다. 놀랍게도 인간의 심장은 하루 10만 번 이상의 박동을 통하여 온몸에 피를 뿌림으로 사람들로 하여금 하루하루를 살게 하고 있다. 실제로 몸 안에 흐르는 피는 산소와 영양소(에너지원)을 안고 몸 구석구석에 생명 에너지를 공급하고 있다. 그리고 죽음을 초래하는 질소와 아산화 탄소 및 각종 독소(노폐물)를 씻어내어 몸 밖으로 배출하는 기능을 하고 있다. 이처럼 우리 육체의 피가 사망을 가져오는 독을 씻어 낸다는 의미는 그리스도의 피가 인간의 영원한 사망을 가져오는 죄의 독을 씻어 낸다는 원리와 일치한다. 참으로 육체의 생존원리는 영혼이 사는 원리를 반영하고 있다.

육체의 생명은 피에 있음이라 내가 이 피를 너희에게 주어 단에 뿌려 너희의 생명을 속하게 하였나니 생명이 피에 있음으로 피가 죄(사망의 독)를 속하느니라(씻어 내느니라)(레위기 17:11)

- **예수 그리스도는 자신의 희생으로 흘린 피가 왜 영원히 죄를 사하는가에 대해 증언하였다**

전술한 바와 같이 식물과 동물의 희생물을 인간이 섭취하면 피가 되어 인간을 육체의 죽음에서 구하는 역할을 한다. 그러나 육체의 피가 인간을 죽음으로부터 구하는 것은 한시적이며, 반복된 행위를 필요로 한다. 육체를 살리는 피와는 달리 예수의 피는 하나님의 빛을 싣고 있으므로 영원한 생명을 부여하고 있다. 예수 그리스도는 타락한 인간의 유전인자를 받지 않고 성령으로 태어난 분이기 때문이다. 예수의 피는 우리의 마음에 '단번'에 공급해 주는 영원한 생명의 양식이다. 그래서 영원히 죽음을 면하게 된다. 참으로 예수 그리스도 희생의 피는 사람들을 살리기 위해 단번에 뿌려졌으며 그 효력은 영원하다.

염소와 황소의 피와 암송아지의 재를 부정한 자에게 뿌려 그 육체를 정결하게 하여 거룩하게 하거든 하물며 영원하신 성령으로 말미암아 흠 없는 자기를 하나님께 드린 그리스도의 피가 어찌 너희 양심을 죽은 행실에서 깨끗하게 하고 살아 계신 하나님을 섬기게 하지 못하겠느뇨(히브리서 9:13-14)

- **'죄 사함으로 말미암는 구원'이 예수가 증거한 복음이다**

예수 그리스도의 희생의 피는 나의 죄를 속하고 죽음을 면하게 한다. 이것이 그리스도의 죽음이 갖는 대신 속죄의 의미이다. 이 대속의 진리를 증언하였을 뿐만 아니라 실천한 분이 바로 예수이다. 오직 십자가에서 대속의 피를 흘린 예수의 대속만이 인간을 영원히 구원할 수 있다. 인간의 어떤 사상이나 행위로도 이 대속의 은혜를 대체할 수 없다. 이제 이 사실을 깨닫게 된 자는 예수 그리스도의 희생의 피가 죄에 빠진 나를 구원하는 복음임을 인정하고 시인하여야 한다. 그래야만 구원받을 길이 열린다. 진실로 인간과 하나님 사이에 '어린양' 예수의 희생이 없으면 인간은 자신의 죄로 인한 죽음을 면할 길이 없다.

인간은 일생 동안 피 흘린 동물과 식물의 희생물을 섭취하는 행위를 통하여 자신의 육체가 죽음을 면하는 진리를 배우고 있다. 이것은 인간의 영혼을 살리기 위해 흘려진 희생의 피에 대한 원리를 깨닫게 해준다. 예수 그리스도는 하늘에서 내려 온 '참 빛'이며, 십자가에서 희생의 피를 흘림으로 인간이 죄와 사망에서 해방되는 진리를 입증하였다. 참으로 예수 그리스도는 죄를 사하는 복음을 전하고 구원을 성취하였다. 당신과 나를 위해서! 이것이 예수가 증거하고 실현한 구원의 복음이다.

> 말씀하시되 오라 우리가 서로 변론하자 너희의 죄가 주홍 같을
> 지라도 눈과 같이 희어질 것이요 진홍같이 붉을지라도 양털같
> 이 희게 되리라(이사야 1:18)
> 예수께서 말씀하시되… 내 말을 듣고 또 나 보내신 자를 믿는 자
> 는 영생을 얻었고 심판에 이르지 아니하나니 사망에서 생명으
> 로 옮겼느니라(요한복음 5:24)

II. 복음 전파의 종료를 알리는 역사적 신호

오늘날 교회는 존폐의 기로에 놓여 있다. 지상의 많은 교회들이 성서에서 전하는 예수 그리스도의 복음을 증거 하는 능력을 점차 상실해 가고 있다. 복음의 상실은 교회가 2,000년간 지켜 온 진리의 말씀을 세상적인 사상과 맞바꾸는 데서 시작된 것이다. 실제로 지난 수세기 동안 이신론과 진화론 그리고 자유주의신학 사상과 종교다원주의 등 '다른 복음' 사상이 제도 교회에 침투하였다. 그 결과 교회 문을 두드리는 많은 세상 사람들이 '다른 복음' 들음으로써 영생의 길을 찾지 못한 채 다시 세상으로 돌아가고 있는 기막힌 상황이 연출되고 있다. 그야말로 지금 이 세상은 복음 전파의 마침이 임박했음을 보여 주는 수많은 증거들로 가득 차 있다. 역사적, 환경적, 경제적, 사회적, 정치적, 종교적 종말 현상이 이를 입증하고 하고 있다. 복음이 더 이상 인간에게 받아들여지지 않으면 복음을 전하는 성령의 역사는 그 막을 내리게 된다. 그러므로 복음 전파의 종료는 하나님이 일방적으로 정하신 시간에 맞춰 기계적으로 이루어지는 것이 아니다. 복음의 역사가 끝나는 것은 이 세상이 예수의 복음을 더 이상 수용하지 않는 한계선상에 도달했을 때 결정되어지는 것이다. 이 세상이 하나님의 말씀을 거부하는 사상으로 가득 차 있다는 것은 복음 역사의 종료와 더불어 예수께서 약속하신 재림이 임박했음을 알리는 중대한 신호가 된다. '인자가 올 때에 세상에서 믿음을 보겠느냐'(눅 18:8)고 하신 예수의 예언이 이 시대에 응하고 있다. 구약성서 시대 아모스 선지자는 종말 세상의 절망적인 현실을 다음과 같이 전하고 있다.

주 여호와께서 가라사대 보라 날이 이를지라 내가 기근을 땅에

보내리니 양식이 없어 주림도 아니요 물이 없어 갈함도 아니요
여호와의 말씀을 듣지 못한 기갈이라 사람이 이 바다에서 저 바
다까지, 북에서 동까지 비틀거리며 여호와의 말씀을 구하려고
달려 왕래하되 얻지 못하리니(아모스 8:11-12)

1. 복음 전파의 종료에 대한 예수의 예언

성서가 증거하는 복음을 잘 들을 수 없다는 의미는 세상의 종말이
다가오고 있음을 의미하며 이는 예수 재림 사건으로 귀결된다. 복음
전파의 역사가 종료되는 조건에 대한 예수 그리스도의 예언은 다음과
같다.

첫째, 복음이 온 세계 모든 민족에게 전파되어야 한다는 것이다.

이 천국 복음이 모든 민족에게 증거되기 위하여 온 세상에 증거
되리니 그제야 끝이 오리라(마태복음 24:14)

예수 그리스도의 예언대로 오순절 성령 강림 사건이 이후 '복음'은
지난 2천 년간 오대양 육대주 모든 민족에게 전파되었고 이제 다시 원
래의 출발지 예루살렘을 향하고 있다. 이는 복음 전파의 역사가 끝나
가고 있음을 강력하게 일깨워 주는 사례이다.

둘째, 복음의 전파가 종료되는 또 다른 조건은 인류가 부패하고 타
락하여 돌이킬 수 없는 파멸의 길로 치달을 때이다. 이때 하나님을 민

지 않는 사상이 세상에 가득 차 사람들이 더 이상 복음을 받아들이지 않고 예수 믿기를 거부한다.

> (세상의 끝에) 불법이 성하므로 많은 사람의 사랑이 식어지리라 (마태복음 24:12)
> 인자가 올 때에 세상에서 믿음을 보겠느냐 하시니라(누가복음 18:8)

하지만 이것만으로 세상의 끝이 다가오고 있다는 증거가 부족하다고 생각하는 사람이 있다면 그러한 사람들에게 예수 그리스도는 아래와 같은 움직일 수 없는 증거를 주셨다.

셋째, 복음 전파의 종료는 예루살렘의 회복과 더불어 이루어질 '이방인의 때'의 마침에서 시작된다.

> 예루살렘은 이방인의 때가 차기까지 이방인들에게 밟히리라(누가복음 21:24)

오늘날 이방 세계 교회와 그리스도인들이 특별히 주목해야 할 것은 예수께서 예루살렘의 회복을 '이방인의 때'와 연관시키고 있다는 사실이다. 따라서 세계에 흩어진 유대인들이 고토로 복귀하고 예루살렘을 회복하는 역사적 사건들은 '이방인의 때'가 다하고 있다는 확실한 전조이며 타락하고 부패한 인류의 종말과 연계되어 있다. 그리고 무엇보다 이스라엘 민족의 본토 귀환은 예수의 재림을 예비하는 역사적 움직임이다.

문 앞에 이른 예수

이제 복음 역사의 종료를 가늠해 볼 수 있는 '이방인의 때'에 관해 보다 상세히 검토해 보기로 한다.

2. 예수가 특별히 언급한 '이방인의 때'의 마침

> 그들이 칼날에 죽임을 당하며 모든 이방에 사로잡혀 가겠고 예루살렘은 이방인의 때가 차기까지 이방인들에게 밟히리라(누가복음 21:24)

예수 그리스도의 예언이 위대한 것은 유대인이 아닌 이방인이 구원의 은혜를 받을 수 있는 시기, 즉 '이방인의 때'가 끝나는 역사적 신호에 대해 언급하였다는 점이다. 예수 그리스도는 분명하게 '이방인의 때'와 유대인들이 빼앗겼던 예루살렘을 다시 찾는 사건을 연관 지어 예언을 하였다. 그래서 오늘날 유대인의 예루살렘 복귀 움직임은 '이방인의 때'의 마침을 예보하는 역사적 신호가 된다. 거듭 말하지만 '이방인의 때'는 이방인이 예수의 복음을 듣고 구원을 얻는 은혜의 시기를 의미한다. 예수 그리스도의 복음은 처음엔 하나님의 선민인 이스라엘 민족에게 먼저 주어졌다. 그러나 유대인들은 복음을 거부하고 예수 그리스도를 십자가에 못 박았다. 그 결과 하나님이 주신 구원의 은혜는 이방 세계로 넘겨졌다. 지난 2천 년 동안 복음은 전 세계 이방 민족에게 전파되었다. 그런데 20세기에 들어서면서 상황은 급변하기 시작했다. 2차 세계대전 후 팔레스타인 땅은 유대인의 귀환을 위해서 열려 있었다. '이방인의 때'의 마침과 관련된 하나님 말씀의 성취를 위한 변혁이 준비되고 있는 신호탄이 쏘아진 것이다. 지난 세기에 이어

21세기에도 이스라엘 민족이 예루살렘을 정치적으로 종교적으로 회복해 가는 놀라운 사건들이 보도되고 있다. '이방인의 때'가 차고 있다는 경보음이 끊임없이 교회와 그리스도인에게 보내지고 있는 것이다.

• 사도 바울의 예언이 성취되어 가고 있다!

이방 세계 복음 전파의 주역이었던 사도 바울은 '이방인의 때'에 대한 예수 그리스도의 예언을 뒷받침 하는 중요한 증언을 하였는데 '유대인'이 복음을 듣고 구원을 얻는 기회가 다시 주어질 것을 예언한 것이다. 다만 '이방인의 충만한 수가 들어오기까지'(롬 11:25)는 이스라엘이 예수의 복음에 대해 부정적인 마음을 가지게 될 것을 다음과 같이 예언하였다.

> 형제들아 너희가 스스로 지혜 있다 함을 면키 위하여 이 비밀을 너희가 모르기를 내가 원치 아니하노니 이 비밀은 이방인의 충만한 수가 들어오기까지 이스라엘의 더러는 완악하게 된 것이라 그리하여 온 이스라엘이 구원을 얻으리라(로마서 11:25-26)

사도 바울의 증언은 '이방인의 충만한 수', 즉 이방 세계에 그리스도의 '복음'이 충분히 전해지고 나면 다시 구원의 은혜가 이스라엘로 넘어올 것을 예언한 것이다. 21세기 인류는 사도 바울의 심상치 않은 예언이 이루어지고 있는 놀라운 광경의 목격자가 되고 있다. 이 책의 2부 1장 '역사의 종말'에서 서술하였듯이 현대 시오니즘 운동은 한마디로 세계로 흩어진 유대인들의 예루살렘으로의 복귀 운동이다. 옛 조상들의 땅으로 돌아온 유대인들은 지난 100년 동안 이웃 아랍인들과 크고 작은 전쟁을 치르며 예루살렘에 대해 지리적, 정치적 회복을

문 앞에 이른 예수

이루었으며 이제 종교적 회복을 진행시키고 있다.

이스라엘은 1967년 6월 전쟁을 통하여 예루살렘에 대한 지리적 회복을 달성하였다. 그리고 2017년 말, 당시 미국의 대통령 트럼프에 의해 예루살렘이 이스라엘의 수도라는 공개적 선언이 이루어졌다. 이 사건은 유대인이 예루살렘을 정치적으로 회복하는 역사적 신호가 되었다. 2023년 현재 예루살렘은 지리적, 정치적 회복 단계를 지나 자신들의 조상들이 예배드렸던 예루살렘 성전의 복원을 위한 종교적 회복 단계로 나아가고 있다. 그리고 그 최종 단계는 유대인들이 자신들의 조상이 십자가에 못 박은 예수 그리스도가 메시아임을 깨닫고 거족적으로 회개하는 사건이다. 실제로 예수 그리스도의 복음을 듣고 믿는 유대인들도 해마다 늘어나고 있다. 사도 바울의 예언대로 이스라엘의 완악했던 마음이 누그러지고 예수가 성취한 구원의 복음을 향한 유대인들의 귀가 마침내 열리고 있는 것이다. 그러므로 지금이야말로 이방 교회는 예수 그리스도의 경고 말씀에 귀를 기울여야 할 때이다. 예수 그리스도와 바울이 증언한 '이방인의 때'가 그 대단원의 막을 내리는 긴박한 시점이기 때문이다.

• '이방인의 때'가 다하면 어떤 일이 일어날 것인가?

'이방인의 때'가 다한다는 것은 이방 세계에서의 복음의 역사가 끝남을 의미하며 '인자의 때'(눅 17:26)가 시작됨을 뜻한다. '인자의 때'는 '세상을 망하게 하는 자들에 대한 심판'과 믿는 자들의 구원을 위한 예수 재림 사건이 일어나는 때를 의미한다. 많은 사람들의 입에 오르내리며 뜨거운 논쟁거리가 되고 있는 예수 재림에 관한 성서의 말씀은 두 가지 대사건을 예고하고 있다. 그것은 장차 그리스도인들의 휴거 사건을 수반하는 예수 그리스도의 공중 강림과 예루살렘으로의 지상 재림 사건이다.

그렇다면 인류 역사상 가장 큰 논쟁의 주제가 되어 온 예수 재림 예언은 성서의 약속대로 이루어질 것인가?

어떻게 믿을 수 있는가?

이러한 의문에 대한 답은 바로 성서에서 찾을 수 있다. 그래서 다음 장에서는 '이방인의 때'의 마침과 예수 그리스도의 재림의 비밀이 담겨 있는 이스라엘의 특별한 절기에 대해 보다 깊이 있게 설명하고자 한다.

III. 예수 복음의 시작(초림 사건)에서 끝(재림 사건)에 이르는 역사적 일정표가 숨겨진 이스라엘 7절기

성서에는 하나님의 말씀을 푸는 비밀 코드가 있다. 하나님의 비밀 코드는 다름 아닌 예수이다. 성서가 지닌 위대성은 역사적 사건을 예언하고 성취함으로써 하나님의 존재와 예수의 복음을 믿도록 하였다는 데 있다. 그렇다면 이 복음의 시작과 끝을 알리는 증거는 어디에 있는가? 그 해답은 이스라엘 민족이 대대로 지켜오는 7절기에서 찾을 수 있다.

1. 이스라엘 7절기와 역사적 성취

• 예수 초림과 재림의 청사진을 담고 있는 7절기

B.C. 1500년경 이스라엘 민족의 지도자 모세는 노예 신분으로 고통을 받는 동족을 이끌고 이집트를 탈출하였다. 이때 모세는 이스라엘 민족이 대대로 지키고 기념해야 할 7절기에 대해 공표하였다. 하나님이 모세를 통하여 공표하신 7절기는 유월절, 무교절, 초실절, 오순절, 나팔절, 속죄절, 초막절을 일컫는다. 바로 이 7절기에는 인류를 구원할 메시아 예수 그리스도의 초림 사건(탄생, 죽음, 부활, 성령 강림과 관련된 사건)과 예수 재림 사건(공중 강림, 지상 재림 에 관련된 사건)에 관한 비밀이 담겨 있다. 이스라엘 백성이 지켜야 할 7절기에는 예수 그리스도의 초림과 재림 사건의 웅대한 역사적 스케줄이 예고되어 있다는 사실을 성서는 명백히 증언하고 있다.

절기나… 이것들은 장래 일의 그림자(청사진)나 몸(절기의 실체)은 그리스도의 것이니라(골로새서 2:16-17)

따라서 구약성서에 기록된 이스라엘 7절기는 인류의 구원과 멸망의 때를 알리는 예수의 복음달력이라 할 수 있다. 거듭 말하지만 7절기에 예수 그리스도의 초림(이 세상에 처음 오심)과 복음 전파의 종료를 알리는 예수 재림(이 세상에 다시 오심)의 역사적 스케줄이 담겨 있다. 따라서 이스라엘 민족이 대대로 지켜오는 7절기에 담긴 메시지를 알면 예수 초림과 재림의 비밀이 풀린다. 그래서 7절기가 역사적으로 어떻게 성취되어 가고 있는 지 확인할 때 비로소 예수 재림 예언이 신뢰할 만한 것임을 깨닫게 된다.

이제 먼저 이스라엘의 7절기 중 예수 복음의 시작을 예고하는 4절기(유월절-무교절-초실절-오순절)가 역사적으로 어떻게 성취되었는지 그 개괄적 내용을 알아보기로 한다. 그리고 이어서 예수 재림과 관련된 3절기(나팔절-속죄절-초막절)중 복음의 역사가 끝나고 있음을 예고하는 '나팔절'의 비밀이 이 시대에 어떻게 성취되고 있는지 규명해 보기로 한다.

• 예수 복음의 시작을 예고하는 절기인 유월절-무교절-초실절-오순절의 비밀은 예수의 초림(처음 이 땅에 오심) 사건으로 풀려졌다

신약성서에서는 이스라엘 민족이 지키는 7절기 중 앞선 4절기의 비밀이 예수 그리스도의 초림에 의해 풀려졌음을 증언하고 있다. 즉, 유월절(어린양 예수의 십자가 피 흘림과 대신 속죄 구원), 무교절(죄 없는 예수의 고난, 영생의 떡으로 바쳐진 예수), 초실절(사망을 이긴 예수의 부활), 오순절(성령의 오심으로 인한 복음 전파 역사의 시작)이

　　　　　　　　　　　　　　　　　　　　　文 앞에 이른 예수

이에 해당된다. 4절기의 역사적 성취 내용을 간략히 정리하면 다음과 같다.

- 유월절의 역사적 성취

유월절(Passover)의 의미는 '넘어간다.'라는 의미를 가지고 있다. 이스라엘 민족의 출애굽 당시 어린양의 피를 문설주에 뿌려 애굽을 휩쓸던 재앙으로부터 구출된 사건을 기념하는 것이 유월절 의식이다. 유월절은 '세상 죄를 지고 가는 하나님의 어린양'(요복 1:29)인 예수의 십자가상 희생의 피가 인간의 죄를 영원히 사하는 구원의 역사를 예표하는 절기이다. 유월절은 예수 그리스도로 말미암아 역사적 사건으로 성취됨으로써 그 비밀이 풀려졌다. 신약성서에서는 유월절의 비밀을 이렇게 밝히고 있다.

> 우리의 유월절 양 곧 그리스도께서 희생이 되셨느니라(고린도 전서 5:7)

그래서 유월절 희생양 예수 그리스도는 모든 사람에게 살아있는 신앙의 지속적인 증거이자 동인이 되고 있다.

- 무교절의 역사적 성취

무교절의 기원은 출애굽 당시 유월절과 더불어 시작되었다. 성서에서는 누룩은 악한 사상과 행위를 급격하게 퍼뜨리는 인간의 죄에 대한 상징으로 증언하고 있다. 그러므로 무교절의 누룩 없는 떡은 죄 없는 자로써 인간을 살리는 양식이 될 구원자의 나타남을 예고한 것이다. 이는 예수 그리스도의 동정녀 탄생(죄 없는 자의 탄생)과 십자가 고난이란 역사적 사건으로 성취되었다.

> 나는 하늘에서 내려온 살아있는 떡이니 사람이 이 떡을 먹으면
> 영생하리라. 내가 줄 떡은 곧 세상의 생명을 위한 내 살이니라
> (요한복음 6:51)

– 초실(첫 열매)절의 역사적 성취
이스라엘 민족이 유월절, 무교절과 더불어 대대로 지켜온 초실절은
부활의 비밀을 간직하고 있었으며 그 비밀은 사망의 권세를 이긴 예수
그리스도의 부활 사건으로 풀려졌다.

> 이제 그리스도께서 죽은 자 가운데서 다시 살아 잠자는 자들의
> 첫 열매가 되셨도다. 사망이 사람으로 말미암았으니 죽은 자의
> 부활도 사람으로 말미암는도다… 먼저는 첫 열매인 그리스도요
> 다음에는 그리스도 강림하실 때에 그에게 붙은 자요(고린도전
> 서 15:20-23)

– 오순절의 역사적 성취
유월절, 무교절, 초실절에 이어서 오순절은 첫 열매를 수확하여 떡
두 개를 여호와께 드리는 의식이다. 떡 두 개는 오순절 성령 강림 사
건 이후 예수 그리스도의 복음을 듣고 성령으로 거듭난 유대인과 이방
인을 의미한다. 예수 그리스도는 자신이 부활한 후 이 세상을 떠나게
되면 성령의 강림이 있으며 유대인뿐만 아니라 온 이방 세계에 복음이
전파될 것임을 예언하였다. 예수의 예언은 실제로 오순절 성령강림
사건을 시작으로 지난 2천 년 동안 복음이 모든 나라와 모든 민족에게

전파됨으로써 성취되었다.

> 예수께서 말씀하시되… 오직 성령이 너희(사도들)에게 임하면
> 너희가 권능을 받고 예루살렘과 온 유대와 사마리아 땅 끝까지
> 이르러 내 증인이 되리라… 오순절 날이 이미 이르매 저희가 다
> 한곳에 모였더니… 저희가 다 성령의 충만함을 받고… 우리의
> 각 방언으로 하나님의 큰일을 말함으로 듣는도다(사도행전 1:7-
> 8, 2:1, 4, 11)

• **21세기 인류는 예수 재림의 청사진이 담긴 세 절기(나팔절, 속죄절, 초막절)의 역사적 성취를 목전에 두고 있다**

전술한 바와 같이 오순절 성령 강림 사건 이후 예수 그리스도의 예언대로 복음은 온 세계 모든 민족에게 전파되었다. 무려 2,000년에 달하는 장구한 세월이 지나갔다. 유대인이 이방인이라 부르는 자들에게 복음이 전파되는 은혜의 시기를 예수는 '이방인의 때'라 지칭하였다. 이 '이방인의 때'가 끝난다는 의미는 이방 세계 복음 전파의 시기가 공시적으로 막을 내린다는 의미이다. 지금 인류는 이스라엘 민족의 7절기 중 초림사건에 관련된 4절기에 이어서 남은 3절기, 즉 예수 재림의 청사진이 담겨 있는 나팔절-속죄절-초막절의 역사적 성취를 목전에 두고 있다. 이처럼 이스라엘이란 한 표본 민족이 기념하는 절기를 통하여 메시아의 탄생과 재림이란 엄청난 사건이 성서의 말씀에 의해 예고되고 실제 역사 속에서 기적같이 성취되는 예는 이 세상 어느 종교에서도 찾아 볼 수 없다. 성서가 인간을 구원하는 하나님의 말씀이라는 결정적인 이유가 바로 여기에 있다. 진실로 예수 그리스도의 초림과 재림은 역사적 예고와 성취로 응답되고 있음으로 믿을 만한

것이다.

이제 이방 세계 복음 전파의 종료와 더불어 이루어질 '예수 재림 사건이 과연 역사적으로 이루어질 것인가?'라는 중대한 물음에 답할 차례이다.

2. '이방인의 때'의 마침과 예수 재림을 예고하는 '나팔절'의 비밀이 풀려지고 있다

• '나팔절'의 역사적 성취를 알리는 이스라엘 민족의 고토 귀환

이스라엘 민족이 대대로 지켜오고 있는 7절기의 달력상 시점을 자세히 살펴보면 예수의 초림(처음 이 땅에 온 사건)을 예표하는 4절기(유월절, 무교절, 초실절, 오순절)와 예수 재림을 예표하는 3절기(나팔절, 속죄절, 장막절) 사이에는 실제로 몇 달 간의 긴 공백이 있다. 앞선 4절기는 계절적으로 봄에 시행되고 뒤에 오는 3절기는 가을에 시행한다. 이처럼 앞의 4절기와 뒤의 3절기의 긴 시간적 간격은 이방 세계에 복음이 전파되는 성령의 역사가 2,000년이란 기나긴 세월 동안 이루어질 것을 예고하는 것처럼 보인다. 실제로 예수의 초림과 재림 사이의 2,000년이란 장구한 시간적 간격은 이방 세계의 사람들을 위한 특별한 은혜의 기간이 되었다. 앞서 언급하였듯이 예수 초림의 청사진인 4절기(유월절-무교절-초실절-오순절)는 2천 년 전에 이미 역사적으로 성취되었다. '죄 사함으로 말미암는 구원'의 복음은 오순절 성령 강림 사건 이후 예루살렘에서 시작되어 온 세계에 모든 민족에게 전파되었다. 그리고 '그제야 끝이 오리라.'는 예수의 예언대로 근 2,000년간 세계를 떠돌던 유대인들이 자기 고토로 돌아가고 있는 급박한 광경이 오늘날 펼쳐지고 있다. 이것은 세계에 흩어져 있던 유대인을 향한 하나님의 소집 나팔이 울려 퍼지고 있음을 의미한다. 마침내 예수 재림을 예표하는 3절기 중 첫 절기인 나팔절의 서막이 올려진 것이다.

• '나팔절'의 성서적 의미

나팔절은 나팔을 불어 속죄절을 대비하는 성스러운 대회를 여는 날로서 성력으로 7월 1일에 거행되는 절기이다(레 23:24) 나팔절은 연이은 절기인 속죄절과 초막절을 예고하는 절기라 할 수 있다. 구약성서 '민수기'에서는 나팔절기의 의식이 이스라엘 민족의 소집과 민족적 회개와 구원의 속죄가 이루어지는 과정임을 밝히고 있다.

〈민수기 10장〉

2. 은 나팔 둘을 만들되 쳐서 만들어서 그것으로 회중을 소집하며 진을 진행케 할 것이라
9. 또 너희 땅에서 너희가 자기를 압박하는 대적을 치러 나갈 때에는 나팔을 울려 불지니 그리하면 너희 하나님 여호와가 너희를 기억하고 너희를 너희 대적에게서 구원하리라
10. 또 너희 희락의 날과 너희 정한 절기와 월삭에는 번제물의 위에와 화목 제물의 위에 나팔을 불라 그로 말미암아 너희 하나님이 너희를 기억하리라 나는 너희 하나님 여호와니라

'민수기'의 말씀대로 소집-전쟁경보-회개와 속죄-예수 재림을 알리는 나팔 신호의 순서를 따라 지금 인류는 예수 재림을 예고하는 나팔절의 청사진이 역사적으로 실현되고 있는 장엄한 광경을 목격하고

있다. 지난 한 세기 동안 인류가 목격해 온 유대 민족의 부흥과 이스라엘의 건국과 예루살렘 복귀라는 기적 같은 사건들은 이스라엘 7절기 중 나팔절의 비밀이 풀려지는 일련의 과정이다. 이스라엘 민족이 나팔절의 역사적 성취를 향해 움직이고 있다는 것은 '이방인의 때'의 마침 즉, '오순절' 성령 강림 사건으로 말미암은 복음의 역사가 종료됨을 예고하는 중대한 신호이다. 그야말로 21세기는 예수 재림을 예표하는 나팔절의 역사적 전조들이 나타나고 있는 대변환기이다. 나팔절에 담긴 예수 재림 사건의 청사진은 나파절과 관련된 용어들을 보면 분명히 드러난다. 나팔절을 의미하는 히브리어 '욤 테루아'(יוֹם הַעוּרָה) 와 관련된 용어들을 정리해 보면 다음과 같은 중요한 의미를 갖고 있다. '욤'(יוֹם)은 날(day)이라는 뜻이다.

1. 욤 테루아 (Yom Teruah): 뿔 나팔을 부는 날(소집, 긴급 사태 전쟁 등 비상시 부는 나팔)
2. 욤 하딘(Yom Ha'Din): 심판의 날, 책이 펼쳐지는 날, 문이 열리는 날.
3. 욤 하케세(Yom Ha'Keseh): 숨겨진 날, 감추어진 날
4. 욤 하키두쉰/네수임(Yom Ha'Kiddushin/Nesu'im): 메시야의 결혼식 날
5. 욤 하멜렉(Yom Ha'Melekh): 메시야의 대관식 날
6. 욤 하나찰(Yom Ha'Natzal): 의롭게 죽은 자들이 부활하고, 의롭게 살아가는 자들이 데려감을 당하는 날

상기한 대로 나팔절을 의미하는 '욤 테루아'(יוֹם הַעוּרָה)에 연관된 단어들은 소집-전쟁경보-부활과 휴거-혼인잔치와 큰 기쁨-심판 등의

사건이 이루지는 날이란 의미를 담고 있다. 나팔절 관련 용어들에서 알 수 있듯이 이스라엘 7절기 중 마지막 세 절기인 나팔절-속죄절-초막절은 세상의 마지막 때에 복음 역사의 종료와 더불어 이루어질 예수 재림 사건과 깊은 관련이 있다.

• 나팔절기의 최종 메시지는 예수 그리스도의 재림이다

성서의 기록에 따르면 예수 재림은 두 가지 대사건을 수반한다.

하나는, 역사상 모든 거듭난 그리스도인들을 불러 모으는 공중 강림, 즉 이른바 "데려감"(휴거) 사건이며 **다른 하나**는, 이스라엘 땅으로 예수 그리스도가 다시 오는 지상 재림이 있다.

바로 이 두 사건을 예고하는 전조가 이방 세계 복음 역사의 마침과 이스라엘의 고토 귀환 사건이다. 따라서 20-21세기에 세계로 흩어진 이스라엘 민족의 소환은 궁극적으로 부패하고 타락한 세상에 대한 심판과 예수 그리스도의 예루살렘 재림을 예비하는 것이다. 거듭 말하지만 오늘날 이스라엘 민족이 예루살렘이 있는 고토로 돌아가고 있다는 것은 곧 나팔절의 비밀이 풀려지는 시대에 진입했음을 의미한다. 그리고 나팔절기의 최종 메시지는 많은 사람들이 궁금해하는 예수 그리스도의 재림이다. 예수 그리스도의 초림이 7절기 중 앞선 4절기의 순서대로 이루어졌듯이 예수 그리스도의 재림 역시 남은 3절기(나팔절-속죄절-장막절)의 순서에 따라 역사 속에서 살아 계신 하나님의 약속과 보증으로 실현될 것이다.

IV. 예수 그리스도의 가장 특별한 예언−재림 사건

　예수의 재림 예언은 진실인가 거짓인가?

　성서의 진실성을 의심하는 학자나 사람들은 이 예언이 허구이며 예수의 발언이 아니라 누군가 꾸며 낸 것이라고 주장한다. 하지만 세상 사람들에게 예수 재림 예언이 아무리 기이하고 황당하게 들릴지라도 재림 사건은 결코 외면할 수 없는 인류의 중대사이다. 재림을 둘러싼 수많은 루머와 사이비 종말론자의 빗나간 재림 일자 맞추기 장난에도 불구하고 지금 인류가 예수 그리스도의 재림에 비상한 관심을 가져야 하는 이유는 재림의 역사적 성취를 예고하는 수많은 전조적 사건들이 일어나고 있기 때문이다. 저자가 지금까지 서술한 예수의 역사적, 환경적, 경제적 사회적 정치적 종교적 종말 예언의 성취가 예수 재림의 신빙성을 일제히 보증하고 있다. 안타깝게도 사람들이 예수의 재림 예언이 진짜냐 가짜냐를 두고 치열하게 논쟁할 동안 이미 멸망의 조짐들은 전 세계적으로 나타나고 있다. 이제 논쟁할 시간조차 빠르게 사라지고 있다. 보다 심각한 문제는 누군가 회개하고 구원의 복음을 듣고 싶어도 더 이상 말씀을 제대로 전해 줄 자가 없는 세상으로 점차 변하고 있다는 사실이다. 누구라도 복음의 은혜가 사라지는 이 비상한 상황을 조금이라도 알아차린다면 예수가 전한 복음을 진지하게 듣게 될 것이다.

1. 예수가 이 세상에 다시 오신다는 증거

• 예수 재림 약속은 신약성서의 골격을 이루고 있다

예수의 재림 예언에 주목해야 할 이유는 성서에서 예수 그리스도가 이 세상 다시 온다는 사실을 여러 번 명확하게 예고하였기 때문이다. 실제로 신약성서에는 그가 이 세상에 다시 온다는 약속의 말씀으로 가득 차 있다. 신약성서의 216장에 걸쳐 재림에 대해 318번 기록되어 있으므로 평균 30절마다 한 번씩은 이 재림에 대해 언급하고 있는 셈이다. 따라서 신약성서에서 예수 재림에 대한 말씀을 뺀다면 말씀은 성립되지 않는다. 바로 이 점이 예수께서 다시 오시리라는 사실에 대한 첫 번째 증거가 된다. 실로 예수의 재림은 신약성서가 보증하는 최대의 사건이며 가장 가치 있는 정보이다. 그러므로 만약 성서를 읽는 자가 성서가 인류를 속인 책이라고 주장하지 않는다면 성서에서 그토록 반복적으로 구체적으로 강조하는 사건을 외면할 수 없을 것이다.

• 예수 재림을 예고하는 예언들이 동시다발적으로 성취되고 있다

누군가 이 지구상에 먼 훗날 일어날 사건에 대해 단 하나라도 예언한 후 그 예언이 실제로 성취되었다면 그의 또 다른 예언도 이루어지리라고 예상하지 않겠는가? 그런데 예수 그리스도는 세상의 끝에 일어날 사건에 대하여 한 가지가 아니라 무려 10가지로 분류할 수 있을 만큼 다양한 예언들을 구체적으로 하고 있다. 즉, 복음의 세계 전파, 이스라엘 민족의 예루살렘 복귀, 바다의 격변과 대지진, 사단의 영이 활약하는 경제사회의 멸망, 적그리스도의 등장, 아마겟돈 종말전쟁, 우주적 변고 등 세상의 멸망에 관한 방대한 예언들이 오늘날 모두 현실로 나타나고 있다. 오늘날 예수 그리스도가 예언한 사건들이 동시다발적으로 이루어지고 있다는 것은 그가 약속한 재림도 성취될 것이라 믿을 수 있는 근거가 된다. 참으로 오늘날 인류가 목격하고 있는 수많은 징조와 사건들은 재림의 확실성을 증거하고 있다. 그러므로 거듭난 그리스도인들은 하루를 지내면서 그리스도의 재림에 하루 더 가까이 다가섰다는 것을 안다. 이처럼 예수 그리스도의 재림 약속은 사전에 충분히 검증할 수 있을 정도로 많은 전조적 사건을 수반한다. 우리가 예수의 재림 약속을 농담으로 넘길 수 없는 이유가 바로 여기에 있다.

> 너희도 이 모든 일을 보거든 인자가 가까이 곧 문 앞에 이른 줄 알라(마태복음 24:33)

• 이스라엘이 예루살렘으로 복귀하고 있다는 것은 복음 역사의 종료와 예수 재림이 임박했음을 알리는 가장 확실한 하나님의 신호이다

이스라엘 민족은 예수의 초림(처음 오심) 사건을 수임한 선민이다. 이스라엘민족은 예수의 초림에 이어 재림(두 번째 오심) 사건 또한 예비할 것임을 성서는 증언하고 있다. 그래서 오늘날 이 민족이 머나먼 역사의 뒤안길을 돌아서 다시 예루살렘을 향하여 귀환의 대장정을 펼치고 있다. 이스라엘 건국과 예루살렘으로의 복귀는 예수의 재림이 카운터다운에 돌입했다는 것을 의미한다.

> 예루살렘은 이방인의 때가 차기까지 이방인들에게 밟히리라(누가복음 21:24)

위의 말씀은 이스라엘 민족이 예루살렘을 회복하는 역사적 사건이 목격될 때 '이방인의 때', 즉 세계 복음 전파의 역사가 마친다는 것을 의미한다. 이는 예수 재림이 임박했음 알리는 강력한 신호이다. 그리스도의 재림을 공격하는 사탄의 가장 교묘한 수법은 이것이 성서에 기록된 문자 그대로 이루어질 것이라는 사실을 우리로 하여금 믿지 못하도록 미혹하는 것이다. 그러므로 그리스도인들은 종말의 '날과 시'(마 24:36)를 알아맞힘으로 예수 재림을 대비하는 것이 아니라 시대의 사건과 전조들을 보고 그때가 가까이 왔음을 대비하라는 것이다. '하나님은 자기의 비밀을 그 종 선지자에게 보이지 아니하시고는 결코 행하심이 없으시니라'(암 3:7)는 증언대로 하나님은 이 시대의 그리스도인들에게 역사적 사건을 보이시며 깨어 있는 삶을 촉구하고 계신다. 거듭 말하지만 이스라엘이 자기 고토로 복귀하고 있다는 것은 부패하고 타락한 인류에 대한 심판을 예고하는 것이며 예수 재림이 임박했음을 알리는 가장 확실한 하나님의 신호이다. 인간이 도덕적으로 스스로 생존할 수 없는 지경에서 하나님의 개입이 전격적으로 이루지는 것이 예수 재림의 진정한 의미이다.

• **예수 재림은 두 가지 대사건을 예고하고 있으며 그 과정에 대한 성서의 증언은 너무나 구체적이다**

앞서 언급하였듯이 예수 그리스도가 이 땅에 처음 오시는 사건, 즉 초림 사건의 청사진인 이스라엘 민족의 7절기 중 4절기(유월절-무교절-초실절-오순절)는 2천 년 전에 이미 역사적으로 성취되었다. 지금은 7절기 중 마지막 3절기(나팔절-속죄절-초막절)에 담긴 예수 재림의 청사진에 주목해야 할 시점이다. 이미 나팔절의 비밀이 풀려지고 있기 때문이다. 3절기 중 나팔절은 백성의 소집을 의미하는 절기인데 두 가지 대사건을 수반한다. 하나는 예수의 공중 강림으로 그리스도인들을 불러 모으는 사건, 즉 역사상 모든 그리스도인들이 대망하는 휴거사건이며 다른 하나는 이스라엘 민족의 고토 복귀 후 종말 세계대전의 와중에 유대인들의 거족적 회개와 더불어 이루어질 예

수 그리스도의 지상 재림 사건(예루살렘으로 다시 오는 사건)이다.(눅 17:26-30)

세상의 종말에 일어날 예수의 공중 강림과 지상 재림 예언은 어떤 종교에서도 찾아볼 수 없는 독특한 계시이다. 예수께서 이 세상에 다시 오신다는 점에서 두 사건 모두 넓은 의미의 재림 사건에 포함되지만 분명히 구별되어 있다. 예수의 공중 강림 사건은 역사상 모든 거듭난 그리스도인들의 '휴거'와 관련된 사건이다. 신약성서 데살로니가서에는 공중 강림 사건을 두고 나팔절기의 성취임을 암시하는 것을 나타내는 단어인 '하나님의 나팔'로 묘사되어 있다.

> 주께서 호령과 천사장의 소리와 <u>하나님의 나팔</u>로 친히 하늘로 좇아 강림하시리니(데살로니가전서 4:16)
> 주 예수께서 저의 능력의 천사들과 함께 하늘로부터 불꽃 중에 나타나실 때에(데살로니가후서 1:7)

예수 재림 사건 중 또 다른 하나인 그리스도의 '지상 재림' 사건은 예수께서 이스라엘 땅 예루살렘으로 다시 오시는 사건이다.

> 이 예수는 하늘로 가심을 본 그대로 오시리라(사도행전 1:11)
> 그 날(하나님이 열국을 심판하는 날)에 그의(예수의) 발이 <u>예루살렘 앞 동편 감람산</u>에 서실 것이요(스가랴 14:4)

상기한 바와 같이 공중 강림 사건은 역사상 모든 그리스도인들이 '데려감'을 얻는 이른바 '휴거' 사건이며 '지상 재림'은 '큰 환란' 일으켜 자기파멸의 길을 걷는 세상에 대한 심판과 이스라엘의 회개한 자들을 구

문 앞에 이른 예수

원하기 위한 것이다. 공중 강림은 예수 그리스도께서 교회의 신랑으로 오시지만 이스라엘 땅에 나타나심은 만왕의 왕, 만주의 주로 오시는 것이다. 이처럼 성서는 재림의 구체적인 과정과 목적을 상세히 밝힘으로써 그 진실성을 담보하고 있다.

2. 예수의 위대한 계시 '휴거'-어떻게 믿을 것인가?

> 내가 너희에게 이르노니 그 밤에 두 남자가 한 자리에 누워 있으매 하나는 데려감을 당하고 하나는 버려둠을 당할 것이요 두 여자가 함께 매를 갈고 있으매 하나는 데려감을 당하고 하나는 버려둠을 당할 것이니라(누가복음 17:34-35)

예수 그리스도의 예언 중 가장 특별하고 위대한 예언이 있다면 바로 '데려감' 사건에 대한 말씀이라 할 수 있다. '데려감'이란 예수의 강림 사건이 일어날 때에 그리스도인들이 다른 차원의 공간으로 순간 이동하는 것을 일컫는다. 그리스도인들이 갑자기 '데려감'을 얻는 광경을 일컬어 일반적으로 '휴거'라고 부른다. 휴거(携擧)는 '이끌 휴'와 '들 거'가 합쳐진 한자어이다. 이 용어는 데살로니가 전서 4:17 '끌어오려'라는 구절에서 온 것이다. 데살로니가 전서(4:13-18)의 기록은 지난 역사 속에서 죽은 그리스도인들과 현재 살아있는 그리스도인들이 모두 순식간에 변화된 몸으로 바뀌는 사건을 예고하고 있다. 휴거에 의한 인간의 변화는 성령의 사역과 밀접하게 연결되어 있기 때문에 그 변화 자체는 영원한 영적인 축복 상태에 들어가기 위해 일으킴을 받을 자들에게만 해당하고 이후 심판을 받기 위하여 일으킴을 받을 자들에게 벌어질 문제는 아니다. 즉, 휴거는 복음을 듣고 믿어 구원을 받은 그리스도인들에게만 일어나는 대사건이다. 신약성서에 기록된 예수 그리스도의 휴거에 대한 약속을 믿을 수 있는 근거는 예수와 제자들의 증언이 너무나 구체적이라는 점이다. 누구든지 휴거에 대한 예수의 예언을 면밀히 검토한다면 전능한 자의 통찰력이 아니고서는 도저히 증언할 수 없는 사건임을 깨닫게 된다. 따라서 마지막 때가 가까워 올수록 그리스도인들이 '휴거'에 관련된 예수의 예언을 연구하고 올바르게 이해한다는 것은 참으로 중요한 과제이다.

• '휴거' 사건의 역사적 의미

거듭 말하지만 지난 한 세기 동안 이스라엘 민족이 1,900여 년 동안의 유랑 생활을 끝내고 예루살렘이 있는 조상의 땅으로 돌아가고 있다는 것은 예수 재림을 예비하는 역사적 신호이다. 하나님은 온 세계에 흩어져 떠돌고 있는 유대인들을 향하여 마침내 소집 나팔 소리를 울리신 것이다. 이는 이스라엘 땅으로 다시 오실 예수의 지상 재림을 예고하고 있을 뿐만 아니라, 역사상 거듭난 모든 그리스도인들의 휴거를 위한 '마지막 나팔'을 예고하고 있다. 사도 바울은 예수 그리스도가 예언한 휴거 사건에 대해 '마지막 나팔' 또는 '하나님의 나팔'에 의한 대사건임을 증거하고 있다. 사도 바울이 사용한 '나팔'이란 용어는 소집 명령을 의미하는 상징어이다.

> 보라 내가 너희에게 비밀을 말하노니 우리가 다 잠잘 것이 아니요 마지막 나팔에 순식간에 홀연히 다 변화하리니 나팔소리가 나매 죽은 자들이 썩지 아니할 것으로 다시 살고 우리도 변화하리라(고린도전서 15:51-52)

주께서 호령과 천사장의 소리와 <u>하나님의 나팔로</u> 친히 하늘로 좇아 강림하시리니 <u>그리스도 안에서 죽은 자들이 먼저 일어나고</u> 그 후에 우리 살아남은 자도 저희와 함께 <u>구름속으로 끌어올려</u> 공중에서 주를 영접하게 하시리니 그리하여 우리가 항상 주와 함께 있으리라(데살로니가전서 4:16-17)

위의 말씀에서 알 수 있듯이 휴거는 예수의 강림과 더불어 일어나며 이 대사건이 발생한다는 것은 '나팔절'의 역사적 성취를 의미하는 것이다. 휴거는 곧 이방 세계에서의 복음 역사의 공식적인 마감을 뜻하기 때문에 그리스도인들은 비상한 관심을 기울여야 한다.

• 휴거는 실제로 일어날 것인가?

구약성서 창세기에는 사람이 지상에 살아 있을 동안 실제로 하나님께 이끌려 올라간 사건이 기록되어 있다. 창세기 5장에 하나님과 동행하며 살았던 믿음의 사람 '에녹'의 들림에 관한 사건이 기록되어 있다.

에녹이 하나님과 동행하더니 하나님이 그를 <u>데려가시므로</u> 세상에 있지 아니하였더라(창세기 5:24)

위의 말씀에 대해 신약성서 히브리서 기자는 에녹이 죽기 전에 '데려감'을 얻었음을 분명하게 밝히고 있다.

믿음으로 에녹은 <u>죽음을 보지 않고 옮기웠으니</u> 하나님이 저를 옮기심으로 다시 보이지 아니하니라 저는 옮기우기 전에 하나님을 기쁘시게 하는 자라하는 증거를 받았느니라(히브리서 11:5)

그러므로 장차 이루어질 휴거 사건은 처음 있는 사건은 아니다.

그렇다면 과연 장래에 휴거사건이 실제로 일어날 것인가?

사람이 갑자기 변하여 끌려 올라간다는 이야기는 중국의 무협소설 등장인물의 변신술처럼 황당한 얘기로 들려질 수 있다. 아마도 어떤 자유주의 신학자들은 예수의 '휴거'에 관한 예언은 과학이 발달하지 않았던 미개한 시대의 사람들이나 받아들일 수 있는 과장된 얘기라고 단정할 것이다. 현대인의 과학 상식으로는 사람들이 갑자기 변하여 이끌려 간다는 성서의 증언이 믿기 어려운 것일 수 있다. 이러한 세상 사람들의 의문은 어찌 보면 자연스런 것이다. 그러나 의문을 잠시 접어 두고 우리는 이 우주와 지구와 인간에 대해 생각해 볼 필요가 있다. 사람들은 우주와 지구와 인간의 신비를 너무나 당연한 것으로 여기며 살아가고 있다. 그래서 인간을 둘러싼 기적 같은 환경과 현상에 대해 그리고 자신의 존재에 대해 별다른 의문을 품지 않고 있다. 하지만 곰곰이 생각해 보면 그 끝을 알 수 없는 우주 속에서 지구가 운행이 되고 이 가운데서 인간이 태어나 살아간다는 것 자체가 너무나 경이로운 것이다. 참으로 우주와 인간의 신비가 휴거 사건 만큼 신비하지 않다는 이유를 찾을 수 없다. 이 사실을 인정한다면 예수 그리스도가 예언하신 휴거 사건에 대해 다시 생각하게 될 것이다. 그래서 신실한 그리스도인들은 휴거에 관한 예언이 성서에 기록되어 있다는 이유만으로도 믿을 수 있을 것이다. 하지만 비그리스도인들은 여전히 휴거에 대해 상당한 의문을 가질 것이다. 이러한 세상 사람들의 회의와 불신에도 불구하고 휴거 사건에 대한 예수의 예언과 사도들의 명확한 증언들은 그냥 농담으로 흘려듣기엔 너무나 구체적이며 심각한 내용을 담고 있다.

• '휴거'에 대한 이해를 돕는 과학 지식

"휴거"에 관한 예수의 예언이 예사롭지 않다는 것은 갑자기 사람이 다른 차원의 세계로 이끌림을 받는다는 기이한 증언 때문이다. 예수의 증언을 믿지 않는 사람들의 의문은 휴거 사건이 인간의 일반상식적인 관점에서 볼 때 비현실적이라는 판단에서 제기된 것이다. 그러나 오늘날 현대 과학 지식으로 휴거의 실현 가능성을 설명할 수 있다면 휴거에 대한 새로운 이해의 문이 열리게 될 것이다. 성서에서 예수 그리스도와 사도 바울이 한 휴거에 관한 예언을 분석해 보면 오늘날의 과학 상식으로 이해할 만한 증거들을 찾아낼 수 있다.

– 지구가 둥글지 않다면 이해될 수 없는 예수의 '휴거' 예언

> 내가 너희에게 이르노니 그 밤에 두 남자가 한 자리에 누워 있으매 하나는 데려감을 당하고 하나는 버려둠을 당할 것이요 두 여자가 함께 매를 갈고 있으매 하나는 데려감을 당하고 하나는 버려둠을 당할 것이니라.(누가복음 17:34-35)

예수 그리스도는 두 사람은 밤에 자다가 데려감을 또 다른 사람들은 낮에 밭일을 하다가 데려감을 당한다고 예언하였다. 온 지구상에 낮과 밤의 시간대에 있는 사람들이 동시에 들림 받을 것이라는 놀라운 예언을 한 것이다. 오늘날의 과학 상식에서 볼 때 예수의 예언은 결국 지구가 둥글다는 사실에 근거한 것임을 알 수 있다. 지구의 반이 낮이면 나머지 반은 밤인 것은 지구가 둥글기 때문에 일어나는 현상이다. 그만큼 예수의 증언에는 구체성을 담고 있다는 사실을 인지할 필요가 있다.

– 바울의 '휴거' 예언과 나노테크놀로지

> 마지막 나팔에 순식간에 홀연히 다 변화하리니… 썩지 아니할
> 것으로 다시 살고(고린도전서 15:51-52)

사도 바울이 예고한 마지막 날 거듭난 자들의 부활에 관한 예언은
참으로 중요한 정보를 전해 주고 있다. 사도 바울은 어떤 방식으로 휴
거가 이루어지는지에 대해 증거하고 있다. 즉, 휴거란 썩고 해체될 물
질세계의 공간에서 썩지 않는 존재로 변화하는 과정이다. 죽은 자는
물론 산 자가 하나님의 특별한 신호에 따라 순식간에 변화된다는 그
의 언급은 놀라운 비밀을 담고 있다. 이 예언의 말씀이 공표된 지 근
2,000년이 지난 오늘날 현대 첨단 과학기술의 하나인 '나노기술'은
사도 바울이 증거한 '휴거'가 실제로 일어날 수 있는 신비한 현상임을
일깨워 준다. 나노기술의 원리와 응용기술이 지향하는 바를 보면 물
체가 순간적으로 재창조되는 혁명적 변화가 일어날 수 있다는 확신을
갖도록 한다.

나노기술은 원자 혹은 분자를 적절히 결합시켜 새로운 미세구조를
만듦으로써 기존 물질을 변형 혹은 개조하거나 새로운 물질을 창출하
는 것을 목표로 삼는다. 나노기술은 광학적으로는 물질의 고유 색깔
은 바꾸고 화학적으로는 살균력과 자가 세척력을 가지며, 기계적으로
는 놀라운 강도의 증가를, 전자적으로는 자기적인 성질이 극대화시키
는 것을 가능케 한다.

위의 정보를 간단히 정리하면 나노기술은 생명체나 특정 물질이 분
자 또는 원자 차원에서 재구성되면서 그 물체의 색상, 자정력, 강도,
자성이 순간적으로 변화될 수 있다는 사실을 증명하고 있다. 놀랍게

도 사도 바울은 그리스도인들이 부활 때 순식간에 썩지 않고 타지 않고, 파괴되지 않는 불멸의 몸으로 변화할 것을 예언하고 있다. 이는 사도 바울의 예언이 결코 정신 나간 사람의 말이 아님을 깨닫게 해 준다. 만약 누군가 '휴거'에 대한 사도 바울의 증언을 믿지 못한다면 나노기술을 터득한 인간은 믿지만 창조주 하나님의 능력은 믿지 못한다는 것이 된다. 인간의 근본적인 죄는 교만에 있다. 실로 2,000년 전 인간의 지식 수준으로 볼 때 사도 바울이 '휴거'에 대해 증언한 내용은 하나님으로부터 계시를 받지 않았다면 가히 상상 하기 어려운 내용이다. "휴거"에 대한 바울의 또 다른 놀라운 증언은 신약성서 데살로니가서에 있다.

– '빛난 구름' 속으로 순간 이동을 예고한 바울의 경이로운 예언

신약성서에서는 예수님께서 구름타고 오시리라고 7번 예언 하였다. 그리고 사도 바울 역시 휴거 때의 광경을 증언하면서 "구름"에 관해 언급하고 있다.

우리 살아남은 자도 저희와 함께 구름 속으로 끌어올려(데살로니가전서 4:17)

첨단 과학문명의 시대에 사는 독자들은 예수의 강림하심과 휴거에 관련하여 쓰여진 '구름'의 의미에 대해 보다 깊은 이해가 필요하다. 이 '구름'의 실체에 대해서 데살로니가 후서에 기록된 말씀이 특별한 정보를 제공하고 있다.

주 예수께서 저의 능력의 천사들과 함께 하늘로부터 불꽃 중에

나타나실 때에(데살로니가후서 1:7)

위에 제시된 데살로니가서의 말씀에서 알 수 있듯이 성도들이 휴거되는 '구름 속'이란 말은 '불꽃 중'(flaming fire)의 다른 표현이다. 그러므로 이 '구름'은 하나님의 빛이 구름같이 둘러싸인 광휘의 공간이라 할 수 있다. 신약성서의 마태복음서에서 이를 증거하는 결정적인 말씀이 있다. 아래의 말씀은 부활한 예수님의 모습을 미리 보여 주는 산상에서의 변화 사건에 대한 기록이다.

> 예수께서… 저희 앞에서 <u>변형되사</u> 그 얼굴이 해같이 빛나며 옷이 빛과 같이 희어졌더라… 베드로가… 말할 때에 홀연히 빛난 <u>구름</u>이 저희를 덮으며 구름 속에서 소리가 나서 가로되 이는 내 사랑하는 아들이요 내 기뻐하는 자니(마태복음 17:1-5)

결론적으로 성도들이 이끌림을 받는 '구름'은 '빛난 구름'이며 과학적 용어로는 '전자구름(an electron cloud)'이라 할 수 있다.

전자구름이란 용어는 원자핵 둘레를 돌고 있는 전자의 공간적 분포 상태를 구름에 비유하여 이르는 과학 용어이다. 즉, 파장이 매우 짧은 전자파인 감마선(gammaray)이 산소 원자나 질소 원자 등과 충돌하면 원자 외곽에 있는 전자가 분리되는 전리현상이 일어난다. 그런데 대기 중에서 전리현상이 일어나면, 전하(물체가 띠고 있는 정전기의 양)가 거대한 전자구름(electron cloud)을 형성하는데, 전자구름이 지구의 자기장(magnetic field)에 끌려 나선형 운동을 하면서 초강력한 전자기파를 방출한다. 여기서 빛의 광휘가 나타난다. 결론적으로 사도 바울과 마태가 증언한 '빛난 구름'은 이 세상의 공간과 차원이

다른 하나님의 빛 공간을 뜻하며 이 속으로 순식간에 변화된 몸이 진입하는 것을 의미한다. 실제로 사도 베드로는 구원 받은 성도들이 들어가는 다른 차원의 빛 세계에 대해 증언하고 있다.

> 너희를 어두운 데서 불러내어 그의 기이한 빛에 들어가게 하신
> 이의 아름다운 덕을 선포하게 하려 하심이라(베드로전서 2:9)

- '끌어올림'과 순간 이동에 관한 사도 바울의 놀라운 증언

> 우리 살아남은 자도 저희와 함께 구름 속으로 끌어올려(데살로
> 니가전서 4:17)
> 마지막 나팔에 순식간에 홀연히 다 변화하리니…(고린도전서 15:51)

사도 바울의 휴거에 관한 예언 중 '끌어올려'라는 증언은 영원한 빛의 공간으로 '순식간에 홀연히' '순간 이동'을 실현하는 것을 의미한다. 그런데 놀라운 사실은 오늘날 인간이 첨단과학 기술을 통하여 이 신비한 '순간 이동'의 가능성을 입증하고 있다는 것이다.

실제로 원자를 순간적으로 다른 장소로 이동시키는 원격이동(Teleportation) 실험이 세계 최초로 성공했다는 소식이 전해지고 있다. 순간 이동에서 물체의 순간 이동은 가능할 수도 있지만 아직 인간의 원격순간이동 은 수십 년 더 연구해야 할 수도 있다. 그 어떤 것도 불가능하다고 말하는 자는 미래학자가 될 수 없다고 한다. 지금까지 인간이 불가능하다고 생각했던 마이카 시대, 사물지능인터넷 시대 등이 다가왔기 때문이다. 현재는 원격전송이 가능한 대상은 정보의 상태이

지 물체가 아니다. 하지만 2040년이 지나면 생명체도 순간이동을 시킬 수 있을 것이라는 예측이다. 이처럼 현대 첨단과학의 정보들은 예수 그리스도와 바울이 예언한 휴거가 결코 가볍게 넘길 수 없는 인류사적 중대 사건이며 창조주 하나님의 특별한 계시임을 깨닫게 해 준다. 결론적으로 휴거는 인간이 물질로써의 구름이 아닌 차원이 다른 '빛 구름'의 세계, 즉 썩지 않고 변하지 않는 다른 차원의 세계로 '순간이동'을 하는 사건이다. 이제 21세기를 사는 사람들은 예수의 위대한 계시인 그리스도인들의 '휴거'에 대해 새로운 시각에서 주목할 필요가 있다.

이제 21세기 첨단 과학 시대의 사람들은 우주의 신비에 대한 새로운 각성과 시각이 필요하다. 그리고 성서의 신기한 증언들에 대해 좀 더 겸손한 자세로 귀 기울일 필요가 있다. 지난 수세기 동안 이신론과 계몽주의 영향 하에서 사람들은 인간의 이성에 의해 규명된 지식의 범주를 벗어나는 성경의 말씀에 대해 반감을 가져왔다. 그래서 인간의 지식으로 이해할 수 없는 말씀들은 모두 비현실적, 비과학적인 증언들로 매도하였다. 그러나 20세기 들어서면서 상대성 이론과 양자역학과 분자생물학 등 혁명적 과학 지식들은 종래 사람들이 진리라고 믿어왔던 과학적 지식이 잘못되었음을 깨닫게 해 주었다. 그 결과 하나님의 신비한 역사를 인간의 좁은 지식 안에 가두려는 했던 인간의 시도가 얼마나 어리석은 짓인지 폭로되고 있다. 지금은 성서의 증언을 조롱하던 과학 지식이 아니라 창조주의 신비를 이해하도록 돕는 첨단 과학 지식이 말씀의 비밀을 풀 수 있는 놀라운 시대이다. 그래서 사람들이 과학상식만으로도 휴거와 부활의 실체적 진실을 이해할 수 있는 여지가 생긴 것이다. 참으로 21세기 인류는 '휴거'가 현실화될 장엄하고 경이로운 세상에 살고 있다.

문 앞에 이른 예수

당신은 휴거의 소망을 가지고 있는가?

안타깝게도 예수의 복음을 듣고 구원을 얻을 수 있는 시간이 끝나가고 있다. 대망의 휴거는 시시각각 우리 앞에 다가오고 있다.

'더 늦기 전에 살아계신 하나님께로 돌아와야 한다.'는 말은 아무리 강조하여도 지나침이 없다.

이 세상에서 복음을 들을 수 있는 기회가 빠르게 사라지고 있기 때문이다!

• 복음 역사의 종료를 의미하는 휴거의 시점에 대한 오해와 이해

누군가 예수 재림 때 일어날 대사건인 휴거의 날과 시간을 계시 받았다고 한다면 그것은 예수의 증언과 상반된 것이라고 확언할 수 있다.

> 그날과 그때는 아무도 모르나니 하늘의 천사들도, 아들도 모르
> 고 오직 아버지만 아시느니라(마태복음 24:36)

따라서 만약 어느 종교 단체의 교주가 하나님으로부터 휴거의 날과 시에 대한 놀라운 계시를 받았다고 주장한다면 이미 그는 예수를 믿는 신앙과는 다른 것을 추구하는 자임을 스스로 인정하는 것이 된다. 한편 누군가 휴거의 날과 시는 어떤 인간도 알 수 없으므로 더 이상 휴거에 관심을 기울일 필요가 없으며 우리는 그저 삶에 충실하면 된다고 주장한다면 이 또한 예수의 말씀을 저버리는 것이 된다.

> 이러므로 너희도 예비하고 있으라 생각지 않은 때에 인자가 오
> 리라(마태복음 24:44)

그렇다면 종말의 날과 시간을 알 수 없는데도 왜 많은 그리스도인들은 종말의 징조에 주목하고 이에 대한 정보를 놓치지 않으려고 애쓰는 것일까? 그 이유 역시 예수의 또 다른 말씀에 근거가 있다. '주의 임하심(재림)과 세상 끝에는 무슨 징조가 있사오리까'(마 24:3)라는 제자들의 질문에 예수 그리스도는 세상 끝의 전조가 될 사건들을 목격함으로써 재림의 때가 임박했음을 알 수 있다고 응답했다

> 이 모든 일(사건)을 보거든 인자가 가까이 곧 문 앞에 이른 줄 알라(마태복음 24:33)

결국 예수 그리스도의 증언이 뜻하는 것은 휴거 사건이 어디까지나 역사적 맥락 속에 일어나는 것이므로 비록 그 정확한 날과 시간은 알 수 없을지라도 휴거가 임박했음을 예고하는 역사적 사건들에 주목하여 각별히 대비하라는 메시지이다.

• 휴거가 임박함을 알리는 전조적 사건들

예수 그리스도의 재림과 휴거를 예고하는 큰 징후들은 이미 21세기에 나타나고 있다. 저자가 서술하고 있는 예수의 10대 예언의 역사적 성취가 이를 입증하고 있다. 그리고 이방 세계 복음 전파의 기초를 놓은 사도 바울은 예수의 재림 전후로 일어날 몇 가지 결정적인 사건에 대해 예언하고 있는데 그는 '데살로니가인의 교회'에 보낸 서신에서 휴거가 있기 직전에 일어날 역사적 대사건에 대해 다음과 같이 증언을 하였다.

> 형제들아… 주 예수 그리스도의 강림하심과 우리가 그 앞에 모

문 앞에 이른 예수

임에 관하여… 주의 날이 이르렀다고 쉬 동심하거나 두려워하지 아니할 그것이라 누가 아무렇게 하여도 너희가 미혹하지 말라 먼저 배도하는 일이 있고 저 불법의 사람 곧 멸망의 아들이 나타나기 전에는 이르지 아니하리라 저는 대적하는 자라 범사에 일컫는 하나님이나 숭배함을 받는 자위에 뛰어나 자존하여 하나님의 성전에 앉아 자기를 보여 하나님이라 하느니라(데살로니가후서 2:1-4)

바울의 증언을 요약하면 다음과 같다.

1 ▶ 전 세계적인 배도의 물결 (복음을 배척하는 세상의 도래─ 지상의 교회 안팎에서 올바른 복음의 메시지가 사라짐)
2 ▶ 불법의 사람(멸망의 아들)의 출현과 그리스도의 강림

사도 바울은 예수 강림 시 '불법의 사람'의 권세를 '폐하시리라'고 언급하고 있다.(데후 2:8) 따라서 불법의 사람(멸망의 아들)이 나타나는 때는 장차 예수 그리스도의 강림 및 휴거 사건이 일어나기 직전의 시기이다. 사도 바울이 지목한 '불법의 사람'은 이 책의 5장과 6장에서 언급한 종말 제국의 독재자 '짐승'을 지칭한 것이다. 그 이유는 선지자 다니엘(단 7:25)과 사도 요한이 예고한 마지막 때의 적그리스도의 출현에 대한 증언(계 13장)이 바울의 증언과 일치하기 때문이다. 또한 예수께서도 세상 끝에 '멸망의 가증한 것'(마 24:15)이 거룩한 곳에서 하나님을 모독하는 사건이 일어날 것을 예언하였다. 결국 하나님이 거듭난 그리스도인들에게 휴거가 임박했음을 알리는 방법은 복음을 배척하는 사상의 전 세계적인 확산과 더불어 세계정부의 출현

과 적그리스도 독재자의 등장이란 역사적 사건을 통해서이다.

3. 예수 그리스도가 예언한 '큰 환란'과 휴거

예수 그리스도는 마지막 때 이 세상의 종말을 고하는 '큰 환란'이 발생할 것을 예언한 바 있다.

이는 그때 큰 환란이 있겠음이라(마태복음 24:21)

그렇다면 역사상 모든 거듭난 그리스도인의 소망인 '휴거'는 소위 '대환란' 이전에 일어날 것인가 아니면 '대환란' 기간 중이나 '대환난' 이후 이느 시점에 일어날 것인가? 저자가 이 부분을 주목하는 이유는 오늘날 기독교계의 "가장 큰 논쟁 중의 하나"이기 때문이다. 다만 이 문제에 대해 그리스도인들 간의 이견이 있다고 해서 어느 한쪽이 신앙이 없다거나 구원이 취소되는 것은 아니다. 이 점에 유의하면서 '대환란'과 관련된 휴거 문제를 보다 깊이 검토해 보기로 한다.

• 예수가 언급한 '큰 환난' 해석

성서를 읽고 연구하는 사람들 중 일부는 '큰 환란'의 기간을 "7년 대환란"이라 칭하고 있다. 7년이란 기간은 구약성서 다니엘(9:27)의 말씀에 근거한 것인데 7년은 적그리스도 통치 기간에 복음의 진리를 훼손하는 일들이 대대적으로 전개되고 그리스도인에 대한 박해가 이루어지는 시기이다. 그렇다면 과연 이 7년 전체기간이 예수께서 증언한 '큰 환란'의 시기인가? 라는 문제가 대두된다. 이를 규명하려면 먼저 예수께서 언급하신 '큰 환난'의 의미에 대한 정확한 해석이 필요하다. 선지자 다니엘이 언급한 적그리스도의 철권통치하에서의 마지막 7년은 거듭난 그리스도인들에겐 핍박과 고난의 시기임은 분명하다. 그렇다고 해서 예수께서 증언한 '큰 환난'을 7년간의 모든 시기라고 보기는 어렵다. 그 이유는 예수께서 '큰 환난'의 의미에 다음과 같이 명확하게 밝히고 있기 때문이다.

> 이는 그때 큰 환란이 있겠음이라 창세로부터 지금까지 이런 환란이 없었고 후에도 없으리라 그날들을 감하지 아니할 것이면 모든 육체가 구원을 얻지 못할 것이나 그러나 택하신 자들을 위하여 그 날들을 감하시리라(마태복음 24:21-22)

위의 말씀에서 알 수 있듯이 '창세 이후로' 그 전례가 없었던 '모든 육체가 구원을 얻지 못할' '큰 환란'이란 이 지구상에 살아 숨 쉬는 대부분의 생명체가 사멸할 정도의 끔찍한 대재앙을 예고한 것임이 분명하다. 인류 역사상 전무후무한 '큰 환란'이란 하나님의 진노가 집중적으로 '짐승'의 제국에 내려지는 '마지막 재앙'임을 예수의 계시를 기록한 요한계시록에서 분명히 밝히고 있다. 특히 세계 대부분의 나라가 참여하는 '아마겟돈' 종말전쟁이 이 마지막 재앙에 포함되어 있음을 주목해야 한다.

> 일곱 천사가 일곱 재앙을 가졌으니 곧 마지막 재앙이라 하나님의 진노가 이것으로 마치리로다(요한계시록 15:1)
> 하나님의 진노의 일곱 대접을 땅에 쏟으라 하더라(요한계시록 16:1)

온 천하 임금들에게 가서 하나님 곧 전능하신이의 큰 날에 전쟁을 위하여 그들을 모으더라… 세 영이 히브리 음으로 아마겟돈이라 하는 곳으로 왕들을 모으더라(요한계시록 16:14, 16)

일곱째가 그 대접을 공기 가운데 쏟으매… 번개와 음성들과 뇌성이 있고 큰 지진이 있어 어찌 큰 지 사람이 이 땅에 있어 옴으로 이같이 큰 지진이 없었더라… 만국의 성들도 무너지니… 하나님 앞에 기억하신바 되어 그의 맹렬한 진노의 포도주 잔을 받으매 각 섬도 없어지고 산악도 간 데 없더라… 사람들이 그 재앙으로 인하여 하나님을 훼방하니 그 재앙이 심히 큼이니라(요한계시록 16:17-21)

그러므로 예수께서 언급한 '큰 환란'은 7년의 적그리스도 통치의 말미에 일어날 기대한 핵전쟁과 천재지변이라 보는 것이 타당하다. 구약성서 다니엘 9장에서도 '한 이레'(7년) 적그리스도 통치 기간 중 전삼 년 반과 후 삼년 반의 상황이 급변함을 증언하고 있다.

그가(적그리스도) 장차 많은 사람으로 더불어 한 이레 동안의 언약을 굳게 정하겠고 그가 이레의 절반에 제사와 예물을 금지할 것이며 또 잔포하여 미운 물건이 날개를 의지하여 설 것이며 또 이미 정한 종말까지 진노가 황폐케 하는 자에게 쏟아지리라 하였느니라(다니엘 9:27)

상기한 대로 적그리스도는 7년 통치 기간의 전반에는 각 나라간의 상호 협력 조약 등으로 거짓 평화 무드가 이루어질 것이다. 그러나 3년 반이 지날 쯤 적그리스도는 본색을 드러내어 지구촌 곳곳에 자신의 우상을 세우고 모든 사람에게 숭배를 강요할 것이다. 이를 거부하는 성도들에겐 대대적인 박해를 가할 것이다. 그리고 적그리스도의 횡포가 극에 달하는 후삼년 반의 말기에 전 지구적 참화가 발생할 것이다. 다니엘은 이를 두고 '정한 종말까지 진노가 황폐케 하는 자에게 쏟아지리라.'고 예언하였다. 이 전무후무한 '큰 환란'에 대해서는 다니엘서 마지막 장에도 언급되어 있다.

> 그 때에 네 민족을 호위하는 대군 미가엘이 일어날 것이요 또 환란이 있으리니 개국 이래로 그 때까지 없었던 환란일 것이며…
> (다니엘 12:1)

상기한 말씀에서 볼 때 예수가 예언하신 '큰 환난'은 적그리스도 7년 통치 기간의 마지막 무렵에 일어날 파멸적인 재앙을 의미한다고 말할 수 있다. 따라서 '모든 육체가 구원을 얻지 못할' 역사상 전무후무한 '큰 환란'은 분명히 대규모 핵전쟁의 결과 지구상 모든 생명체를 사멸시킬 정도의 대재앙이 될 것이다. '모든 육체가 구원을 얻지 못할'만큼 '큰 환란'이 발생하면 국지적인 전쟁이 마침내 대규모 핵공격으로 확전되고 가공할 핵폭발 사태로 인해 "하늘과 땅"은 엄청난 열기로 녹아내릴 것이다. 이 '큰 환란'은 아마도 전쟁 발발부터 종말까지 교전과 일시 휴전을 반복하면서 1-2년간 계속될 것으로 보인다. 전쟁에 연루된 모든 이해 당사국들이 인류를 파멸시킬 마지막 전쟁을 저지하기 위해서 사력을 다해 협상할 것이기 때문이다. 결론적으로 마지막 때에 7년간 그리스도인들이 겪는 일반적인 핍박과 예수께서 증언한 '큰 환란'은 구별되어야 한다. 이러한 사실을 강조하는 이유는 대망의 휴거 사건이 과연 '큰 환란' 직전에 일어날 것인가?라는 역사적인 물음에 답하기 위해서이다.

• 그리스도인들은 '큰 환란' 직전에 휴거될 것인가?

그리스도인들은 예수께서 예언하신 '큰 환란' 이전에 '데려감'(휴거)을 얻을 것이다. '큰 환란' 중이나 '큰 환란' 후보다는 '큰 환란' 직전 휴거를 뒷받침하는 유력한 증언들이 신약성서와 구약성서 곳곳에 기록되어 있기 때문이다. 그리스도인들의 휴거가 '큰 환란' 이전에 일어날 것을 증언하는 말씀들은 다음과 같다.

- '인자의 때'에 대한 예수 그리스도의 확고한 증언

노아 홍수와 소돔과 고모성의 멸망 당시 노아와 롯은 파멸적 재앙이 내리기 직전에 구출되었다. '인자의 때'(재림과 휴거의 때)도 이와 같을 것이라는 예수 그리스도의 증언은 '큰 환란' 직전 휴거 사건이 일어날 것을 강력히 시사하고 있다.

> 노아의 때에 된 것과 같이 인자의 때에도 그러하리라 노아가 방주에 들어가던 날까지 사람들이 먹고 마시고 장가들고 시집가더니 홍수가 나서 저희를 다 멸하였으며 또 롯의 때와 같으리니 사람들이 먹고 마시고 사고 팔고 심고 집을 짓더니 롯이 소돔에서 나가던 날에 하늘로서 불과 유황이 비오듯 하여 저희를 멸하였느니라 인자의 나타나는 날에도 이러하리라(누가복음 17:26-30)

위의 말씀은 사람들이 물질의 노예가 되어 일상생활에 완전히 몰입하여 살아가는 상황에서 파멸적 대재앙이 갑자기 일어나며 이 직전에 노아와 롯 가족이 구출되었다는 증언이다. 그러므로 예수께서 이 세상에 다시 오시는 날, 즉 '인자의 나타나는 날'은 '큰 환란'이 막 시작될 무렵이며 이 사실을 전혀 깨닫지 못한 사람들이 자신들의 일상적인 삶에 몰입하고 있는 때이다. 그래서 예수께서는 그리스도인들로 하여금 일과 쾌락에 빠져 있는 세상에 동조하지 말고 갑작스런 재앙을 '능히' 피하도록 경고하고 있다.

> 너희는 스스로 조심하라 그렇지 않으면 방탕함과 술취함과 생활의 염려로 마음이 둔하여지고 뜻밖에 그 날이 덫과 같이 너희에게 임하리라 이 날은 온 지구상에 거하는 모든 사람에게 임하리라 이러므로 너희는 장차 올 이 모든 일을 능히 피하고(to escape) 인자 앞에 서도록 항상 기도하며 깨어있으라 하시니라(누가복음 21:34-36)

– 바울의 증언도 예수의 증언과 동일하다.
사도 바울은 예수께서 증언하신 것처럼 '주의 날'(멸망의 날)이 세상 사람들이 삶과 쾌락에 중독이 되어 평안하다고 느낄 때 갑작스럽게 다가올 것을 증거하고 있다.

> 형제들아 때와 시기에 관하여는 너희에게 쓸 것이 없음은 주의 날이 밤에 도둑 같이 이를 줄을 너희 자신이 자세히 알기 때문이라 그들이 평안하다, 안전하다 할 그 때에 임신한 여자에게 해산의 고통이 이름과 같이 멸망이 갑자기 그들에게 이르리니 결코 피하지 못하리라 형제들아 너희는 어둠에 있지 아니하매 그 날이 도둑 같이 너희에게 임하지 못하리니(데살로니가전서 5:1-4)

위의 말씀에서 알 수 있듯이 예수 재림은 세상 사람들이 평온한 삶을 살고 있을 때 갑자기 일어난다. 다만 이 시기에 신실한 그리스도인들은 전 세계적인 반 복음, 반 기독교 사상의 만연으로 인해 정신적으로 혹은 육체적으로 박해를 받는 상황이 될 것이다. 그래서 세상 사람들은 삶에 몰입하여 멸망의 때를 놓칠지라도 복음을 증거하느라 핍박과 고난의 삶을 사는 그리스도인들에게는 주의 날이 도적 같이 오지 않고 재림의 전조적 사건들을 보고 깨어 있는 삶을 살 수 있다는 것이 바울의 증언이다. 사도 바울의 또 다른 서신에서도 예수 그리스도의 강림 사건으로 그리스도인들이 '큰 환란'의 화를 당하지 않을 것임을 증언하고 있다.

> 그러면 이제 우리가 그 피를 인하여 의롭다 하심을 얻었으니 더욱 그로 말미암아 진노하심에서 구원을 얻을 것이니(로마서 5:9) 하늘로부터 강림하심을 기다린다고 말하니 이는 장래 노하심에서 우리를 건지시는 예수시니라(데살로니가전서 1:10)

- 구약시대 선지자 스바냐의 증언: 하나님의 진노가 내리기 전에 하나님을 의지하는 자들이 숨김을 받는다는 증언

> 여호와의 큰 날이 가깝도다 가깝고도 빠르도다 여호와의 날의 소리로다 용사가 거기서 심히 슬피 우는도다 그날은 분노의 날이요 환난과 고통의 날이요 황폐와 패괴의 날… 나팔을 불어 경고하며… 은과 금이 여호와의 분노의 날에 견디지 못하며… 수치를 모르는 백성아 모일지어다… 여호와의 진노가 너희에게 내리기 전에 그리 할 지어다… 세상의 모든 겸손한 자들아 너희

문 앞에 이른 예수

는 여호와를 찾으며 공의와 겸손을 구하라 너희가 혹시 여호와
의 분노의 날에 숨김을 얻으리라(스바냐 1:14-18, 2:1-3)

**– 요한계시록에서도 그리스도인들이 '큰 환난' 직전에 구출될 것을
예언하고 있다**

이 흰 옷 입은 자들이 누구며 어디서 왔느뇨⋯ 이는 큰 환난에서
나오는 자들(These are they which came out of great tribulation)
인데 어린양의 피에 그 옷을 씻어 희게 하였느니라(요한계시록
7:13-14)

'came out of'는 임박한 곤경 따위에서 벗어나다는 의미이다. 요
한계시록 18장의 기록에서도 성도들이 마지막 전 지구적 파멸의 재앙
을 받지 않음을 명백히 밝히고 있다.

내 백성아 거기서 나와 그의 죄에 참예하지 말고 그의 받을 재앙
들을 받지 말라 그 죄는 하늘에 사무쳤으며⋯(요한계시록 18:4-5)

상기한 바와 같이 성서의 여러 증언으로 미루어 볼 때 거듭난 그리
스도인들은 '큰 환난' 즉, '모든 육체'가 사멸할 재앙이 일어나는 이전
휴거에 대한 소망을 가지는 것이 타당하다. 그리스도인들이 끔찍한
집단 파멸의 '큰 환란'을 견디는 것은 복스러운 소망이라 할 수 없다.
결론적으로 휴거 사건은 늦어도 마지막 세계 핵 대전 발발 직전에 이
루어질 것이며 그때 사람들은 여전히 거짓 평화 속에서 각자 삶의 문
제에 깊이 빠져 있을 것이다.

하지만 이러한 견해가 지나친 논쟁거리가 되어서는 안 될 것이다!

휴거 시점을 두고 논쟁하는 것이 중요한 것이 아니라 예수께서 다시 오신다는 사실이 결정적으로 중요하기 때문이다. 그래서 거듭난 그리스도인들은 성서의 말씀을 믿고 이웃에게 멸망이 임박했음을 알리고 구원의 복음을 전하는 삶을 견지해야 한다. 깨어 있는 그리스도인들은 성서의 경고를 믿지 않거나 잘못된 믿음을 가진 사람들에게 멸망의 화가 그대로 임한다는 사실을 그대로 전하는 용기가 필요하다. 참으로 세상의 종말이 다가오고 있다는 말은 21세기가 처한 모든 상황을 고려해 볼 때 진실이다. 이제 '종말'이라는 단어는 사이비 교주가 외치는 혹세무민의 용어가 될 수 없다. 마지막 때가 이르면 하나님은 구원의 말씀을 믿은 자와 그렇지 않은 자를 판단하여 분리할 것이다. 적어도 회개하지 않고 복음 듣기를 거부한자에겐 대재앙이 들이닥치는 이 세계에 그내로 남겨질 것이다.

• 더 늦기 전에

앞서 언급한 대로 이스라엘 민족이 대대로 지켜 온 7절기는 예수 그리스도의 복음이 역사적으로 어떻게 진행될 것인가를 예표하고 있다. 예수 그리스도의 처음 오심(초림)에 관련된 4절기(유월절-무교절-초실절-오순절)은 예수 탄생과 십자가 죽으심과 부활 그리고 성령강림 사건으로 이미 성취되었다. 이제 7절기 중 남은 세 절기(나팔절-속죄절-초막절)는 예수 그리스도의 재림 사건과 관련이 있다. 특히 세계로 흩어진 이스라엘 민족이 마침내 예루살렘을 되찾는 극적인 사건은 7절기 중 나팔절과 깊은 관련이 있다. 나팔절은 예수 재림을 예고하는 3절기(나팔절-속죄절-초막절) 중 첫 번째 절기이다. 지금 온 세상에 이스라엘 민족의 소집을 알리는 나팔 소리가 울려 퍼지고 있다. 여기서 예수께서 자신이 이스라엘 땅으로 다시 오는 재림의 조건과 관련하여 이스라엘 백성에게 직접 언급한 말씀을 되새겨 볼 필요가 있다.

> 내가 너희에게 이르노니 이제부터는 너희는 찬송하리로다 주의 이름으로 오시는 이여 할 때까지 나를 보지 못하리라(마태복음 23:39)

위의 말씀은 예수의 메시아 되심을 부인하고 십자가에 못 박은 이스라엘 민족이 마지막 때에 고토를 회복하고 예수를 메시아로 깨달아 마음을 열고 영접하게 되면 비로소 이 세상에 다시 오실 조건이 충족될 것을 예언한 것이다. 이제 복음은 이미 온 세계에 전파되었고 오늘날 이스라엘 민족은 오랜 방황을 끝내고 고토로 돌아와 예루살렘에 입성하였다. 이것은 예수의 공중 강림으로 인한 휴거 사건이 다가오고 있음을 예고하는 것이며 아울러 이스라엘 땅으로의 예수 재림 약속이 실현될 것을 예고하는 것이다. 실로 21세기 인류는 이스라엘 7절기 중 예수의 재림을 예고하는 나팔절기의 비밀이 풀려지고 있는 결정적 사건들을 목격하고 있다. 나팔절기에 담긴 메시지가 역사적으로 성취되고 있다는 사실은 복음 역사의 종료, 즉 예수께서 이루신 죄 사함으로 말미암는 구원의 복음을 거부하는 세상이 도래함을 의미한다. 그것은 타락한 인류가 스스로 멸망을 자초하여 '큰 환란'을 일으키는 세상이다. 이러한 세상에서 복음의 역사는 대단원의 막을 내리게 된다.

거듭 말하지만 우리가 나팔절의 역사적 성취에 비상한 관심을 기울여야 할 이유는 이방인에게 주어진 은혜의 때(이방인의 때)가 조만간 종료될 것이기 때문이다. 복음을 거부하는 세상 풍조가 만연한 이 시대에 예수 재림을 위한 종말 시계는 이미 움직이기 시작했다! 인류사적으로 너무나 급박한 이 시기에 '당신은 회개하고 예수 그리스도의 피로 죄 사함을 얻는 구원의 복음을 믿었습니까?'라고 묻지 않을 수 없다. 누구든지 이 중대한 질문에 '거짓 없는 믿음'으로 '예.'라고 대답할 수 있어야 한다. 아래와 같은 예수 그리스도의 말씀은 지금 이 시대 모든 사람들을 향한 마지막 경고의 말씀이라 할 수 있다.

죄에 대하여라 함은 저희가 나를 믿지 아니함이요(요한복음 16:9)

문 앞에 이른 예수

문 앞에 이른 예수

제8장 중동 지역의 지정학적 갈등과 종말 세계대전에 관한 예수의 예언

지정학이란 지리적 환경과 정치 현상의 관계를 연구하는 학문을 일컫는다. 21세기, 세계를 뒤흔드는 지정학적 불안 요인은 전 지구적 환경 위기와 미국과 중국 및 러시아의 패권 경쟁으로 인한 경제적, 군사적 갈등 그리고 세계의 화약고라 불리는 중동 지역 정세의 불안정을 들 수 있다. 특히 중동 지역에서 야기되고 있는 지정학적 위기는 세계대전의 도화선이 될 수 있다는 사실을 저명한 정치가와 군사 전략가들은 경고하고 있다.

I. 지정학적 갈등으로 인한 세계대전의 발원지-중동 지역

인류 역사상 지정학적으로 가장 풀기 어려운 문제가 얽혀져 있는 곳이 다름 아닌 중동 지역이다. 중동 지역은 지리적, 경제적, 정치적, 종교적, 사회적, 군사적 갈등의 종합전시장이라 해도 과언이 아니다. 오늘날 이 지역은 이슬람 국가들의 종파 싸움이 끊이지 않고 있으며, 이스라엘과 인근 아랍국 사이에 생존을 건 혈투가 벌어지고 있다. 그리고 또한 석유 자원을 둘러싼 열강들의 이해관계가 복잡하게 얽혀 있다. 그래서 어떤 정치가나 국제기구도 중동의 문제를 풀지 못하고 있다. 세계의 화약고로 불리어지는 중동 지역의 불안한 정세는 결국 종말 세계대전으로 비화될 것이다. 그 이유는 예수 그리스도와 여러 선지자들이 이구동성으로 중동 지역에서 일어날 마지막 세계대전에 대해 구체적이고 다양하게 예언하고 있기 때문이다.

1. 예수 그리스도가 인류에게 전하는 지정학적 종말의 메시지

• 중동 지역에서 벌어질 최후의 세계대전에 대한 예수의 대예언

사도 요한이 예수 그리스도로부터 받은 계시를 기록한 신약성서의 요한계시록에는 마지막 때 이스라엘이 위치한 중동 지역에서 발생할 마지막 세계대전의 참화에 대해 다음과 같이 예언하고 있다.

> 또 여섯째가 그 대접(불의 재앙)을 큰 강 유브라데에 쏟으매 강 물이 말라서 동방에서 오는 왕들의 길이 예비되더라 또 내가 보매… 세 더러운 영이 용(사단)의 입과 짐승(적그리스도 독재자)

과 거짓선지자의 입에서 나오니 저희는 귀신의 영이라 이적을
행하여 온 천하 임금들에게 가서 곧 전능하신 이의 큰 날에 전쟁
을 위하여 그들을 모으더라
… 세 영이 히브리 음으로 아마겟돈이라 하는 곳으로 왕들을 모
으더라(요한계시록 16:12-16)

예수 그리스도의 계시 예언이 놀라운 것은 중동 지역에서 벌어질 이
세계대전의 최후 결전장이 '유브라데스' 강 일대와 '아마겟돈' 대평원임
을 명백히 밝히고 있다는 점이다. 이는 인류를 파멸시킬 종말전쟁을
초래할 지리적 정치적 갈등이 이 중동 지역에서 극명하게 표출될 것임
을 예고하는 것이다. 실로 예수의 예언은 중동 지역에서의 지정학적
위기와 종말 세계대전의 징후에 관심을 기울여야 할 명백한 이유와 목
적을 제공하고 있다. 요한계시록에 적시된 '전능하신 이의 큰 날'의 세
계대전과 관련하여 예수 그리스도의 또 다른 예언에는 인류의 역사상
전무후무한 '큰 환란'으로 규정하고 있다.

그 때에 큰 환난이 있겠음이라 창세로부터 지금까지 이런 환난
이 없었고 후에도 없으리라(마태복음 24:21)

• 예수의 예언을 뒷받침하는 구약성서 시대 선지자들의 증언

구약성서 시대의 선지자들은 인류의 파멸을 초래하는 세계대전이
이스라엘을 중심으로 전개될 것을 예언을 함으로써 예수의 계시 예언
을 강력히 뒷받침하고 있다. 구약성서 시대(B.C. 530년경)의 선지자
다니엘은 이 비상한 종말전쟁에 관하여 다음과 같이 언급하고 있다.

또 환난이 있으리니 (이스라엘의) 개국 이래로 그때까지 없던 환난일 것이며… 다니엘아 마지막 때까지 이 말을 간수하고 이 글을 봉함하라(다니엘 12:1, 4)

선지자 에스겔은(B.C. 593-570)은 '끝날에' 세계 각지에서 복귀한 이스라엘 백성을 치러 오는 대규모 연합군대에 대해 다음과 같이 예언하고 있다.

여러 날 후 곧 말년에 네가('곡'-이스라엘을 치러 오는 대 연합군대의 수장) 명령을 받고 그 땅 곧 오래 황무하였던 산에 이르리니 그 땅 백성은 칼을 벗어나서 열국에서 모여 들어오며 이방에서 나와서 다 평안히 거하는 중이라… 구름이 땅에 덮임과 같이 내 백성 이스라엘을 치러 오리라 곡아 끝날에 내가 너를 이끌어다가 내 땅을 치게 하리니…(에스겔 38:8, 16)

구약성서 시대(B.C. 830경)의 또 다른 선지자 요엘은 이스라엘이 당할 전무후무한 대환란의 날을 '여호와의 날'로 증언하고 있다.

시온에서 나팔을 불며… 이 땅 거민으로 다 떨게 할지니 이는 여호와의 날이 이르게 됨이라… 이는 많은 백성이 이르렀음이라 이 같은 것이 자고 이래로 없었고 이후 세세에 없으리로다(요엘 2:1-2)

상기한 바와 같이 예수와 선지자들은 중동 지역에서 인류가 치르게 될 최후의 세계대전에 대해서 동일하게 예언하였다. 그렇다면 과연 오늘날 중동 지역에서 일어나고 있는 일련의 사건들이 종말 세계대전으로 비화될 것인가? 만약 중동에서 세계대전이 일어날 증거들이 속속 확인된다면 이는 인류 파멸의 신호가 될 것이다.

2. 왜 중동 지역은 세계의 화약고인가?

• 역대 제국들의 전략적 요충지 역할을 해 온 중동 지역

중동 지역은 유럽과 아시아와 아프리카 3개 대륙으로 통하는 교차점으로써 역사적으로 세계를 정복하려던 제국들은 필사적으로 이 지역의 장악을 시도하였다. 예컨대 고대의 바벨론, 페르시아, 알렉산더(헬라) 제국, 중세의 사라센제국은 중동 지역의 패권을 잡은 제국들이다. 중동 지역은 근세에도 세계 제패를 꿈꾸는 나라들의 표적이 되어 19세기 후반 식민지 확대 경쟁에 뛰어든 열강들의 각축장이 되었다. 이처럼 역사적으로 '난리와 난리 소문과 소문이'(마 24:6)이 끊이지 않았던 중동 지역이 21세기에 또다시 인류의 종말을 고하는 전쟁이 일어날 세계의 화약고가 되고 있다. 오늘날 중동 지역에 막강한 영향력을 행사하고 있는 미국에 맞서 러시아는 전통적인 남진 정책으로, 중국은 '일대일로 정책'(고대 동서양의 실크로드를 재구축하여 경제무역을 확대하는 정책)을 실현시키려는 과정에서 크고 작은 갈등을 빚고 있다. 이들 강대국들은 석유자원이 풍부한 중동 지역의 국가들을 대상으로 모략과 선동, 회유와 편들기를 계속하며 지정학적 위기를 불러오고 있다.

• 중동 지역의 석유자원을 둘러싼 갈등이 빚을 대재앙

오늘날 중동 지역이 인류에게 다가올 비극적인 대재앙을 잉태하고 있다는 증거는 이곳에 다량의 석유가 매장되어 있기 때문이다. 현대 문명은 석유문명이기 때문에 석유는 인류의 생존에 없어서는 안 될 필수 자원이다. 예컨대 미국은 풍부한 석유를 바탕으로 자동차, 석유화학 산업을 발전시키면서 세계적인 강대국으로 성장할 수 있었다. 실제로 2차 세계대전 당시 미국의 풍부한 석유 공급은 연합국이 승리로 이끄는 데 결정적인 기여를 하였다. 이를 통해 미국의 정책담당자는 석유가 미국의 지속적인 번영을 위해 얼마나 중요한지 그 전략적 가치를 인지하게 되었다. 21세기에도 여전히 어느 나라에 석유 공급이 끊기면 곧 그 나라의 체제 붕괴를 불러올 정도로 석유 자원의 중요성은 절대적이다. 그런데 석유는 기본적으로 재생이 불가능한 화석연료이며 언젠가는 고갈될 운명에 있다. 따라서 국제 석유 가격이 급등하고 에너지 안보 문제가 제기될 때마다 과연 세계의 석유생산은 언제 고점에 도달할 것인가라는 논쟁, 즉 '허버트 피크 이론'(Hubbert's Peak Theory)에 대한 논쟁이 가열되곤 한다. 석유 관련 전문가들은 2007년 기준으로 전 세계의 매년 석유생산량이 약 300억 배럴인 것을 감안하면 앞으로 석유가 고갈되는 데 수십 년밖에 남지 않았다고 예측하고 있다. 더구나 세계적 경제 위기는 석유자원의 고갈 시점에 오는 것이 아니라 생산이 정점에 달하여 수요를 충족시킬 수 없을 때 온다는 것이다. 그래서 세계 각국은 석유자원의 고갈과 지구 온난화를 대비하여 석유를 대체할 청정에너지 개발에 힘을 쏟고 있다. 예컨대 전기자동차 시대의 도래는 석유 소비의 감소를 가져오며 그만큼 석유 자원 고갈 시점이 늦추어지는 효과를 가져올 수 있을 것이다. 하지만 문제는 대체 에너지의 개발속도가 석유 에너지의 고갈 속도에 미치지 못한다는 데 있다. 따라서 향후에도 석유를 보다 많이 확보하기 위한 세계 각 나라들의 분쟁은 지속될 것이다. 많은 전문가들의 예측대로 석유의 공급이 수요를 채우지 못하는 '허버트 피크'에서 석유가 풍부하게 매장된 중동 지역에서 강대국 간의 첨예한 갈등이 야기되고, 이로 인한 심각한 군사적 충돌이 일어날 수 있다는 것은 충분히 예견될 수 있다. 예컨대 이스라엘을 후원하는 서방세계에 맞서 러시아와 군사적 동맹을 맺은 이란이 중동 석유 수송의 중요한 통로인 호르무즈 해협을 갑작스럽게 봉쇄하는 사태가 일어날 경우 또다시 국제 석유 가격은 폭등하고 여전히 석유 에너지에 의존하는 세계 경제는 패닉 상태를 맞이할 것이다.

결국 중동 아랍국의 석유 파워는 이 지역에서 군사적 대충돌을 야기할 미국과 러시아의 몰락을 초래할 것이다. 군사적 초강대국의 몰락은 곧 이들을 추종하는 모든 나라들의 피멸을 의미한다. 이 엄중한 상황이 의미하는 것은 각 나라가 석유 자원의 확보 경쟁으로 인해 돌이킬 수 없는 재앙으로 휩쓸려 가고 있다는 것과 그 재앙의 근원지가 바로 세계 석유 부존량의 60%를 차지하고 있는 중동 지역이라는 사실이다.

• 이스라엘과 팔레스타인의 갈등이 초래한 지정학적 위기

종말 세계대전 초래할 또 따른 요인으로 이스라엘과 팔레스타인의 갈등이 초래한 지정학적 위기를 빼놓을 수 없다. 지난 1,900여 년 동안 유대인들이 온 세계를 정처 없이 떠돌아다닐 때 이스라엘의 선조들이 살았던 가나안 땅에는 아랍의 팔레스타인 사람들이 거주하여 왔다. 이곳이 자신들의 영원한 터전이라고 믿고 살던 팔레스타인 사람들에게 20세기는 악몽의 시기가 되었다. 1917년 유대인들의 팔레스타인 복귀를 국제적으로 공인하는 선언이 있었다. 영국의 외상이었던 '발포워'에 의한 선언은 팔레스타인 사람들에겐 마른하늘에 날벼락 같은 재앙으로 다가왔다. 국제적 여론을 등에 업고 조상의 땅을 되찾으려고 들어오는 유대인들로 인해 팔레스타인 사람들은 졸지에 삶의 터전을 상실하는 처지에 놓이게 되었다. 급기야 1948년 5월에 이스라엘의 건국이 선포되었다. 역설적이게도 유럽에서 학대받던 유대인들이 중동에서는 가해자가 되었다. 그래서 팔레스타인 사람들은 아랍 형제국들에게 도움을 요청하게 되고 아랍국들은 이스라엘을 몰아내기 위해 크고 작은 전쟁을 벌여 온 것이 지난 100년간 중동의 역사이다. 이스라엘과 아랍 진영의 생존을 건 혈투는 휴전과 전쟁을 반복하며 지금까지 이어지고 있다. 그런데 문제는 항상 이스라엘이 승리하고 있다는 점이다. 그 결과 전쟁이 일어날 때마다 이스라엘의 영토는 점차 넓어지고 있다. 이스라엘은 1980-1981에 걸쳐 '제3차 중동전쟁'과 '제4차 중동전쟁'에서 점령한 동예루살렘과 가자지구 및 골란고원을 자신의 영토로 공식 합병하였다. 연이은 전쟁에서의 승리를 구가하고 있는 이스라엘의 배후에는 세계를 제패한 유대인 금권세력이 있다. 이스라엘을 지원하는 국제적 유대인 단체의 금력과 권력이 얼마나 막강한 지는 더 이상 비밀이 아니다. 그래서 이스라엘과의 전쟁에서 수많은 패전의 굴욕을 겪어 왔던 팔레스타인 사람들과 이들의 형제격인 아랍인들은 이스라엘과 그 지원 세력인 서방세계에 뼛속 깊이 원한과 증오를 새겨왔다. 그래서 팔레스타인과 이스라엘 간의 '피로써 피를 씻는' 보복 전쟁은 끊이지 않고 있다. 예컨대 2024년 12월 현재까지 이어지고 있는 이스라엘-하마스 전쟁은 '가자지구'에 근거지를 둔 팔레스타인 무장 세력인 하마스가 이스라엘을 기습적으로 침공하자 이에 대한 이스라엘 군의 무자비한 피의 보복이 이루어지고 있는 전쟁이다. 이는 팔레스타인 자치구인 '가자지구' 내의 이슬람 '반유대주의' 무장 세력을 말살시키려는 이스라엘의 강력한 의지가 국제 사회의 비난에도 불구하고 거침없이 나타나고 있는 명확한 사례이다. 역사적으로 팔레스타인과 이스라엘 민족의 갈등은 고대 구약성서 시대까지 거슬러 올라간다. 사실상 이스라엘과 팔레스타인의 영토분쟁은 수천 년 동안 되풀이 되어 온 것이다. 그래서 어느 누구도 쉽게 풀 수 없는 이스라엘과 팔레스타인간의 지정학적 갈등은 장차 중동 지역이 세계대전의 발화점이 되는 원인 중 하나가 될 것이다.

• 유대교 및 기독교와 이슬람교 간의 뿌리 깊은 원한과 갈등

중동의 지정학적 위기의 또 하나의 요인으로 유대교와 이슬람교 그리고 기독교 간의 갈등을 들 수 있다. 예루살렘이 이 세 종교의 성지라는 사실은 이들 세 종교 간의 긴장 상태를 극적으로 보여 주고 있다. 특히 유대교를 신봉하는 이스라엘과 이슬람교를 신봉하는 아랍국 간의 분쟁은 어느 누구도 꺾을 수 없는 종교적 신념이 내재되어 있다. 구약성서 '창세기'에는 이스라엘의 시조인 아브라함과 그의 아들들에 관한 가족사가 기록되어 있다. 아브라함의 적자인 이삭과 서자인 이스마엘의 갈등에 대한 것이다. 이삭의 후손은 이스라엘 민족을 형성하여 왔고 이스마엘의 후손은 대부분의 아랍 민족들을 형성하여 왔다.(창 21:8-21) 그래서 이삭과 이스마엘의 이복형제 간의 태생적 갈등이 의미하는 것은 이후 수천 년의 세월 동안 끊이질 않을 이스라엘과 아랍국 간의 분쟁을 예고하는 것이었다. 이들의 종교 역시 유대교와 이슬람교로 나뉜다. 한마디로 이들 국가들은 종교적 신념에 의해 존립하고 있다. 따라서 유대인과 아랍인들은 그들의 신앙이 모독을 받거나 탄압받는다고 판단할 경우 기꺼이 여호와 또는 알라의 이름으로 목숨을 바칠 각오가 되어 있다. 목숨보다 더 귀한 종교적 신념이 어느 한쪽도 물러설 수 없는 사생결단의 투쟁으로 이어지고 있는 것이다. 그리하여 어느 한쪽이 완전히 멸망하지 않으면 결코 끝나지 않는 투쟁이 진행되고 있다.

한편 21세기인 오늘날까지 이어지고 있는 중동 이슬람 국가와 서방 기독교의 대적관계의 원인은 역사적으로 로마 가톨릭교가 주도한 '십자군 전쟁'(1095-1456)에서 찾을 수 있다. '십자군 전쟁'은 이슬람 교도들에게 빼앗긴 예루살렘 성지를 탈환하기 위한 명분으로 시작되어 수세기 동안 중동 지역을 피로 물들였다. 이슬람권의 아랍인들은 십자군에 의해 헤아릴 수 없이 도륙되고 짓밟힌 쓰라린 추억을 가지고 있다. 그래서 아랍인들에겐 그들의 조상이 겪었던 십자군 전쟁이 트라우마로 작용하고 있다. 오늘날 이슬람 극단주의자들이 서방세계에 테러를 자행하는 원인 중 하나는 뿌리 깊은 역사적 원한이 작용하는 것이라고 볼 수 있다. 이러한 역사적 배경이 이슬람 극단주의자들에게 '지하드'(성전)을 치를 명분을 제공하여 이스라엘을 지원하는 미국과 유럽 등 서방세계를 향해 무차별 테러 공격을 감행케 하고 있다. 그리하여 온 세계를 혼란과 공포로 몰아넣고 있다. 이처럼 이슬람 극단주의자들에 의한 테러는 뿌리 깊은 '반 유대주의'와 '반 기독교' 정신이 자리 잡고 있다. 이러한 사실은 왜 중동 지역에 평화가 올 수 없는 것인가에 대한 유력한 대답이 될 수 있다. 그리고 왜 중동 지역에서 마지막 전쟁이 일어날 수밖에 없는 것인가에 대한 대답도 될 수 있다. 이처럼 수 세기 동안 이어지고 있는 종교 간의 갈등이야말로 지금 중동 지역에서 잉태되고 있는 종말전쟁의 기폭제가 될 것이다.

• 이슬람 국가 간의 종파 갈등을 이용한 강대국의 개입

중동 지역의 지정학적 위기를 고조시키는 또 다른 요인은 이슬람교 내의 종파적 분쟁을 들 수 있다. 이슬람교 창시자 마호메드의 죽음 이후 종파 간의 갈등과 정통성 시비는 오늘까지 이어지고 있다. 그 역사적 내막의 대강은 이러하다.

이슬람의 종파는 크게 수니파와 시아파로 나뉜다. 이슬람의 최대종파 간 차이는 아들이 없던 무함마드의 계승자를 누구로 보느냐에 따라서 발생한다. 수니파는 역대 '칼리파'(칼리파의 역사는 서기 632년에 무함마드가 죽은 후 이슬람 공동체의 지도자로서 제1대 칼리파로 아부 바크르가 선출되어 '알라의 사도의 대리인'을 칭했던 것에서 시작된다.)를 계승자로 여기는 반면, 시아파는 무함마드의 사촌이자 사위인 알리를 계승자로 여긴다. 이슬람교의 다수 분파인 수니파와 정통성 시비를 벌이고 있는 시아파는 16세기 초반, 이란의 사파위 왕조가 출현할 때까지 이슬람 세계의 어느 곳에서나 소수파로 머물렀다. 20세기 후반에 시아파 신자 수는 6,000만~8,000만 명가량 되었으며 이는 전체 이슬람 인구의 10%에 해당한다. 오늘날 시아파는 이란과 이라크의 이슬람교도 중 대다수를 이루고 있다. 시아파는 특히 이란에서 호전적인 이슬람 근본주의의 주류를 형성하고 있다. 오늘날 중동 지역에서 수니파와 시아파의 갈등은 각 종파에 소속된 국가 간 대립을 격화시키고 있다. 이러한 상황을 틈타 미국, 유럽연합, 러시아 중국 등 강대국들이 각 진영에 개입함으로써 정세를 더욱 복잡하게 만들고 있다. 중동 최대 산유국인 사우디아라비아는 수니파의 리더국으로서 서구 진영과 손을 잡고 있다. 한편 시아파에 속한 이란에는 러시아와 중국의 손길이 미치고 있다. 그래서 지금 중동 지역은 이스라엘과 아랍의 대결에 더하여 이슬람 국가 간의 종파 갈등이 날로 격화되고 있다. 이 혼란을 부추기는 것이 강대국의 개입이다. 미국과 러시아 그리고 초강대국으로 부상하고 있는 중국은 중동의 평화를 위한다는 명분으로 자신들의 정치적, 군사적 개입의 정당성을 표방하고 있지만 그 본질은 중동 지역에서의 영향력 확대하고 패권국이 되려는 것이다. 결국 이슬람 국가 간의 종파 싸움은 이들을 배후에서 지지하는 강대국 간의 헤게모니 쟁탈전과 맞물려 있다. 이러한 지정학적 위기가 세계대전을 불러올 기폭제 역할을 할 것이다.

• 중동 지역에서 증폭되는 미 · 중 · 러 패권경쟁과 비극적 결말

앞서 언급한 바와 같이 중동 지역은 역사적으로 3개 대륙을 잇는 가교 역할을 하는 전략적 요충지이자 동서 교역의 관문이다. 그리고 현대 물질문명을 떠받치고 있는 석유가 가장 많이 매장되어 있는 곳이다. 이러한 결정적인 이유로 인해 미국과 중국과 러시아는 군사적, 정치적 역량을 총동원하여 이스라엘과 아랍 국가 간의 민족적 갈등과 이슬람 국가들 사이의 종파 싸움에 개입하고 있다. 마치 난해한 고차방정식과 같은 중동 지역의 복잡한 정세는 이 지역 국가들 스스로 해결할 수 있는 영역을 벗어나 강대국들의 대리전으로 비화하고 있다. 오늘날 중동 지역에서 전개되고 있는 미국과 러시아와 중국의 패권경쟁은 결국 파멸적인 재앙을 불러올 것이다. 이러한 예측은 미국과 중국과 러시아 중 어느 나라도 세계 무역의 교차로이며 석유가 가장 많이 매장되어 있는 중동 지역을 결코 포기할 수 없다는 이유 때문이다. 예컨대 중국이 남중국해를 장악하려는 시도는 이곳의 바다 밑 지하자원을 겨냥함과 동시에 중동으로 통하는 무역로의 독점적 이용 권한을 확보하려는 의도가 있다. 한편 러시아가 크림반도를 기습 점령하고 우크라이나와의 전면전을 통해 흑해로 통하는 우크라이나 남부 지역의 장악에 혈안이 된 이유 중 하나는 중동 지역으로 남하할 수 있는 전략적 요충지를 확보하려는 데 있다. 결국 미국과 중국과 러시아의 패권 다툼은 중동 지역에서의 최후의 일전을 위해 달려가고 있는 양상이다. 문제는 이 세 강대국들이 지구를 완전히 파멸시킬 충분한 핵무기를 보유하고 있다는 점이다. 이러한 상황은 중동 지역에서 군사 강대국들의 우발적인 무력충돌이 세계대전으로 이어질 가능성을 높이고 있음을 의미한다. 향후 강대국들의 패권경쟁이 중동에서 더욱 가열된다면 핵 대전이란 재앙을 불러올 것이다. 이미 불길한 사건들이 중동에서 나타나고 있다. 참으로 지금 인류는 무섭고 두려운 전쟁을 향해 나아가고 있다! 예수께서 예언한 전무후무한 대환란의 전조가 이 시대에 뚜렷하게 나타나고 있기 때문이다. 성경의 예언대로 21세기 중동 지역은 마지막 전쟁에 참여할 군사 강대국들을 끌어들이는 거대한 구심력으로 작용하고 있다.

3. 마지막 세계대전의 발화점이 될 예루살렘

• 지금 예수 그리스도의 예언은 예루살렘을 향하고 있다

> 저희가 칼날에 죽임을 당하며 모든 이방에 사로잡혀 가겠고 예루살렘은 이방인의 때가 차기까지 이방인들에게 밟히리라(누가복음 21:24)

서기 70년 로마제국은 예루살렘 성을 공략하여 완전히 파괴함으로써 유대 백성은 세계로 흩어졌다. 예수 그리스도는 '이방인의 때'가 다

차기까지는 예루살렘을 다시 회복할 수 없음을 예언하였다. 앞서 여러 번 언급하였듯이 '이방인의 때'란 이방인이 예수의 복음을 듣고 구원을 얻는 은혜의 기간을 의미한다. 그런데 예수 그리스도의 위대한 예언이 2천 년의 시공을 꿰뚫고 오늘날 이스라엘 민족의 심상찮은 움직임에 응하고 있다. 1948년 이스라엘 건국 이후 '현재'(2021년)까지 유대 민족은 예루살렘을 회복해 가는 과정에 있다. 유대 민족의 예루살렘 회복은 그 성취과정에 따라 지리적 회복→정치적 회복→종교적 회복(예루살렘 성전 재건)→예수 복음신앙 회복 순으로 진행되고 있다. 오늘날 온 세계가 주목하는 가운데 단계적으로 이루어지고 있는 예루살렘 수복 사건들은 세상의 마지막 때가 다가오고 있음을 알려주는 강력한 신호이므로 그 역사적 성취과정의 내막을 살펴보기로 한다.

– 예루살렘의 지리적 회복

이스라엘은 1948년 건국 이후 1967년에 아랍 연합국과의 6일 전쟁의 승리함으로써 예루살렘을 지리적으로 장악하는데 성공하였다. 6일 전쟁으로 이스라엘은 요르단으로부터 동예루살렘과 요르단강 서안지구를 장악하였다. 이스라엘은 동과 서로 나뉜 예루살렘을 사실상 장악하게 된 것이다. 그리하여 예루살렘에 대한 지리적 회복이 역사적으로 성취되었다. 이스라엘은 1967년 국회에서 이 도시를 '분리될 수 없는 이스라엘의 영원한 수도'로 규정한 '이스라엘 수도 예루살렘에 관한 기본법'을 통과시켰다. 이스라엘은 예루살렘을 지리적으로 장악하고 스스로 정치적인 수도로 선포했으나 국제법상 그 지배권을 인정받지 못하였다. 유엔안전보장이사회는 이스라엘의 주장(정치적인 수도 선언)을 국제법 위반으로 규정하고 1980년 8월 20일 모든 회원국의 외교관에게 예루살렘에서 철수할 것을 촉구한 안보리 결의안 제

478호를 통과시켰다. 이에 따라 국제사회는 텔아비브를 이스라엘의 실질적인 수도로 여겨 왔다.

– 미국의 예루살렘의 '정치적 회복' 선언이 온 세상을 진동시키고 있다.

2017년 12월, 전 세계를 향하여 예루살렘이 정치적으로 이스라엘에 귀속됨을 선언하는 사건이 일어났다. 당시 미국 대통령이었던 트럼프는 이스라엘의 수도로 예루살렘을 공식적으로 인정한다고 선언하고 미국 대사관을 예루살렘으로 옮길 것을 명하였다. 이스라엘이 1967년 예루살렘을 지리적으로 장악한 이후 50년이 지나서 초강대국 미국을 등에 업고 마침내 예루살렘의 정치적 회복을 이룬 것이다. 트럼프의 선언은 온 세계에 엄청난 파장을 일으켰다. 역사적으로 예루살렘은 다윗 왕이 기원전 1070년경 통일 왕국을 세울 때 수도로 삼은 곳이다. (구약성서, 열왕기 하, 사무엘 하 참조) 이를 근거로 당시 이스라엘 총리 네타냐후는 트럼프의 선언을 반기며 예루살렘은 3,000년 동안 이스라엘 민족의 정치적, 신앙적 수도임을 주장하고 나섰다. 이에 맞서 팔레스타인을 비롯한 이슬람권 국가들은 예루살렘을 이스라엘 수도로 삼는 행위는 결코 용인할 수 없다고 항변하며 무한 투쟁을 예고하였다. 결국 트럼프 대통령의 선언은 장차 중동 발 세계대전을 촉발시킬 뇌관을 건드린 셈이다. 하지만 더욱 큰 문제는 이스라엘이 예루살렘을 정치적으로 수도로 삼는 것으로 만족하지 않는다는 데 있다. 예루살렘에 대한 종교적 회복 단계가 남아 있기 때문이다.

– 대환난의 촉매제가 될 예루살렘의 성전 재건과 '종교적 회복'

오늘날 이스라엘이 예루살렘을 실효적으로 장악하고 있다는 의미는 지리적, 정치적 관점에 볼 때 그러하다는 의미이다. 유대 민족에게 있어서 지정학적으로 예루살렘을 장악하고 정치적 수도 삼는 것은 예루살렘의 완전한 회복이 아니다. 그 이유는 유대 민족에게 예루살렘 회복의 완성은 종교적, 신앙적 회복을 의미하기 때문이다. 오늘날 유대인들이 고토로 복귀하는 궁극적인 목적은 하나님의 선민으로 그 역할을 회복하자는 데 있다. 따라서 예루살렘의 진정한 회복은 하나님의 선민으로서 구약성서에 명기된 성전을 재건하고 규례와 법도를 지키는 것이다.

이스라엘의 성전은 두 번에 걸친 신축과 한 번의 증축이 있었는데 솔로몬에 의해 처음 세워진(B.C. 959, 왕상 6:1-38) 제1 성전은 B.C. 586년에 바벨론의 느부갓네살의 침공으로 유다왕국의 멸망과 함께 완파되었다. 두 번째 다시 세워진 제2 성전은 일명 스룹바벨 성전으로 바벨론에서 귀환한 스룹바벨의 지도하에 무너진 성전을 재건하였다.(B.C. 516, 스 6:15-18) 그리고 예수님 시대에 있었던 헤롯 성전은 당시 유대를 통치하던 헤롯 1세 왕에 의해 이미 있었던 제2 성전을 확장 증축한 것이다.(B.C. 20-A.D. 63) 이 헤롯 성전은 서기 70년 로마 군대에 의해 완전히 파괴되었다. 그리고 과거 헤롯 성전 터의 중심부에 이슬람교 황금사원이 세워졌는데(A.D. 691) 이 사원이 현재까지 존속되고 있다.

예루살렘은 유대교의 성지인 동시에 이슬람교의 성지이다. 오늘날 예루살렘을 실효적으로 장악하고 있는 유대인들이 만약 황금사원을 허물고 제3 성전 건축을 시도한다면 그것은 곧 17억 이슬람교도와의 전면전을 불사한다는 의미가 된다. 이처럼 이스라엘이 예루살렘에 성전을 재건하는 데에는 치명적인 걸림돌이 있다. 하지만 정통 유대교 랍비들의 간절한 소망은 예루살렘 성전을 복원하여 여호와 하나님이 명하신 율례와 희생제를 지내는 것이다. 그야말로 예루살렘 제3

성전의 건립은 유대인들의 민족적 숙원이다. 이런 이유로 예루살렘에 유대교 성전을 세우려는 이스라엘의 거족적 노력과 시도는 결코 멈추지 않을 것이다. 그래서 향후 결정적인 시기에 이슬람 사원을 밀어내고 이스라엘의 예루살렘 제3 성전 재건이 강행된다면 이를 둘러싼 중동 아랍국과의 갈등은 극에 치달을 것이다. 그 결과 이스라엘과 아랍국들과의 대규모 전쟁 발발한다면 마침내 이란 등과 군사적 동맹을 맺고 있는 러시아의 개입을 가져올 것이다. 러시아의 군사적 개입은 곧 세계대전으로의 확전을 의미한다. 그야말로 오늘날 예루살렘은 세계대전을 불러오는 도화선이 되고 있다.

이어서 중동 지역에서 일어날 전무후무한 '대환란', 즉 요한계시록에서 예고된 '아마겟돈' 종말전쟁과 이의 전초전이 될 '곡' 전쟁에 대해 알아보기로 한다.

'아마겟돈' 세계내전의 와중에 예수의 시상 재림이 이루어지고 유대인들은 예수가 메시아임을 깨닫고 거족적 회개가 이루어질 것이다. 이 사건은 이스라엘 민족이 대대로 기념하는 7절기 중 여섯 번째 절기인 속죄절이 역사적으로 성취되는 것을 의미한다.

II. '큰 환란'의 시작-'곡' 전쟁

　종말전쟁에 관한 성서의 예언들 중 특히 주목해야 할 두 예언이 있다. 하나는 구약성서 시대의 선지자였던 에스겔이 예언한 '곡'이 일으키는 전쟁(이하 '곡' 전쟁)에 관한 것이며 또 다른 하나는 예수 그리스도의 계시를 기록한 요한계시록의 '아마겟돈' 종말 세계대전에 관한 예언이다. 이 두 예언을 주목하여야 하는 이유는 종말전쟁을 일으키는 나라들과 발생지역과 참전 군대의 규모에 대해 소상하게 밝히고 있기 때문이다. 요한계시록이 마지막 세계대전이 될 '아마겟돈' 전쟁으로 인한 지구의 파멸에 관한 전반적인 과정을 계시하고 있다면 에스겔서는 종말 세계대전의 발단이 되는 '곡' 전쟁의 원인과 참전국에 대해 구체적으로 기술하고 있다. 그래서 요한계시록의 '아마겟돈' 종말전쟁에 대해 기술하기 전에 먼저 종말 세계대전의 발단이 될 에스겔서의 "곡" 전쟁에 관한 예언을 검토하기로 한다.

1. 인류 종말전쟁의 신호탄이 될 "곡" 전쟁

• 이스라엘의 고토 복귀와 '곡' 전쟁의 시기에 관한 에스겔의 대 예언

　구약성서 에스겔은 B.C. 593-570년경에 기록되었다. 선지자 에스겔은 세상 끝에 있을 이스라엘의 민족의 극적인 고토 복귀와 마지막 전쟁에 관련된 위대한 예언을 하였다. 에스겔 37장의 서술은 이 세상에서 그 존재가 없어진 것 같았던 이스라엘 민족의 회생 장면을 다음과 같이 생생히 전하고 있다.

> 주 여호와의 말씀에 내 백성들아 내가 너희 무덤을 열고 너희로
> 거기서 나오게 하고 이스라엘 땅으로 들어가게 하리라… 내가
> 너희를 너희 고토에 들어가게 하리니 여호와가 이 일을 말하고
> 이룬 줄을 너희가 알리라(에스겔 37:12, 14)

위의 글은 이스라엘 민족의 세계사적인 회생의 장면을 극적으로 예언한 것이다. 이 예언은 20세기 이스라엘의 시오니즘 운동과 팔레스타인에서의 독립국가 선포의 역사와 맞닿아 있다. 이미 1장에서 밝혔듯이 이스라엘 민족이 이방에 끌려가 이산의 고난을 겪다가 고토로 귀환한 역사는 역사적으로 크게 세 차례가 있었다. 첫 번째는 고대 이집트에서의 탈출 사건이며, 다음은 바벨론제국의 포로 생활에서 고국으로 돌아온 사건이다. 그리고 세 번째는 지난 20세기에 일어난 현대판 엑소디스(출애굽) 사건이다. 비록 에스겔의 예언이 1차적으로 이스라엘 민족의 바벨론 포로 상황에서 구출될 것을 예언한 것일지라도 이 예언의 말씀이 이스라엘의 종말 역사까지 아우르고 있다는 증거는 에스겔 37장 24-25절의 본문과 에스겔 38장의 예언에서 명백하게 드러난다.

> 내 종 다윗이 그들의 왕이 되리니 그들에게 다 한 목자가 있을
> 것이라 그들이 내 규례를 준행하고 내 규례를 지켜 행하며 내가
> 내 종 야곱에게 준 땅 곧 그 열조가 거하던 땅에 그들이 거하되
> 그들과 그 자자손손이 영원히 거할 것이요 내 종 다윗이 영원히
> 그 왕이 되리라(에스겔 37:24-25)

선지자 에스겔은 B.C. 6세기에 등장한 선지자인데 이미 지나간 시

대인 B.C. 11세기에 통일왕국을 세운 다윗에 대해 이상한 예언을 하였다. 다윗이 또다시 나타나 장차 등장할 나라의 영원한 왕이 된다는 것이다. 따라서 에스겔 37장 24절에 언급된 다윗 왕은 다윗의 후손으로 오셔서 유대 민족을 구출할 메시아 예수 그리스도를 지칭한 것이다. 이러한 에스겔의 통찰력은 그의 예언이 그가 살던 당대에 국한된 것이 아니라 이스라엘 민족의 전 역사를 꿰뚫고 있는 데서 나온 것이다. 이는 에스겔 38장의 기술에서 더욱 분명해 진다. 에스겔은 세계 각처에서 고토로 복귀한 이스라엘이 "곡"이 이끄는 연합군의 대대적인 침공에 직면하게 될 것을 예언하고 있다. 그런데 이 대사건이 세상의 마지막 때에 일어날 것임을 분명하게 예언하고 있다.

> 여러 날 후 곧 말년에 네가('곡' 연합군대) 명령을 받고 그 땅 곧 오래 황폐하였던 이스라엘 산에 이르리니 그 땅 백성은 칼을 벗어나서 여러 나라에서 모여 들어오며 이방에서 나와 다 평안히 거주하는 중이라(에스겔 38:8)

38장 16절에서는 '곡' 연합군이 전쟁을 발발시키는 시기가 세상의 '끝날'임을 다시 강조하고 있다.

> 여러 날 후 곧 말년에 네가 명령을 받고 그 땅 곧 오래 황무하였던 이스라엘 산에 이르리니… 구름이 땅을 덮음 같이 내 백성 이스라엘을 치러 오리라 곡아 끝날에 내가 너를 이끌어다가 내 땅을 치게 하리니(에스겔 38:8, 16)

결론적으로 에스겔 선지자는 이스라엘을 둘러싸고 일어날 마지막 세계대전을 예언하고 있다. 그러므로 에스겔 38장에 언급된 '말년'과 '끝날'은 종말전쟁이 발발하는 때일 뿐만 아니라 "예수 그리스도의 재림 사건이 일어나는 세상의 마지막 때를 의미한다."

• '끝날'에 이스라엘을 치러 오는 '곡' 연합국의 정체에 대한 예언

종말전쟁에 관한 대예언이 담긴 에스겔서 38장 1-9절에는 마지막 때에 이스라엘을 침공하여 세계대전을 일으키는 '곡'과 이를 추종하는 연합국의 정체가 기술되어 있다.

1. 여호와의 말씀이 내게 임하여 이르시되 2. 인자야 너는 마곡 땅에 있는 로스와 메섹과 두발왕 곧 곡에게로 얼굴을 향하고 그에게 예언하여 3. 이르기를 주 여호와께서 이같이 말씀하시기를 로스와 메섹과 두발 왕 곡아 내가 4. 너를 내적하여 너를 돌이켜 갈고리로 네 아가리를 꿰고 너와 말과 기마병 곧 네 온 군대를 끌어내되 완전한 갑옷을 입고 큰 방패와 작은 방패를 가지며 칼을 잡은 큰 무리와 5. 그들과 함께 한 방패와 투구를 갖춘 바사와 구스와 붓과 6. 고멜과 그 모든 떼와 북쪽 끝의 도갈마 족속과 그 모든 떼 곧 많은 백성의 무리를 너와 함께 끌어내리라 7. 너는 스스로 예비하되 너와 네게 모인 무리들이 다 스스로 예비하고 너는 그들의 대장이 될지어다 8. 여러 날 후 곧 말년에 네가 명령을 받고 그 땅 곧 오래 황폐하였던 이스라엘 산에 이르리니 그 땅 백성은 칼을 벗어나서 여러 나라에서 모여 들어오며 이방에서 나와 다 평안히 거주하는 중이라… 9. 네가 올라오되 너와 네 모든 떼와 너와 함께 한 많은 백성이 광풍 같이 이르고 구름 같이 땅을 덮으리라

문 앞에 이른 예수

에스겔 38장의 예언은 이스라엘을 침략하는 '곡'과 그를 따르는 국가들의 이름을 일일이 열거하고 있으며 전쟁의 동기와 규모에 대하여 구체적으로 예언하고 있다는 점에서 비상한 관심을 끌고 있다. 따라서 에스겔의 예언 중에서 먼저 풀어야 할 것은 전쟁을 일으키는 '곡'의 정체와 그가 이끄는 연합군대에 어떤 국가가 참여하는지 규명하는 것이다.

• '곡'의 정체는 러시아의 통치자이다

선지자 에스겔은 세상의 마지막 때에 이르러 이스라엘을 침략하여 종말전쟁을 주도하는 자가 '곡'이라 지칭하고 있는데 이 '곡'의 정체를 '로스'와 '메섹'과 '두발'의 왕임을 밝히고 있다. 그렇다면 '로스'와 '메섹'과 '두발'이란 지명이 어느 지역인가를 밝히면 '곡'이 이 지명을 가진 나라의 최고 통치자임이 드러난다. 에스겔 38장에 명기되어 있는 '로스'(Rosh)는 '우두머리'란 의미로 러시아의 옛 이름으로 추정된다. 즉, 시대의 변천에 따라 로스→루스→러시아로 그 명칭이 바뀌어 왔다는 것이 관련 신학자들 및 언어학자들의 통설이다. 역사적으로 북유럽의 바이킹의 일부는 동유럽으로 진출하였는데 스스로 루스(RUS)라고 불렀으며 모스코바 공국을 세웠다. 그리고 메섹은 그 어원에서 파생된 무스코비(Moschi/러시아의 옛 이름) 즉 '모스코바'로 이는 지금의 러시아 수도이며, 두발은 시베리아 서부에 위치한 대도시 '두볼스크'(Tobolsk)를 지칭하는 것이다. 따라서 '로스와 메섹과 두발'은 지금의 러시아 전 지역을 가리키는 것이다. 에스겔서 38장 2절에서는 호전적인 침략자 "곡"의 거주지를 밝히고 있는데 그 지역의 명칭은 "마곡 땅"이다. '마곡'은 노아의 세 아들 중 막내였던 야벳의 둘째 아들로, 러시아 남부 및 흑해 북쪽 지역에서 유목 생활을 했던 "스키디아인"의 조상이며, 동시에 '슬라브족'의 조상이기도 하다. 결국 에스겔이 언급한 '마곡 땅'은 지금의 흑해 북쪽을 포함한 구소련 전 지역을 의미한다. 그러므로 마곡 땅을 다스리고 있는 '곡'은 마지막 때 러시아의 최고 권력자를 의미하는 것이 된다. 그래서 에스겔 38장의 예언은 참으로 섬뜩하게 느껴진다. 러시아와 이를 따르는 나라들이 일일이 거명된 에스겔서의 예언이 지금 이 시대의 중동 지역에서의 심상찮은 조짐과 깊은 연관성을 가지고 있기 때문이다. 하지만 '곡'의 정체에 관한 역사적 고증에 접하고도 여전히 그 내용의 신빙성을 의심하는 사람들이 있다면 다음과 같은 에스겔의 증언을 다시 들을 필요가 있다.

> 인자야 너는 또 예언하여 곡에게 이르기를 주 여호와께서 이같이 말씀하시기를 내 백성 이스라엘이 평안히 거주하는 날에 네가 어찌 그것을 알지 못하겠느냐 네가 네 고토 극한 북방에서 많은 백성 곧 다 말을 탄 큰 무리와 능한 군대와 함께 오되 구름이 땅을 덮음 같이 내 백성 이스라엘을 치러 오리라 곡아 끝날에 내가 너를 이끌어다가 내 땅을 치게 하리니 이는 내가 너로 말미암아 이방 사람의 눈앞에서 내 거룩함을 나타내어 그들이 다 나를 알게 하려 함이라(에스겔 38:14-16)

에스겔은 '곡'이 이스라엘을 치기 위해서 거대한 군사를 일으키고 출발하는 곳이 '극한 북방'이라고 하였는데 이스라엘의 중심지인 예루살렘에서 가장 북쪽에 자리하고 있는 대도시가 바로 '모스코바'이다. 실제로 예루살렘과 모스코바는 30-40° 사이의 경도상의 남북에 각각 위치하고 있다. 특별히 주목해야 할 사실은 선지자 에스겔이 마지막

문 앞에 이른 예수

전쟁을 일으킬 수장국의 지리상의 위치에 대해 세 번에 걸쳐 강조하였다는 점이다. 즉, 에스겔 38:6, 38:15, 39:2에서 '극한 북방' 또는 '먼 북방'이 언급되어 있다. 이스라엘 지형에서 보았을 때 에스겔이 언급한 '극한 북방'에 위치한 나라는 러시아밖에 없다. 이와 관련하여 1967년 아랍 연합국과의 전쟁에서 승리한 '6일 전쟁'의 영웅 모세 다얀 장군은 참으로 의미심장한 말을 남겼다. '다음에 이스라엘과 전쟁할 상대는 아랍이 아닌 러시아가 될 것이다.'

• 선지자 에스겔은 '곡'을 따르는 나라들의 명칭까지 밝혔다!

에스겔은 그 자신이 하나님으로부터 받은 예언을 거짓말이라고 주장할 사람들의 입을 다물게 할 만한 놀라운 증언을 하였다. 그것은 '곡'이 주도하는 마지막 전쟁에 참여하는 나라들의 명칭이라 할 수 있다. 마지막 때 러시아를 추종하여 이스라엘을 치러오는 나라들에 대한 언급은 에스겔 38장 5-6절에 나와 있다.

> 그들과 함께 한 방패와 투구를 갖춘 바사와 구스와 붓과 고멜과 그 모든 떼와 북쪽 끝의 도갈마 족속과 그 모든 떼 곧 많은 백성의 무리를 너와 함께 끌어내리라(에스겔 38:5-6)

'바사'(Persia)는 오늘날의 이란을 가리키고, '구스'는 이집트 남부의 옛 이디오피아 지역인 수단을 의미하며, '붓'은 오늘날의 리비아를 의미한다고 학자들은 얘기하고 있다. 그리고 '고멜'은 '키메르'(Cimmeria)족으로써, 이 키메르족은 흑해 북쪽에 살았던 유목민으로 후에 남쪽으로 내려와 '갑바도기아'에 거주 하였다. 따라서 '고멜'은 지금의 터키 중앙에 정착했던 민족이다. 그리고 '도갈마'는 노아의 증손이며 야벳의 손자로서 아라랏산 북편의 한 지방에 거주하였다. 그러므로 오늘날, 아르메니아와 터키 및 일부 중앙아시아에서 세력을 형성하고 있는 민족으로 볼 수 있다. '곡'을 추종하여 이스라엘을 치러 오는 민족과 국가들의 특이한 점이 있다면 대부분이 이슬람 국가라는 것이다. 이 국가들은 이스라엘을 지지하고 있는 서방세계에 대해 적개심을 가지고 있는 나라들이다. 놀랍게도 에스겔은 마지막 때에 러시아가 직접 이들의 수장이 되어 이스라엘로 진격해 올 것을 예언한 것이다.

2. '곡' 전쟁의 선봉장이 될 '러시아'의 심상치 않은 움직임

• 제국주의적 야욕을 드러낸 '푸틴'의 러시아

21세기에 들어서면서 러시아의 움직임이 심상치 않다. 2024년 현재 러시아 대통령 푸틴은 지난 2000년에 집권한 이래 장기 통치의 길을 걸으면서 러시아를 강력한 전체주의 국가로 만들었다. 푸틴은 '유라시아 제국을 건설해 미국의 패권을 와해 시켜야 한다.'고 주장한다. 푸틴의 의도는 제국주의적 세력 확장을 통한 초강대국 미국 및 서방세계와 맞서는 것이다. 그래서 푸틴은 옛 소련의 영광을 되찾기 위해 자신의 영향력에서 벗어나려는 옛 소련의 위성국들을 무력으로 되찾으려는 시도를 하고 있다. 러시아는 2014년 3월 우크라이나 영토였던 크림반도를 막강한 무력을 앞세워 복속시킴으로써 서방 국가들의 강력한 반발을 불러일으켰으며 2022년 2월 우크라이나를 침략하여 서방세계에 핵전쟁에 대한 공포를 불어넣으며 전 세계적인 경제 대란을 일으키고 있다. 예컨대 우크라이나를 침략한 러시아가 흑해의 통행권을 완전 장악하기 위해 흑해를 끼고 있는 우크라이나 남부지역을 자신들의 땅으로 편입시키려는 이유 중 하나는 지중해로 이어지는 흑해의 제해권을 확보하려는 것이다. 러시아 해군이 흑해의 통행권을 장악한다는 것은 유사시 온 세계로 수송되는 우크라이나 곡물의 통제를 통해 서방의 경제 제재에 맞서는 유력한 수단을 확보하려는 것이며 또한 훗날 '곡' 전쟁의 선봉장으로 이스라엘을 치러 갈 때 군사적 통로로 이용될 것을 의미한다. 오늘날 푸틴의 러시아는 세계 제2위의 군사력을 앞세워 위험한 질주를 하고 있다.

• 러시아는 이스라엘을 노리고 있다

유럽에 이어 러시아가 눈을 돌린 곳은 중동 지역이다. 푸틴의 러시아는 21세기에 들어서면서 시리아 내전에 개입하여 '아사드' 정권을 도움으로써 중동 지역 패권경쟁에 있어서 중요한 교두보를 확보하려 하였으며 호전적인 군사강국 이란과도 군사적으로 연대를 강화하고 있다. 러시아가 중동 지역의 문제에 노골적으로 개입하려는 데는 이곳이 아시아 아프리카 유럽을 잇는 지정학적 요충지이며 무엇보다 세계의 부를 장악한 유대인들이 세운 나라 이스라엘이 존재한다는 이유 때문이다. 21세기 중동 지역에서의 패권을 차지하기 위한 러시아의 심상찮은 움직들은 필경 '곡' 종말전쟁을 예고하고 있다!

- 에스겔이 폭로한 러시아의 숨은 의도

선지자 에스겔은 마지막 때 이스라엘을 치러 올 '곡'(러시아의 지도자)의 속셈을 꿰뚫어 보며 그 숨은 의도를 다음과 같이 폭로하고 있다.

주 여호와가 말하노라 그 날에 네 마음에서 여러 가지 생각이 나서 악한 꾀를 내어 말하기를 내가 평원의 고을들로 올라가리라 성벽도 없고 문이나 빗장이 없어도 염려없이 다 평안히 거주하는 백성에게 나아가서 물건을 겁탈하며 노략하리라 하고 네 손을 들어서 황폐하였다가 지금 사람이 거주하는 땅과 여러 나라에서 모여서 짐승과 재물을 얻고 세상 중앙에 거주하는 백성을 치고자 할 때에 스바와 드단과 다시스의 상인과 그 부자들이 네게 이르기를 네가 탈취하러 왔느냐 네가 네 무리를 모아 노략하고자 하느냐 은과 금을 빼앗으며 짐승과 재물을 빼앗으며 물건을 크게 약탈하여 가고자 하느냐 하리라(에스겔 38:10-13)

에스겔은 러시아가 이스라엘을 인질로 삼아 세계의 부를 장악한 유대인들로부터 재물을 뜯어내려는 야욕을 가지고 있음을 폭로하고 있다. 흥미롭게도 상기한 에스겔의 예언에는 친 서방 자본주의 부국들 의미하는 '스바와 드단과(사우디아라비아를 위시한 산유국) 다시스(스페인 등 서방무역대국)의 상인과 그 부자들(서방 자본주의 국가들)'이 러시아의 숨은 의도를 간파하고 조롱하고 있는 내용이 포함되어 있다. 러시아와 이스라엘의 배후인 서방세계 유대인 금권세력의 치밀한 수 싸움을 예리하게 묘사하고 있는 에스겔의 예언은 참으로 섬뜩하다.

오늘날 러시아가 이스라엘이 있는 중동 지역을 집중적으로 공략하려는 데에는 다음과 같은 이유가 있다.

현재 푸틴이 통치하고 있는 러시아는 서방세계에 대적하여 경제 전쟁을 감행하여 승리를 쟁취할 수 있는 국력을 갖고 있지 않다. 예컨대 러시아가 2022년 2월 우크라이나 침략 전쟁을 감행하자 서방 금권세력은 러시아의 재정적 파탄을 야기할만한 강력한 제재로 단행하였으며 러시아는 경제적으로 수세에 몰리고 있다. 이처럼 유대인이 주도하는 서방의 금권세력은 러시아를 망하게 할 만큼 막강한 경제적인 파워를 지니고 있다. 그래서 러시아는 서방세계와의 직접적인 경제전쟁을 피하는 대신 군사력을 동원하여 중동 지역에서의 패권을 노리고 있다. 그곳은 바로 수억의 아랍인들이 둘러싸고 있는 이스라엘이 있다. 이스라엘은 유대 민족의 심장과 같은 곳이다. 러시아는 세계를 평정한 유대 민족의 아킬레스 근을 간파하고 있는 것이 분명하다. 러시아의 당면과제는 세계 통일정부를 건설하려는 유대인 '금권세력'에게 러시아가 종속되는 것을 막아내는 것이다. 그래서 지정학적으로 거대한 아랍국들에 둘러싸여 있는 이스라엘을 군사적으로 공략하는 길을 모색하고 있는 것이다. 한마디로 러시아는 간교한 우회 전략을 구사하고 있는 것이다. 널리 알려 진 바와 같이 러시아는 인류를 단 하루 만에 파멸시킬 수 있는 각종 핵무기를 보유하고 있다. 러시아는 자국의 생존을 확보하고 나아가 세계의 패권을 잡기 위해서 결국 이스라엘에 대한 군사적 위협을 가하려는 것이 분명해 보인다. 그리하여 결정적인 순간에 이스라엘을 인질로 하여 세계의 부를 장악한 유대인과 그들의 '세계정부'를 협박하여 러시아의 요구를 관철시키려는 것이다. 이러한 러시아의 야욕이 포기되지 않는 한 결국 이스라엘과 이를 후원하는 서방세계와의 세계대전은 피할 수 없을 것이다. 그러므로 21세기에 들어선 지금 러시아의 무모한 군사적 행동들은 궁극적으로 종말 세계대전의 신호탄이 될 '곡'(겔 38:2) 전쟁을 예고하는 것이다.

• 러시아와 우크라이나 전쟁에 깊숙이 관련된 유대인과 이스라엘

2022년, 러시아의 우크라이나 침략 전쟁으로 러시아는 서방세계에 대하여 군사적 마찰뿐만 아니라 경제적 대립을 격화시킴으로 세계를 공황 국면으로 몰아넣었다. 그런데 주목해야 할 사실은 이 전쟁을 둘러싸고 등장하는 중심인물들이 유대인이거나 이스라엘 그리고 이스라엘과 깊은 이해관계를 가진 자들임을 알 수 있다. 예컨대 러시아는 나치주의자 소탕을 전쟁의 명분으로 우크라이나를 침공하였다. 그런데 러시아 군대의 침략에 맞서 항전을 독려하고 있는 우크라이나 '젤렌스키' 대통령이 유대인이다. 그리고 러시아의 고위관리들이 히틀러도 유대인이란 말로 자신들의 침략전쟁을 정당화하는 데 대해 그동안 러시아와 우호 관계를 맺어 왔던 이스라엘은 '아우슈비츠' 홀로코스트의 악몽을 떠올리며 강력한 항의와 경고를 보냈다. 푸틴은 이스라엘의 항의를 받고 즉각 유감을 표명하며 당장에는 이스라엘을 적으로 돌리지 않으려고 애쓰고 있음을 보여 주었다. 그리고 우크라이나와 러시아가 전쟁을 빨리 끝내도록 독려한 미국 정치외교계의 전설적인 거물 역시 유대인인 키신저이다. 이러한 정황은 러시아의 우크라이나 침략이 유대인이 주도하는 세계 경세 질서에 대한 심각한 도전이며 또한 이스라엘과의 갈등을 증폭시키는 촉매제 역할을 하고 있다는 점을 드러내고 있다. 그래서 군사 전략가들은 러시아-우크라이나전은 러시아와 유대인 세력간의 숨은 갈등으로 인해 비록 휴전이 이루어진다 하여도 장차 3차 세계대전을 불러오는 화근이 될 수 있으며 그 때에는 인류 문명은 완전한 파멸에 이를 것임을 경고하고 있다.

- **러시아는 향후 수년에 걸친 군사 재무장을 통하여 이스라엘에 대한 보복 전쟁을 시작할 것이다**

러시아는 우크라이나와의 전쟁에서 우크라이나 일부 영토를 차지하는 대신 서방세계의 가혹한 경제적 제재와 군사적 대응으로 적지 않은 경제적, 군사적 손실을 입었다. 또한 러시아는 흑해로 통하는 우크라이나의 전략 요충지를 차지하는 대신 북 유럽의 스웨덴 노르웨이 핀

문 앞에 이른 예수

란드 같은 중립국들이 나토에 가입함으로써 결과적으로 북유럽권에서 군사적 수세에 몰리게 되었다. 중동 지역에서도 러-우 전쟁을 틈타 시리아 내전 상황이 완전히 뒤집혔는데 2024년 12월 그동안 수세에 몰려 있던 시리아내 반군의 정부군에 대한 전격적인 공세로 '아사드' 독재 정권이 축출되었다. 지난 50년간 러시아와 이란의 강력한 후원 아래 시리아를 철권통치 통치해오던 '아사드' 가문이 무너진 것이다. 아울러 지난 13년간의 시리아 내전도 일단 종식되었다. 시리아 내전에 개입한 국가 중 가장 큰 피해자는 다름 아닌 러시아가 되었다. 시리아 반군의 대공세로 시리아내 러시아 주둔군은 도망치다시피 본국으로 철수하였고 러시아는 수년에 걸쳐 애써 구축해 놓았던 시리아 내의 군사 기지를 한순간에 잃어버리게 되었다. 이스라엘은 이 기회를 놓치지 않고 시리아에 대한 대규모 공습으로 각종 군사기지를 초토화 시켰다. 그리고 군대를 투입하여 시리아 일부 영토를 장악하였다. 우크라이나와의 전쟁의 늪에 빠진 러시아가 속수무책으로 당한 것이다. 결국 시리아를 군사적 속국으로 만들어 이스라엘의 목을 겨누며 중동에서의 패권을 노리던 러시아의 계획도 무산되었다. 그리고 시리아는 또 다시 반군 종파간의 권력투쟁과 강대국들의 패권 경쟁의 현장이 되어 내일을 기약할 수 없는 혼돈으로 치닫게 되었다.

상기한 바와 같이 우크라이나와의 전쟁의 결과로 나타난 유럽과 중동 지역에서의 러시아의 전략상의 실패 그리고 막대한 경제적, 군사적 손실은 결코 좋은 징조가 아니다. 무엇보다 러시아에게 굴욕을 맛보게 해 준 것은 이스라엘과 이를 후원하는 유대인 금권세력이다. 역설적이게도 이 같은 러시아의 쓰라린 경험은 훗날 러시아가 이스라엘을 침공하기 위해 절치부심하는 계기가 될 것이다. 예컨대 제1차 대전에서 패망한 독일이 패전국으로서 굴욕을 맛보며 복수의 칼날을 갈

다가 히틀러라는 전쟁광의 선동에 의해 제2차 세계대전을 일으켰듯이 러시아는 이스라엘과 서방세계에 대해 넘치는 적개심을 품으며 또다시 군비 확장에 총력을 기울여 수년 후 반드시 보복전을 펼칠 것이다. 선지자 에스겔이 예언한대로 '곡', 즉 러시아 통치자는 군사동맹을 맺은 이란과 이슬람 국가들과 함께 이스라엘을 반드시 치러 내려올 것이다. 그때 러시아 연합군은 온갖 첨단 무기를 갖추고 우크라이나와의 전쟁에서 습득한 모든 실전적 노하우를 가지고 이스라엘을 침략할 것이다. 그리하여 마침내 '곡' 전쟁은 '아마겟돈' 종말 세계대전의 신호탄이 될 것이다. 이러한 불길한 시나리오가 현실로 다가오고 있다!

3. 러시아의 '아가리'를 '갈고리로 꿰고' '곡' 전쟁을 일으킬 나라들

오늘날 러시아와 군사동맹을 맺고 이스라엘을 이 지구상에서 말살시키겠다고 벼르는 나라들이 나타나고 있다면 그것은 의문의 여지없이 지금이 마지막 때임을 알리는 강력한 역사적 신호가 될 것이다. 러시아가 중동 지역에서의 패권을 잡기 위해 특별히 군사적 동맹 관계를 맺은 나라는 이란이다. 그리고 러시아는 중동과 아프리카와 중앙아시아에 있는 이슬람 국가들 중 이스라엘과 적대적 관계에 놓여 있는 나라들과 군사적 협력 관계를 유지하고 있다. 에스겔 선지자는 마지막 때에 이스라엘을 치기 위해 대규모 연합군대를 이끌고 '곡' 전쟁을 반드시 일으키게 될 러시아에 대해 다음과 같은 특이한 예언을 하고 있다.

여호와의 말씀이 내게 임하여 이르시되 인자야 너는 마곡 땅에 있는 로스와 메섹과 두발왕 곧 곡에게로 얼굴을 향하고 그에게

예언하여 이르기를 주 여호와께서 이같이 말씀하시기를 로스와
메섹과 두발 왕 곡아 내가 너를 대적하여 너를 돌이켜 갈고리로
네 아가리를 꿰고… 네 온 군대를 끌어내되… 바사와 구스와 붓
과 고멜과 그 모든 떼와 북쪽 끝의 도갈마 족속과 그 모든 떼 곧
많은 백성의 무리를 너와 함께 끌어내리라(에스겔 38:1-6)

에스겔의 예언이 주는 날카로움은 군사적 동맹 관계는 결국 스스로
의 입에 파멸의 갈고리를 무는 결과를 가져올 것임을 언급한 데 있다.
마치 물고기가 낚시 바늘에 대롱거리는 미끼를 먹을 욕심으로 스스로
자신의 입을 날카로운 바늘 갈고리에 물리게 하여 죽음을 자초하듯이
러시아와 동맹국들이 반드시 그러한 어리석을 일을 저지를 것임을 예
고한 것이다. 에스겔의 예언대로 러시아와 함께 선봉에 서서 이스라
엘과 '곡' 전쟁을 벌일 문제의 나라는 '바사'(페르시아)라 부르던 이란
이다. 러시아는 이란과 군사 동맹을 맺음으로 양국이 이스라엘과의
전쟁 발발시 함께 참여하지 않을 수 없는 처지에 놓이게 되었다. 결국
러시아와 이란은 쌍방이 모두 '갈고리'에 꿰어져 공동 운명체가 된 것
이다.

• 러시아와 합세하여 '곡' 전쟁의 선봉에 나설 '이란'

오늘날 이란은 시아파 이슬람교국이며 신정일치 국가이며 이스라엘
과 적대관계를 지속하고 있는 대표적인 국가이다. 주목해야 할 사실
은 에스겔 38장에서 러시아의 통치자를 지칭하는 '곡'이 이끌 군사 동
맹국 중 가장 먼저 언급한 나라가 다름 아닌 '바사'(현재의 이란)이다.
이란은 지난 20세기에 중동의 맹주 지위를 노리며 이라크와 전쟁을
벌였다. 이란의 궁극적인 목적은 중동 지역에서의 맹주가 되려는 것

이다. 이러한 이란의 야심에 편승하여 러시아가 시리아에 이어 또 하나의 중동 지역 거점으로 삼으려고 하는 나라가 바로 이란이다. 양국은 상호 간 이해관계가 맞아떨어짐으로 군사 동맹 관계를 형성한 것이다. 그래서 선지자 에스겔이 마지막 때에 이스라엘을 치러오는 '곡' 연합국 중 러시아 다음으로 지칭한 나라가 이란임을 감안할 때 이 두 나라의 군사적 협력은 더욱 공고해질 것이다. 오늘날 러시아가 이란과 군사동맹 관계에 있다는 의미는 선지자 에스겔의 예언대로 '갈고리'에 '아가리'가 꿰어진 것이며 그 결국은 장차 아마겟돈에서 일어날 멸망의 전쟁에 말려드는 것이다.

– 우크라이나 전쟁과 러시아–이란의 군사적 연대가 가져올 세계사적 파장

2022년, 우크라이나에 대한 러시아의 전격적인 침략은 인류의 앞날에 핵전쟁의 참화가 다가오고 있음을 실감하게 하는 계기가 되었다. 러시아가 손쉽게 우크라이나를 삼킬 것이라는 군사 전략가들의 예상과 달리 러시아는 2년이 지나도록 우크라이나를 완전히 제압하지 못한 채 밀고 밀리는 싸움을 계속하고 있다. 이 상황에서 이란은 우크라이나 침략전쟁에서 수세에 몰린 러시아에 2022년 10월 자국이 만든 고성능 자폭 드론을 대량으로 공급하여 러시아를 후방에서 지원하였다. 러시아는 이란이 제공한 자폭 드론을 우크라이나의 주요 발전 시설과 수도 시설 그리고 민간인 밀집지역에 떨어뜨림으로 우크라이나 국민들의 생존을 근원적으로 위협하여 전세를 뒤집으려 하였다. 이처럼 러시아와 이란이 서방이 지원하는 우크라이나에 대항하여 군사적 협력을 하였다는 것은 장차 '곡' 세계대전을 예고하는 매우 불길한 사태라 할 수 있다. 이란과 러시아의 군사적 협력이 가시화되자 이

　　　　　　　　　　　　　　　　　　문 앞에 이른 예수

란과 천적 관계인 이스라엘은 이란이 러시아를 군사적으로 지원하는 것을 결코 좌시하지 않을 것이며 이에 대응하여 자국산 방공용 첨단 미사일을 우크라이나에 공급할 수 있음을 경고하고 나섰다. 이스라엘의 격앙된 반응이 나오자 이에 러시아가 직접 이스라엘을 협박하고 나섰다. 만약 이스라엘이 우크라이나 전쟁에 개입한다면 그동안 유지되고 있었던 러시아-이스라엘과의 경제적 정치적 교류는 파탄이 날 것이며 군사적 대응도 불사할 것임을 단언하였다. 이러한 일련의 사태는 장차 '곡' 세계대전의 발발의 가능성을 한층 더 높이고 있다는 점에서 인류에게 불길한 전조라 말할 수 있다. 무엇보다 우크라이나 전쟁을 계기로 러시아가 이란과 군사동맹을 가속화하고 있다는 것은 에스겔의 예언대로 "곡"의 연합군대를 이끌 두 나라가 이미 역사의 전면에 등장했음을 알리는 것이며 두렵게도 이는 '곡' 종말전쟁에 관한 에스겔의 예언이 살아 움직이기 시작했음을 의미하는 것이다.

- 이란은 핵무장을 서두르고 있다.

이란이 이스라엘을 대적하기 위해 암암리에 핵무기 개발에 심혈을 기울여 온 것은 너무나 잘 알려진 사실이다. 이란은 고도의 미사일 기술을 보유하고 있으며 미사일 위에 올려놓을 핵탄두 개발만 남겨 놓은 실정이다. 이러한 이란의 군사적 도전에 맞서 이스라엘과 서방국가들은 이란의 핵무장을 저지하기 위해서 온갖 수단을 동원하여 왔다. 미국 등 서방세계는 이란의 경제력을 약화시키기 위한 수단으로 금융거래를 막아 돈줄을 끊고 무역을 봉쇄하는 경제적 재제를 십 년 이상 지속하였다. 그동안 이란에 대한 강력한 경제적 보복과 통제가 성공적으로 이루어졌다는 사실은 이 세계의 부가 서방 진영의 배후에 있는 금권세력에 의해 장악되어 있음을 반증하는 것이다. 그리하여 극심한 경제난에 처하게 된 이란은 핵무기 개발을 중단한다는 조건으로 서방세계에 대하여 경제적 제재를 풀 것을 요청하고 서방세계는 이를 수용하게 되었다. 이란은 2016년 서방세계와의 극적인 협상 타결에 따라 대대적인 경제 개방정책으로 급선회하였다. 하지만 서방세계와 이란과의 평화 무드가 안정적으로 지속될 것인가 하는 데에는 상당한 의문이 있었다. 이란과 서방세계와의 밀월관계가 결코 오래 지속될 수 없다는 가장 큰 이유 중 하나는 이미 이란과 군사적 정치적 유대를 꾀하고 있는 러시아와 중국의 개입 때문이다. 따라서 미국이 이끄는 서방 진영과 중국과 러시아 등 공산진영의 패권 경쟁이 중동 지역에서 계속되고 있는 한 이란도 결코 이 지정학적 갈등의 틀에서 벗어날 수가 없게 되어 있다. 한마디로 이란은 초강대국들이 벌이는 사생결단의 투쟁에서 종속변수로 놓여 있는 것이다. 따라서 이스라엘은 이란에 대한 경세 제재 해제는 또 하나의 재잉을 낳을 위험한 조치임을 국제사회에 경고하였다. 이스라엘의 경고를 받아들인 미국은 2017년 도널드 트럼프 미국 대통령이 새로 취임한 이후 이란에 대해 강경책을 구사하기 시작했는데 트럼프는 이란과 서방세계가 맺은 협약으로는 이란의 궁극적인 핵개발을 막을 수 없다고 주장하며 미국 단독으로 협약에서 탈퇴하였다. 그리고 2018년 하반기에는 이란에 대한 경제 제재를 완전히 부활시켰다. 이에 대해 이란은 미국을 향하여 핵무기 개발을 재시도할 것이라며 협박하고 있다. 이란의 속셈을 꿰뚫고 있는 이스라엘은 이란이 경제적 회복이라는 당면 과제를 해결하게 되면 어떤 수단을 강구해서라도 핵무기를 손에 넣을 것을 우려하고 있다. 이처럼 이스라엘과 서방세계가 이란의 문제에 극히 민감한 반응을 보이는 것은 이란의 궁극적인 목적이 이스라엘 타도에 있음을 알기 때문이다. 결국 이란이 핵무기 개발을 서두르는 것은 이스라엘과 그 배후인 서방세계를 대적하기 위함인데 이란의 핵무장은 중동 지역에서 촉발될 세계대전의 또 하나의 도화선이 될 것이다.

– 이란은 그토록 원하는 핵무기를 손에 넣을 것인가?

이스라엘과 서방세계의 강력한 재제에도 불구하고 결국 이란은 핵무장에 성공할 것이다. 2022년 6월 당시 '나프탈리 베네트' 이스라엘 총리의 발언이 이를 뒷받침하고 있다. 그는 언론과의 인터뷰에서 서방세계가 (이란의 핵개발을 사전에) 저지하지 못하면 이란이 핵무기를 손에 넣을 것이라고 경고한 바 있다. 그리고 이란이 전례 없는 속도로 우라늄 농축 곧 핵무기를 손에 넣는 단계로 접근하고 있음을 강조하였다. 그럼에도 불구하고 만일 이란이 끝내 서방세계의 감시 때문에 자체적으로 핵무기 제조를 할 수 없다면 다른 방법을 강구할 것이라는 것은 쉽게 예측할 수 있다. 그 방법은 이미 개발해 놓은 소형 핵탄두를 북한이나 러시아로부터 거액을 주고 사들이는 방법이 있다. 비밀리에 핵무기를 들여오는 것을 이스라엘과 서방국가들이 완전하게 차단할 수는 없을 것이다. 세계 최고의 정보수집 능력을 가진 것으로 알려진 이스라엘의 첩보기관 '모사드'(Mossad)일지라도 이란이 무역 상품으로 위장한 소형 핵무기를 반입하는 것을 막는 데에는 분명한 한계가 있을 것이다. 이렇게 된다면 이란은 핵무기 개발을 하지 않고 단번에 핵무기 보유국의 반열에 오르게 되고 세계적인 군사 대국의 꿈을 실현하게 된다. 우려스럽게도 러시아가 우크라이나 전쟁을 수행하고 있는 결정적인 시기에 도움을 준 이란은 러시아의 핵 무력을 등에 업고 핵무장의 가능성을 한층 더 키워 가고 있다. 거듭 말하지만 이란의 궁극적인 목적은 군사강대국, 즉 핵무기 보유국의 꿈을 이루어 숙적 이스라엘을 제압하고 중동 지역의 맹주가 되는 것이다. 조만간 이란

이 러시아로부터 직접 완성된 소형 핵무기를 제공받거나 혹은 북한으로부터 다량의 핵무기를 밀매하여 핵보유국이 된다면 이 세계는 그때부터 차원이 다른 세상으로 돌입하게 될 것이다. 이란이 핵무장한다는 것은 이 세계가 이미 3차 세계대전으로 진입하는 레드라인을 넘어선다는 의미이다. 러시아와 함께 이스라엘을 침공할 선두 국가로 페르시아를 지목한 에스겔 선지자의 예언은 두렵게도 21세기를 관통하고 있다.

– 이란발 세계대전의 가능성

어느 날 서방 언론을 통해 이미 이란이 핵무기를 자신들의 모든 장거리 탄도 미사일에 장착을 끝냈다는 정보가 온 세계에 폭로된다면 어떤 일이 벌어질 것인가?

무엇보다 이란을 주적으로 여기고 있는 이스라엘에게 커다란 충격을 줄 것이다. 이란의 핵미사일이 겨누게 될 첫 번째 나라가 이스라엘이 될 것이기 때문이다. 만일 이스라엘이 가장 피하고 싶은 사태가 현실로 나타난다면 이를 후원하고 있는 미국과 서방 나라들은 즉각적으로 이란에 대한 경제 보복을 최고도로 강화할 것이다. 문제는 이 경제 보복에 러시아가 포함될 것이라는 점이다. 그 결과 이란과 러시아가 국가 부도 수준의 경제난에 봉착하고 더 이상 살길이 없다고 판단하는 시점에서 대재앙을 불러오는 군사적 도발은 마침내 시작될 것이다. 이미 러시아아와 이란은 군사동맹이란 '갈고리'가 꿰어져 있어서 쌍방이 맺은 협약에 따라 서방세계의 파상 공세에 맞서 싸울 수밖에 없을 것이다. 그것은 의문의 여지없이 선지자 에스겔이 예언한 '곡' 종말전쟁의 발발을 의미하는 것이다. 이제 머지않은 장래에 인류는 에스겔의 예언이 성취되는 비극적인 사태를 목격하게 될 것이다. 지구촌 사람들은 중동 지역에서 핵무기가 폭발하는 장면이 긴급 보도가 될 때 비로소 종말이 눈앞에 다가와 있음을 깨닫게 될 것이다.

• '곡' 전쟁에 참여할 또 다른 문제의 국가-튀르키예

러시아가 주도하는 '곡' 전쟁에 참여할 나라 중 이란에 이어 빼놓을 수 없는 나라가 튀르키예(옛 명칭 터키)이다. 에스겔 38장에 기록된 '고멜'은 '키메르족'으로써, 이 키메르족은 에스겔 선지자가 살던 시대에 지금의 튀르키예 중앙에 정착했던 민족이다. 그리고 '도갈마'는 오늘날, 아르메니아와 튀르키예 및 일부 중앙아시아에서 세력을 형성하고 있는 민족이다. 역사적으로 튀르키예는 지정학적으로 매우 중요한 위치에 놓여 있는 나라이다. 동양과 서양의 교차로에 위치하고 있을 뿐 아니라 이스라엘이 있는 중동으로 향하는 길목에 있는 나라이다. 실제로 러시아가 이스라엘을 치기 위해 본토에서 대규모 병력을 신속히 남쪽으로 내려 보내야 할 경우 그 중간 길목에 있는 나라가 튀르키예이다. 그만큼 전략적으로 중요한 나라이다. 튀르키예는 지난 20세기엔 친 서방 정책을 견지해 왔다. 그러나 21세기에 들어서면서 에르도안이 통치하는 튀르키예는 친 서방 정책에서 탈피하여 점차 친 러시아로 기울고 있다. 이러한 튀르키예의 변신은 비상한 관심을 끌게 한다. 그것은 다가올 '곡' 전쟁의 주역으로 이스라엘을 치는 러시아 연합군의 일원이 될 가능성이 있기 때문이다.

- 러시아와 손을 잡고 '곡' 전쟁을 예비하는 튀르키예

2024년 현재 튀르키예의 통치자는 이슬람주의자 '에르도안'이다. 장기 집권의 길을 닦아 놓은 에르도안 대통령이 꿈꾸는 것은 이슬람주의 국가의 영광을 추구하는 이란식 혁명이다. 이처럼 튀르키예가 에르도안의 통치 아래 이란과 같은 이슬람 혁명을 꾀한다는 의미는 기독교 문화를 배경으로 삼는 서방세계와 대척점에 선 것이라 할 수 있다. 실제로 최근 몇 년 동안 튀르키예의 통치자 에르도안은 그의 반 민주주의적 정치행태를 비판하는 서구에 맞서 공공연히 친 러시아 노선으로 전향할 수 있음을 천명하며 점진적으로 서방세계의 영향력에서 이탈하여 '푸틴'의 러시아와 함께 중동 지역의 현안에 공동으로 대처하고 있다. 예컨대 트럼프 대통령집권 당시 예루살렘을 수도로 선포하자 에르도안이 즉각 푸틴에게 전화하여 이에 대한 대응책을 의논하였다는 것은 현재 튀르키예가 취하고 있는 정치적 입장을 명백히 드러낸 것이다. 따라서 튀르키예가 이슬람 국가로 남아 있는 한 장차 튀르키예의 지도자가 될 사람이 누구이든 이스라엘과의 적대적 관계는 유지될 것이며 러시아와의 협력관계도 지속될 것이다. 실제로 21세기에 들어서면서 러시아와 튀르기예는 해를 더할수록 양국의 정치적, 군사적, 경제적 유대관계를 강화하고 있다. 만약 장래에 튀르키예가 서방세계와 완전히 결별하고 러시아와 완전한 군사적 동맹 관계를 맺는 사건이 일어난다면 이는 에스겔 38장에 예언된 대로 '곡' 연합군에 튀르키예가 가담하게 될 것을 예고하는 것이다. 그리고 튀르키예 민족 계열의 이슬람 형제 국가들도 함께 참전케 될 것이다. 따라서 튀르키예가 친 러시아 정책을 추진하는 것은 '곡' 전쟁을 예고하는 또 하나의 신호이다.

4 '아마겟돈' 종말전쟁의 전초전이 될 '곡' 전쟁

• 이스라엘을 치러오는 러시아 연합군의 가공할 위세에 대한 에스겔의 예언

문 앞에 이른 예수

주 여호와께의 말씀에 로스와 메섹과 두발 왕 곡아 내가 너를 대적하여 너를 돌이켜 갈고리로 네 아가리를 꿰고 너와 말과 기마병 곧 네 온 군대를 끌어내되… 네가 네 고토 극한 북방에서 많은 백성 곧 다 말을 탄 큰 무리와 능한 군대와 함께 오되 구름이 땅을 덮음 같이 내 백성 이스라엘을 치러 오리라 곡아 끝날에 내가 너를 이끌어다가 내 땅을 치게 하리니 이는 내가 너로 말미암아 이방 사람의 눈앞에서 내 거룩함을 나타내어 그들이 다 나를 알게 하려함이라(에스겔 38:3, 15-16)

지금 이 세상은 '곡' 종말전쟁에 관한 예언이 성취될 긴박한 상황에 처해 있다. 그것은 '내가 너를 이끌어다가 내 땅을 치게 하리니'란 하나님의 말씀이 '곡' 전쟁의 선봉장이 될 러시아에 응하고 있기 때문이다. 러시아는 마치 갈고리로 꿰어짐을 당해 끌려 나오는 짐승처럼 중동에서 일어날 종말전쟁에 반드시 참여할 수밖에 없을 것이다. 그것은 이란과 맺은 군사적 동맹 협약 때문이다. 동맹국이 적국으로부터 군사적 공격을 받으면 자동적으로 개입하여 동맹국의 적국과 싸운다는 상호방위 개념은 생사를 같이하는 공동운명체가 된다는 의미이다. 이러한 '갈고리'가 지금 러시아와 이란에 꿰어져 있다면 러시아가 주도하는 중동발 세계대전은 이미 예고된 것이다. 저자가 이 글을 마무리하고 있는 시점은 2024년이다. 앞서 언급한 바와 같이 러시아의 크림반도 점령, 우크라이나 침공 등 러시아의 군사적 행동은 날이 갈수록 과감해지고 있다. 이제 선지자 에스겔이 예언하였듯이 러시아와 서방세계는 이스라엘을 사이에 두고 피할 수 없는 전쟁을 향하고 있다. 그 결과 러시아와 그 동맹국들이 핵미사일과 각종 첨단 병기로 무장하여 폭풍과 같은 기세로 이스라엘을 치러 오리라는 사실은 점점 더 명확해지고 있다. 이러한 지정학적 위기가 초래할 종말전쟁에 대한 선지자 에스겔의 예언을 다시 되새겨 볼 필요가 있다.

> 네(러시아)가… 극한 북방에서… 큰 무리와 능한 군대와 함께 오되 구름이 땅을 덮임같이 내 백성 이스라엘을 치러 오리라 곡아 끝날에 내가 너를 이끌어다가 내 땅을 치게 하리니(에스겔 38:15-16)

• 이스라엘을 공략하려는 러시아의 움직임이 던지는 특별한 메시지

앞서 밝혔듯이 중동 지역에서 러시아가 궁극적으로 노리는 나라는 이스라엘이다. 에스겔의 예언대로 러시아는 결정적인 시기가 오면 이스라엘을 향한 대담한 군사적 모험을 반드시 감행할 것이다. 러시아의 의도는 이스라엘을 군사적 협박의 대상으로 삼아 세계의 부를 장악하고 있는 유대인 금권세력에 자신의 몫을 주장하며 패권 경쟁을 이어 나가려는 데 있다. 실제로 중동 지역에서의 러시아와 미국의 군사적 충돌이 3차 세계대전으로 이어질 수 있다는 경고가 군사 전문가들에 의해서 제기되고 있는 실정이다. 러시아가 아직 이스라엘을 침공하지 않는 유일한 이유는 핵전쟁에 의한 전멸의 공포 때문이다. 그러나 때가 이르면 러시아는 이러한 위험을 감수하며 전쟁을 개시할 것이다. 러시아가 이스라엘을 친다는 의미는 이스라엘의 배후에 있는 미국을 위시한 서방세계와 유대인 금권세력을 향한 도전을 의미한다. 피할 수 없는 세계대전의 서막이 열리는 것이다. 이것이 탐욕적인 러시아가 선택할 수 있는 최후의 카드일 것이다. 거듭 말하지만 러시아의 숨은 야욕은 에스겔 선지자가 폭로한 대로 이스라엘을 공략하여 인질로 삼아 패권 경쟁국으로서의 지위를 유지하고 서방세계와 경제적, 지정학적 이익을 나누어 가지려는 데 있다. 그러므로 러시아의 야욕은 결코 꺾이지 않을 것이다. 결국 오늘날 러시가아 중동 지역에서 벌이고 있는 일련의 군사적 도발은 비극적인 핵전쟁의 그날을 예고하고 있다. 안타깝게도 지금 중동 지역에서 러시아가 가는 길은 종말전쟁으로 가는 길이며 돌이킬 수 없는 멸망의 화를 자초하는 길이 될 것이다.

중동 지역 패권 경쟁에 뛰어든 러시아의 행동은 온 인류 특히 그리스도인들에게 특별한 메시지를 던져 주고 있다. 오늘날 러시아의 중동 지역에 대한 영향력 확대가 갖는 역사적 메시지는 예수의 재림 사건이 임박했음을 알리는 중대한 전조가 된다는 것이다. 지금 중동 지역에서 일어나고 있는 일련의 사건들이 종말전쟁을 촉발시키는 징후들이 틀림이 없다면 그리스도의 재림과 휴거 사건도 한층 가까이 왔다는 것을 의미하는 것이다.

- ## • '곡' 전쟁을 일으킨 러시아의 최후

세상의 마지막 때에 '곡'으로 알려진 러시아의 대연합군이 이스라엘을 침공한다는 에스겔의 위대한 예언은 이 시대에 응하고 있다(겔 38:4, 6) '많은 백성의 무리'와 함께 이스라엘을 치러 올 21세기의 러시아는 군사적으로 초강대국이다. 에스겔은 '곡'이 '완전한 갑옷'을 입고 이스라엘을 침공할 것을 예언하고 있다. 이것은 각종 첨단 무기 즉, 무수한 공격용 드론과 극초음속 미사일과 방어용 미사일 그리고 다량의 화학탄 및 핵무기로 무장된 무시무시한 군사력이 동원될 것임을 시사한다. 하지만 러시아의 궁극적 패망을 알린 에스겔의 예언은 이 지점에서 빛을 발한다. 놀랍게도 에스겔은 러시아 연합군에게 내려질 재앙들을 예언하고 있는데 '곡' 연합군대가 진격한 지역에 '큰 지진'이 일어나 돌이킬 수 없는 피해를 당하게 되고 이때 이스라엘을 후원하고 있는 서방 연합군의 압도적인 반격에 의해 궤멸될 것임을 예언하고 있다.

> 나 주 여호와가 말하노라 <u>그 날에 곡이 이스라엘 땅을 치러 오면</u> 내 노가 내 얼굴에 나타나리라… <u>그 날에 큰 지진이 이스라엘 땅에 일어나서… 모든 산이 무너지며…</u> 내가 온역과 피로 그를 국문하며 <u>쏟아지는 폭우와 큰 우박덩이와 불과 유황으로 그와 함께한 많은 백성에게 비를 내리듯하리라</u>(에스겔 38:18-22)

에스겔의 예언대로 러시아가 재앙의 갈고리에 꿰였다는 사실을 깨닫고 후회할 때에는 이미 처절한 패망이 눈앞에 다가와 있을 것이다. 러시아의 연합군대가 패퇴하는 과정에서 얼마나 끔찍한 살상 행위가 이루어질 것인가를 생각하면 소름이 돋는다. 그러나 보다 더 심각한 문제는 '곡' 전쟁이 인류 역사의 종말을 가져올 세계대전의 시작에 불과하다는 점이다. '곡' 전쟁은 예수 그리스도께서 예언한 '이전에도 없었고 이후에도 없을 큰 환란'의 도화선이 될 것이다. '곡' 전쟁이 두려운 것은 '아마겟돈' 세계 핵 대전을 불러올 것이기 때문이다. 따라서 머지않은 장래에 러시아 군대가 이스라엘로 향한다면 그것은 '아마겟돈' 종말전쟁이 임박했음을 의미한다.

III. '아마겟돈' 종말전쟁에 대한 예수 그리스도의 계시

종말 세계대전에 관한 전반적인 전개 과정과 이로 인한 전 지구적 재앙을 구체적으로 증언한 책은 신약성서의 요한계시록이다. 앞서 밝혔듯이 요한계시록은 예수께서 수제자 사도 요한에게 주신 계시를 기록해 놓은 책이다. 예수의 계시 예언은 이 세상의 다른 예언들과 차원을 달리한다. 그것은 장차 중동 지역과 온 지구상에서 전개될 종말 세계대전뿐만 아니라 그 배후에서 일어나는 치열한 영적 전쟁의 진실을 밝히고 있기 때문이다. 실로 예수의 계시는 우주와 인간의 근원에 무슨 일이 일어나고 있는지 그 비밀을 밝히고 있다. 이것이야말로 예수 그리스도가 진정한 메시아임을 입증하는 불변의 근거 중 하나가 된다. 무엇보다 21세기 이 시점에서 요한계시록을 주목해야 하는 이유는 '아마겟돈'에서 벌어질 인류 종말전쟁에 대한 요한계시록의 예언이 조만간 실현될 것이라는 전조들이 나타나고 있기 때문이다. '곡' 전쟁이 세계대전의 전초전이라면 '아마겟돈' 전쟁은 동방에서 오는 2억의 군대를 위시하여 거의 모든 나라들이 참전하는 세계대전이다. 이제 지정학적 종말의 하이라이트가 될 '아마겟돈' 세계대전에 대해서 살펴보고자 한다.

1. '아마겟돈'은 어떤 곳인가?

• '아마겟돈'은 역사적으로 전쟁을 부르는 숙명의 장소이다

'아마겟돈'이란 지역은 마지막 때에 세계대전이 일어날 곳으로 요한계시록에 예언되어 있다. 사도 요한은 중동 지역에서 벌어질 이 전쟁의 최후 결전장이 현재 이스라엘 영토에 속해 있는 '아마겟돈' 대평원임을 직접 명시해 놓음으로써 불필요한 해석의 오류를 사전에 차단하고 있다. 아마겟돈이란 명칭은 히브리어로 '머깃도의 언덕'이란 뜻에서 유래한 것으로 예루살렘 북쪽의 팔레스타인 광야 지역에 위치해 있다. '아마겟돈'의 어원은 히브리어인 '하 므깃도'를 그리스어로 옮길 때 발생했다. 원래 '므깃도'는 이 땅에 세워졌던 가장 오래된 고대 도시 중 하나이다. 고대 '므깃도'는 남쪽의 이집트와 북쪽의 앗수르, 바벨론, 페르시아 등을 연결하는 교통의 요지였다. 이곳에 사람들이 처음 정착한 것은 기원전 4000년경이었고 그 이후로 20번 이상이나 도시가 파괴되었다가 다시 건설되는 역사를 되풀이해 왔다. 이렇게 여러 번 도시의 흥망성쇠가 반복된 것은 '므깃도'의 위치와 관련이 있다. 이곳은 이집트에서 북방으로 이르는 전략적인 통로이다. 그래서 이곳에서 수많은 전쟁이 일어난 것은 그 위치상으로 보아 자연스러운 일이다. 구약성서(여호수아 12장)에서도 이곳에서의 전쟁 역사를 기록해 놓고 있다. 그리고 1차 세계대전 당시 영국의 '알렌비' 장군도 터키 군사를 추격하는 데 '므깃도'를 이용했다는 사실은 오늘날에도 이곳의 전략적 중요성이 유지되고 있음을 보여 주는 하나의 사례이다. 그리고 지난 1948년 5월에 이스라엘은 마침내 이 역사적인 장소를 점령하면서 긴장을 고조시키고 있다. 또다시 이 지역에 종말전쟁의 기운이 감돌고 있는 것이다. 이처럼 '아마겟돈'으로 불려지는 므깃도 언덕은 과거 수많은 전쟁의 무대가 되었으며 장차 대환란의 격전지가 될 것이다. 이러한 이해를 바탕으로 '아마겟돈' 종말전쟁의 중대한 메시지를 알아보기로 한다.

'아마겟돈' 종말전쟁을 예언한 〈요한계시록 본문〉

문 앞에 이른 예수

또 다섯째 천사가 그 대접을 짐승의 왕좌에 쏟으니 그 나라가 곧 어두워지며 사람들이 아파서 자기 혀를 깨물고 아픈 것과 종기로 말미암아 하늘의 하나님을 비방하고 그들의 행위를 회개하지 아니하더라 또 여섯째 천사가 그 대접을 큰 강 유브라데에 쏟으매 강물이 말라서 동방에서 오는 왕들의 길이 예비되었더라 또 내가 보매 개구리 같은 세 더러운 영이 용의 입과 짐승의 입과 거짓 선지자의 입에서 나오니 그들은 귀신의 영이라 이적을 행하여 온 천하 왕들에게 가서 하나님 곧 전능하신 이의 큰 날에 있을 전쟁을 위하여 그들을 모으더라 보라 내가 도둑 같이 오리니 누구든지 깨어 자기 옷을 지켜 벌거벗고 다니지 아니하며 자기의 부끄러움을 보이지 아니하는 자는 복이 있도다 세 영이 히브리어로 아마겟돈이라 하는 곳으로 왕들을 모으더라(요한계시록 16:10-16)

- **'아마겟돈' 종말전쟁은 장차 지구상에서 발생할 역사적 사건인가 아니면 영계에서 일어나는 비현실적 사건인가?**

'아마겟돈' 전쟁이 실제 지상에서 일어날 전쟁인지 혹은 영적 세계의 투쟁을 의미하는지 판단하려면 먼저 요한계시록의 특이한 구조에 대한 이해가 필요하다. 요한계시록의 구조는 지상에서 발생할 대재난 사건을 중심으로 그 배후에 있는 영적 세계의 투쟁을 이원적으로 다루고 있다. 즉, 요한계시록은 지상에서 일어나는 환경적 대재앙과 종말전쟁으로 인한 끔찍한 문명의 종말에 대한 전 과정을 구체적으로 예언하고 있다. 그리고 이러한 재앙의 원인으로써 종말전쟁에 참여하는 나라와 통치자들의 배후에 역사하고 있는 사악한 영들의 움직임을 폭로하고 있다. 아래의 말씀이 이를 입증하고 있다.

그들은 귀신의 영이라 이적을 행하여 온 천하 왕들에게 가서 하나님 곧 전능하신 이의 큰 날에 있을 전쟁을 위하여 그들을 모으더라(요한계시록 16:14)

결론적으로, 요한계시록의 '아마겟돈' 종말전쟁은 한편으론 예수 그리스도의 지상 재림을 저지하려는 사단의 마지막 저항에 대해서 기술하고 있으며, 또 다른 한편으론 악한 영들의 유혹에 넘어간 지상의 각국의 통치자들이 일으키는 세계대전과 이로 인한 전 지구적 대재앙을 기록한 것이다. 즉, "아마겟돈" 세계대전에 대한 말씀은 영계와 지상세계의 이원적 차원에서 예언하고 있는 것이다. 이러한 관점에서 '아마겟돈' 종말 세계대전을 이해하여야 한다.

무엇보다 '아마겟돈' 종말전쟁은 예수 그리스도의 예루살렘 지상 재림과 깊은 관련이 있다. 이미 전 장에서 밝혔듯이 예수의 재림은 두 가지로 나뉘는데 구원 받은 그리스도인들이 휴거되는 공중 강림과 이후 '큰 환란'에 직면한 이스라엘의 남은 자를 구원하기 위한 예루살렘으로의 지상 재림이 있다. 이제 요한계시록에 기록된 '아마겟돈' 종말전쟁의 구체적인 진행 과정을 살펴보기 전에 먼저 종말 세계대전 발발시 있을 예수 그리스도의 예루살렘 지상 재림에 관한 성서의 증언들을 알아보기로 한다.

• **'아마겟돈' 세계대전은 예수 지상 재림 사건과 깊은 관련이 있다**

구약성서 시대 스가랴 선지자는 이스라엘을 둘러싼 종말 세계대전이 일어날 경우 이스라엘을 구원하기 위한 예수의 지상 재림과 유대인들의 거족적 회개 사건에 대해 예언하였다.

> 그 날에(주의 재림과 '큰 환난'의 날을 지칭) 그의 발이 예루살렘
> 앞 곧 동편 감람산에 서실 것이요(스가랴 14:4)
>
> 그 날에는… 천하만국이 예루살렘을 치려고 모이리라… 예루살
> 렘을 치러오는 열국을 그 날에 내가 멸하기를 힘쓰리라(스가랴
> 12:3, 9)

　선지자 스가랴의 예언은 이스라엘을 멸망시키기 위해서 만국이 모여드는 종말 세계대전을 예고하는 것으로 요한계시록에 예언된 '온 천하 왕들에게 가서 하나님 곧 전능하신 이의 큰 날에 있을 전쟁을 위하여 그들을 모으더라.'는 말씀과 완전히 일치하고 있다. 또한 스가랴 선지자는 종말 세계대전이 일어날 무렵 이스라엘 민족이 자신들의 조상이 십자가에 못 박은 예수가 바로 메시아임을 깨닫고 거족적으로 회개하는 사건이 일어날 것을 예언하고 있다.

> 내가 다윗의 집과 예루살렘 거민에게 은총과 간구하는 심령을
> 부어주리니 그들이 그 찌른바 그를 바라보고 그를 위하여 애통
> 하기를 독자를 위하여 애통하듯하며 그를 위하여 통곡하기를
> 장자를 위하여 통곡하듯 하리로다(스가랴 12:10)

　스가랴 선지자의 예언을 뒷받침하는 예언들이 신약 성서에도 기록되어 있다. 아래 제시된 예수의 말씀은 마지막 때에 유대인들이 예수 그리스도가 메시아임을 시인하고 찬양하게 될 때까지는 지상 재림이 이루지지 않을 것을 예언한 것이다.

　예루살렘아 예루살렘아 선지자들을 죽이고 네게 파송된 자들을

돌로 치는 자여… 보라 너희 집이 황폐하여 버린바 되리라 내가
너희에게 이르노니 주의 이름으로 오시는 이를 찬송하리로다
할 때까지는 나를 보지 못하리라(누가복음 13:34-35)

신약성서 사도행전에서도 예수 그리스도 지상 재림 사건이 실제로
역사적인 사건으로 이루어질 것임을 분명히 밝히는 증언이 기록되어
있다.

갈릴리 사람들아 어찌하여 하늘을 쳐다보느냐 너희 가운데서
하늘로 올리우신 예수는 하늘로 가심을 본 그대로 오시리라 하
였느니라(사도행전 1:11)

요한계시록에서는 더욱 분녕하게 예수 그리스도의 재림으로 유대인
들은 물론 이방 세계에서도 이를 목격하게 되며 이때 이스라엘의 거족
적 회개가 있을 것임을 예고하고 있다.

오시리라 각인의 눈이 그를 보겠고 그를 찌른 자들도(이스라엘
민족을 통칭함) 그를 볼 것이며 땅에 있는 모든 족속이 그를 위
하여 애곡하리니(요한계시록 1:7)
내가 진실로 속히 오리라(요한계시록 22:20)

위의 여러 증언대로 '아마겟돈' 종말전쟁이 시작될 무렵 마침내 유대
인들은 예수 그리스도가 메시아라는 사실을 깨닫게 되고 자신들의 조
상이 예수를 배척하고 십자가에 못 박은 죄와 이에 동조하며 살아온
자신들의 죄에 대한 민족적 회개가 일어날 것이다. 유대인들의 거족

적 회개로 인한 예수 복음신앙 회복 단계는 이스라엘 7절기 중 나팔절에 이은 속죄절의 역사적 성취를 의미한다.

2. 사악한 영에게 사로잡힌 세계 만국이 참전하는 '아마겟돈' 종말 전쟁

요한계시록은 특별히 인류 최후의 전쟁인 '아마겟돈' 세계대전에 대해 소상히 밝히고 있다. 사도 요한에게 주신 예수의 계시가 위대한 것은 세계를 파멸시키는 전쟁에 대해 단순하게 언급한 것이 아니라 '아마겟돈' 종말전쟁의 전 과정을 소상하게 밝히고 있다는 점이다. 요한계시록 9장과 16장에는 사단의 영에 이끌림을 받는 세계 각 나라의 통치자들이 마지막 세계대전을 일으킨다는 내용이 기록되어 있는데 16장 14절에서는 이 전쟁을 '전능하신 이의 큰 날에 있을 전쟁', 즉 구약성서에 여러 차례 언급되고 있는 '여호와의 날'에 있을 인류 최후의 전쟁임을 명시해 놓았다.

> 저희는 귀신의 영이라 이적을 행하여 온 천하 왕들에게 가서 하나님 곧 전능하신 이의 큰 날에 있을 전쟁을 위하여 그들을 모으더라(요한계시록 16:14)

위의 말씀에서 알 수 있듯이 '아마겟돈' 전쟁은 '온 천하 왕들'이 참여하는 전쟁으로 러시아가 주도한 '곡' 전쟁보다 그 규모가 훨씬 큰 세계대전이다. 따라서 러시아가 주도한 '곡' 연합군의 이스라엘 침공이 종말전쟁의 전반전이라면 '아마겟돈' 세계대전은 종말전쟁의 후반전에 해당한다고 볼 수 있다. 즉, 러시아가 주도한 '곡' 전쟁은 결국 중국을 비롯한 동방의 무역대국을 자극하여 여러 나라의 이권이 걸린 중동지역으로 출전케 하여 결국 전무후무한 세계대전으로 이어질 것이다. 이는 요한계시록 9장과 16장에 동방으로부터 무려 2억 명의 대군이 '유브라데' 강을 건너 '아마겟돈' 지역으로 진격할 것을 예언하고 있기 때문이다.

- **'유브라데'에 묶여 있던 천사의 놓임에 관한 요한계시록의 예언이 의미하는 것**

> 나팔 가진 여섯째 천사에게 말하기를 큰 강 유브라데에 결박한 네 천사를 놓아주라 하매 네 천사를 놓아주라 하매 네 천사가 놓였으니 그들은 연 월 일 시에 이르러 사람 삼분의 일을 죽이기로 예비한 자들이라 마병대의 수는 이만만이니 내가 그들의 수를 들었노라… 불과 연기와 유황을 인하여 사람 삼분의 일이 죽임을 당하니라(요한계시록 9:14-18)

'곡' 전쟁이 이스라엘 극한 북방 지역에 있는 러시아가 주도한 전쟁이라면 '아마겟돈' 종말전쟁은 '동방에서 오는 왕들'이 참전하는 최후의 세계대전이다. 여기서 주목해야 할 지명이 등장하는데 곧 '큰 강 유브라데'에 관한 언급이다. 동방에서 오는 대군들이 이스라엘로 진격하는 길목에 '유브라데' 강이 가로놓여 있다. 그래서 요한계시록 9장과 16장은 동과 서를 구분 짓는 '유브라데' 강에 대해 특별히 언급하고 있다. 역사적으로 '유브라데' 강은 동서 교류와 교역에 큰 장애물이었다. "로마인들과 희랍인들과 바빌로니아 인들은 항상 '유브라데' 강을 동서

　　　　　　　　　　　　　　　　　　　　문 앞에 이른 예수

의 경계선으로 간주하였다." 그래서 동방 대군이 유브라데를 건너 이스라엘의 '아마겟돈' 지역으로 진격한다는 것은 인류 최후의 대전이 일어남을 의미한다. 이 비상한 상황에 대해 사도 요한은 '큰 강 유브라데에 결박한 네 천사를 놓아주라'는 기이한 표현을 쓰고 있다. 그리고 이 결박에서 풀려난 천사들의 신분에 대해 '네 천사가 놓였으니 그들은 연 월 일 시에 이르러 사람 삼분의 일을 죽이기로 예비한 자들이라'이라고 증언하고 있다.

그렇다면 '결박한 네 천사'의 정체는 무엇인가?

신약성서 유다서에는 하나님이 '자기 지위를 지키지 아니하고 자기 처소를 떠난 천사들을 큰 날의 심판까지 영원한 결박으로 흑암에 가두셨으며'(유다서 1장 6절)라는 증언이 기록되었다. 따라서 '큰 강 유브라데'에 결박되어 있다가 풀려난 네 천사들 역시 반역의 천사이며 인간을 꾀어 멸망의 전쟁으로 이끄는 사악한 영들임을 알 수 있다. 사도 요한은 '아마겟돈' 전쟁을 일으키도록 선동하는 존재가 사단이 통솔하는 사악한 영들임을 명확히 밝히고 있다.

> 또 여섯째 천사가 그 대접을 큰 강 유브라데에 쏟으매 강물이 말라서 동방에서 오는 왕들의 길이 예비되었더라 또 내가 보매 개구리 같은 세 더러운 영이 용의 입과 짐승의 입과 거짓 선지자의 입에서 나오니 그들은 귀신의 영이라 이적을 행하여 온 천하 왕들에게 가서 하나님 곧 전능하신 이의 큰 날에 있을 전쟁을 위하여 그들을 모으더라… 세 영이 히브리어로 아마겟돈이라 하는 곳으로 왕들을 모으더라(요한계시록 16:12-16)

그렇다면 사도 요한은 왜 '큰 강 유브라데'란 지명을 거듭해서 강조하여 밝히고 있는가? 사도 요한이 특별히 '유브라데'를 언급한 이유는 종말전쟁이 실제로 일어날 사건임을 증거하기 위함이다. '유브라데'는 분명히 지금도 지리상으로 존재하는 강이다. 구약성서 창세기의 기록에 따르면 이곳은 일찍이 인간과 사단의 야합으로 창조주 하나님에 대한 도전과 반란의 사건들이 일어났던 지역이다. 창세기에는 '큰 강 유브라데' 주변 지역에서 하나님을 대적하려던 바벨탑 사건 등에 대해 증언하고 있다. 이처럼 '유브라데' 주변 지역에서 사단을 추종하는 악한 영들은 인간들의 마음을 충동질하여 비극적인 사건들을 일으켰다. 역사적으로 '큰 강 유브라데'는 제국들의 전략적 요충지로써 이를 장악하기 위해 피의 강을 이루었던 곳이다. 사도 요한은 마지막 때에 또다시 '큰 강 유브라데' 주변 지역에서 일어날 거대한 종말전쟁을 예고하고 있는 것이다. 그래서 그는 이곳에 묶여 있던 사악한 네 천사의 준동을 특별히 언급하고 있다. 즉, 종말전쟁 때에 사악한 영들에 의해 이끌림을 받은 동방의 대군이 '유브라데' 강을 건너 '아마겟돈'을 향하여 진격할 것을 예언하였다. 악한 영들의 이끌림을 받은 전쟁의 화신들은 무려 인류의 삼분의 일을 멸하는 끔찍한 살육을 자행할 것이다.

> 네 천사가 놓였으니 그들은 연 월 일 시에 이르러 사람 삼분의
> 일을 죽이기로 예비한 자들이라(요한계시록 9:15)

• 동방에서 오는 '2억'의 군대

요한계시록의 종말전쟁에 대한 예언이 놀라운 것은 동방 군대의 숫자에 관한 것이다. 사도 요한은 '큰 강 유브라데'의 사악한 네 천사가 풀려나와 각 나라의 통치자들을 충동질하여 '아마겟돈'에 집결시키는 군대의 수가 무려 2억 명임을 밝히고 있다. 사도 요한이 예수 그리스

도의 계시를 받을 당시에는 이 세상의 인구가 2억이 채 되지 않았음을 감안할 때 이 예언은 참으로 놀라운 것이다. 사도 요한은 인구학자도 아니며 그가 살았던 1세기경에는 지구가 어떤 모습인지 알지 못했고 더욱이 5대양 6대주가 존재하는지조차 알지 못했다. 당시에는 세계의 인구를 측정할 만한 어떤 지식도 없었다. 따라서 그가 단순히 상상 만으로 2억 명이라는 군대가 동방에서 중동 지역으로 밀려온다는 것을 예측한다는 것은 상식적으로 불가능한 것이다. 만약 사도 요한이 오직 자신의 상상만으로 엄청난 군대 숫자를 추정했다면 1,000만 명 정도의 숫자를 말했더라도 충분하였을 것이다. 당시 1,000만 대군은 아마도 온 세상의 군대가 동원되는 것을 의미하기 때문이다. 그럼에도 불구하고 사도 요한은 무려 2억 명이라는 엄청난 수의 군대가 종말전쟁에 투입된다고 예언하였다. 그의 예언 이후 1,900여 년이 흐른 지금 세계 인구는 76억 명(2017년 말 기준)에 달하고 있다. 그래서 향후 중동 지역에서 3차 세계대전이 일어난다면 과연 동양에서 2억 명의 군사 동원이 가능한 것인가를 먼저 생각해 보아야 한다. '유브라데' 강의 동쪽에 있는 동방의 나라들 중 인구 대국들이 다수 있다. 2015년 기준으로 중국은 약 13억 6천 7백만 명이며 인도는 12억 5천 1백만 명이다. 이 두 나라를 합한 인구수는 26억 명을 능가한다. 그리고 중국과 동맹관계인 파키스탄의 경우 2억 명을 육박하고 있으며 친 서방 진영에 있는 일본은 1억 2천 6백만 명을 헤아리고 있다. 중국과 파키스탄 그리고 인도와 일본이 자국의 사활이 걸린 중동 전쟁에 참전하기 위해서 국민 총동원령을 내리면 능히 2억 명을 동원할 수 있다는 사실을 주목하여야 한다. 그리고 요한계시록에서 2억의 군대가 모여드는 '아마겟돈' 종말전쟁은 구약성서의 선지자들도 동일하게 예언하고 있다. 선지자 요엘은 예루살렘 부근의 '여호사밧 골짜기'에 수많은 만국의 군대가 최후의 종말전쟁을 치르기 위해 모여들 것이라는 구체적인 예언을 하고 있다.

> 내가 만국을 모아 데리고 여호사밧 골짜기에 내려가서 내 백성
> 곧 내 기업된 이스라엘을 위하여 거기서 그들을 국문하리니…
> 사람이 많음이여, 판결 골짜기에 사람이 많음이여, 판결 골짜기
> 에 여호와의 날이 가까움이로다(요엘 3:2, 14)

3. '아마겟돈' 종말전쟁의 주역—'동방'의 중국 군대

• 서방세계에 맞서 '아마겟돈' 종말전쟁에 참전할 중국의 굴기

동방의 나라들 가운데 성서의 예언과 관련하여 특히 주목해야 할 나라는 중국이다. 중국은 러시아와 더불어 서방세계와 사상적 대립관계에 있다. 중국은 정치적으로 공산주의를 통치철학으로 삼고 있으며 공산당이 중국을 지배하고 있다. 공산주의는 무신론적 유물론, 즉 '하나님이 없다'는 사상을 표방한다.. 그래서 중국 정부는 기독교 복음 전파활동을 엄격히 통제하고 기독교도들을 탄압하고 있다. 그리고 중국이 21세기에도 여전히 공산주의 유물론 사상을 신봉하는 국가임을 스스로 천명하고 있다는 점에서 기독교를 배경으로 하는 서방 자본주의 국가들과는 사상적인 대척 관계에 있다. 또한 중국은 경제적으로 미국과의 패권경쟁을 벌일 정도로 급성장한 나라이다. 막강한 경제력을 바탕으로 중국은 중동과 아프리카로 이어지는 새로운 실크로드 개척을 위해서 총력을 기울이고 있다. 중동 지역에서 중국의 영향력 확대도 끊임없이 시도되고 있다. 러시아가 중동의 이슬람권 나라들을

포섭하여 미국과의 패권경쟁을 벌이고 있듯이 중국 역시 러시아와 비슷한 방법으로 중동의 경제적, 정치적, 군사적 문제에 깊숙이 개입하고 있는 것이 현실이다. 2024년 현재 지난 중국이 지난 수십 년간 비약적인 경제발전을 이루며 미국을 위협하는 군사강국이 되어 있다는 것은 이제 누구나 아는 정보가 되었다. 중국은 오늘날 세계 제3위의 군사력을 자랑하고 있다. 21세기에 들어서면서 중국은 군사적 파워를 과시하며 중동으로 통하는 전략적 요충지 곳곳에서 미국과 마찰을 일으키고 있다. 실제로 남중국해와 인도양과 중동 지역 곳곳에서 미국과 중국의 지정학적 갈등은 해를 더할수록 고조되고 있다. 중국이 '세계경찰을 자처하여 시리아내전 중재'에 나서고 있다거나 '남중국해 분쟁서 아랍연맹 22개국 지지도 확보'하고 있다는 메스컴의 보도들은 오늘날 중국이 얼마나 중동 지역의 패권 경쟁에 깊숙이 연루되어 있는지 단적으로 보여 준다.

월가의 억만장자 투자자인 조지 소로스는 미국과 중국의 충돌로 제3차 대전이 일어날 수 있다고 경고했다. 그의 말은 중국이 마지막 종말전쟁 때 주역이 될 것임을 시사하고 있다. 오늘날 중국이 중동 지역에서의 각종 정치적 군사적 사안에 이미 깊숙이 개입하고 있다는 사실은 향후 이 지역에서 세계대전이 일어날 경우 중국의 개입을 예고하는 것이다. 실로 중국은 중동이란 전략적 요충지를 두고 물러설 수 없는 게임에 빠져들고 있는 것이다. 이러한 사실은 장차 '아마겟돈' 세계대전에 중국의 거대한 군대가 참전케 될 것이라는 주장의 충분한 근거가 된다. 그러므로 요한계시록 16장 12절에 명기된 동방의 왕들로 명명된 거대한 군대의 선두는 중국이 될 것이라는 판단은 의심의 여지가 없다.

• 최후의 일전을 치르러 오는 중국과 동방 군대

'유브라데' 강을 건너는 '동방'의 대군의 우두머리가 중국이 될 것이라는 예측은 점점 현실화되고 있다. 하지만 중국은 보다 호전적인 러시아와 달리 중동 지역에서 러시아와 서방진영과의 전쟁이 발발하더라도 처음부터 성급하게 군사적 대응을 하지 않을 것이다. 중국은 그동안 쌓아 온 자국의 막대한 부를 잃지 않기 위하여 마지막까지 서방세계에 평화적 해결을 호소하고 중재와 타협을 위해 노력할 것이다. 그러나 중국은 자국의 경제가 세계대전이라는 엄청난 소용돌이 속에서 처참하게 붕괴되어 회복 불가능하다고 판단되는 시점이 다가오면 마침내 중대 결단을 내리지 않을 수 없을 것이다. 그때 중국은 '성공해도, 실패해도, 가만히 있으면 나는 죽을 것이다. 그러므로 가만히 있는 것을 선택할 수는 없다.'는 결론을 내리게 될 것이다. 전 세계가 종말전쟁에 휘말릴 때 잠에서 깨어난 아시아의 거인 중국과 그 동맹군들이 참전할 것이다. 그때는 파키스탄 등 친 중국 이슬람 국가들이 일제히 호응할 것이며 중국의 붉은 군대는 '유브라데' 강을 건너서 인류 역사상 최대의 살육전을 위해서 '동방'의 '왕'들의 선봉이 되어 '아마겟돈'으로 진격할 것이다. 거듭 말하지만 '아마겟돈' 종말전쟁의 특징은 '동방에서 오는 왕들', 즉 중국, 인도, 파키스탄 일본 등 막강한 군사력과 핵무기를 가진 나라들의 참전을 예고하고 있다. 지금 인류는 역사상 가장 많은 군대가 동원될 '아마겟돈' 세계대전이 현실로 다가오고 있는 두려운 전조들을 두려움 속에서 바라보고 있다. 일찍이 예수 그리스도가 경고한 전에도 없었고 이후에도 없을 '큰 환란'이 다가오고 있는 것이다.

4. 예수의 지정학적 종말 예언에 담긴 메시지

예수의 예언은 단순히 몇 년 몇 월 몇 시에 세계대전이 발발하고 세상의 멸망이 찾아온다는 혹세무민의 종말 예언과는 그 차원을 달리한다. 예수의 예언은 마지막 전쟁을 야기하는 나라들의 배후에 인간의 대량 살육을 선동하는 악한 영들의 존재와 이로 인한 '큰 환란'의 인과관계에 대해 소상히 밝히고 있기 때문이다.

• **사도 요한이 예수로부터 받은 중요한 계시는 종말전쟁을 일으키는 나라들의 배후에 암약하는 악한 영들의 존재를 인류에게 알리는 것이다**

요한계시록에 기록된 예수의 계시는 인간으로 하여금 광란의 살육을 자행하도록 선동하는 배후의 세력이 악한 영들임을 폭로하고 있다. 악한 영들을 이끄는 사단은 '에덴'에서 거짓말로 인간을 타락시켜 죽음으로 내몰았던 존재이다. 안타깝게도 오늘날 인류는 과학의 논리로 사단이란 존재를 아예 그 뇌리에서 지워버렸다. 그래서 많은 사람들은 물질문명의 빛에 눈이 멀어 사단이 이 세상에서 엄연히 활약하고 있다는 사실을 알 수 없게 되었다.

그렇다면 사단과 그 무리들은 존재하지 않는가?

이 중대한 물음에 대해 사단이 엄연히 존재하며 악한 영들은 인간 세상의 배후에서 그리고 사악한 인간의 마음을 지배하면서 마지막 때에 종말전쟁을 획책할 것이라는 예수 그리스도의 다음과 같은 계시는 참으로 폐부를 찌르는 통찰력을 보여 주고 있다.

> 또 내가 보니⋯ 세 더러운 영이 용(사단)의 입과 짐승(마지막 적 그리스도)의 입과 거짓 선지자의 입에서 나오니 저희는 귀신의

영이라 이적을 행하여 온 천하 임금들에게 가서 하나님 곧 전능하신 이의 큰 날에 전쟁을 위하여 그들을 모으더라… 세 영이 히브리 음으로 아마겟돈이라 하는 곳으로 왕들을 모으더라(요한계시록 16:13-16)

예수 그리스도의 계시 예언대로 사단은 여전히 이 세상의 권세를 장악하고 있으며 마지막 전쟁 때 나라와 국민을 다스리는 통치자들의 마음에 강력한 적개심을 불어넣어 인류의 마지막 대살육전에 참전케 할 것이다.

• 예수의 지정학적 종말 경고는 인간을 구원하기 위함이다

극악으로 치닫고 있는 인류에게 던져진 예수의 지정학적 종말의 경고가 21세기에 응하고 있다는 것은 의심의 여지가 없다. 매일 뉴스의 머리글은 통제 불가능한 자기 파괴를 지속하고 있는 지구촌과 중동 지역의 참혹한 실상을 폭로하고 있다. 단지 성서의 예언뿐만 아니라 오늘날 중동 지역의 정세를 연구하는 학자들에 의해서도 중동발 세계대전은 끊임없이 경고되고 있다. 실제로 지금 중동 지역에서는 미국과 중국과 러시아, 서방과 동방, 자본주의와 공산주의, 북방과 남방 연합세력들의 사활을 건 충돌이 빚어지고 있다. 그야말로 중동 지역에서의 지정학적 위기는 현재진행형이다. 향후 중동발 세계대전은 필경 대규모 핵 교전이 될 것이다. 안타깝게도 지금 인류는 파멸을 불러올 미친 불꽃놀이를 준비하고 있다. 인간의 내면에 도사린 사악한 심성이 가장 극악하게 표출될 그날이 빠르게 다가오고 있는 것이다. 이러한 엄중한 상황과 관련하여 종말전쟁을 유발할 악한 영의 존재와 활동 상황에 대해 구체적인 정보를 주는 요한계시록의 메시지는 참으로 귀한 것이다. 무엇보다 사도 요한에게 주신 예수의 계시 예언은 우리 개개인이 다가오는 최후의 세계대전에 대해 경각심을 가지고 구원의 복음을 듣게 하기 위함이다. 만일 예수의 복음이 없었다면 인류는 그저 멸망으로 치달을 뿐이다. 그래서 전 지구적 파멸이 오기 전에 살아 계신 하나님의 존재를 깨닫고 예수 그리스도가 이루신 구원의 복음을 듣고 마침내 믿을 수 있게 된다는 것은 참으로 복된 것이다. 하지만 세상의 종말을 예고하는 수많은 전조들은 이미 나타나고 있다. 이것은 우리 개개인이 구원의 복음을 들을 수 있는 기회가 빠르게 사라지고 있다는 것을 의미한다. 그래서 '죄 사함으로 말미암는 구원'의 말씀을 들을 수 있는 시간이 많이 남아 있지 않다는 사실은 아무리 강조하여도 지나침이 없는 진실의 소리다!

제9장 21세기, 인류 멸망을 예고하는 가장 확실한 증거물-핵폭탄

　과학은 우리에게 스스로를 파괴시킬 수 있는 능력을 전해 주었다. 인간의 과학이 만들어 낸 것 중 가장 사악한 파괴력을 지닌 무기가 다름 아닌 핵폭탄이다. 금세기 세상의 종말을 가져 올 가공할 무기가 핵폭탄이라는 사실은 의심의 여지가 없다. 제3차 세계대전이 발발한다면 인류문명을 파멸시킬 핵전쟁이 될 것이다.

　성서의 기자들은 마지막 때에 하늘과 바다와 땅을 불사르는 '불'의 재앙과 그 참혹한 생태계의 파괴에 대해 소름끼칠 정도로 구체적으로 예언하고 있다.

I. 인류를 파멸시킬 핵 대전이 다가오고 있다

일찍이 예수와 사도들은 하늘과 땅과 바다와 강과 수목을 일시에 불사를 가공할 재앙의 불이 인류의 멸망을 가져올 것을 분명하게 예언하였다. 그러므로 제3차 세계대전과 예수의 계시예언을 연계하여 이해해야 할 시점이 바로 지금이다. 불로 인한 멸망이 눈앞에 와 있기 때문이다.

1. 인류가 대규모 핵폭발을 수반하는 3차 세계대전을 피할 수 없는 이유

첫째, 역사적 경험에서 제3차 세계대전이 반드시 일어날 것을 확인할 수 있다.

3차 세계대전과 핵전쟁의 가능성을 부인하는 자들의 주장이 공허한 이유는 무엇인가? 인간의 역사는 전쟁의 역사라 해도 과언이 아니다. B.C. 360년을 기준으로 볼 때 인류의 역사는 지금까지 계속 전쟁으로 이어 왔다. 그 가운데 전쟁이 없었던 기간은 292년간이며 B.C. 360년에서 A.D. 1991년까지 2,351년의 기간 사이에 292년을 빼면 2,059년간 계속하여 전쟁이 있었다. 그 전쟁의 횟수는 1970년까지 (확인된 것만으로도) 14,525번에 달한다. 사망자 수는 36억 4,000만 명인데 이것은 공식 집계된 수이고 집계되지 않은 수는 더 많다고 볼 수 있다. 이처럼 인류가 경험해 온 무수한 전쟁은 인간의 이성이 크고 작은 전쟁을 막아내는 데 완전히 실패했음을 보여 주고 있다. 이러한 역사적 경험은 대규모 핵 교전을 수반한 3차 세계대전도 피할 수 없음을 증거하고 있다.

둘째, 전쟁은 가장 빨리 가장 치명적으로 적을 파멸시키는 게임이라
는 사실이 핵무기를 주된 공격 수단으로 삼는 핵전쟁의 불가피성을 증
거하고 있다.

전쟁은 대량 살상 무기의 사용을 억제하는 이성의 게임이 아닌 악마
성이 최고도로 노출되는 살육의 게임이다. 전쟁이 있을 때마다 과학자
들에 의해 고안된 대량파괴 기구들은 문명을 파괴시키는 데 악용되어
왔다. 따라서 인간이 만든 대량 살상 무기는 반드시 사용되며 그것도 가
장 비극적으로 가장 극악하게 사용된다는 것이 역사의 교훈이다. 그러
므로 21세기에 3차 세계대전이 발발한다면 가장 효율적으로 가장 많
은 인간을 가장 빨리 죽이는 무기는 두말할 것도 없이 핵폭탄일 것이다.
핵무기가 실제로 전쟁에 사용된 것은 두 번으로, 미국이 제2차 세계대
전 말기인 1945년 8월 6일 일본 히로시마에 떨어뜨린 우라늄 폭탄인
리틀 보이와 1945년 8월 9일에 나가사키에 떨어뜨린 플루토늄 폭탄인
팻 맨이다. 이후 미국, 소련, 영국, 프랑스, 중국, 인도, 파키스탄 이
스라엘 북한은 수많은 핵실험을 실시했다. 핵전쟁을 대비한 무수한 핵
폭발 실험이 지구를 진동시키고 있다는 사실은 향후 세계대전이 인류를
파멸시킬 핵전쟁이 될 것임을 명백히 증거하고 있다. 이제 3차 세계대
전이 일어난다면 이미 만들어진 핵무기들이 아낌없이 사용될 것이다.

셋째, 세계적인 지도자들의 입을 통해 핵전쟁의 재앙이 공개적으로
경고되고 있다.

오늘날 많은 군사 전문가들은 적국을 향하여 발사 준비 완료된 무수
한 핵미사일의 위험서에 대해 어디서든 어느 날이든 누군가에 의해서

문 앞에 이른 예수

든 어떤 방식으로든 핵무기 보턴은 눌러질 수 있고 경고하고 있다. 그때 세계는 끔찍한 핵 재앙을 경험할 거다. 핵무기가 존재하는 한 재앙은 불가피하다. 도널드 트럼프 미국 대통령은 첫 번째 재임 당시 미국과 러시아의 관계 악화 시 '핵 홀로코스트'(핵무기로 인한 대학살)가 터질 수 있다는 취지의 말을 해 논란을 불러왔다. 실제로 러시아의 푸틴 대통령은 2022년 우크라이나를 침략하면서 이에 맞서는 서방세계를 향하여 결정적인 상황이 오면 핵무기를 사용할 것이라고 여러 번 경고하였다. 푸틴의 공공연한 협박성 발언은 그동안 핵무기는 도저히 사용할 수 없는 금단의 무기로 여겨져 오던 국제사회의 암묵적 동의를 깨뜨리고 말았다. 이는 인류를 파멸시킬 핵전쟁이 언제든지 현실화될 수 있음을 분명히 보여 주는 사례이다.

넷째, 유사시 인간이 핵무기 사용을 억제하는 데 실패할 것이라는 확실한 증거들이 있다.

지금 인류는 언제 터질지 모르는 핵폭탄을 껴안고 하루하루 불안 속에서 지내고 있다. 인간이 만든 핵 제어 시스템의 불완전성이 일촉즉발의 핵전쟁을 야기할 수 있다. 참으로 두려운 사실은 지구 어느 지역에서의 강대국의 이해가 걸린 사소한 충돌이 전혀 예상치 못한 핵전쟁으로 비화될 수 있다는 점이다. 그 누구도 핵 공격을 가하길 원치 않지만, 상호 불신임, 정보의 제한, 상황 분석 시간 부족 등 단순한 이유로 핵전쟁 위기로 치달을 수 있으며 그 결과는 전 세계적 규모가 될 것이다. 또한 예기치 않게 소행성이 지구상에 떨어질 때 핵전쟁을 촉발할 수 있다. 이는 적국의 핵미사일 발사로 오판할 가능성이 있다는 것이다. 이처럼 핵미사일의 오발 사고 및 실수를 가장한 의도적 선제공격의 가능성은 항상 있으며 한 발의 핵미사일이 적국을 향한 공격을 불러오는 자동 발사 시스템에 의해 전 지구적 파멸을 불러올 수 있다는 가능성은 엄존한다.

상술한 바와 같이 이제 3차 세계대전이 일어난다면 그것은 곧 핵전쟁이 될 것이라는 사실은 지극히 상식적인 판단이라 할 수 있다. 슬프게도 21세기 인류는 대규모 핵 교전이란 최후의 날을 향하여 확실하게 다가서고 있다.

2. 인간이 끌어들인 지옥불의 참상

인간이 인류의 문명을 단번에 끝장낼 핵의 원리를 발견하고 대량 살육의 '불'을 만들었다는 것은 인간의 내면에 무자비한 파괴 성향이 있음을 말해 준다. 인간이 모든 것을 불사르는 지옥의 불을 이 세상에 끌어들인 사건은 한마디로 인간의 사악한 본성의 결정판이다. 인간은 원래 선하다고 강변하는 사람들의 말은 핵폭발의 가공할 파괴력 앞에서 공허한 소리가 된다. 성서의 강력한 경고대로 이제 이 세상은 핵폭발의 참화가 인류를 집어삼킬 마지막 순간을 향해 치닫고 있다. 핵폭발이 일어나는 것을 막을 수 있는 어떤 수단과 방법도 찾지 못한 21세기의 상황은 그야말로 절망과 공포와 혼돈의 절정을 이루고 있다.

• 지옥의 불을 지상에 가져온 인간

1945년 7월 16일 새벽 5시 30분 미국 뉴멕시코의 사막에서 '성부, 성자, 성령의 삼위일체', 즉 '트리니티(Trinity)'라는 이름을 달고 인류 역사상 최초의 핵실험이 단행됐다. 실험용 폭탄은 엄청난 폭발음

문 앞에 이른 예수

과 햇빛보다 강렬한 섬광을 내뿜으며 '핵 시대'의 개막을 알렸다. 인류의 불안한 미래를 암시하듯, '트리니티'가 실시된 사막의 이름은 '죽음의 여정'이었다. 그리하여 1945년은 인간이 스스로 지옥문을 열고 불의 대재앙을 지구상으로 끌어들인 해가 되었다. 인간의 영악한 두뇌가 발견해 낸 '핵분열 연쇄반응'으로 인한 가공할 파괴력의 원리를 실제 실험을 통해서 입증했기 때문이다. 당시 실험 책임자 케네스 바인브릿지 박사는 핵 개발자 오펜하이머에게 '이제 우리 모두는 개자식들이 됐다.'고 탄식했다. 오펜하이머 역시 핵실험을 지켜보면서 힌두교의 경전의 한 구절을 인용해 '나는 세계의 파괴자가 됐다.'고 자책했다.

• 모든 것을 파괴하고 태우는 지옥의 불―핵폭발

핵폭발은 핵반응이 빠르게 일어나 급작스럽게 에너지가 터져버리는 것을 뜻한다. '폭발'이라는 것은 근본적으로 기체의 갑작스러운 팽창 현상을 의미하는 것이다. 핵폭발을 하게 되면 엄청난 에너지가 일시적으로 방출되면서 그 부위의 온도가 순간적으로 섭씨 수십만 도에서 수백만 도까지 올라가게 된다. 가열된 공기덩어리는 상승하게 되고 그 공기덩어리가 상승하는 모습은 '버섯'처럼 보인다. 대기권에서의 핵폭발은 버섯구름을 만들고, 광범위하게 주변을 방사선과 방사능 입자로 오염시킨다. 그래서 핵폭탄이 터진다는 것은 가장 잔인하게 가장 무섭게 가장 비극적으로 모든 것이 파괴됨을 의미한다. 핵폭탄의 살상 및 파괴 효과는 폭풍·열·방사능의 3대 효과가 종합적으로 작용한다. 핵반응 시에 방출되는 방사능은 중성자 상해를 입히게 하고, 넓은 지역에 퍼져 있는 물·흙·먼지 등의 방사성 물질로부터 잔류 방사선을 방출하게 하며, 죽음의 재라고 하는 방사능진을 퍼뜨려 광범위한 방사능 오염 지대를 형성한다. 핵폭발에서 발생되는 효과와 에너지의 분포는 대체로 폭풍 및 충격파 50%, 열복사선 35%, 초기 핵 방사선 5%, 잔류 방사선 10%이다. 표준 원자폭탄(20kt급)이 공중·지표면에서 폭발한 경우 폭풍 효과에 의해서 폭발 중심으로부터 1~5km 이내의 목조 건물, 300m 이내의 콘크리트 건물, 150~220m 이내의 지하 구조물이 파괴되고, 열복사선에 의해서는 2.5km 이내의 가연성 물질이 연소되거나 사람들에게 심한 화상을 입히게 되며, 방사선에 의해서는 1km 이내의 전체 사람들에게 치사량의 방사선량을 조사하게 된다.

핵폭발로 인해 사망하는 사람의 고통은 말로 다 표현할 수 없을 정도로 처참하며 살아남은 사람들은 자신의 운명을 저주하며 극한의 고통 속에서 죽음을 기다리는 시간만이 있을 뿐이다.

• 핵폭발의 공포가 현실화되고 있다

원자 폭탄이 최초로 실전에 이용된 것은, 1945년 8월 초 히로시마에 투하된 것이었다. 히로시마에 핵폭탄이 폭발함으로써 당시 약 80,000명 이상이 죽임을 당하였고 그 이후 후유증으로 120,000명 이상이 죽었다. 또 히로시마에서는 그때부터 지금까지 태어난 아기 다섯 명 중 한 명이 사산되거나 기형으로 태어나고 있는 실정이다. 2차 세계 대전 당시인 1945년 8월 일본 히로시마와 나가사키에 원자폭탄이 투하된 지 75년이 지났다. 미국의 원자폭탄 투하로 2차 세계대전은 종료됐지만, 15만 명 이상의 사망자가 발생하고 현재까지 피해자와 후손들의 고통스런 삶이 이어지고 있다. 히로시마, 나가사키 핵폭발이 가져온 형언할 수 없는 참상을 목격하고도 세계 각국은 또다시 핵무기 개발 경쟁에 뛰어들고 있다. 1945년부터 지금까지 미국, 러시아, 중국, 영국, 프랑스 등 종래의 핵 강대국은 물론 인도, 파키스탄, 이스

문 앞에 이른 예수

라엘, 북한 등이 핵 보유국의 대열에 끼어들었고 이에 불안을 느낀 많은 나라가 암암리에 핵무기 개발을 서두르고 있다. 예컨대 1945년 7월16일 미국이 뉴멕시코주 로스앨러모스에서 최초의 핵폭탄 실험을 한 후 전 세계에서 2,000여 회의 실험이 이어졌다. 실시된 핵무기의 시험 횟수는 미국이 515회, 러시아가 210회, 프랑스가 46회, 영국이 21회, 그리고 중국이 11회에 이르고 있다. 2000년대 들어서면서 북한이 크고 작은 핵실험을 6회 이상 실시한 것으로 알려졌다. 하지만 어느 나라도 공식적으로 핵실험 횟수를 공개하지 않기에, 정확한 수치는 알 수 없고 추정치로 파악할 뿐이다. 한편 대규모 핵전쟁을 촉발할 핵 테러의 위험도 높아지고 있다. 국제원자력기구(IAEA) 자료에 따르면, 지난 20년(2010년 기준) 동안 핵 물질인 플루토늄과 농축 우라늄 탈취, 불법 획득 사례는 18건이 보고된 것으로 파악됐다. 오늘날 테러리스트들이 핵 물질을 손에 넣었을 경우 단순한 형태의 핵무기는 제조할 수 있다는 사실은 이 세계가 치명적인 핵 테러의 재앙에 직면해 있음을 의미한다. 그리고 단 한 건의 핵폭발 사고로도 이 세계는 돌이킬 수 없는 파멸에 돌입할 것이다. 안타깝게도 21세기에 접어든 지금 이제 이 세계는 핵폭탄이 지구상에서 폭발하는 결정의 시간으로 다가서고 있다. 이른바 미국과 러시아가 주도하던 세계 핵무기 질서가 무너지고 핵무기 보유국의 확산이라는 악몽의 시나리오가 시작되었기 때문이다.

3. 핵전쟁으로 치닫고 있는 미친 세상

핵폭탄은 인간이 만들어 낸 최악의 살육무기이다. 핵무기는 핵분열이나 핵융합에서 발생하는 방대한 에너지를 이용하여 살상 또는 파괴하는 무기의 총칭이다. 가장 작은 핵무기도 재래식 폭탄에 비해 월등한 폭발력을 가지며, 큰 것은 도시 하나를 통째로 사라지게 할 수도 있다. 지금 이 지구상에 존재하는 무수한 형태의 핵무기들은 대규모 핵전쟁이 임박했음을 알리는 명확한 증거이다. 누가 이를 반박할 수 있겠는가?

• **악마성을 키워 가는 핵무기의 진보**

– **핵폭탄의 종류**

가장 간단한 핵무기는 핵분열을 이용한 무기이다. 이를 원자 폭탄이라고 한다. 핵분열 보다 더 큰 에너지를 얻기 위해서는 핵융합 반응을 이용한다. 이 원리를 이용한 수소 폭탄은 원자폭탄의 수백 배 이상의 파괴력을 지닌다. 그밖에도 여러 종류의 핵무기도 있다. 핵무기 주위를 적당한 물질(코발트나 금) 등으로 감싸서 방사능 낙진의 양을 늘리는 'Salted' 핵무기들도 있다. 그리고 고속중성자를 이용, 생물 살상에 쓰이는 중성자 폭탄도 있다. 예컨대 코발트에 싸여진 수소폭탄 하나가 지구상에 살고 있는 수십억 명의 사람들을 전멸시킬 수 있다.

– **핵탄두**

핵탄두의 경우 히로시마에 투하되었던 원자폭탄의 파괴력을 기준으로 하는데 그 폭발력은 20kt급이었다. 현재의 핵탄두는 핵분열·융합형으로, 소련의 SS-9가 단일 핵탄두로서는 최대 규모인 20~25mt급인데, 이것은 기준 원자폭탄과 비교할 때 무려 1,000~1,250배에 상당하는 위력을 가지며, 미국의 타이탄형은 5~10mt급이다. 폭발력의 비약적 진전과 함께 MIRV화가 이루어졌다. MIRV화란 단 1

문 앞에 이른 예수

기의 운반수단에 수발에서 수십 발의 핵탄두가 탑재되어 대기권 돌입 과정에서 각각 정해진 개별목표를 향해 분리 돌입하는 방식이다. 이른바 '다탄두 각개목표 재돌입화'로서, 핵탄두는 1mt급으로 축소되었으나 통상 1운반체에 10발씩 탑재된다고 볼 때 전체적인 파괴력 규모는 실제로 증가된 것이다. 예컨대 미국이 실전 배치하고 있는 장·단거리 핵탄두는 5,113기(2009년 9월 기준)라고 밝혔다. 미국과학자연맹 (FAS)은 사용 가능한 것 모두 합치면 실제 미국의 전체 핵 보유고는 1만 여기에 달할 것으로 추정하고 있다. 국가별로 보면 러시아(6370기), 미국(5800기), 중국(320기) 순으로 핵탄두를 많이 보유한 것으로 추정됐다. 이어 프랑스(290기), 영국(195기), 파키스탄(160기), 인도(150기), 이스라엘(80~90기) 순이었다. 북한은 적어도 수십 기의 핵탄두를 보유한 것으로 이 연구팀은 추정했다.

– 전술핵과 전략핵과 핵잠수함

전술핵은 위력이 킬로톤 이내인 핵무기이다. 전술핵은 효율성, 경제성이 있는 전투 수단이다. 재래식 대포로 발사할 수 있는 최초의 전술핵은 미국이 50년부터 개발을 시작해 1953년 5월 25일 첫 발사 실험을 한 'Mk9'라는 핵폭탄이다. Mk9는 280mm 직사포로 발사되며, 전장에서 핵무기가 사용될 가능성이 있음을 보여 준 전술핵의 효시다. 전략핵은 적의 영토 혹은 국가 기반, 대도시를 파괴할 목적으로 사용되는 핵무기로 핵탄두를 탑재한 대륙 간 탄도 미사일(ICBM)과 잠수함 발사 탄도 미사일(SLBM)이 있다. 공중 발사 순항 미사일도 있다. 핵잠수함은 세계의 어느 목표물에라도 발사할 수 있는 1mt 급의 미사일을 적재하고 있다.

- 수많은 핵폭탄들이 고성능 미사일에 장착이 되어 '하늘과 땅'을 불사를 날을 대비하고 있다

상기한 바와 같이 인간이 악마의 지혜로 만들어 낸 핵폭탄이 각종 미사일에 탑재되어 육지와 바다와 공중에서 발사될 그날을 기다리고 있다. 이 사실은 인류가 완전한 파멸을 위한 전쟁준비를 마쳤음을 의미한다. 보다 빨리 보다 많이 죽이는 게임인 전쟁에서 승리하기 위해서 핵폭탄만큼 더 유용한 무기는 없다. 그래서 인간의 살인의지가 사라지지 않는 한 핵무기는 결코 없어지지 않는다. 이 저주의 핵폭탄은 문명을 파멸시키고 '하늘과 땅'을 불사를 종말의 날을 고대하고 있다. 머지 않는 장래에 핵폭발로 인한 '불'이 지구상에 존재하는 모든 것을 태울 것이라는 예측은 이제 군사 전문가가 아니더라도 가능한 것이 되었다. 성서는 땅이 완전히 깨어지고 용해되어질 것이라고 예언하고 있나(사 24:19) 이 두려운 일들의 여건이 지금 무르익어 가고 있다. 참으로 멸망이 우리 눈앞에 와 있다는 말은 결코 '농담'이 아니다. 인간이 끌어들인 지옥불은 반드시 그 역할을 다할 것이기 때문이다.

- 지구 종말을 가져오는 핵전쟁의 날을 예고하는 '운명의 날' 시계는 이미 운용되고 있다

'지구 최후의 날은 다가오고 있다.'는 말은 결코 농담이 아니다. 지금 세계는 '누가 먼저 쏘든 한 발만 쏘면 다 같이 죽는다.'는 이른바 '상호확증파괴' 개념을 핵억제의 기본공식으로 받아들이고 있다. 그런데 이 공식이야말로 핵으로 인한 인류 멸망을 역설적으로 증명하고 있는 것이다. 남은 문제는 그날이 언제일까 하는 것이다. 안타깝게도 인류 문명이 잿더미로 변하는 재앙의 날이 얼마 남지 않았음을 보여 주는 불길한 전조들이 나타나고 있다. 핵전쟁 발발 시간을 추정하는 '운

명의 날 시계'(핵전쟁 발발로 인한 지구 종말을 자정으로 가정하여 측정하는 시계)가 점점 결정의 시간에 다가서고 있다. 이제 지금 인류가 직면하고 있는 불편한 진실에 눈을 뜬 자는 '네 하나님 만나기를 예비하라'(아모스 4:12)는 말씀에 귀를 기울일 것이다.

II. 예수와 사도와 선지자들을 통해 예언된 '불'에 의한 멸망이 왜 세계 핵 대전을 의미하는가?

성서에서 예수 그리스도와 선지자와 사도들은 만국이 참전하는 마지막 전쟁의 발발과 상상을 초월하는 '불' 무기가 지구와 인류를 파멸시킬 것을 예언하고 있다. 성서에서 증언된 종말전쟁과 '불'의 대재앙이 지금 인류가 직면하고 있는 대규모 핵전쟁을 가리키고 있다는 해석은 결코 과장된 것이 아니다. '불'로 인한 세상의 멸망에 관한 성서의 예언들은 단순한 예측이나 모호한 비유가 아니다. 성서의 예언들은 대규모 핵전쟁과 핵폭발 장면을 소름끼칠 정도로 섬세하게 묘사하고 있기 때문이다. 그래서 누구든지 진지하게 성서의 예언들과 현 시대 과학자들이 증언하는 핵전쟁의 상황을 자세히 비교한다면 놀라지 않을 수 없을 것이다. 이제 누구라도 이 시대가 '하늘과 땅'을 불사를 참혹한 핵 재앙에 직면하고 있다는 것에 동의한다면 이와 관련된 다양하고 구체적인 성서의 증언에 귀를 기울여야 한다.

1. 사도 베드로의 대예언

예수의 제자가 되기 전 베드로는 갈릴리 바다에서 고기를 잡아 생계를 이어 가는 어부였다. 그의 직업이 말해 주듯이 그는 당대의 지식인이 아니었다. 그는 과학적 지식이 없는 평범한 사람임이 분명하다. 그런데 베드로후서에 기록된 세상의 끝에 관한 그의 예언은 사람들을 경악하게 할 만큼 충격적인 것이다. 타락한 세상의 멸망에 대해 베드로가 받은 놀라운 계시는 하늘과 땅이 '물'이 아닌 '불'로 태워져 멸망한다는 계시이다.

이로 말미암아 그때 세상은 물의 넘침으로 멸망하였으되 이제 하늘과 땅은 그 동일한 말씀으로 불사르기 위하여 간수하신바 되어 경건치 아니한 사람들의 심판과 멸망의 날까지 보존하여 두신 것이라(베드로후서 3:6-7)

베드로가 살던 1세기 당시 하늘을 불태울 만한 엄청난 파괴력을 가진 불의 무기가 없었음을 감안할 때 그의 예언은 단순히 자신의 머리에서 나온 것이 아님을 짐작할 수 있다. 주목할 사실은 베드로가 노아 홍수로 인해 멸망한 세상과 극명하게 대비가 되는 불로써 멸망하는 세상을 언급했다는 점이다. 참으로 기이한 이 예언이 실현될 수 있다는 확신을 인류에게 준 것은 불과 100년도 채 되지 않는다. 인간이 핵폭발 실험에 성공한 것이 1945년의 일이기 때문이다. 인류를 파멸시킬 핵폭탄이 가공할 위력을 드러내면서 비로소 베드로가 언급한 하늘과 땅이 불로 살라지는 예언이 현실화된 것이다. 즉, '하늘과 땅은 불사르기 위하여' 보존되고 있다는 베드로의 예언이 결코 거짓이 아님을 증명한 것이다. 두렵게도 21세기에 들어선 오늘날 하늘과 땅을 수십 번 불 사를 수 있는 핵폭탄이 인류의 머리 위에서 폭발할 최후의 순간을 기다리고 있다. 참으로 베드로의 예언은 1,900여 년이란 장구한 세월을 거쳐 이 시대에 적중하고 있다. 사도 베드로의 예언이 주는 충격은 여기서 끝나지 않는다. 보다 더 구체적이고 선명한 예언을 덧붙이고 있기 때문이다.

• 베드로는 다가올 세상의 멸망이 하늘의 대기권을 불사르게 될 무시

무시한 재앙임을 다음과 같이 증거하였다

> 그 날에는 <u>하늘이 큰 소리로 떠나가고</u>… 그 날에 <u>하늘이 불에 타</u>
> <u>서 풀어지고</u>(베드로후서 3:10, 12)

사도 베드로는 다가오는 세상의 멸망 때 일어날 끔찍한 장면을 사실
적으로 증언하였다. 그가 예언한 것은 지구를 감싸고 있는 하늘의 보
호막이 거대한 폭발음과 더불어 소실되는 장면이다. 베드로의 예언은
공중에서 핵폭발 일어날 경우 나타나는 현상과 일치한다.

지구는 '강보'처럼 감싸고 있는 6개의 층(대류권, 성층권, 중간권,
열권, 전리층, 외기권)으로 보호되고 있다. 이 소중한 대기권이 핵폭
빌로 파괴되면 이는 인간의 생명을 보호하는 안전막이 사라짐을 의
미한다. 대기권내 핵폭발에서는 방출되는 전자파 에너지가 폭발점의
2~3m 이내에 흡수되어 대기를 초고온으로 달굼으로써 가스 형태의
빛을 내는 열구 즉 거대한 화구를 형성한다. 거대한 열과 불은 대기층
을 순식간에 파괴할 것이다.

사도 베드로의 또 다른 증언은 우리를 더욱 놀라게 한다.

> 그날에… <u>체질(원소)이 뜨거운 불에 녹아지려니와</u>(베드로후서 3:12)

베드로는 '… 원소들이 뜨거운 불에 녹아지려니와'라는 경악할 예언
을 하고 있다. 즉, 하늘과 땅의 모든 물체와 원소가 '뜨거운 불'에 녹
아내리는 재앙을 보다 구체적으로 예언한 것이다. 이는 고기 잡는 어

문 앞에 이른 예수

부였던 베드로가 핵폭발이 일어날 때의 광경을 미리 계시를 통해 보지 않았다면 도저히 표현할 수 없는 말이다. 실제로 핵폭발은 모든 물체를 원소 차원에서 순식간에 녹이고 태워 버려 형체가 사라지게 한다. 오늘날 핵 물리학자들은 원자력의 무시무시한 파괴력에 대한 끔찍한 결과를 전하고 있다. 과학자들은 5센트짜리 동전 크기의 원자 안에 들어있는 원자력이 순식간에 방출되는 경우, 뉴욕시의 대부분을 날려 버리고 100ft 깊이의 구덩이를 남기게 된다고 전하고 있다. 현대 과학자들의 핵폭발 시 일어날 가공할 참상에 대한 경고는 성서에 기록된 사도 베드로의 예언과 완전히 일치한다. 이제 하늘을 불태우며 원소들이 막대한 열로 녹아내림으로 세상이 멸망할 것이라는 베드로의 예언은 21세기 인류에게 현실로 다가오고 있다. 하나님은 인간의 교만을 깨닫도록 고기 잡는 어부 베드로를 통해서 원소가 풀어지는 '불'의 재앙을 경고하신 것이다. 하지만 사도 베드로의 예언은 인류에게 다가올 핵 재앙에 대한 서문에 불과 하다. 구약 시대의 선지자들의 예언과 요한계시록에서 예수께서 계시한 예언들은 핵폭발에 의한 재앙이 아니고서는 달리 해석할 방법이 없을 정도로 세밀하게 '불'에 의한 각종 참상을 증언하고 있기 때문이다.

2. 구약성서시대 선지자들의 예언

• 선지자 요엘이 예언한 종말전쟁과 가공할 '불' 무기의 재앙

⟨본문⟩
시온에서 나팔을 불며 나의 거룩한 산에서 경고의 소리를 질러

이 땅 주민들로 떨게 할지니 이는 여호와의 날이 이르게 됨 이니라 이제 임박하였으니… 이는 많고 강한 백성이 이르렀음이라 이와 같은 것이 옛날에도 없었고 이후에도 대대에 없으리로다 (요엘 2:1-2)

불이 그들의 앞을 사르며 불꽃이 그들의 뒤를 태우니 그들의 예전의 땅은 에덴동산 같았으나 그들의 나중의 땅은 황폐한 들 같으니 그것을 피한 자가 없도다. 그(불)의 모양은 말 같고 그 달리는 것은 기병 같으며 그들이 산 꼭대기 에서 뛰는 소리는 병거 소리와도 같고 불꽃이 검불을 사르는 소리와도 같으며 강한 군사가 줄을 벌이고 싸우는 것 같으니 그 앞에서 백성들이 질리고, 무리의 낯빛이 하얘졌도다 그들(불과 섬광)이 용사 같이 달리며 무사 같이 성을 기어 오르며 각기 자기의 길로 나아가되 그 줄을 이탈하지 아니히며 피차에 부딪치지 아니하고 각기 자기의 길로 행하며 병기를 충돌하고 나아가나 상하지 아니하며 성 중에 뛰어 들어가며 성 위에 달리며 집에 기어오르며 도둑 같이 창으로 들어가니 그 앞에서 땅이 진동하며 하늘이 떨며 해와 달이 캄캄하며 별들이 빛을 거두도다… 여호와의 날이 크고 심히 두렵도다 당할 자가 누구이랴.(요엘 2:3-11)

〈해석〉

구약성서 요엘서는 B.C. 830 경에 기록되었다. 선지자 요엘이 언급한 '시온'은 이스라엘 예루살렘의 옛 지명이다. 요엘 선지자는 종말전쟁에 소집된 이스라엘 민족과 이스라엘을 치기 위해 모여든 열국의 군대에 대해 언급하고 있다. 요엘은 이 전쟁이 '옛날에도 없었고 이후에도… 없으리로다'라고 함으로써 인류 최후의 전쟁임을 분명히 하고 있다. 이는 전무후무한 "큰 환란"을

문 앞에 이른 예수

예언한 예수 그리스도의 증언과 일치한다.

요엘서 2장 3-11절의 묘사가 특이한 것은 마지막 때 이스라엘 주변에서 일어날 종말전쟁에서 사용될 무시무시한 '불'무기의 재앙에 대해 언급한고 있다는 점이다. 놀랍게도 요엘이 예언한 '불'의 재앙은 특수한 종류의 핵무기가 폭발할 때에 나타나는 현상과 일치한다. 요엘서 2장 3-11절의 말씀을 전장에서 전술 핵폭탄이 폭발할 경우 일어나는 현상과 비교해 보기로 한다.

1 ▶ 요엘은 이스라엘 주변에서 일어날 마지막 대환란 때에 핵폭발 시 강렬한 열과 빛으로 태움을 당하는 장면을 이렇게 묘사하고 있다.

<u>불</u>이 그들의 <u>앞</u>을 사르며 <u>불꽃</u>이 그들의 <u>뒤</u>를 태우니⋯(요엘 2:3)

핵폭발을 하게 되면 엄청난 에너지가 일시적으로 방출되면서 그 부위의 온도가 순간적으로 섭씨 수십만 도에서 수백만 도까지 올라가게 된다. 이 온도는 거대한 공기 덩어리가 뜨겁게 가열된 결과이다. 그리고 공기는 급팽창하게 된다. 이 가열된 공기 덩어리는 사람들의 눈엔 불덩어리와 강렬한 섬광으로 보인다. <u>열과 빛을 내기 때문이다.</u> 그 결과 핵의 위력이 미치는 반경 안의 모든 것은 불살라짐을 당하고 초토화된다. 바로 이러한 핵폭발로 인한 불의 재앙에 대해 요엘은 불(불덩어리)와 불꽃(섬광)이 마지막 전쟁에서 모든 것을 사를 것이라고 예언하고 있다.

2 ▶ 요엘은 열 폭풍과 방사능 낙진에 덮인 황폐한 땅을 이렇게 묘사하고 있다.

그들의 예전의 땅은 에덴동산 같았으나 그들의 나중의 땅은 황
폐한 들 같으니 그것을 피한 자가 없도다(요엘 2:3)

핵무기는 에너지(X선)·열·폭풍에 의한 파괴효과를 지니는데, 핵
반응에 의해 방출되는 α·β·γ 입자는 광범위하고 오랜 방사능 오염지
대를 형성한다. 방사능 낙진에 의해 모든 수목은 시들고 죽는다.

**3 ▶ 요엘은 산과 성과 집들을 향해 거침없이 돌진하는 가공할 위력
을 지닌 불의 폭풍이 주는 엄청난 두려움과 위세에 대해 다음과 같이
묘사하고 있다.**

그(불)의 모양은 말 같고 그 달리는 것은 기병 같으며 그들이 산
꼭대기에서 뛰는 소리는 병거 소리와도 같고 불꽃이 검불을 사
르는 소리와도 같으며 강한 군사가 줄을 벌이고 싸우는 것 같으
니 그 앞에서 백성들이 질리고, 무리의 낯빛이 하얘졌도다 그들
(불폭풍)이 용사 같이 달리며 무사 같이 성을 기어오르며 각기
자기의 길로 나아가되 그 줄을 이탈하지 아니하며 피차에 부딪
치지 아니하고… 성 중에 뛰어 들어가며 성 위에 달리며 집에 기
어오르며 도둑 같이 창으로 들어가니 그 앞에서 땅이 진동하며
하늘이 떨며 해와 달이 캄캄하며 별들이 빛을 거두도다… 여호
와의 날이 크고 심히 두렵도다 당할 자가 누구이랴(요엘 2:4-11)

선지자 요엘의 증언은 놀랍게도 핵폭발이 일어났을 때 발생하는 핵
폭풍에 의한 거대한 불덩어리가 가공할 속도로 모든 것을 휩쓸며 돌진
하는 모습을 생생하고 전하고 있다. 1mt 규모의 핵폭탄이 대도시에

투하되었을 때 예상되는 후폭풍은 가공할 위력을 나타낸다. 핵폭발로 인해 가열된 공기는 불덩어리를 형성해서 고열의 열복사선을 방출하여 연소 및 화상 효과를 낸다. 그리고 몇 초 뒤 시속 1000km로 산소를 팽창시키는데… 25초 뒤에는 약 시속 400km 속력의 뜨거운 후폭풍이 사방으로 치닫게 되고, 그리고는 1분 뒤에는 시속 350km의 속력의 후폭풍이 약 7~9km떨어져 있는 곳까지 거침없이 돌진하게 된다.

4 ▶ 요엘은 불 폭풍이 적군의 병기 등과 같은 전리품이 될 물체와 부딪히나 파괴하지 아니하고 나아간다는 이상한 예언을 하고 있다.

각기 자기의 길로 행하며 병기를 충돌하고 나아가나 상하지 아니하며(요엘 2:8)

핵폭발 시 요엘이 예언한 것과 같은 현상을 나타내는 중성자 폭탄의 존재에 대해 알아보기로 한다.

중성자 폭탄은 작은 열핵무기이다. 전술 중성자 폭탄은 주로 기갑 부대의 병사를 죽이기 위해 설계되었다. 중성자 에너지가 대기 중에서 매 500m당 10분의 1로 급격히 감쇠하므로, 강화 방사능 무기는 단지 짧은 거리에만 효율적이라고 언급했다. 또한 강화 방사능 무기는 핵분열 에너지의 양 및 폭발 효과를 최소화 하도록 설계되는데, 이러한 이유는 중성자 폭탄이 아군에 가까운 장소에서 사용되도록 하기 위해서이다. 민간인은 핵 방공호로 대피하고, 폭탄은 기갑 부대의 10km 상공에서 폭발한다는 것이다. 이후 도시의 나무와 풀은 방사능에 의해 말라 죽게 되지만, 건물은 그대로이다.

중성자탄에 대한 설명에서 알 수 있듯이 중성자탄의 기능은 근접 거리에서의 교전 시 인명살상 효과만을 거두는 핵무기임을 알 수 있다. 놀랍게도 요엘은 수많은 군병이 밀집된 곳에서 병기를 손상치 않고 인명 살상력을 발휘하는 특수한 '불폭탄'에 대해서 '병기를 충돌하고 나아가나 상하지 아니하며'라고 예언한 것이다. 이는 종말전쟁 때 밀집된 지역에서 전투가 벌어질 경우 병기와 각종 구조물에 대한 피해를 최소화하고 적군의 인명만 살상하는 핵무기가 사용될 것임을 예고한 것이다. 지금은 생명체만 골라서 죽이는 '중성자탄'이 이미 만들어져서 사용될 날만을 기다리고 있다.

• 선지자 에스겔이 예언한 종말전쟁에서의 '불'의 재앙

제8부 지징학직 종말에서 시술하였듯이 B.C. 593 570경에 기록된 에스겔서의 38장에는 '곡'의 연합군대가 세상 '끝날' 이스라엘 민족을 치러 온다는 위대한 예언이 기록되어 있다. 마지막 세계대전은 러시아가 이끄는 연합군이 이스라엘을 침공함으로써 시작된다. 그런데 선지자 요엘의 예언처럼 에스겔 역시 이스라엘을 침공하는 '곡' 연합군이 받을 거대한 불의 재앙을 예고하고 있다.

> 곡아 끝날에 내가 너를 이끌어다가 내 땅을 치게 하리니… 쏟아지는 폭우와 큰 우박덩이와 불과 유황으로 그와 그의 모든 떼와 그와 함께 한 많은 백성에게 비를 내리듯 하리라(에스겔 38:16, 22)

에스겔은 종말전쟁 때 핵폭탄을 실은 미사일 공격으로 인한 거대한 폭발에 대한 무서운 광경을 '쏟아지는 폭우', '큰 우박덩이', '불', '유황'으로 표현했다. '큰 우박덩이'는 신약성서의 요한계시록에는 '피 섞인 우박'으로 표현된 것으로 공중에서의 핵미사일 폭발에 의한 선홍색 광채와 낙하의 모습을 묘사하고 있다. '쏟아지는 폭우'는 흔히 '우진(rain out)'이라고도 부르는 방사성 '낙진(fall out)'을 그 시대의 언어로써 표현한 것으로 이해될 수 있다. 실제로 방사성 물질은 주로 비나 눈과 함께 지상으로 떨어지므로 우진(rain out) 또는 설진(snow out)이라고도 부른다. 이처럼 중동에서 종말전쟁이 벌어진다면 대규모 핵 교전이 일어날 것이라는 사실은 의문의 여지가 없다. 불의 재앙에 대한 사도와 선지자들의 정밀한 예언들은 하나님의 말씀의 신실함과 전능하심을 보여 주기에 충분한 것이다. 하지만 지구와 인류를 파멸시킬 종말전쟁 '불'의 재앙에 대한 성서의 치밀한 증언은 여기서 끝나지 않는다. 더 놀랍고 두려운 예수의 계시예언이 아직 남아 있다.

3. 예수의 계시 예언과 세계 핵 대전의 참상

앞서 여러 차례 언급했듯이 신약성서의 마지막 책인 요한계시록은 예수의 수제자 사도 요한이 예수로부터 받은 계시를 적어 놓은 말씀이다. 실제로 사도 요한은 그의 증언이 자신의 머리에서 나온 공상물이 아니라 예수로부터 받은 계시임을 고백하고 있다.(계 1:1-2) 실제로 사도 요한은 요한계시록에서 세상의 마지막 때에 일어날 대재앙의 근원적 원인과 과정 그리고 결과에 대해 군사적, 지구 생태학적, 도덕적, 영적 관점에서 다양하게 증언하고 있다. 그래서 요한계시록의 내용을 잘 이해하면서 읽는 사람들은 사도 요한의 세밀하고 다양한 예언에 '두렵고 떨림'을 가지게 된다. 특히 종말전쟁 발발 시 '불'의 대재앙으로 인한 전 지구적 파멸의 참상에 대한 치밀한 서술은 읽는 사람으로 하여금 전율을 느끼게 한다.

- **지구와 인류의 끔찍한 파멸과정을 목격하고 낱낱이 증언한 사도 요한**

사도 요한은 무엇을 보았는가?

사도 요한은 성령의 이끌림을 받아 세상의 마지막 때로 순간 이동을 하여 자신이 목격한 장면을 생생하게 증거하였다.(계4:2. 5장-19장 참조) 사도 요한은 세상의 종말에 벌어지는 끔찍한 참화를 목격하며 마치 언론사의 기자가 사건 현장에서 생중계하듯 육하원칙에 의해 지구와 인류에 일어날 대재앙에 대해 일곱 '인'과 일곱 '나팔'과 일곱 '대접'으로 세분화하여 치밀하게 예언하고 있다. 이 세 부류의 재앙은 시간직 순서가 아닌 사건별로 연결이 되어 있다. 그 내용을 요약하면 다음과 같다.

- 일곱 '인'의 재앙은 인류와 지구상에 다가올 정치적, 군사적, 경제적, 종교적, 우주적 재난을 총괄적으로 서술하고 있다.
- 일곱 '나팔'의 재앙은 거대한 '불'의 재앙에 의해 지구 생태계가 붕괴되는 과정을 7단계에 걸쳐 사실적으로 서술하고 있다. 사도 요한의 생생한 증언은 대규모 핵폭발로 인한 참상이 아니고서는 설명할 수 없을 정도로 너무나 구체적이다.
- 일곱 '대접'의 재앙은 종말전쟁을 일으켜 인류의 파멸을 가져온 주도 세력에 대한 진노와 형벌의 재앙이다. 즉, 지구상의 모든 생명체가 사멸하는 재앙을 초래한 권력자와 이를 추종한 사람들이 받을 하나님의 진노의 재앙에 대해 언급하고 있다.

일곱 '인'과 일곱 '나팔'과 일곱 '대접'의 재앙의 공통된 강조점은 전 무후무한 대량 살육을 초래할 세계대전과 온 지구를 불사르는 참화이 다. 사도 요한의 예언 중 가장 '두렵고 떨림'을 주는 증언은 다름 아닌 하늘과 땅과 바다의 생태계를 괴멸시키는 '불'의 대재앙에 관한 것이 다. 사도 요한이 스스로 밝혔듯이 그는 성령에 이끌림을 받아 시공간 이동 후 세상의 마지막 때에 일어날 핵전쟁과 이로 인한 지구 생태계 의 처참한 파멸이 일어나는 무서운 장면을 두려움에 떨며 보았다. 그 렇지 아니하면 상상을 초월하는 '불'의 대재앙에 대해서 이토록 구체적 으로 증언할 수 없었을 것이다.

• 사도 요한에게 주신 예수의 계시는 믿을 만한 것인가?

우리는 여기서 예수 그리스도가 다른 제자들을 제쳐 두고 왜 사도 요한에게 마지막 세계대전과 불의 대재앙에 대해 구체적이고도 광범 위한 정보를 계시했는지 생각해 보아야 한다. 사도 요한은 12제자 중 성격이 가장 온유한 자였다. 사도 요한은 또 다른 제자인 베드로처럼 감정의 기복이 심하지도 않았고, 유다처럼 물질에 눈이 어두운 세속 적 인물도 아니었으며, 무엇이든지 의심하고 보는 도마와 같은 회의 론자도 아니었다. 그는 순수했고 어린아이와 같은 맑은 심성을 가진 자였다. 실제로 그는 가장 인격적으로 하나님의 사랑을 설파한 자이 다. 그래서 예수님은 가장 마음이 차분하고 따뜻한 자에게 장차 인류 를 멸망시킬 무섭고 두려운 '불사름'의 참상을 미리 보이심으로 예언이 진실함을 보증하신 것이다. 사도 요한은 두려움에 떨면서 자신이 목 격한 참상을 사실 그대로 증언하였다. 그는 '불'로 인한 지구의 끔찍한 파멸 장면을 가감 없이 기술하여 후세에 미리 알려 줌으로써 사람들로 하여금 하나님을 향한 구원의 소망을 가지도록 한 것이다. 따라서 사

도 요한을 통해 인류에게 주신 예수 그리스도의 계시의 말씀은 무엇과
도 비교할 수 없는 가치를 지니고 있다. 이제 사도 요한이 예언한 종
말전쟁 시 일어날 '불'의 대재앙과 오늘날 과학자들이 증언하고 있는
'핵' 세계대전의 참화에 대한 증언들을 비교하여 그 놀라운 일치성을
확인해 보기로 한다.

• 요한계시록 8장의 예언과 지구를 파멸시키는 핵 교전의 재앙

사람들은 이렇게 반문을 할 수 있다. '사도 베드로와 구약시대 선지
자들의 불에 의한 멸망에 관한 예언이 반드시 핵전쟁을 의미한다고 볼
수 없지 않는가?' 이러한 의문을 제기하는 사람들일지라도 요한계시
록의 예언을 접하게 되면 심각한 마음의 갈등을 느끼게 될 것이다. 대
규모 핵전쟁 발발 시 지구상에 나타날 참화에 대한 군사전문가들의 증
언과 사도 요한의 증언이 놀라울 정도로 일치하고 있기 때문이다. 예
컨대 요한계시록 8장 6-12절에는 마지막 전쟁 때 온 지구를 뒤덮을
거대한 '불'의 재앙에 대해 기술되어 있는데, 사도 요한은 땅과 바다와
강과 대기권에 쏟아질 거대한 '불'의 재앙으로 지구의 1/3의 지역이
황폐화되는 광경을 너무나 구체적으로 증언하고 있다. 사도 요한이
목격한 끔찍한 광경은 대규모 핵 교전으로 인한 지구 생태계의 처참한
붕괴 모습을 정밀하게 묘사하고 있다고 결론지을 수 있는데 그 내용은
다음과 같다.

– 땅에 쏟아지는 전술핵의 폭발로 인한 대재앙 묘사

<u>피 섞인 우박과 불이 나서 땅에 쏟아지매</u> 땅의 삼분의 일이 타서
사위고 수목의 삼분의 일도 타서 사위고 각종 푸른 풀도 타서 사

문 앞에 이른 예수

위더라(요한계시록 8:7)

사도 요한은 지구상 모든 수목과 생물의 1/3을 불로서 사위는 대재앙이 일어날 것을 예언하고 있다. 21세기 이 지구상에는 1만기 넘는 핵탄두가 미사일에 실려 발사대기 중이다. 3차 세계대전이 발발하면 무수한 핵탄도 미사일이 대기권을 통과하여 적국을 향해 쏟아지게 될 것이다. 사도 요한은 대기권 밖에서 재진입하여 쏟아지는 무수한 핵미사일의 모습을 '피 섞인 우박과 불'이 땅에 쏟아지고 있다고 증언하였다. 지구상의 모든 생물의 1/3이 사멸하는 '불'의 재앙이란 3차 세계대전 초기 핵 교전으로 인한 결과라고 할 수 있다.

– 바다에 떨어진 전략 핵무기의 거대한 폭발이 가져올 무시무시한 광경에 대한 증언

불붙는 큰 산과 같은 것이 바다에 던지우매 바다의 삼분의 일이 피가 되고 바다 가운데 생명 가진 피조물들의 삼분의 일이 죽고 배들의 삼분의 일이 깨어지더라(요한계시록 8:8-9)

지구 표면적의 2/3를 차지하는 대양의 1/3이 일시에 죽음의 바다로 변하게 할 '불'의 재앙은 수소폭탄과 같은 가공할 핵의 폭발 때에 가능한 것이다. 만일 수십 mt의 전략 핵무기가 바다 위에서 폭발한다면 이로 인해 수십 km의 거대한 버섯구름의 불기둥을 형성할 것이다. 이는 '불붙는 큰 산 같은 것이 바다에 던지우매'라고 증언한 사도 요한의 기술이 소름이 끼칠 정도로 정확함을 깨닫게 해 준다. 사도 요한은 이 끔찍한 불의 재앙으로 바다 생물의 삼분의 일과 모든 선박의 삼분의 일이 멸실될 것을 증언하고 있다.

– 핵폭발로 인한 방사능 낙진이 각국의 강과 주요 댐에 떨어졌을 때의 참상 증언

횃불같이 타는 큰 별이 하늘에서 떨어져 강들의 삼분의 일과 여러 물 샘에 떨어지니 이 별 이름은 쑥이라 물들의 삼분의 일이 쑥이 되매 그 물들이 쓰게 됨을 인하여 많은 사람이 죽더라(요한계시록 8:10-11)

핵을 장착한 미사일이 발사되어 대기권을 벗어났다가 다시 대기권에 재진입하면서 떨어질 때 마치 '횃불같이 타는 큰 별'이 하늘에서 떨어지는 광경을 연출한다. 이는 유성이 대기권에 진입하면서 극렬한 마찰에 의해 불타는 모양과 흡사하다. 그러므로 사도 요한이 언급한 '쑥'이란 이름을 가진 '횃불같이 타는 큰 별'은 핵과 화학탄을 장착한 미사일의 낙하 장면을 의미한다. 핵폭발에 의한 방사성 낙진이 대량으로 각 나라의 주요한 강과 댐에 뿌려지면 이 물에 의존해서 살고 있는 사람들은 방사능으로 오염된 물을 마시게 된다. 그리하여 사람들은 고통 속에서 죽어가게 된다. 사도 요한은 이 장면을 정확하게 기술하고 있는데 '물들의 삼분의 일이 쑥이 되매 그 물들이 쓰게 됨을 인하여 많은 사람이 죽더라.'는 끔찍한 광경을 전하고 있다. 요한계시록 8장에서 언급된 개전 초기 온 지구를 1/3을 불로 태우는 거대한 재앙은 여기서 끝나지 않는다. 사도 요한은 이어지는 더 큰 재앙을 예언하고 있다. 지구상의 모든 생물들이 사멸하는 초대형 '불'의 재앙, 즉 대규모 전략핵폭탄의 무차별 발사로 인한 파멸적 대재앙을 떠올리게 하는 섬뜩한 예언이 계시록 9장과 16장에 계속해서 서술되고 있다.

• 요한계시록 16장의 예언과 대규모 핵폭발로 인한 참상

요한계시록 8장에 이어서 9장과 16장에서는 거대한 핵폭발로 인한 참혹한 현상을 증언하고 있다. 특히 16장에서는 '대접'의 재앙에 대해 서술되어 있는데 마치 큰 '대접'에 가득 담긴 재앙이 일시에 쏟아지는 광경을 예언한 것이다. 여기서 사도 요한은 모든 생물과 인간에게 미칠 끔찍한 죽음과 고통의 광경을 생생하게 증언하고 있다. 이는 계시록 8장에 예언된 핵폭발에 이어서 나타난 갖가지 참상에 대한 것이다. 16장의 재앙이 핵전쟁 말미에 이루어지는 현상임을 단언할 수 있는 근거는 16장 1-11에 서술된 갖가지 재앙들이 모든 나라들이 참전하는 '아마겟돈' 종말전쟁으로 인한 것임을 14절에서 밝히고 있기 때문이다. 세계 3차 대전이 일어나면 그것은 곧 대규모 핵무기의 교전이 될 것이며 이로 인해 나타날 형언할 수 없는 참상들은 사도 요한이 증거 한 아래의 예언들과 정확하게 일치한다.

- 가공할 불이 인간을 태우며 치명적인 화상을 입힌다는 예언

진노의 일곱 대접을… 첫째가 가서 그 대접을 땅에 쏟으매 악하고 독한 헌데가… 사람들과 그 우상에게 경배하는 자들에게 나더라(요한계시록 16:1-2)
넷째가 그 대접을… 쏟으매… 불로 사람들을 태우니 사람들이 크게 태움에 태워진지라(요한계시록 16:8-9)

핵폭발로 인한 가장 큰 재앙은 엄청난 열로 인해 폭발의 중심지가 증발함과 동시에 주변의 모든 가연성 물체들이 타기 시작하며, 사람들도 같이 타들어 가기 시작한다. 이 지역의 사람들은 3도 화상을 입게 되고 노출부위가 25%가 넘는 사람들은 몇 초 뒤 절명하며, 노출부위 25% 미만의 사람들은 약 1분 뒤 후폭풍이 다가올 때까지 고통 속에서 기다리게 된다. 이러한 참상을 요한계시록 16장에서 정확히 증언하고 있다. 실제로 대규모 핵폭발이 일어나면 사도 요한의 예언대로 '사람들은 큰 뜨거움으로 태워짐을 당하며, 고통으로 자기들의 혀를 깨물고 하나님의 이름을 훼방할 것이다'(계 16:8-11) 이 두려운 일들의 여건이 지금 무르익어 가고 있다.

– 방사성 낙진에 의한 바다와 강의 모든 생물의 사멸

둘째가 그 대접을 바다에 쏟으메… 모든 생물이 죽더리… 세쩨기 그 대접을 강과 물 근원에 쏟으매 피가 되더라(요한계시록 16:3-4)

종말전쟁이 극에 달하면 모든 전략 핵무기에 의한 공격이 이루어질 것이다. 대규모 핵폭발로 인한 '낙진'이 바다와 강과 댐에 무차별적으로 쏟아질 것이다. '낙진(Fall out)'은 핵폭발이 일어났을 때 대기권 상층으로 퍼져나가 잔류하는 방사성 물질을 말한다. 핵폭발에 뒤따르는 충격파로 인해 떨어져 내리기 때문에 '낙진' 즉, 떨어지는 먼지라고 부른다. 이 방사성 먼지들은 극도로 위험한 방사능 오염 물질이다. 낙진은 사도 요한이 예언한 대로 물의 근원인 '대수층'을 오염시키고, 한번 낙진에 노출된 생태계는 완전히 파괴당한다. '대수층'은 물을 함유하고 있으며 일반적인 조건에서 관정이나 샘을 통해서 대량의 물을 공급할 수 있을 정도로 투수성과 저류성이 커서 지하수를 배출할 수 있는 지층을 말한다. 이를 사도 요한은 '강과 물의 근원'이라 묘사하고 있다. 인간의 마지막 생존 수단인 물의 근원이 방사능으로 오염된다면 인간은 더 이상 살길이 없을 것이다.

– 사람들이 아파서 혀를 깨무는 참극

또 다섯째 천사가 그 대접을… 쏟으니… 사람들이 아파서 자기 혀를 깨물고 아픈 것과 종기로 말미암아 하늘의 하나님을 비방하고 그들의 행위를 회개하지 아니하더라(요한계시록 16:10-11)

대규모 핵폭발의 결과 나타날 방사성 낙진이나 눈비를 맞거나 방사능에 오염된 물을 마시거나 식물을 먹은 자들은 사도 요한이 예언한 '사람들이 아파서 혀를 깨물고 아픈 것과 종기로 말미암아… 하나님을 비방'하는 비극적 참상이 나타날 것이다. 실제로 많은 양의 방사선을 한꺼번에 쪼이게 되면 갑자기 병에 걸리거나 죽기도 한다. 비록 적은 양이라 해도 방사선을 오래 쪼이면 암에 걸리거나 세포가 손상된다. 그 결과 사람들은 끔찍한 고통에 시달리며 신음하게 될 것이다. 이 때문에 방사능 낙진을 죽음의 재라고도 한다. 방사능 오염된 물과 우유 그리고 식물을 섭취하게 되면 방사성 동위원소인 '요오드-131'이 흡수되어 체내의 갑상선으로, '스트론튬-90'은 뼈로, '세슘-137'은 근육이나 다른 세포로 모여 암 등 각종 치명적인 질환을 일으키고 극심한 고통 속에서 죽음을 기다리게 된다. 사도 요한은 '그날에는 사람들이 죽기를 구하여도 얻지 못하고 죽고 싶으나 죽음이 저희를 피하리로다.'라고 증언하고 있다. 이른바 '산 자가 죽은 자를 부러워하는 세상'이 도래할 것을 예언하고 있다. 바로 이때에 사람들이 취할 잘못된 태도에 대해 사도 요한은 특별히 언급하고 있다. 즉, '사람들이 아파서 자기 혀를 깨물고 아픈 것과 종기로 말미암아 하늘의 하나님을 비방'하는 지경에 이른다고 예언하고 있다. 사람들이 극도의 고통에 시달릴 때 사람들이 자신의 죄를 회개하고 구원을 부르짖는 것이 아니라 평소에는 찾지도 않았던 하나님을 저주하게 된다는 것이다. 안타깝게도 이미 그때는 사람들이 구원의 복음을 들을 마음의 여유가 전혀 없는 상태가 될 것이다.

– 대규모 핵폭발에 의한 초대형 화재와 분진으로 인한 암흑의 핵겨울

핵폭발이 일어나면 도시와 삼림을 불사르는 초대형 화재를 일으켜 대량의 먼지와 연기가 대기 중에 올라가 햇볕을 흡수한다. 대낮에도 캄캄한 흑암의 날이 사람들을 절망시킬 것이다. 더욱 두려운 것은 '핵겨울'의 재앙이 도래한다는 사실이다. 천문학자인 미국 고넬대학 칼 세이건 교수 등 과학자그룹이 TTAPS란 명칭으로 1983년에 이 이론을 발표했다. 이 이론에 따르면 전면적인 핵전쟁이 일어날 경우, 세계 각지에서 대규모 화재가 발생하여 수백만 톤 규모의 에어로졸이 대기 중에 방출되고, 이것이 몇 개월에 걸쳐 지구 전체를 덮어 태양광을 차단하게 된다. 이 때 식물이 사멸하고 기후의 급격한 변화가 일어나 지구 전역에 걸친 생태계의 치명적인 파괴와 문명의 붕괴가 일어날 것을 예측하고 있다. 그런데 요한계시록의 증언 역시 '아마겟돈' 세계대전 발발 시 밤과 낮이 흑암으로 뒤덮이는 재앙을 예고하고 있다.

네째 천사가 나팔을 부니 해 삼분의 일과 달 삼분의 일과 별 삼분의 일이 침을 받아 그 삼분의 일이 어두워지니 낮 삼분의 일은 비침이 없고 밤도 그러하더라(요한계시록 8:12)

문 앞에 이른 예수

또 다섯째 천사가 그 대접을⋯ 쏟으니 그 나라가 곧 어두워지며 (요한계시록 16:10)

- 슈퍼 화산의 폭발로 인한 연기의 재앙에 관한 예언

오늘날 과학자들은 지하 핵실험이 단층에 충격을 주어 대규모 화산 폭발을 야기할 수 있음을 경고하고 있다. 진작 세계 핵 대전이 일어날 경우 핵폭발로 인하여 거대한 충격파가 화산지대 지층의 취약한 부분에 가해질 경우 '슈퍼 화산'의 분출이 이루어진다.(대규모 화산폭발로 인해 마그마와 화산재가 $1,000km^3$ 이상 지표와 공기로 분출된다. 이를 '슈퍼 화산'이라고 부른다.) 그 결과 엄청난 양의 화산재가 기류를 타고 온 지구상을 뒤덮는 재앙이 나타날 것이다. 요한계시록의 예언은 이 재앙을 섬뜩하게 예고하고 있는데 땅속에서 올라오는 엄청난 양의 불연기가 온 세계의 하늘을 가득 채우는 대재앙을 겪을 것을 경고하고 있다.

하늘에서 땅에 떨어진 별 하나가 있는데⋯ 무저갱을 여니 그 구멍에서 큰 풀무의 연기 같은 연기기가 올라오매 해와 공기가 그 구멍의 연기로 인하여 어두워지며(요한계시록 9:1-2)

• 사도 요한은 종말 세계대전으로 인한 대량 살육의 규모를 구체적으로 예고하였다

요한계시록 6장의 '넷째 인'의 재앙에서는 땅의 모든 생명이 전쟁과 기근과 학살행위로 1/4이 죽음을 당하는 장면을 보여 주고 있다.

넷째 인을 떼실 때에⋯ 내가 보매 청황색 말이 나오는데 그 탄

자의 이름은 사망이니 음부가 그 뒤를 따르더라 그들이 땅 사분
의 일의 권세를 얻어 검과 흉년과 사망과 땅의 짐승들로써 죽이
더라(요한계시록 6:7-8)

이어서 요한계시록 8-9장의 일곱 '나팔'의 재앙은 그때까지 지구상
에 있는 살아남은 사람들 중 1/3이 추가로 죽임을 당하는 무시무시한
참화에 대해 예언하고 있다.

여섯째 천사가 나팔을 불매⋯ 그들은 그 년 월 일 시에 이르러
사람 삼분의 일을 죽이기로 예비한 자들이더라 마병대의 수는
이만만이니 내가 그 수를 들었노라(요한계시록 9:13, 15-16)

참고로 세계인구는 2017년 12월 말 기준으로 76억 명에 달한나.
따라서 장차 종말전쟁이 일어날 때 요한이 예언한 인류의 사분의 일
사망(계 6:8)이란 75억의 1/4에 해당하는 약 18억 7천 5백만이 살
육당하는 참사이다. 그리고 남은 자의 1/3의 사망은 56억 2천 5백만
명의 삼분의 일에 해당하는 약 18억 8천(계 9:15-18)에 이른다. 그
래서 무려 37억 명이 사망하는 전쟁은 대규모 핵폭발에 의해서만 가
능하다.

상술한 바와 같이 사도 요한은 자신이 예수로부터 계시받은 마지막
때의 전 지구적 대재앙을 생생하게 전하였다. 사도 요한은 신약성서
요한계시록에서 마지막 세계대전에 사용되는 신무기의 특징이 '불과
연기와 유황'을 내뿜는 것임을 증거하고 있다. 이는 향후 세계대전에
서 사용될 각종 화학무기와 전술 핵무기들이 사용될 경우 거대한 '불'

문 앞에 이른 예수

기둥과 방사능 낙진과 엄청난 화재로 인한 '연기'와 화학탄이 내뿜는 '유황' 냄새가 기류를 타고 전 지구상으로 퍼져 나가는 모습을 떠올리게 한다. 수십억 명이 희생되는 종말전쟁은 현존하는 화학 및 핵무기로 이제 충분히 가능하게 되었다. 이 종말전쟁에는 무수한 이동식 미사일과 군사용 괴물 로봇이 동원될 것이며 공중에서는 기괴한 모양을 한 살상용 드론이 각종 화학탄과 핵무기 등을 싣고 공중을 누비게 될 것이다. 실제로 사도 요한은 종말전쟁에 투입되어 치명적인 화학물질을 살포할 괴물 모양의 로봇 무기의 출현(계 9:7-10)을 예고하고 있다. 이 무시무시한 전쟁이 일어나면 사단의 영에 사로잡힌 전쟁광들은 미친 듯이 살육행위를 자행할 것이다. 안타깝게도 지금 인류가 마지막 전쟁의 소용돌이의 중심부로 빠르게 휩쓸려 들어가고 있다는 움직일 수 없는 증거들이 속속 나타나고 있다. 이제는 모든 것이 시간문제다. 인류를 멸망시킬 수 있는 도구가 인간의 손이 미치는 곳에 놓여 있다.

III. 예수 그리스도의 종말전쟁 예언에 담긴 심판과 구원의 메시지

종말전쟁에 관한 예수의 계시 예언은 타락한 인류가 스스로 자초한 심판을 예고함과 동시에 대환란에서 벗어날 길을 찾게 하는 비상 경고등이 이다. 수많은 증거들을 제시하고 있는 예수의 경고를 믿느냐 믿지 않느냐 하는 문제가 지금 우리 각자 앞에 놓여 있다. 그래서 예수의 말씀을 듣고 죄 사함으로 말미암는 구원의 복음을 받아들인 자에게는 멸망에서 벗어날 믿음을 갖게 된다. 예수 그리스도의 재림으로 인한 구원의 소망이 생겨나기 때문이다. 반대로 쾌락과 탐욕의 삶을 그대로 유지하기 위해 하나님의 말씀을 온갖 논리와 변명으로 거부하는 자에게는 다가오는 핵전쟁이 최악의 공포와 절망 그 자체가 될 것이다. 완전한 파멸이 기다리고 있기 때문이다.

1. 종말전쟁에 관한 예수의 예언이 인류에게 보내는 최후의 경고

• 예수의 예언은 전무후무한 세계대전이 21세기에 현실화될 수 있음을 알려 주고 있다

이는 그때에 큰 환난이 있을 것임이니 세상이 시작된 이래로 이 때까지 이런 환난이 없었고 이후에도 없으리라(마태복음 24:21)

예수 그리스도는 인류에게 다가올 피할 수 없는 '큰 환란'에 대해 예언하였다. 마지막 때에 있을 '큰 환란'의 전개 상황은 요한계시록에 상

세히 밝혀져 있다. 사도 요한은 '아마겟돈' 세계대전으로 극에 달할 불의 대재앙에 대해 낱낱이 증언하였다. 두렵게도 '불'의 대재앙에 대한 예수 그리스도의 계시 예언은 하늘과 땅을 완전히 불사를 핵폭탄을 만들어 낸 지금의 인류에게 적중하고 있다. 다가올 3차 세계대전은 필경 핵전쟁이 될 것이며 핵전쟁은 무려 수십억에 달하는 사람들이 불로 태워질 끔찍한 대재앙을 초래할 것이다. 전면적 핵전쟁은 나라들 간의 군사, 경제, 사회적 모든 기반 시설들을 파괴하는 것에 초점을 맞추어 진행할 것이다. ICBM, SLBM 같은 전략 핵무기는 적국을 향해 거침없이 발사될 것이며 각종 전술 핵무기도 모두 사용될 것이다. 핵폭탄은 폭발 당시의 파괴력뿐만 아니라 후폭풍이 더 두려운 것이다. 대규모 핵폭발이 이루어진 지역 안에 거하는 자들은 짧은 시차를 두고 대부분 사망할 것이다. 그리고 수년 동안 온 지구상을 뒤덮게 될 방사능 오염으로 죽어 갈 사람들까지 합하면 사실상 인류가 이 지구상에서 멸절될 상황에 처할 것이다. 결코 부정할 수 없는 현실은 지금 인류가 예수께서 경고한 전무후무한 '큰 환란'을 향해 달려가고 있다는 사실이다. 21세기 인류는 사상 최악의 불꽃놀이가 될 최후의 핵전쟁을 눈앞에 두고 있다. 이것이야말로 인류가 완전히 타락했음을 보여 주는 생생한 증거이다. 오늘날 인류 전체가 사멸할 위기에 처해 있다는 사실을 부인하지 않는 자라면 누구나 예수 그리스도의 마지막 경고에 귀를 기울여야 한다. 아래의 말씀은 예수의 제자들이 세상 끝에 일어날 전조적 사건들이 무엇인지 질문한 것에 대한 예수의 응답 중 마지막 경고와 당부의 말씀이다.

… 이와같이 너희도 이 모든 일을 보거든 인자가 가까이 곧 문 앞에 이른 줄 알라(마태복음 24:33)

너희는 스스로 조심하라… 뜻밖에 그 날이 덫과 같이 임하리라
이 날은 온 지구상에 거하는 모든 사람에게 임하리라(누가복음
21:34-35)

• 예수의 종말전쟁에 관한 계시는 인간의 탐욕으로 인한 파멸에 대한 경고이다

'왜 인류는 스스로를 파멸시킬 종말전쟁에 돌입하는가?'

우리는 여기서 인간의 살인 행위의 심리적 근원에 대해 성서가 처음부터 말하고 있는 바를 주목해야 한다. 인간이 인간을 죽이는 최초의 살인사건은 구약성서 창세기에 기록되어 있다. 아담의 가정을 일순간 파탄에 이르게 한 것은 가인이 동생 아벨을 죽인 사건으로 인한 것이다. '왜 가인은 아벨을 죽였는가?' 하는 것은 '왜 인간은 전쟁을 하며 인류를 파멸시키는가?'라는 물음과 동일한 것이다. 그것은 인간 내면에 자리하고 있는 탐욕 때문이다. 가인의 경우 자신이 생산한 물질로써 하나님께 제사를 드림으로써 더 큰 축복을 받으려 했다. 그래서 가인은 자신의 탐욕을 채우기 위해 하나님의 전능한 힘을 빌리려 했다. 한마디로 가인은 자기애에 사로잡힌 자이며 인간의 인간에 의한 인간을 위한 삶을 추구하는 인본주의자이다. 창세기 살인사건을 확대하면 그것은 곧 인간을 대량 살육하는 전쟁이 된다. 대부분의 경우 전쟁은 영토와 자원을 보다 많이 차지하려는 탐욕에 기인한다. 그러므로 지금 이 세계가 종말전쟁의 위기에 직면해 있다는 것은 그 옛날 가인이 가졌던 탐욕을 오늘날의 인간들도 변함없이 지니고 있음을 보여 주는 것이다. 예수의 계시 예언대로 지금 인류는 각 나라 간의 탐욕을 제어하지 못함으로써 돌이킬 수 없는 파멸로 치닫고 있는 것이다. 그러므로 예수의 군사적 종말 예언은 탐욕으로 인해 자기파멸의 길을 가는

인류를 향한 경고이다.

• 예수의 종말전쟁 예언은 더 늦기 전에 구원을 길을 찾으라는 최후의 호소이다

예수 그리스도의 종말 세계대전 예언에는 다가오는 전 지구적 파멸을 미리 알려줌으로써 이 경고의 말씀을 듣는 사람들이 더 늦기 전에 구원의 길을 찾도록 하는 역설적 메시지가 담겨 있다.

왜 지금 서둘러 구원의 복음에 귀를 기울여야 하는가?

진작 핵폭발로 인한 재앙이 시작될 때는 이미 늦기 때문이다. 그때는 사람들이 정신적 공황 상태에 빠지게 되고 견디기 힘든 극한의 육체적 정신적 고통으로 인하여 자신의 죄를 회개하고 구원의 말씀을 찾기 보다는 원망과 울분을 토해 내며 평소에 찾지도 않던 하나님을 저주하는 모순된 행동을 보이게 될 것이다.

사람들이 그 박재로 인하여 하나님을 훼방하니 그 재앙이 심히 큼이더라(요한계시록 16:21)

위의 말씀이 증거하는 것은 종말적 재난 속에서는 구원의 길을 찾을 수 없다는 것이다. 그러므로 거대한 재앙이 시작되기 전에 구원의 길을 찾아야 한다. 예수 그리스도는 사람들이 자신의 죄가 무엇인지 깨닫고 회개하도록 호소하고 있다. 이것이야 말로 왜 그리스도가 인류를 파멸로 이끌 종말전쟁을 계시하고 있는가?라는 물음에 대한 올바른 해답이다. 진실로 예수의 예언이 위대한 이유는 그가 세상의 종말 사건에 대해 역사적으로 그리고 윤리적으로 응답하고 있기 때문이다.

내 백성아 거기서 나와 그의 죄에 참예하지 말고 그의 받을 재앙들을 받지 말라 그 죄는 하늘에 사무쳤으며 하나님은 그의 불의한 일을 기억하신지라… 그러므로 하루 동안에 그 재앙들이 이르리니(요한계시록 18:4-5, 8)

2. 종말전쟁을 일으킨 자들을 심판하기 위한 재림

예수 재림은 크게 두 가지 사건으로 나눌 수 있다. 하나는 거듭난 그리스도인들의 휴거 사건을 수반하는 공중 강림이다.(공중 강림에 대해서는 7부 복음의 종말 편에서 다루었다.) 다른 하나는 예수 그리스도께서 직접 이스라엘의 예루살렘에 다시 오시는 지상 재림 사건이다.

• 예수의 재림은 종말전쟁으로 파멸의 길로 치닫는 세상에 대한 천재지변의 심판을 예고하고 있다

예수 그리스도의 재림은 핵전쟁을 일으켜 지구 환경을 무참히 파괴하고 스스로 파멸의 길로 치닫는 인류에게 천재지변에 의한 심판을 예고하고 있다. 그의 재림은 '땅을 망하게 하는 자들'에 대한 심판을 예고하는 것이기 때문에 정의롭다.(계 11:18) 예수의 재림 시 나타날 여러 가지 천재지변에 대한 예언은 다음과 같다.

- 별들이 지구를 향해 돌진한다는 것과 하늘의 대변동, 바다와 태양과 달의 이상 현상에 관한 예언

그 날 환난 후에 즉시 해가 어두워지며 달이 빛을 내지 아니하며

별들이 하늘에서 떨어지며 하늘의 권능들이 흔들리리라(마태복음 24:29)

… 또 무서운 일과 하늘로부터 큰 징조들이 있으리라(누가복음 21:11)

– 지구를 감싸고 있는 자기권, 오존층, 대기권의 손실 현상에 관한 예언

하늘이 종이 축이 말리는 것같이 떠나가고(요한계시록 6:14)

– 지구로 쏟아져 들어오는 태양의 자외선의 재앙에 관한 예언

해가 권세를 받아 불로 사람들을 태우니 사람들이 크게 태움에 태워진지라(요한계시록 16:8-9)

– 기류 순환의 결정적인 장애에 관한 예언

땅의 사방의 바람을 붙잡아 바람으로 하여금 땅에나 바다에나 각종 나무에 불지 못하게 하더라(요한계시록 7:1)

– 상상을 초월하는 초대형 지진과 섬과 산과 산악이 제 자리에서 사라지는 지구의 대변이에 관한 예언

또 큰 지진이 있어 어찌 큰 지 사람이 땅에 있어 옴으로 이같이 큰 지진이 없었더라… 만국의 성들도 무너지니… 각 섬도 없어

지고 산악도 간 데 없더라(요한계시록 16:18-20)

오늘날 지구와 천체의 격변 가능성에 관한 과학자들의 다양한 보고서들은 예수의 계시예언이 단순한 공상이 아니라 실제로 현실화될 수 있다는 것을 보여 주고 있다. 과학자들의 연구 결과들은 지구와 충돌할 유성의 존재에 대해, 초대형 지진과 슈퍼화산의 폭발에 대해, 지구 자전의 이상 현상과 대류의 이상 현상 그리고 자기장의 소멸로 인한 태양의 자외선이 지구에 쏟아져 들어와 사람들을 태우는 재앙에 대해 우울한 예고를 하고 있다. 이러한 천재지변의 재앙들은 대규모 핵전쟁의 결과로도 날 수 있다. 과학자들의 연구 결과가 '큰 환란'의 때에 이루어질 천재지변에 관한 예언들과 일치하고 있다는 점은 비상한 관심을 불러일으킨다. 따라서 창조질서를 스스로 파괴하는 자에 대한 하나님의 공의로우신 응징은 반드시 나타나고야 만다. 실로 천재지변의 심판은 창조질서를 무참히 짓밟고 파멸의 길로 치닫는 인간에 대한 불가피한 조치이며 '그때에' 사람들은 하늘과 땅에서 나타나는 무서운 현상들 앞에서 두려움에 떨며 통곡할 것이다.

그 때에(환란 직후에) 인자의 징조가 하늘에서 보이겠고 그 때에 땅의 모든 족속들이 통곡하며 그들이 인자가… 능력과 큰 영광으로 오는 것을 보리라(마태복음 24:30)

역사상 전무후무한 '큰 환란' 때에 이루어진다고 약속된 예수 그리스도의 재림과 심판 예언은 결코 황당한 농담이 아니다. 예수 그리스도 자신이 명확하게 밝힌 천재지변에 의한 심판 예언은 우주적 공간 속에서 일어날 구체적 현상들과 함께 제시되었기 때문에 신뢰할 수 있는 것이다. 그러므로 예수의 재림은 창조주의 권능을 회복하는 결정적인 사건이 될 것이다.

• 예수 지상 재림은 '아마겟돈' 세계대전을 일으킨 나라들에 대한 심판을 예고하고 있다

전술한 바와 같이 종말 세계대전과 불의 재앙에 관한 예수 그리스도의 예언은 오늘날 과학자들의 경고와 일치한다. 하지만 또 다른 면에서 예수의 예언은 과학자들의 증언과 분명한 차별성을 보여 주고 있다. 예수 그리스도는 인간의 자기 파멸적 전쟁의 배후에 있는 악한 영들의 존재를 명확하게 간파하고 있으며, 악한 영들을 숭배하고 추종하는 전쟁광들에 대한 심판을 예고하였다. 구약성서 시대의 선지자 스가랴는 마지막 전쟁 때에 이스라엘을 치러 모인 만국에 대하여 예수의 지상 재림과 더불어 이루어질 심판 장면을 육하원칙에 의해 자세히 예언하고 있다.

> 여호와의 날이 이르리라… 그 때에 여호와께서 나가사 그 열국을 치시되 이왕 전쟁 날에 싸운 것 같이 하시리라 그 날에 그의 발이 예루살렘 앞 곧 동편 감람산에 서실 것이요… 예루살렘을 친 모든 백성에게 여호와께서 내리실 재앙이 이러하니 곧 섰을 때에 그 살이 썩으며 그 혀가 입속에서 썩을 것이며(스가랴 14:1-4, 12)

과학자들은 사람들이 서 있는 상태로 즉시 살이 썩고 혀가 썩어 들어가는 현상에 대해 대규모 화생방전에 의해 이러한 일이 일어날 수 있다고 한다. 선지자 스가랴는 사도 요한의 경우처럼 성령에 이끌려 시공간의 순간 이동으로 세상 끝에 있을 이 무시무시한 장면을 미리 목격하였을 것이다. 결국 하나님의 최종적인 심판은 인간이 하나님으로부터 받은 자유 의지를 탐욕의 도구로 사용하며 자기파멸적 대량 살육의 범죄 행위를 자행할 때 나타난다. 그래서 하나님의 심판은 전쟁을 일삼는 인간들에겐 무서운 정죄로 나타난다. 하나님은 인간의 살육과 멸망을 방치하는 신이 아니기 때문이다. 이 공의로운 심판을 위하여 예수 그리스도의 예루살렘 지상 재림이 약속된 것이다.

3. 예수의 예루살렘 지상 재림은 인류와 이스라엘의 남은 자들을 구하고 만왕의 왕으로서 통치권을 세우기 위함이다

예수의 재림 예언은 세 부류의 사람들에게 긱기 다른 형태의 구원을 약속하고 있다.

첫째는, 예수 그리스도의 공중 강림으로 역사상 모든 거듭난 그리스도인의 휴거에 의한 구원이다.

둘째는, 예수 그리스도의 예루살렘으로의 지상 재림은 예수 그리스도가 자신들의 메시아임을 깨닫고 회개한 이스라엘의 남은 자들에 대한 구원을 위함이다.

셋째는, 종말전쟁의 참화에서 육체적으로 살아남은 사람들의 여생을 지키고 창조주로서의 통치권을 선포하는 것이다.

위에 언급된 첫째와 둘째의 사례, 즉 예수 재림 시 이방인과 유대인에 대한 구원은 죄 사함으로 말미암은 구원의 복음을 듣고 믿은 자들에 대한 구원, 즉 영원한 생명을 얻게 하는 구원을 의미한다. 휴거에 의한 구원 사건에 대해서는 7장 '복음 역사의 마침' 편에서 이미 다루었으므로 이제 예수의 지상 재림 시 이스라엘 민족의 회개로 인한 구원과 종말전쟁의 참화에서 육체의 생명을 보존한 자들에 대해 성서가 알려 주고 있는 내용을 간략히 살펴보기로 한다.

- **종말전쟁의 소용돌이 속에서 예수를 메시아로 깨닫고 참회하게 될 이스라엘의 남은 자들**

예수 그리스도는 종말 세계대전을 일으켜 스스로 멸망의 길을 걷는 만국을 심판하고 이스라엘의 남은 자를 구원하기 위하여 예루살렘에 다시 오시게 될 것이다. 이때 아마겟돈 세계대전의 참화 속에서 멸절 상태에 놓인 유대인들은 그들의 조상이 십자가에 못 박은 예수 그리스도가 메시아임을 깨닫고 민족적 회개가 이루어질 것이다. 아래의 말씀이 이를 증거하고 있다.

> 예루살렘을 치러 오는 열국을 그 날에… 내가 다윗 집과 예루살렘 거민에게 은총과 간구하는 심령을 부어주리니 그들이 그 찌른바 그를 바라보고 그를 위하여 애통하기를 독자를 위하여 애통하듯 하며 그를 위하여 통곡하기를 장자를 위하여 통곡하듯 하리라(스가랴 12:9-10)

위의 말씀대로 예수 그리스도의 예루살렘 지상 재림이 이루어질 때 이스라엘의 남은 자들은 거족적으로 회개하게 될 것이다. 이는 나팔절에 이어 속죄절(이스라엘 7절기 중 6번째 절기)에 담긴 하나님의 약속이 역사적으로 성취됨을 의미한다. 그리하여 이스라엘 민족 중 남은 자들은 구원을 얻게 될 것이다.

> 그 날에 죄와 더러움을 씻는 샘이 예루살렘 거민을 위하여 열리
> 리라… 이 온 땅에서 삼분지 일은 멸절하고 삼분지 일은 남으리
> 니 그 삼분지 일을… 시험할 것이라 그들이 내 이름을 부르리니
> 내가 들을 것이며(스가랴 13:1, 8-9)

• 예수의 재림은 인간의 완전한 사멸을 막으려는 것이다

예수 그리스도의 복음을 듣고 믿은 자들이 예수 재림 시 영원한 생
명의 몸으로 변화하는 사건과는 별도로 세계대전의 참화에서 살아남
은 자들의 완전한 사멸을 막으시려는 하나님의 계획이 성서에 기록되
어 있다. 예수의 지상 재림은 지구의 종말을 가져올 전쟁을 기획하고
진행시키는 자들을 응징하는 것과 사단과 악한 영들을 추종하는 자들
이 야기한 거대한 전쟁의 혼란과 재앙을 근원적으로 수습하는 과정이
라 할 수 있다. 예수 그리스도는 완전한 사멸의 위기에 처한 인류에게
'땅을 망하게 하는 자들'을 응징함으로써 종말 세계대전을 종식시킬 것
이다. 이는 멸망에 처한 인류를 위한 그리스도인들의 간절한 기도와
요청에 응답하시는 차원에서 이루어질 것임을 성서는 증거하고 있다.
그래서 그때까지 지구상에 육체로 살아남은 자들의 육체의 생명을 보
호하심으로 이들의 나머지 지상에서의 삶을 이어 가도록 할 것이다.

> 그 날들을 감하지 아니할 것이면 모든 육체가 구원을 얻지 못할
> 것이나 그러나 택하신 자들을 위하여 그 날들을 감하시리라(마
> 태복음 24:22)

- 종말전쟁을 일으킨 자들을 응징하고 만왕의 왕으로서 통치권을 선포하기 위한 예수 재림

예수의 초림 사건은 세상의 죄를 짊어지고 저주의 십자가에 달려 희생된 역사이다.(요 1:29, 갈 3:13) 그리하여 '죄와 사망'의 권세로부터 인간을 구해 내었다.(롬 8:2) 그러나 예수의 재림 사건은 지구와 인간을 파멸시키는 전쟁을 일으킨 자들과 그 배후에 있는 사단의 세력들을 심판하기 위해 왕의 권위를 가지고 오시는 사건이다.(계 11:18) '그리스도의 지상 재림은 한마디로 그리스도의 통치권을 세우기 위해서 두 번째로 이스라엘 땅에 오시는 것이다.' 예수의 예루살렘 지상 재림은 앞서 휴거 된 그리스도인들과 함께 이 땅에 임하심을 성서는 증거하고 있다. 이로써 만왕의 왕으로서의 그리스도의 통치권은 다시 확립된다.

> 여호와의 날이 이르리라 그 날에… 내가 열국을 모아 예루살렘과 싸우게 하리니… 그 때에 여호와께서 나가사 그 열국을 치시되 이왕 전쟁 날에 싸운 것 같이 하시리라 그 날에 그의 발이 예루살렘 앞 곧 동편 감람산에 서실 것이요… 나의 하나님 여호와께서 임하실 것이요 모든 거룩한 자가 주와 함께하리라(스가랴 14:1~5)

- 종말전쟁으로 황폐화 된 지구의 회생과 '초막절'의 역사절 성취

예수 예루살렘 지상 재림으로 시작될 새로운 역사는 사멸의 위기에 처한 지구와 대환란에서 육체로 살아남은 자들을 보호하시며 다스리시는 하나님의 마지막 인내와 은혜의 시기임을 성서는 증거하고 있다.(마 24:22, 계 20:6) 이른바 '천 년'의 통치 시기가 예정되어 있

다. 천 년 동안 '사단'(마귀)은 영원한 '불못'의 심판을 앞두고 '무저갱'의 흑암에 가둠을 당한다.(계 20:2-3) 세상은 한시적이나마 평화를 누리게 되고 사람들은 정화된 지구 환경 속에서 살게 될 것이다.(마 8:29, 겔 47:8-9) 구약성서 스가랴서에는 종말전쟁 시 대지진으로 인한 예루살렘 지형의 대변화와 더불어 예루살렘에서 발원한 강이 주변의 대평원과 바닷물을 정화시켜 생명체가 다시 살게 되는 세상의 도래를 예언하고 있다.

> 여호와의 날이 이르리라… 그 날에 그의 발이 예루살렘 앞 곧 동편 감람산에 서실 것이요 감람산은 그 한가운데가 동서로 갈라져 메우 큰 골짜기가 되어서 산 절반은 북으로, 절반은 남으로 옮기고… 그 날에 생수가 예루살렘에서 솟아나서 절반은 동해로 절반은 시해로 흐를 것이라(스가랴 14:1, 4, 8)

에스겔 선지자도 핵전쟁으로 괴멸된 바다의 생태계가 다시 살아나 복원되는 놀라운 광경을 예언하고 있다.

> (성소 예루살렘에서 흘러나온) 물이 동방으로 향하여 흘러 아라바(요단강 동쪽 갈릴리로부터 사해를 거쳐 퍼져있는 요단계곡과 홍해의 아카만에 이르는 광활한 평지)로 내려가서 바다에 이르리니 이 흘러내리는 물로 그 바다의 물이 소성함을 얻을지라 이 강물이 이르는 곳마다 번성하는 모든 생물이 살고… 바닷물이 소성함을 얻겠고 이 강이 이르는 각처에 모든 것이 살 것이며… 그 물이 성소로 말미암아 나옴이라 그 실과는 먹을 만하고 그 잎사귀는 약 재료가 되리라(에스겔 47:8-12)

아마겟돈 세계대전의 참화에서 육체로 살아남은 자들은 새로운 지구 환경 속에서 참된 안식을 누리며 하나님에 대한 경배를 그치지 않을 것이다. 그리하여 마침내 이스라엘 7절기 중 마지막 절기인 '초막절'의 역사적 성취가 이루질 것이다.

> 예루살렘을 치러왔던 열국 중에 남은 자가 해마다 올라와서 그 왕
> 만군의 하나님께 숭배하며 초막절을 지킬 것이라(스가랴 14:16)

예수 그리스도가 만왕의 왕으로 오셔서 창조주로서의 통치권을 선포하는 세상은 어떤 세상일까? 그 곳은 부활한 그리스도인들과 종말전쟁의 참화에서 육체의 생명을 보존한 자들이 공존하는 평화로운 세상임을 성서는 예고하고 있다. 이른바 '천년왕국'으로 일컫는 세상이다.

하지만 이 '천 년'은 폭풍전의 고요와 같은 평화의 시기이다.

마침내 우주의 대변동이 다가오고 있기 때문이다!

제10장 우주의 종말에 관한 예수 그리스도의 예언

예수 그리스도가 메시아인 이유는 우주와 인간의 신비를 인간이 이해할 수 있도록 풀어 주며 구원의 길을 제시하고 있기 때문이다. 예수 그리스도는 세상의 끝에 일어날 사건들을 구체적으로 예언하였을 뿐만 아니라 현 우주가 결국 종말을 고한다는 사실을 명백히 증언하였다. 그래서 수많은 종말 현상들이 나타나고 있는 바로 이 시대에 우리가 사는 지구와 우주의 최후에 대한 예수의 증언에 귀를 기울여야 할 긴박성이 있다. 실로 다시 오시는 예수 그리스도가 인류에게 주는 궁극적 메시지는 현 우주의 종말과 더불어 이루어질 두렵고도 장엄한 대사건들 즉, 대심판과 천국의 도래에 관한 것이다.

I. 인간이 속한 우주의 최후에 관한 증언

인간이 소우주라면 '하늘과 땅'은 대우주이다. 인간은 자신의 육체가 언젠가는 썩는다는 것을 알고 있다. 인간의 육체가 살아 움직이다가 마침내 해체되듯이 대 우주인 하늘과 땅 그리고 그 안에 있는 모든 물체도 그 운행을 멈추고 형체도 없이 사라질 운명에 처해 있다. 소우주인 육체가 부패한다는 것은 대우주 역시 '썩어짐의 종노릇'(롬 8:21)을 하고 있음을 깨닫게 해준다. 성서는 이 엄혹한 사실에 대해서 분명하게 증언하고 있다. 성서의 증언들은 여기서 그치지 않고 왜 인간의 육체와 모든 물체가 부패하고 해체되고 사라지는가에 대해 그 이유를 설명하고 있다.

1. 현 우주의 종말에 관한 예수와 선지자들의 예언

– 예수 그리스도는 이 우주의 최후에 대해 명확하게 예언하였다.

천지는 없어지겠으나 내 말은 없어지지 아니하리라(마태복음 24:35)

– 예수 그리스도는 수제자인 요한에게 인간이 속한 하늘과 땅이 사라질 것임을 알려 주었다.

처음 하늘과 처음 땅이 없어졌고 바다도 다시 있지 않더라(요한 계시록 21:1)

- 구약성서 시대의 대선지자 이사야는 이 우주가 사멸될 것임을 증언하였다.

하늘의 만상이 사라지고 하늘들이 두루마리같이 말리되 그 만상의 쇠잔함이 포도나무 잎이 마름 같고 무화과나무 잎이 마름 같으리라(이사야 34:4)

- 구약성서 시편의 기자는 만물이 부패와 퇴락의 길을 가고 있음을 통찰하였다.

천지는… 다 옷과 같이 낡으리니(시편 102:26)

• 현대 물리학이 밝혀낸 물질세계의 원리를 통해서도 만물이 쇠퇴하고 있음을 알 수 있다

우리가 살고 있는 지구와 우주가 종말을 고하는 순간이 온다는 사실은 성서의 증언뿐만 아니라 많은 과학자들의 증언에서도 확인할 수 있다. 물리학 이론인 열역학 제1법칙과 제2법칙에 의하면 우주의 가용 에너지는 한정되어 있고 그것도 점차 쓸모없는 에너지로 바뀌고 있다고 한다. 열역학 제2법칙은 '엔트로피(무질서도) 증가의 법칙'(모든 것은 힘을 잃고 소멸된다는 법칙) 또는 '유용 에너지 감소'의 법칙으로 알려져 있다. 이 우주에 존재하는 유용한 에너지가 쓸모없는 저급한 에너지로 바뀌고 있다는 것은 우주 만물이 쇠퇴하고 있음을 의미한다. 예컨대 어떠한 기계도 100%의 효율을 발휘할 수 없으며 영구적으로 운동을 하는 기계를 제작하는 것이 불가능하다. 심지어 얼마 동안 질서의 증가를 보이는 시스템들조차도 결국에 가서는 부패의 법칙 앞에

　　　　　　　　　　　　　　　　　　　문 앞에 이른 예수

무릎을 꿇고 만다. 바로 이런 이유 때문에 모든 사물은 결국 닳아 없어지는 것이다. 실제로 우주에 속한 모든 생명체는 무한히 진화하는 것이 아니라 부패와 죽음의 구조 안에서 사멸되어 가고 있다. 이것이 인간과 우주에 다가오는 불편한 진실이다.

2. 성서는 인간과 우주 만물이 사멸하는 원인을 밝히고 있다

성서의 위대함은 인간이 사는 이 우주 만물이 쇠퇴하는 근원적인 이유에 대해 밝히고 있다는 점이다. 정확한 진단은 올바른 처방을 가능케 한다. 예수 그리스도와 사도들은 부패와 죽음이 작동하는 만물에 내려진 저주가 어디서 온 것인지 규명하고 그 비극적 현실에 대해 증거하고 있다.

• 하늘과 땅을 지배하고 파멸시키는 악한 영들의 실존에 대한 예수와 사도들의 폭로

  – 복음서 기자들은 예수를 시험하려던 마귀(사단)가 만국을 지배하고 있음을 폭로하였다.

  마귀가 또 예수를 이끌고 올라가서 순식간에 천하만국을 보이며 이르되 이 모든 권위와 그 영광을 네게 주리라 이것은 내게 넘겨 준 것이므로 나의 원하는 자에게 주리라(누가복음 4:5-6)

  – 예수는 이 마귀(사단)를 '세상의 임금'이라 지칭함으로써 그 영적

실체를 폭로하였다.

이제 이 세상에 대한 심판이 이르렀으니 <u>이 세상의 임금이 쫓겨</u>
<u>나리라</u>(요한복음 12:31)

– 사도 요한은 이 세상이 보이지 않는 악한 영의 지배를 받고 있다
는 엄중한 상황을 폭로하였다.

<u>온 세상은 악한 자 안에 처한 것이며</u>(요한일서 5:19)

– 사도 바울은 인간과 어두움의 세상을 지배하는 사악한 영이 '공중'
과 '하늘' 즉 우주의 권세를 잡은 무서운 존재라는 사실도 폭로하
였다.

그 때에 너희가… 이 세상 풍속을 좇고 <u>공중의 권세 잡은 자를</u>
따랐으니 곧 지금 불순종의 아들들 가운데 역사하는 영이라(에
베소서 2:2)
우리의 씨름은… <u>어두움의 세상의 주관자들과 하늘에 있는 악</u>
<u>의 영들에 대한 것이라</u>(에베소서 6:12)

- **성서는 전편에 걸쳐 인간이 사악한 영인 마귀(사단)을 추종하고 섬기
고 있다는 사실을 규명하고 있다**

– 예수 그리스도는 인간의 마음을 지배하여 악한 생각과 행동을 일
으키는 실체에 대해 규명하였다. 즉, 진리를 거짓이라 하며 오히

려 거짓을 진리라고 강변하는 사단의 DNA가 인간의 내면에 침투해 있음을 증언하였다.

너희는 너희 아비 마귀에게서 났으니 너희 아비의 욕심대로 행하고자 하느니라 그는 처음부터 살인한 자요 진리가 그 속에 없으므로 진리에 서지 못하고 거짓을 말할 때마다 제 것으로 말하나니 그가 거짓말장이요 거짓의 아비가 되었음이라(요한복음 8:44)

– 사도 바울은 악한 영인 사단이 이 세상의 풍속을 좇아 살아가는 인간의 마음에 변함없이 역사하고 있음을 규명하고 있다.

너희의 허물과 죄로 죽은 너희를 살리셨도다 그때에 너희가 이 세상 풍속을 좇고 공중의 권세 잡은 자를 따랐으니 곧 지금 불순종의 아들들 가운데 역사하는 영이라(에베소서 2:1-2)

– 구약성서 창세기의 말씀은 인간이 어떻게 사단의 말을 따르게 되었는지 규명하였다.

사단(옛뱀=용)이 여자에게 이르되 너희가 결코 죽지 아니하리라 너희가 그것을 먹는 날에는 너희 눈이 밝아 하나님과 같이 되어 선악을 알 줄을 하나님이 아심이라(창세기 3:4-5)

하나님은 아담에게 '선악을 알게 하는 나무의 실과는 먹지 말라 네가 먹는 날에는 정녕 죽으리라'(창 2:17)고 엄중히 경고 하셨다. 그러나 사단은 "결코 죽지 아니하리라고"고 주장하며 인간을 유혹하여 먹게 하였다. 하나님의 말씀을 거짓으로 몰아간 것이다. 누구의 말이 맞는가는 인간의 오랜 역사 속에서 증명되었다. '선악을 안다는 것'은 옳고 그름, 진리와 거짓을 판별하는 권능이다. 문제는 '선악을 알게 하는 나무의 열매'(일명 선악과)가 지닌 속성이다. '여자(이브)가 그 나무를 본즉 먹음직도 하고 보암직도 하고 지혜롭게 할 만큼 탐스럽기도' 하였다.(창 3:6) 그래서 그 열매를 먹었다. 이 말의 뜻은 신약성서 요한일서에서 명확히 밝혀져 있는데 바로 인간의 본성에 내재된 '육신의 정욕과 안목의 정욕과 이생의 자랑'(요일 3:16), 즉 식욕과 성욕과 명예욕(권력욕)을 일컫는다. 이 욕망으로 '선악'을 아는 능력을 가진다는 것은 욕망을 성취하기 위해 임의로 하나님의 심판권을 행사하는 것이다. 욕망의 포로가 된 인간은 필경 옳고 그름, 진리와 거짓을 판단하는 능력을 상실하게 된다. 그래서 권모와 술수 야합과 배신, 살상과 전쟁이 인간의 삶과 역사의 스토리가 되었다. 그 결국은 언제나 비참한 파멸을 낳았다. 무릇 인간이 세운 무수한 제국들의 영광이 스러지며 허무한 돌무더기로 변한 사실이 이를 입증하고 있다. 그런데도 사단은 인간이 '선악'을 판별하는 능력을 갖게 되면 결코 죽지 않으며 오히려 눈이 밝아져 하나님과 같이 된다고 속였다.

인간이 전지전능한 하나님과 같이 되려는 욕망은 현대문명의 밑바탕에도 변함없이 흐르고 있다. 예컨대 '진화론'은 끝없이 스스로 진화하는 환상을 사람들에게 심어 주고 있다. 인간이 스스로 진화하여 신과 같은 능력의 생명체로 변화하는 욕망을 추구하고 있는 것이다. 그것은 불로장생의 약과 의술을 개발하고 무한한 우주를 탐험하여 신세계를 만들어 가는 환상이다. 하지만 화석연료를 기반으로 하는 현대문명은 인간의 치명적인 욕망으로 쌓아올린 바벨탑이며 이제 파멸적 재앙이 눈앞에 다가와 있다. 과거 무수한 제국들의 멸망에 대한 역사적 교훈을 망각한다는 것은 여전히 인류사회가 '결코 죽지 아니하리라…너희 눈이 밝아 하나님과 같이' 된다는 사단의 말을 추종하고 있음 반증하는 것이다. 결국 인간의 역사는 탐욕으로 심판의 권력을 휘두르는 개인과 집단에게 '정녕 죽으리라'는 하나님의 엄중한 경고가 응하고 있는 발자취이다.

• **마귀를 추종한 인간의 선택이 가져온 비참한 결과에 대한 증언**

성서는 인간과 만물이 부패하고 사멸하는 이른바 '썩어짐의 종노릇' 하는 현상의 근원적 이유뿐만 아니라 그 결과에 대해 다음과 같이 증거하고 있다.

- 창세기의 말씀은 인간이 사단을 추종하여 나타난 비극적 결과에 대해 알려 주고 있다.

(하나님이) 아담에게 이르시되… 땅은 너희로 인하여 저주를 받고… 너는 흙이니 흙으로 돌아갈 것이니라(창세기 3:17, 19)

- 사도 바울은 죄가 이 세상에 들어온 사실과 이로 인한 인간의 고통과 파멸에 대해 증언하였다.

이러므로 한 사람으로 말미암아 죄가 세상에 들어오고 죄로 말미암아 사망이 왔나니 이와 같이 모든 사람이 죄를 지었으므로 사망이 모든 사람에게 이르렀느니라(로마서 5:12)
저희가 하나님의 진리를 거짓으로 바꾸어 피조물을 조물주보다

더 경배하고 섬김이라… 파멸과 고생이 그 길에 있어 평강의 길
을 알지 못하였고 저희 눈앞에 하나님을 두려워 함이 없느니라
(로마서 1:25, 3:16)

- 사도 바울은 인간뿐만 아니라 우주의 모든 피조물이 탄식하며 '썩
  어짐'의 공포에서 벗어나 영광의 자유를 갈망하고 있음을 증언하
  고 있다.

바라는 것은 피조물도 썩어짐의 종노릇 한데서 해방되어… 영
광의 자유에 이르는 것이라 피조물이 다 이제까지 함께 탄식
하며 함께 고통하는 것을 우리가 아나니 이뿐 아니라… 우리까
지도 속으로 탄식하여 우리 몸의 구속을 기다리느니라(로마서
8:21-23)

결론적으로, 예수 그리스도와 성서의 저자들이 인류에게 알려 준 귀
중한 정보는 이 우주와 지구와 세상을 지배하는 악한 영의 존재와 궁
극적인 파멸을 증거한 것이다. 그리고 사단과 이를 추종하는 인간의
거처가 된 이 지구와 우주 역시 사멸한다는 것이다. 물리적인 우주가
아무리 넓고 크더라고 영적 세계와 연결되어 있다. 이것은 인간의 육
체가 보이지 않는 정신의 작용과 불가분의 관계에 놓인 것과 같은 이
치이다. 따라서 사단과 그의 무리가 영원한 파멸을 맞이한다는 것은
이 악한 영들의 영역인 현재의 하늘과 땅도 함께 파멸한다는 것을 의
미한다. 이것은 사람의 정신이 병들고 부패하면 그 육체도 결국 죽음
을 맞이하는 것과 같은 이치이다. 그래서 이 우주는 퇴락하며 마침내
사라지게 된다는 사실을 예수와 선지자들은 증거한 것이다. 성서의

문 앞에 이른 예수

말씀은 여기서 그치지 않고 이 우주가 사라진 다음의 세계와 대사건에 대해 밝히고 있다. 그것은 지옥과 천국, '새 하늘'과 '새 땅'에 관한 것이다. 정녕 예수 그리스도가 메시아인 것은 인간과 현 우주가 파멸하는 원인을 통찰하고 진정한 자유와 해방을 가져다주는 세상에 대한 정보를 전하고 있기 때문이다.

II. 현 우주의 종말이후 일어날 대사건에 대한 예수 그리스도의 예언

현 지구와 우주가 사라지면 이후 인류는 어디로 갈 것인가. 어느 곳에서 인간의 역사를 이을 것인가. 아니면, 영영 우주에서 흔적도 없이 사라질 것인가? 은혜롭게도 예수 그리스도는 인간이 사는 현 우주의 최후와 우주의 종말 이후 일어날 엄청난 대사건들을 인류에게 알려주었다. 그것은 바로 천국과 지옥의 실체에 대한 증언이다. 예수의 계시는 흔히 사람들이 일컫는 모호하고 몽상적인 천국과 지옥과는 차원을 달리한다. 예수의 증언은 사건을 보도하는 기자가 지키는 육하원칙(언제, 어디서, 누가, 무엇을, 어떻게, 왜)에 바탕을 두고 있기 때문에 신뢰할 수 있다. 그래서 우주의 종말 이후 일어날 놀라운 대사건에 관한 그의 예언을 믿는 자에게는 소망을 가져다준다.

그렇다면 예수 그리스도가 예고한 우주의 종말 시 일어날 대 사건은 과연 어떤 것인가?

1. 우주의 종말 시 일어날 두 종류의 부활을 증거한 예수 그리스도

예수 그리스도는 모든 인간이 세상의 마지막 때에 맞이할 각기 다른 부활의 원인과 결과에 대해 다음과 같이 예언하였다.

> 선한 일을 행한 자는 생명의 부활로 악한 일을 행한 자는 심판의 부활로 나오리라(요한복음 5:29)

사도 바울 역시 예수의 예언을 다시 확증하였다.

하나님께 향한 소망을 나도 가졌으니 곧 의인과 악인의 부활이
있으리라(사도행전 24:15)

그렇다면 누가 의인인가? 누가 선한 일을 행한 자인가?

유감스럽게도 '모든 사람이 죄를 범하였으매 하나님의 영광에 이르
지'(롬 3:23) 못하므로 하나님 앞에서 스스로 의인이라 칭할 수 있는
사람은 없다. 그러므로 '생명의 부활'은 인간의 스스로의 행위로는 결
코 이룰 수 없다. 하지만 '생명의 부활'을 얻지 못하면 '심판의 부활'이
있다. 이처럼 멸망의 위기에 처한 인간을 구원하려고 예수 그리스도
는 십자가 희생으로 각 사람이 받을 죄의 형벌을 대신 담당하셨다. 그
래서 하나님은 '죄사함으로 말미암는 구원'(눅 1:77)의 복음을 듣고
이를 믿는 자에겐 바로 이 '믿음'을 '의'로 여기신다.

일을 아니할지라도 경건치 아니한 자를 의롭다 하시는 자를 믿
는 자에게는 그의 믿음을 의로 여기시나니 일한 것이 없이 하나
님께 의로 여기심을 받는 사람의 행복에 대하여 다윗의 말한바
그 불법의 사하심을 받고 그 죄를 가리우심을 받는 자는 복이 있
고 주께서 그 죄를 인정치 아니하는 사람은 복이 있도다 함과 같
으니라(로마서 4:5-8)

죄 사함의 은혜를 받는 자는 자신이 어찌할 수 없는 죄인임을 깨닫
고 회개한 자이다. 그리고 죄의 형벌을 면하게 해 준 예수 그리스도의
희생을 믿고 감사하며 이 기쁜 소식을 전하며 살아간다. 하지만 하나

님의 구원의 말씀을 받지 않는 자는 채워지지 않는 욕망의 달성을 위해 일생동안 온갖 탐욕적 행위를 고통과 분노 속에서 이어 갈 뿐이다. 그러므로 예수께서 증언한 '선한 일을 행한 자'와 '악한 일을 행한 자', 즉 '의인'과 '악인'은 복음을 듣고 믿는 자와 믿지 아니하는 자를 의미한다. 그리고 이 양자에겐 각각 '생명의 부활'과 '심판의 부활'이 기다리고 있다.

• 예수 그리스도의 복음을 듣고 믿는 자에게 약속된 '생명의 부활'

예수의 계시가 기록된 요한계시록에는 '생명의 부활'을 '첫째 부활'로 지칭하고 있다.

> 첫째 부활에 참예하는 자들은 복이 있고 거룩하도다 둘째 사망이 그들을 다스리는 권세가 없고⋯(요한계시록 20:6)

'첫째 부활'(계 20:6) 곧 '생명의 부활'(요 5:29)은 예수의 재림 때에 '죄 사함으로 말미암는 구원'의 복음을 믿음으로 거듭난 그리스도인들에게 일어나는 부활 사건이다. 예수 그리스도는 이 '생명의 부활'을 얻는 사람들에게 믿을 만한 정보를 주었는데 부활한 이후 예수의 행적에 관한 성서의 기록이 그 신비를 풀어 주고 있다.

– '생명의 부활'은 영원한 생명을 지닌 영과 혼과 육체의 삼위일체 인격체로 살아나는 것이다.

〈증거말씀〉

(부활한)예수께서 친히 그 가운데 서서 가라사대 너희에게 평강

이 있을 지어다 하시니 저희가 놀라고 무서워하여 그 보는 것을 영으로 생각하는지라 예수께서 가라사대 어찌하여 두려워하며 어찌하여 마음에 의심이 일어나느냐 내 손과 발을 보고 나인 줄 알라 또 나를 만져보라 영은 살과 뼈가 없으되 너희 보는 바와 같이 나는 있느니라 이 말씀을 하시고 손과 발을 보이시나 저희가 너무 기뻐므로 오히려 믿지 못하고 기이히 여길 때에 이르시되 여기 무슨 먹을 것이 있느냐 하시니 이에 구운 생선 한 토막을 드리매 받으사 그 앞에서 잡수시더라(누가복음 24:36-43)

위의 말씀에서 알 수 있듯이 부활 이후 예수 그리스도의 행적에서 세 가지 특별한 증거들을 포착할 수 있는데 그것은 육체와 정신과 영의 행적에 대한 기록이다.

부활한 예수는 시간과 공간의 제약을 받지 않고 활동하며 제자들과 정상적으로 대화를 나누고 지난 일들을 기억하며 같이 식사도 함으로써 부활체의 영적, 정신적, 육체적 특징을 함께 증거하였다. 성서의 기록들이 의미하는 것은 부활체가 영과 혼과 육의 삼위일체를 이루며 각기 다른 기능을 하면서도 하나의 부활체로서 통일된 행위를 드러내고 있다는 것이다. 그래서 부활한 예수는 인격적 존재임을 증거하고 있다. 이 사실은 인간이 부활한 이후에도 자신의 인격적 정체성을 상실하지 않는다는 것을 입증하고 있다. 다만 부활 이전의 자신과의 차이점은 하나님의 영원한 생명을 간직하고 있다는 점이다. 참으로 예수 '부활'이란 기쁜 소식이 인간에게 주는 메시지는 이 복음을 믿는 자에게 '심판의 부활'이 아닌 영원한 생명의 부활이란 소망을 준 것이라 할 수 있다. 그야말로 '생명의 부활'은 마귀와 죄와 사망의 권세에서 벗어나 영원한 영광의 자유에 이르는 것이다.

• '심판의 부활'에 대한 예수의 경고

안타깝게도 '첫째 부활'을 얻지 못하는 자들, 즉 '죄 사함으로 말미암는 구원'의 복음 듣기를 거부하고 믿지 않은 자들에겐 '심판의 부활'이 기다리고 있다. 예수 그리스도는 복음을 거부하며 사단의 말을 추종하며 살다가 죽은 자에게 주어질 심판에 대해 다음과 같이 증언하였다.

> 죄에 대하여라 함은 저희가 나를 믿지 아니함이요(요한복음 16:9)
> 믿지 아니하므로 벌써 심판을 받은 것이라(요한복음 3:18)
> 몸은 죽여도 영혼은 능히 죽이지 못하는 자들을 두려워하지 말고 오직 몸과 영혼을 능히 지옥에 멸하시는 자를 두려워하라(마태복음 10:28)

요한계시록에는 '심판의 부활'로 나아가는 사람들은 사단과 그의 무리들을 영원히 멸하는 '불못'에 함께 던져질 것을 예고하고 있다. 이 '불못'에서의 파멸을 '둘째 사망'이라 부른다.

> 죽은 자 들이 자기 행위를 따라 책들에 기록된 대로 심판을 받으니 바다가 그 가운데서 죽은 자들을 내어 주고 또 사망과 음부도 그 가운데서 죽은 자들을 내어 주매… 사망과 음부도 불 못에 던지우니 둘째 사망 곧 불 못이라(요한계시록 20:12-14)

상기한 바와 같이 모든 인간은 우주의 종말시 일어날 두 종류의 부활 앞에 서 있다. 그 선택은 개개인의 자유 의지에 달려 있다. 이 세상은 참으로 귀중한 선택과 기회의 장이다. 이 사실을 깨닫는 자는 누구나 '심판의 부활'을 거부하고 '생명의 부활'을 원할 것이다.

문 앞에 이른 예수

2. 현 우주의 변동과 '생명의 부활'을 얻은 자에게 다가올 천국의 실재에 대한 증언

• 신약성서 히브리서 기자는 "진동치 아니하는" 영존의 세계를 위하여 진동하는 현 우주 만물이 '변동'될 것을 증언하였다

> 이제는 약속하여 말씀하시되 내가 또 한 번 <u>땅만 아니라 하늘도 진동하리라 하셨느니라</u> 이 또 한 번이라 하심은 <u>진동치 아니하는 것을 영존케 하기 위하여 진동할 것들 곧 만든 것들의 변동될 것을 나타내심이라.</u> 그러므로 우리가 <u>진동치 못할 나라를 받았은즉 은혜를 받자</u> 이로 말미암아 경건함과 두려움으로 하나님을 기쁘게 섬길지니 우리 하나님은 소멸하는 불이심니이라
> (히브리서 12:26-29)

우리가 사는 이 우주가 진동하고 있으며 진동치 아니할 세상을 위해 우주 만물이 변동될 것이라는 메시지는 심오한 과학적, 철학적 메시지이다. 이처럼 성서의 말씀은 진동치 아니하는 영원한 천국의 도래를 증언하고 있다.

• 천국의 실재에 관한 예수 그리스도의 증언

사도 요한이 예수로부터 받은 계시를 기록한 요한계시록에는 현 우주의 종말이후 다가올 천국에 관한 소중한 정보를 인류에게 전하고 있다.

> 내가 새 하늘과 새 땅을 보니 처음 하늘과 처음 땅이 없어졌고 바다도 다시 있지 않더라(요한계시록 21:1)

또 내가 보매 거룩한 성 새 예루살렘이 하나님께로부터… 내려
오니… 하나님의 장막 이 사람들과 함께 있으매… 다시 사망이
없고… 보라 내가 만물을 새롭게 하노라 하시고… 이 말은 참되
니 기록하라 하시고… 하나님의 영광이 있으매 그 성의 빛이 지
극히 귀한 보석 같고 벽옥과 수정같이 맑더라(요한계시록 21:2-
5, 11)

그 성은 해와 달의 비췸이 쓸 데 없으니 이는 하나님의 영광이
비취고… 거기는 밤이 없음이라 사람들이 만국의 영광과 존귀
를 가지고 그리로 들어오겠고… 오직 어린 양의 생명책에 기록
된 자들뿐이라(요한계시록 21:23-24, 27)

사도 요한은 천국의 광휘를 '새 예루살렘'의 형상으로 증거하였다.
그곳은 예수 그리스도의 계시대로 처음 하늘과 땅과 바다가 아닌 곳이
며 밤도 사라진 곳이다. 현 우주의 사라짐과 더불어 '생명책'에 기록된
자들, 즉 어린 양 예수 그리스도의 희생의 피로 죄 씻음을 받은 사람
들이 하나님과 영원히 함께하는 세계가 도래한다. 이처럼 '새 하늘과
새 땅' 혹은 '새 예루살렘'으로 묘사된 천국은 모든 그리스도인들이 소
망하는 곳이다.

III. 우주의 종말 이후 다가올 천국과 지옥의 존재를 어떻게 알 수 있는가?

전술한 바와 같이 우리가 살고 있는 우주는 종말이 온다는 것이 성서의 일관된 증언이다. 현 우주가 종말을 고하고 난 다음 '생명의 부활'을 얻은 자들과 '심판의 부활'처한 자들에게 각각 천국과 지옥이 도래한다.

그렇다면 '천국과 지옥의 존재를 우리가 살고 있는 이 세상에서 알 수 있는가?'

성서는 이 난해한 물음에 대해 분명히 응답하고 있다. 결론적으로 천국과 지옥은 사람이 죽고 난 이후에야 비로소 그 유무를 확인할 수 있는 곳이 아니다. 성서의 말씀은 천국과 지옥의 존재를 미리 알려 주어 사람들로 하여금 생전에 선택의 기회를 주고 있음을 증언하고 있다. 그러므로 죽은 이후에 천국과 지옥의 유무를 확인할 수 있다는 주장은 안타깝게도 천국 갈 기회를 포기한다는 의미일 뿐이다. 우리 개개인은 천국과 지옥의 존재를 반드시 이 세상에서 확인하고 천국 갈 믿음과 소망을 가져야 한다. 그렇다면 '어떻게 천국과 지옥이 존재하고 있음을 확신할 수 있는가?' 이 물음에 대한 해답을 얻기 위해서는 다음과 같은 보다 구체적인 의문을 풀어야 한다.

- 보이지 않는 창조주 하나님의 존재를 어떻게 믿을 수 있는가?
- 이 세상에서 영원한 천국과 지옥 존재를 확인할 수 있는 근거는 무엇인가?
- 이 세상에서 천국행과 지옥행이 결정되는 이유는 무엇인가?

1. 보이지 않는 창조주 하나님의 존재를 어떻게 믿을 수 있는가?

보이는 것은 나타난 것으로 말미암아 된 것이 아니라(히브리서 11:3)

보이는 물질이 또 다른 물질을 창조한 것이 아니라는 성서의 증언은 참으로 위대하며 은혜로운 말씀이다. 보이지 않는 존재로부터 보이는 우주 만물이 나타났음을 인간에게 알려 준 것이기 때문이다. 이 사실을 어떻게 믿을 수 있는가? 그것은 인간이 만든 모든 보이는 기구가 인간의 심상 즉, 보이지 마음의 그림에서 나온다는 사실에서 명확히 입증된다. 예컨대 사람들은 길거리에서 달리는 자동차를 보고 누가 어떻게 이 아름다운 자동차를 설계하고 제작하였는지 다 알 수 없다. 하지만 사람들은 자동차를 만든 사람이 보이지 않는다고 해서 자동차를 설계하고 디자인한 지적 능력을 가진 사람이 존재한다는 사실을 의심하지 않는다. 정신이 온전한 사람이라면 자동차가 저절로 진화하여 우연히 만들어졌다고 주장할 사람은 없을 것이다. 자동차의 예처럼 인간이 만든 모든 형형색색의 도구와 물체는 어떤 사람들의 보이지 않는 마음의 그림에서 나온 것이다. 똑같은 이유로 고도의 지성과 감성을 지닌 인간이 살아 움직인다는 것은 보이지 않는 능력자의 존재를 반증하는 것이다. 이것은 길을 달리는 자동차가 보이지 않는 설계자의 존재를 증거하는 것과 같은 이치이다. 이처럼 보이지 않는 자동차 설계자의 지적 능력을 눈앞에서 달리고 있는 자동차가 증거하듯이, 보이지 않는 창조주의 존재는 살아 움직이는 인간과 우주 만물이 증거하고 있다는 사실은 진리이다.

문 앞에 이른 예수

창세로부터 하나님의 보이지 않는 것들 곧 그의 영원하신 능력
과 신성이 그 만드신 만물에 분명히 보여 알게 되나니 그러므로
저희가 핑계치 못할지니라(로마서 1:20)

위의 말씀이 증거 하듯이 우주 만물에는 창조주의 보이지 않는 특성
과 목적이 그대로 나타나 있다. 참으로 이 웅대하고 정교한 천체의 움
직임은 고도의 수학적 능력과 미적 감성을 무한대로 지닌 전능한 능력
자에서 나온 것임을 나타내고 있다.

2. 어떻게 영원한 천국과 지옥 존재를 확인할 수 있는가?

신약성서 로마서신의 저자인 사도 바울은 '하나님의 보이지 않는 것
들 곧 그의 영원하신 능력과 신성이 그 만드신 만물에 분명히 보여 알
게 되나니 그러므로 저희가 핑계치 못할'(롬 1:20)것이라고 증언하였
다. 따라서 보이지 않는 하나님의 나라와 신비 중 가장 관심의 대상이
되는 천국과 지옥의 존재는 보이는 만물을 통해 알 수 있으며 이것이
야 말로 하나님이 인간에게 주신 기회이자 은혜이다.
천국과 지옥의 존재에 대한 보다 깊은 이해를 위해 저자의 다른 저
서인 《21세기, 어떻게 골고다의 예수를 만나는가?》에서 인용하고자
한다.

• 눈에 보이는 이 세상이 천국과 지옥의 존재를 증거하고 있다
성서는 사람들의 동의 여부와 상관없이 천국과 지옥이 실제로 존재
함을 계시하고 있다. 성서는 천국에 대하여 하나님의 영원한 빛이 비

추는 곳, 고통과 눈물이 없는 곳, 12가지 보석으로 만들어진 영광의 성, 생명의 강이 흐르는 곳으로 묘사하고 있다. 그리고 지옥은 어두운 곳, 슬피 울며 이를 가는 통곡의 장소, 끝이 보이지 않는 깊은 수렁, 무서움의 왕이 존재하는 곳, 꺼지지 않는 불이 인간의 몸과 영혼을 파멸시키는 곳으로 묘사하고 있다. 성서에 계시된 천국과 지옥에 대한 증언 속에는 빛과 어둠, 생명과 죽음, 기쁨과 슬픔, 평안과 번뇌, 안도와 공포의 개념이 양립하고 있음을 볼 수 있다.

그렇다면 이러한 천국과 지옥의 실존을 동시에 증거하고 있는 신비한 장소가 어디인가?

그곳은 다름 아닌 우리가 사는 이 세상이다!

모든 사람들은 이 땅에서 매 순간 보이지 않는 천국과 지옥의 가장 선명한 증거들을 눈으로 보고, 귀로 듣고, 심상에 담으며 살아가고 있다. 하지만 이 세상이 보이지 않는 세계의 진실을 가르쳐 주고 있다는 사실을 사람들은 전혀 깨닫지 못하거나 좀처럼 믿으려 하지 않는다. '등잔 밑이 어둡다.'는 속담이 있다. 안타깝게도 우리가 흔히 상식으로 생각하는 것에 이미 진리가 계시되어 있다는 사실을 많은 사람들은 지나치고 있다. 예컨대 자연에는 빛과 어둠이 존재하고 인간은 빛으로 설명되는 환희와 영광 그리고 흑암으로 표현되는 공포와 불안을 느끼며 살고 있다. 이처럼 인간은 일생동안 보이지 않는 천국과 지옥의 이미지를 마음속에 수 없이 각인시키며 살고 있다. 하지만 많은 사람들은 육안으로 혹은 실험에 의해 관찰되지 않는다는 이유로 천국과 지옥의 실체에 대해 의문을 품는다. 그리고 천국과 지옥의 실존에 대해 또 다른 증거를 요구한다. 우리 앞에 와 있는 놀라운 증거들을 제쳐 두고 새로운 증거를 요구하고 있는 것이다. 그러한 마음에는 이미 존재하는 기적을 하찮은 것으로 여기고 또 다른 기적을 보기를 원하는 욕망이 있기 때문이다. 그래서 사람들은 이 세상에서 천국과 지옥을 투영하고 있는 수많은 기적의 현상을 일생 동안 온몸과 마음으로 체험하면서도 더 신비하고, 더 영적인 무엇을 찾아 헤매고 있는 것이다. 이들에겐 이 땅의 일들은 자기가 이미 다 알고 있는 것, 그래서 더 이상 신기하지도 재미있지도 않는 것으로 여기고 있다. 그 이유는 무엇일까? 그 이유는 눈에 보이는 것이 보이지 않는 영원한 것을 반영하고 있다는 진실을 사람들이 믿으려 하지 않기 때문이다. 인간의 오만한 지성은 자신들이 관찰한 것만이 진실이요 실체라고 생각하며 더 이상의 것은 없다고 주장한다. 인류는 보이는 태양이 보이지 않는 영원한 참 빛의 존재를 증거하고 있다는 사실을 믿지 못하고 오히려 태양 자체를 숭배하는 잘못을 종종 행하여 왔다. 이러한 인간의 빗나간 판단에 대해 성서는 눈에 보이는 것은 보이지 않는 세계의 영원한 실체를 반영하는 것임을 분명하게 증언하고 있다.

> 보이는 것은 나타난 것으로 말미암아 된 것이 아니니라(히브리
> 서 11:3)

위의 말씀은 보이지 않는 것에서 보이는 것이 나타났다는 것을 증거한 것이다. 성서의 말씀은 영원한 실체가 있으며 인간이 보는 것은 이 실체를 반영하고 있는 그림자와 같은 것임을 설명하고 있다. 천국과 지옥에 대한 창조주 하나님의 계시 방식도 예외가 아니다. 우리가 이 세상에서 천국 같은, 혹은 지옥 같은 현상을 수없이 목격한다는 것은 알고 보면 보이지 않는 실재 천국과 지옥이 투영된 모습을 보고 있는 것이다. 그러므로 사람들이 일평생 눈으로 목격하는 빛과 어둠, 고통과 환희는 장차 영원한 세상에서 맞이할 천국과 지옥에 대한 예비 체

험이라 할 수 있다.

• 천국과 지옥의 존재는 '현재'라는 시간을 통하여 증거되고 있다

사람들이 사회적으로 약속한 시간으로서의 현재가 아닌 과거와 미래와의 관계성 속에서의 현재의 길이는 과연 얼마인가?

과거와 미래와의 관계 속에서의 현재의 길이는 1초 단위 이하로 무한히 쪼개어져 들어간다고 할 수 있다. 과거와 미래는 현재라는 시간이 단 1초도 머무르지 못하게 할 만큼 치열하게 교차하고 있기 때문이다. 그래서 자연수로 측정할 수 없을 정도의 짧은 시간을 사람들은 '순간' 또는 '잠깐'이란 단어로 표현하고 있다. 결국 '순간'으로 표현할 수밖에 없는 무한소의 현재는 초시간의 영역인 영원과 맞닿아 있다. 여기서 우리가 결코 잊지 말아야 할 것은 인간이 우주 만물을 볼 수 있는 것은 과거도 미래도 아닌 현재에서만 가능하다는 사실이다. 현재라는 시간을 통하여 만물을 본다는 것은 인간이 끊임없이 변화하고 있는 만물을 순간적으로 포착하고 있다는 것을 의미한다.

과연 인간이 만물을 보고 있는 '순간'은 무엇인가?

그것은 바로 영원의 창문이다. 과거와 미래가 교차하는 무한소로서의 '순간'은 무한의 세계인 영원과 통하고 있다. 진실로 인간의 눈앞에 펼쳐지고 있는 만물은 보이지 않는 영원의 세계가 '순간'이라는 창을 통해 다양하게 형상화되어 나타난 것이다. 그리고 인간은 영원한 세계의 상이 투영되고 있는 순간(잠깐)의 창을 통해 만물을 보고 있는 것이다. 그래서 '현재'라는 무한소의 '순간'은 경이로움 그 자체이다. 인간이 상상할 수 없는 영원한 것을 볼 수 있게 만들기 때문이다. 이처럼 시간을 창조하신 하나님은 피조물인 인간에게 보이지 않는 영원한 세계가 존재한다는 사실을 '순간'이라는 영원의 창을 통해 끊임없이 증거하고 있다. 그 증거물이 바로 우리가 현재 목격하고 있는 우주 만물이다. 하나님이 '순간'을 통하여 영원한 세상을 형상화하여 육안으로 볼 수 있도록 하신 진정한 목적은 인간으로 하여금 영원한 세계의 실재를 깨닫게 하려는 것이다. 이에 대해 성서는 분명히 증언하고 있다.

> 우리가 주목하는 것은 보이는 것이 아니요 보이지 않는 것이니 보이는 것은 잠깐이요 보이지 않는 것은 영원함이라(고린도후서 4:18)

결국 우리가 만물을 목격하면서 체득하고 있는 것은 무엇인가? 보이는 것을 통해 보이지 않는 것의 존재를 믿게 하는 원리이다.

> 모든 세계가 하나님의 말씀으로 지어진 줄을 우리가 아나니 보이는 것은 나타난 것으로 말미암아 된 것이 아니니라(히브리서 11:3)

• 천국행과 지옥행의 가능성이 공존하는 기적의 이 세상

우리가 사는 이 세상이 천국과 지옥을 선택할 수 있는 기회의 장임을 이해하기 위해 물리학계에 혁명적인 변화를 몰고 온 이론인 '양자역학'(Quantum Mechanics)의 예를 들고자 한다.

인류에게 지난 100년은 육안으로 볼 수 없었던 미립자의 세계가 지닌 오묘한 법칙들이 밝혀진 시기였다. 그래서 종래 믿어오던 과학 이론들이 무너지고 사람들이 가지고 있던 상식과 통념을 완전히 뒤바꾸어 놓게 되었다. 이른바 원자, 전자, 중성자 등 미립자 세계를 연구하는 양자역학 이론은 물리학계에 새로운 장을 열었다.

'빛'은 과연 입자일까 파동일까?'라는 빛의 존재 형태에 대한 물음을 두고 물리학자들은 수백 년 동안 치열한 논쟁을 벌여 왔다. 그런데 양자역학 이론에 따르면 빛은 입자 혹은 파동으로 이미 결정되어 존재하는 것이 아니라 입자성과 파동성을 동시에 함께 가지고 있으며 관찰자의 관측 시 비로소 어느 한 쪽으로 확정된다는 것이다.

입자와 파동의 이중성(Complementarity principle)으로 불리는 이 이론은 실험으로 증명되었다. 빛이 관측자의 의도에 따라 입자혹은 파동이 될 가능성으로 존재한다는 기이한 상황은 선택 가능성으로 존재하는 미시세계의 원리를 깨닫게 해 주고 있다. 광대한 우주 속에서 우리가 사는 이 땅은 티끌에 불과하다. 우리는 '없는 것' 같은 미시의 세계에 살고 있는 것이다. 양자역학 이론에서 알 수 있듯이 육안으로 볼 수 없는 미시세계가 결정론에 의해 지배되지 않고 선택 가능성으로 존재한다는 것은 놀랍게도 티끌 같은 이 세상이 창조적 변화의 장임을 말해 주고 있는 것이다. 그래서 일찍이 예수는 인간이 거듭나는 놀라운 창조 현상이 이 땅에서 일어나고 있음을 증언하였다.

진실로 진실로 네게 이르노니 사람이 거듭나지 아니하면 하나
님 나라를 볼 수 없느니라(요한복음 3:3)

예수 그리스도의 증언대로 '새로운 피조물'이 탄생되는 창조의 영역에서는 끊임없는 선택과 변화가 일어난다. 선택의 기회가 없고 변화가 일어나지 않는 곳은 오로지 필연이 지배하는 세상이 되며, 그러한 세상에서는 육체를 지닌 인간이 영원한 빛의 세계로 도약할 수 없으며 영생을 얻는 일도 불가능하다. 그래서 비록 이 티끌의 세상일지라도 어마어마한 의미가 있다는 것은 인간이 천국과 지옥의 상반된 이미지를 동시에 가지고 그중 하나를 선택할 수 있는 곳이라는 점 때문이다.

실제로 사람들은 누가 가르쳐 주지 않아도 밝은 빛의 이미지를 통하여 천국을 상상하고 동경 하는 이른바 '영원을 사모하는 마음'을 가지고 있다. 한편 인간이 본능적으로 깜깜한 어두움에서 공포를 느끼는 것은 어둠의 이미지가 주는 그 무엇을 의식하고 있다는 증거이다. 그 무엇은 곧 죽음과 귀신과 지옥의 영상으로 이어진다. 이처럼 모든 사람들은 이 세상에서 이 두 가지 이미지를 동시에 가지며 살고 있는 것이다.

인간이 두 가지 상반된 이미지를 함께 가지고 살아간다는 것은 무엇을 의미하는가?

그것은 선택 가능한 변화의 세계에 인간이 머물러 있음을 의미한다. 그래서 인간이 사는 이세상은 삶과 죽음, 빛과 어둠, 기쁨과 슬픔이 공존하고 있는 것이다. 거듭 말하지만 이 기적의 세상은 모든 것이 선택 가능성으로 열려 있다. 사람들이 일생 동안 빛의 환희와 어두움의 공포를 온갖 현상과 이미지로 체험하고 있다는 사실은 이 두 가지 중 하나를 선택할 수 있음을 '핑계치 못할' 정도로 보여 주고 있는 것이다. 참으로 누구든지 이 세상이야말로 천국과 지옥의 영상을 동시에 보여 주는 예비 체험 장소라는 진실에 눈을 떤다면 구원의 길은 열린다. 그래서 자신의 지옥행 또는 천국행도 이 세상을 떠나기 전에 선택하여야 하는 것이다. 비행기를 타기 전에 티켓은 끊어져야 한다. 천국행 티켓도 마찬가지이다. '어떻게 하여야 구원을 얻는가?'라는 물음에 대한 대답도 이미 성서에 나와 있다. 오직 이 사실을 믿느냐 믿지 않느냐 하는 선택권이 개개인에게 주어져 있다. 이 진리를 예수 그리스도는 명확히 선포하고 있다.

내가 진실로 진실로 너희에게 이르노니 내 말을 듣고 또 나 보내신 이를 믿는 자는 영생을 얻었고 심판에 이르지 아니하나니 사

망에서 생명으로 옮겼느니라(요한복음 5:24)

거듭 거듭 말하지만 사람들이 자신의 사후 문제를 가볍게 여기고 살아가는 이 순간에도 천국과 지옥의 이미지는 변화하는 이 세상에 끊임없이 유입되고 있다. 천국과 지옥의 수많은 예시들은 인간이 부인할 수 없을 만큼 충분하다. 이 세상만큼 확실하게 천국과 지옥의 증거를 우리 각자가 오감으로 체득할 수 있는 시공간은 더 이상 없다. 그래서 우주의 종말시 다가올 천국과 지옥은 이 세상에서 확인할 수 있고 선택할 수 있음을 깨달아야 한다. 참으로 사람이 이 세상에서 살아가는 매일 매일이 선택과 결단의 시간들이다.

'천국인가 지옥인가?' '당신의 선택은 어떤 것인가?'

어제는 다시 오지 않고 내일은 결코 보장되어 있지 않다.

영생과 영멸의 선택이 '지금' 이 순간 우리 각자에게 요구되고 있다!

보라 지금은 은혜 받을 만한 때요 보라 지금은 구원의 날이로다
(고린도후서 6:2)

문 앞에 이른 예수

맺음말

집필을 마치며

지금까지 성서에 기록된 예수 그리스도의 종말 예언을 21세기 인류가 처한 상황과 비교하여 서술하였다. 2부에서 1-10장으로 서술된 예수 그리스도의 예언들은 멸망의 화를 자초하고 있는 21세기의 인류를 향하고 있다. 그래서 저자는 역사적, 환경적, 경제적, 사회적, 정치적, 종교적, 복음적, 지정학적, 군사적, 우주적 종말 등 10가지 분야에 걸친 예수 그리스도의 예언이 부패하고 타락한 이 시대에 적중하고 있다는 사실을 검증하였다. 지구 온난화로 인한 환경 대재앙, 생물의 멸종사태, 이스라엘의 기적 같은 고토 복귀사건, 상시적으로 반복되는 경제 공황의 악순환, 타락의 극을 치닫고 있는 사회상, 복음을 파괴하고 세속화의 길을 걷는 교회들, 온 지구를 완전히 불사를 원자폭탄의 대량 생산. 이 모두가 거대한 환란을 향해 수렴되어 가고 있다. 역사상 멸망의 징후들이 이렇게 광범위하게 전 지구상에서 나타난 적은 없었다. '너희가 천기는 분별할 줄 알면서 시대의 표적은 분별할 수 없느냐'(마태복음 16:3)라고 질타한 예수 그리스도의 경고가 21세기 인류를 향하고 있음은 의심의 여지가 없다. 이처럼 전 지구적 재앙을 불러오는 하나의 원인은 결과가 되고 그 결과는 또 다른 원인이 되어 더 큰 재앙을 낳는다. 그리하여 성서에 예고된 대재앙들이 현실화되고 있다. 그러므로 21세기 인류가 처한 현실이 역사상 가장 엄혹하다는 판단은 결코 잘못된 것이 아니다. 핵전쟁을 독려하는 사단의 사악한 활동이 본격화되고 있기 때문이다. 이제 우리에게 주어진 시간은 얼마 남지 않았다. 참으로 세상 끝에 관한 예수 그리스도의 경고가 어느 때 보다 절실하게 들려오고 있다!

> 너희에게 아직 빛이 있을 동안에 빛을 믿으라(요한복음 12:36)
> 그러나 주의 날이 도적같이 오리니(베드로후서 3:10)
> 이것들을 증거 하신 이가 말씀하시되 내가 진실로 속히 오리라
> 하시니 아멘 주 예수여 오시옵소서(요한계시록 22:20)

지금 인류가 겪고 있는 전대미문의 위기 상황에서 온 지구상에 거하는 모든 거듭난 그리스도인들이 일제히 외칠 말은 바로 이것이다.
예수여 어서 오시옵소서!

참고문헌

성경전서 한글 개역판
King James Version
Korean-English Explanation Bible
Big Bible
ko.wikipedia.org
En.wikipedia.org

Graham, Billy, *Till Armageddon: a perspective on suffering*(Thorndike, Me.:Thorndike Press, 1983), P. 25; Some people have the mistaken idea that becoming a Christian will be a shelter from the personal storms of life

Criswell, W. A., Welcome Back, Jesus!(Publisher: Nashville, TN Broadman Press, 1976)

B.J. 오로페자 지음, 김원주 옮김, 「재림의 날을 알 수 없는 99가지 이유(99Reasons why no one knows when christ will return)」(서울: 생명의 말씀사, 1962년)

Criswell, W. A., Welcome Back, Jesus!(Publisher: Nashville, TN Broadman Press,1976)

Tim LaHay, Jonathan M. Kwon, 권명달 역, 「인류종말의 시작(THE BEGINNING OF THE END)」(서울: 보이스사, 1980)

Lindsey, Hal, 「The Late Great Planet Earth」(Seoul Word of Life Press, 1987)

홀린세이, 김용순 역, 「신세계의 도래」(서울: 보이스사, 1979)

CAROL BALIZET, The Seven Last Years, 김의자 역(서울: 보이스사, 1981)

LEON WOOD, A SURVEY OF ISRAEL'S HISRORY(ZONDERVAN publishing house of the zondervan corporation grand rapids, MICHAN 49506, 1970)

JOHN BRIGHT, A HISTORY OF ISRAEL(Westminister John Knox Press, LOUISVILLE. LONDON 2000)

F.F. BRUCE, SRAEL AND THE NATIONS(Willam B. Eerdmans Publishing

Company Grand Rapids, Michigan, 1963), Temple of Jerusalem

게할더스 보스저, 이승구, 오광만 옮김, 바울의 종말론(서울: 도서출판 엠마오, 1989)

최명덕, 유대인이야기(서울: 도서출판 두란노, 1997)

Wine, Sherwin T., Judaism beyond God: a radical new way to be Jewish
    (Buffalo, N.Y.: Prometheus Books, 1985)

Yancey, Philip, *Disappointment with God Three Questi ons No One Asks
    Aloud*(Grand Rapids,MI Zondervan Publishing House, 1988)

MERRILL F. UNGER, 「성서적 마귀론」, 정학봉 역(서울: 요단출판사, 1980)

Impact002 - 지구의 중심 - Henry Morris, 2014.

「화폐전쟁」, 쑹훙빙, 차혜정 옮김(서울: 랜덤하우스 코리아, 2008)

누리엘 루비니, 스티븐 미흠, 《위기 경제학》, 허익준 옮김, 편집(청림출판, 2010)

시온 의정서; 홍지영, 「돈으로 목을 조여라」(서울: 도서출판 두산, 1986)

O'Brien, Prof. Joseph V. "World War II: Combatants and Casualties"
    (1937-1945)

Henry, Carl Ferdinand Howard, *Revelation and the Bible Contemporary
    Evangelical Thought* (Publisher: Grand Rapids, MI Baker Book
    House, 1958)

Stagg, Frank, *The book of Acts; the early struggle for an unhindered
    gospel*(Nashville, Broadman Press, 1955)

장 지글러 지음, 유영미 옮김, 『왜 세계의 절반은 굶주리는가』(갈라파고스, 2007)

Kenneth S. Kantzer, 「복음주의의 뿌리」(서울: 생명의 말씀사, 1983)

vern S. 포이트레스, 권성수 역, 세대주의 이해(1990)

데니스. L. 옥콜름, 티모디 R. 필립스 편저, 「종교다원주의 논쟁」, 이승구 옮김(서울:
    기독교문서선교회, 2001)

한인철, 「종교다원주의의 유형」(서울: 한국기독교연구소, 2000)

George W. Braswell,Jr., 「종교다원주의의 유형」, 권혁봉 역(서울: 요단출판사,
    1986),

신권정치; 《종교학대사전, 샤머니즘, 한국사전연구사》(1998년판)

Billy Graham, 정동섭 옮김, 「하나님과의 평화」(서울: 생명의 말씀사, 1973)

Tim LaHay, *The Biginning Of The End*, 인류종말의 시작, 권명달 역(서울: 보
    이스사, 1980)

Shepard, J. W., *The Christ of the Gospels: An Exegetical Study*(Grand

Rapids, MI Wm. B. Eerdmands Publishing Co, 1939)

Heinze, E. Charles, *Trinity & Triunity Salvation and the Nature of the Godhead*(Epaphras Press Dale City, VA. 1995)

이종성, 「삼위일체론」(서울: 대한 기독출판사, 1991)

ko.wikipedia.org; 한국천문학회 편, 《천문학용어집》

양형진, 「과학으로 세상보기」(서울: 굿모닝미디어, 2004)

Heinze, E. Charles, Trinity &Triunity Salvation and the Nature of the Godhead(Epaphras Press Dale City, VA, 1995)

Barclay, *Jesus as they saw Him; New Testament interpretations of Jesus*(Grand Rapids, Michigan: WILLIAM B. EERDMANS PUBLISHING COMPANY, 1962)

A Study Guide to John,(Nashville, TN The Sunday Schhol Board of the Southern Baptist Convention, 1973)

김여명 · 배한나, 들리는 나팔소리(서울: 목민, 1988)

When Your Money Fails 666 The "666" System is Here(Montgomery, Al Ministries, Inc., 1981)

M.R. 디한, 권명달 옮김, 「십자가 보혈의 화학」(서울: 보이스사, 1993)

Gregory D. Gillbert, 「복음이란 무엇인가」, 김수미 옮김(서울: 부흥과 개혁사, 2010)

Martyn Lloyd-Jones, 「내가 자랑하는 복음」, 강봉재 옮김(서울: 도서출판 복 있는 사람, 2008)

M.R. Dehaan, 십자가 보혈의 화학 〈The Chemistry of the Blood〉, 권명달 옮김(서울: 보이스사, 1993)

MERRILL F. 정학봉역, 「성서적 마귀론」(서울: 요단출판사, 1980)

홀린세이 지음, 김요순 옮김, 「악령의 세계」(서울: 보이스사, 1975)

Lee Strobel, 「창조 설계의 비밀」, 홍종락 옮김(서울: 두란노, 2005)

교과서진화론개정추진위원회, 주필 김재옥, 「진화론에는 진화가 없다」(서울: 생명의 말씀사, 2012)

Jerry Sittser, 「하나님이 기도에 침묵하실 때」(서울: 한국성서유니온교회, 2005)

Merton, Thomas, *New Seeds of Contemplation*(New York New Directions, 1961)

Hoefer, Carl(Apr 1, 2008). *"Causal Determinism" In Edward N. Zalta, ed. The Stanford Encyclopedia of Philosophy (Winter 2009 edition)*

Morgan, G. Campbell, *The Crises of the Christ*(London, Great Britain London: Pickering & Inglis Ltd. 1956)

Price, Nelson L., *The Destruction of Death* (Nashville, TN Broadman Press, 1982)

EMIL SCHURER., *The history of the Jewish people in the age of Jesus Christ* (EDINBURGH T.&T. CLARK LTD 36 George Street, 1979)

닉 페이지(Nick Page), 오주영 옮김, 「가장 길었던 한 주」(서울: 포이에마, 2011)

리 스토로벨 지음, 윤관희 역, 「예수는 역사다」(서울: 두란노, 2000)

Dawidowicz, Lucy, 《*The War Against the Jews*》(New York: Bantam, 1975)

THE MEANING AND MYSTERY OF THE RESURRECTIO(N.Y.: ssociation Press, 291 Broadway, 1963)

홀로그램 콘서트의 비밀, 2014 07 09, 동아사이언스

교과서진화론개정추진회, 『진화론에는 진화가 없다』(서울: 생명의 말씀사, 2012)

김우종, 「단번에 영원히」(고양시: 전도출판사, 1999)

George Eldon Ladd, 이진영 역, 「나는 부활을 믿는다」(서울: 생명의 말씀사, 1985)

Price, Nelson L., The *Destruction of Death* (Nashville, TN Broadman Press, 1982)

The Pauline Eschatology, 이승구, 오광만 옮김, 「바울의 종말론」(서울: 도서출판 엠마오, 1989)

문 앞에 이른 예수

ⓒ 이문식, 2025

초판 1쇄 발행 2025년 2월 28일

지은이	이문식
펴낸이	이기봉
편집	좋은땅 편집팀
펴낸곳	도서출판 좋은땅
주소	서울특별시 마포구 양화로12길 26 지월드빌딩 (서교동 395-7)
전화	02)374-8616~7
팩스	02)374-8614
이메일	gworldbook@naver.com
홈페이지	www.g-world.co.kr

ISBN   979-11-388-4012-5 (03230)